인물로 보는 중국 선사상사

한 권으로 읽는 중국 선의 역사

인물로 보는 중국 선사상사

정운 지음

운주사

서문 길 위의 삶

삶에서 예견된 길은 없었다.

우리는 인생길에서 호오好惡의 복병이 언제 튀어나올지 모르는 불확실한 미래를 살아간다. 이 책도 처음부터 의도를 가지고 기획된 것은 아니었다. 2019년 현대불교에 '선의 르네상스를 이끈 선지식'이라는 제목으로 1년간 글을 실었다. 그런 와중에 필자의 『인물로 보는 한국 선사상사』가 출판되면서 '중국 선도 이렇게 정립하면 좋지 않을까'라는 소망을 품었다. 이듬해, 다시 현대불교에 '인물로 읽는 선 이야기'를 연재하면서 원·명·청·근현대까지 중국 선사들의 이야기를 다루었다.

필자가 대학에서 선학을 전공하고 강의를 하면서도 기준으로 삼을 표본이 없었기에 ─ 한국에는 달마에서 근현대에 이르기까지를 전체적으로 다룬 책이 없어 늘 안타까웠다 ─ 나름대로 '중국 선사상사'를 정리해보고 싶었지만 너무 방대해 엄두가 나지 않았었는데, 마침내 기회가 닿았다.

부모들이 자식을 결혼시키고 나면 '할 일을 마쳤다'고 하듯, 필자에게도 이 책은 이번 생의 숙제와 같았다. 먼 훗날 어느 누군가 '승려로서 가장 잘한 일이 무엇이냐?'고 묻는다면, 아마도 '인물로 보는 한국·중국 선사상사' 2권이라고 자부하리라.

중국 선사들의 삶과 수행은 동아시아 불교의 한 축軸이다. 동아시아 불교의 근간이었던 중국 선은 필자의 승려로서의 삶과 길에서 떼어놓을 수 없는 철학이고 사상이다. 20여 년간 많은 글을 쓰면서 기반이 된 주제는 선사들의 삶과 이야기였다. 앞으로도 그럴 것이다. 천태 지의 스님이 교상체계를 세우면서 부처님의 설법을 5시(화엄·방등·아함·반야·법화)로 나누며, 마지막 설법을 『법화경』이라고 하였다. 지의 스님이 『법화경』을 부처님의 최애가 담긴 제호醍醐라고 여기었다면, 20여 년간 강의와 글을 써온 필자에게는 중국 선사상사가 최상의 애장품과 같다.

520년 달마가 중국에 도래하기 이전부터 선은 싹텄지만, 일반적으로 중국 선종은 달마를 기점으로 한다. 당나라 때 불교의 여러 종파가 형성되어 불교학 전반이 발달한 무렵, 사회적으로 큰 사건이 발생했다. 안사의 난과 회창파불로 불교 발전에 큰 변동이 생긴 것이다. 안산의 난(755~763)은 태평하던 중국 사회에 문화·역사·정치까지 큰 영향을 끼친 사건으로, 당연히 불교도 위축되었다. 중앙집권이 무너지면서 지방권력이 형성되는 지배체제가 열리고 혁신적인 분위기가 시작되었다. 또 90여 년 후 무종이 일으킨 회창파불(845~847)은 피해가 심각했던 법난으로 전국적으로 일어난 사건이다.

그런데 아이러니하게도 경전 중심의 교학불교가 큰 피해를 입은 반면, 실천적인 선종은 안사의 난과 회창파불을 계기로 더욱 크게 발전하는 양상을 띠었다. 즉 선은 중국불교 역사상 당대~송대까지 사상적으로나 종단적으로 최고의 르네상스였다. 수많은 선사들을 비롯해 사대부들까지 선을 하는 양상으로 흘렀다. 이렇게 발달된 선이 중세를 거쳐 근현대에까지 최고의 불교로 자리잡았다.

한편 선은 우리나라뿐만 아니라 일본·베트남에까지 영향을 미쳤고, 조계종(선종)은 우리나라 불교종단의 장자 격이다. 근래 전 세계적으로나 우리나라에 위빠사나 열풍으로 인해 간화선이 위축되었다고 보지만, 중국 선에서 유래된 간화선과 묵조선(조동종)은 동아시아 불교의 주류이며, 유럽이나 미국 등지에도 대승불교 선자禪者들이 적지 않다. 앞으로 대승불교의 큰 물줄기인 선이 미래 인류를 구원할 빛이 될 거라고 본다.

이 책이 나오기까지 필자에게 물심양면으로 베풀어주신 속가 어머니께 감사드리며, 편찮으신 은사스님께서 쾌차하기를 발원한다. 운주사 김시열 님의 신심과 열의에 감사드리며, 이 세상 모든 존재가 행복하기를 발원한다. 나무아미타불.

이천이십일년 첫눈을 기다리며
대승불전연구소에서
지겸 정운

4장 북송시대,

5가 7종의 완성, 유학자들이 선에 물들다 　/321

1장 위진남북조~당나라 초기,

인도의 선이 중국에 뿌리 내리다

01 | 중국불교의 특징 및 선종의 위치

중국에 불교가 전파된 경로는 여러 이설이 있지만, 역사적인 전거에 의하면 후한의 효명제(58~75 재위) 시대라고 본다. 이후 중앙아시아, 인도 등지에서 건너온 승려들에 의해 경전이 한역되었다. 또한 중국의 구법승이 인도에 다녀와 한역하였다. 이렇게 전래된 불교 경전은 도교적인 바탕 위에 한역이 이루어져 격의불교格義佛教라고 한다.

남북조시대 때 승려 도안(道安, 312~385)과 혜원(慧遠, 334~416)에 의해 중국불교의 기초가 이루어졌다. 이 무렵 구마라집(鳩摩羅什, 344~413)이 중국에 와 다수의 소·대승 경전을 한역했는데, 그의 역경 이래 중국문화가 반영된 격의불교의 한계성이 극복되었다.

라집 이후 당나라 때 현장(玄奘, 602~664) 법사도 인도에서 17년간을 지낸 뒤 돌아와 경전을 한역하였다. 라집과 현장 이외에도 인도와 서역에서 온 수많은 역경가들과 중국 승려에 의해 경전이 번역되었다. 이 한역된 경전을 중심으로 종파가 성립되었는데, 대표적으로 8종파이다. 즉 천태종·법상종·밀교·남산율종·삼론종·정토종·화엄종·선종이다.*

---

* ㉮ 삼론종三論宗 – 구마라집鳩摩羅什(현 陝西省 西安 終南山 草堂寺)

17

하지만 당나라 말부터는 대부분의 종파가 명맥만 유지할 뿐이고, 현재는 정토종과 선종만이 번성하고 있다. 송대 이후부터 선종은 발전이 없었고, 특히 당나라 말기부터 현재까지의 선禪도 순수 선보다는 선정일치禪淨一致·선교겸수禪敎兼修·선교일치禪敎一致 사상의 선이 주를 이룬다. 인도는 학파불교이지만* 중국은 경전을 중심으로 하는 종파불교이다.**

이렇게 중국에서 발전된 8종은 중국화된 불교로 탈바꿈된 사상들

ⓙ 법상종法相宗 - 현장玄奘(현 陝西省 西安 興敎寺)

ⓚ 천태종天台宗 - 천태 지의天台智顗(현 浙江省 天台山 國淸寺)은 당나라 이전인 수나라 때 형성.

ⓛ 율종律宗 - 도선道宣(현 陝西省 西安 終南山 淨業寺)

ⓜ 화엄종華嚴宗 - 두순杜順·지엄智嚴·법장法藏·징관澄觀·종밀宗密(현 陝西省 西安 華嚴寺)

ⓝ 밀종密宗 - 불공不空(현 陝西省 西安 興善寺, 靑龍寺)

ⓞ 정토종淨土宗 - 도선善導(현 陝西省 西安 終南山 香積寺)

ⓟ 선종禪宗 - 달마達摩~혜능慧能

현재도 중국은 정토종과 선종이 대부분이지만, 선종·정토종을 비롯한 6종의 조정祖庭 사찰이 현존하며, 불사까지 완비되어 있다.

* 대표적인 학파로는 중관학파와 유식학파이다. 불멸 100년경 근본분열 이후 아소카왕 치세 말기에 20부파(상좌부 11부, 대중부 9부)로 나뉘었는데, 그 20부파마다 논과 학설이 다르게 발전하였다.

** 한역 대장경을 중심으로 여러 종파가 성립해 모두 13종파이지만 앞 주에서 언급한 대로 대표적인 종파로는 8종宗을 꼽는다. 그러나 3세기 진晉나라 때부터 초기경전에 의한 아비담종, 삼론에 『대지도론』을 포함한 사론종, 『성실론』에 의한 성실종, 『열반경』에 의한 열반종 등 수많은 종파가 형성되었다가 단멸하였다.

이다. 이 가운데 정토종과 선종禪宗이 가장 늦게 성립되었지만, 이론과 실천적인 측면을 겸비하여 현재까지 동아시아 전역에 걸쳐 최대의 종파를 형성하고 있다. 물론 한국불교 전반에도 마찬가지이다.

중국에서 불교가 발달하면서 선종 또한 크게 발전한 이면을 살펴보면 이러하다.

첫째, 경전 결집이나 세계문화유산급 불사佛事에는 황제들의 적극적인 지원이 있었다. 중국의 역대 황제들은 대체로 불교를 보호했으며, 황제들은 불교 자체가 아니라 고승에 관심이 많았다. 즉 고승들의 철학적·종교적 영험 및 신통력에 의지해 나라를 다스리는 방책으로 삼았다. 불교를 옹호했던 대표적인 황제는 양나라의 무제·당대의 측천무후·청대의 옹정제 등이다.

둘째, 중국의 자생 종교인 도교와 철학인 유교와는 불교가 대립보다는 서로 간에 도움을 주었다. 무엇보다도 불교사상 및 의례체계는 도교 경전인 도장道藏에 영향을 주었고, 선사상은 송학宋學(유학) 등에 영향을 끼쳤다.

셋째, 중국의 전통적인 사상과 조화를 이루어 중국 토양성이 강한 중국불교로 변화되었다. 특히 정토종과 선종이 그러하다.

중국에서 선이 발달하면서 중국불교는 인도불교와 다른 양상을 띠게 되는데, 이를 간략히 비교해보면 다음과 같다.

	인도 선	중국 선
특징	학파불교	종파불교
불교와 역사	7~8세기를 지나 불교가 점차 힌두교에 동화됨 〔→ 밀교〕	불교〔특히 선사상〕는 도교와 송학宋學에 영향을 미침. 시대가 흘러도 불교는 독립적으로 건재.
소의경전	경전 중심〔부처와 경전〕	선이 발달하면서 인간중심적인 측면으로 발전. 곧 부처의 말씀인 경전보다는 인간의 기록인 어록을 중시함
세계관	신화적, 수세에 걸쳐 윤회를 하면서 수행	현세적·현실적인 데서 불교를 실현, 현생에 반드시 깨달아야 자각
돈점론	시각적始覺的인 측면 점수적漸修的인 경향	본각적本覺的인 측면 돈오頓悟를 강조하는 경향
수행상태	정적靜的인 측면	동적動的인 측면 〔선문답·할·방 등 선기禪機 활용〕
노동〔울력〕	금지	청규淸規 제정으로 노동=선 울력을 중시해 일일불작一日不作 일일불식一日不食
선+문화	오롯이 선수행적인 면	선문화, 불교문화 창조 선禪+시詩는 당대唐代 8세기 조동종에서 시작. → 특히 오도송悟道頌이 선시로 발전됨 선禪+다茶〔茶禪一味〕는 송대宋代에 발전 선+그림〔畵〕은 십우도·산수화 등으로 발전*
선+교 융합사상	오롯이 불교 사상	선교일치禪敎一致 선+화엄 : 징관·규봉종밀·법안문익·이통현 선+천태 : 천태덕소, 이외 명·청대 발전 선+정토 : 선정일치禪淨一致·선정쌍수禪淨雙修
		불교사상 + 유교 / 불교 + 도교
계율관	윤리적·도덕적인 측면	개차법開遮法, 은둔·자유·낙도적樂道的인 성향
수행론	사마타(止, samatha) 위빠사나(觀, vipassana)	당대唐代 조사선〔5가7종〕 → 북송대 문자선 → 남송대 간화선·묵조선 → 염불선

---

* 산수화를 통해 공사상을 표현하기도 했다. 동물·나무·꽃·산·강 등에도 불성이 있다는 사상에 입각해 산수화가 발전했다. 대나무의 위로 뻗은 모습은 직심直心을, 빈 속은 무심無心을 상징한다.

02 | 동아시아 선사상,
대승경전에 의거해 정립되다

불성이 인간의 본성(自性) 속에 구족具足 혹은 내재되어 있다고 본다. 중국 선의 시작은 돈오頓悟와 불성사상의 확립이다. 그리고 이는 바로 직지인심直指人心 견성성불見性成佛의 이론이다. 그렇다면 수증론적修證論的인 입장에서 어떻게 불성을 바라봐야 하는가가 관건이다. 불성의 이론에 대한 공부는 진리에서 수행방법으로 전환되어야 하고, 다시 수행방법은 깨달음으로 전환되어야 한다. 화엄종 조사들이나 천태종의 천태 지의도 선을 근간으로 했으며, 정토종의 창시자 여산 혜원(334~416)은 『반주삼매경』에 기초한 결사를 하였고, 지론종은 유식을 실증하기 위해 선정의 실천을 중시하였다.

대승경전에는 '중생들이 여래의 성품인 종자를 가지고 있다'고 하였다. 즉 본래성불 사상이 경전에 일관적으로 흐르고 있다. 이 본래성불本來成佛·본각사상本覺思想을 중심으로 중국의 선사상이 정립되었다. 각 선종 내의 각 파에서도 조사들이 선사상을 확립하는 과정에서 크게 작용한 사상은 불성과 본래성불의 본각사상이다. 이것이 곧 조사선과 간화선의 수행체계요, 근본 원리이다. 또한 우리나라 선사상의 기틀이다.

먼저 『유마경』을 보자. 이 경전이 선사상에 끼친 영향은 매우 지대하다. 「보살품」에 "보살이 만일 모든 바라밀로써 중생을 교화하며 온갖 행위, 즉 일거수一擧手 일투족一投足이 모두 도량으로부터 와서 불법에 머문다."라고 하였고, 「보살행품」에는 "부처의 위의와 동작, 행하는 일마다 불사 아닌 것이 없다(諸佛威儀進止 諸所施爲 無非佛事)." 라는 구절이 있다. 즉 일상행위인 행주좌와 일체 동작이 법계이며, 신구의 삼업의 행위가 전부 부처의 행이라는 것이다. 이 경전 구절을 적극 활용하여 조사선에서 좌선과 노동, 인간의 일상생활 모두를 불사佛事로 보는 수행체계가 성립되었을 것으로 생각된다.

『화엄경』이 조사선에 미친 사상은 성기性起사상이다. 「여래성기품」에서 말하는 성기란 원래 여래의 지혜인 여래의 성품이 그대로 드러난 것인데, 불성현기佛性現起 혹은 체성현기體性現起가 줄여진 말로서 '성의 기', 혹은 '성의 현현顯現'이다. 즉 번뇌가 전혀 없는 부처가 중생에 현재하는 것을 말한다. 그러므로 깨달음이란 법계가 여래로 되어 출현하는 것, 중생의 마음 가운데 지금 바로 일어나고 있는(現起) 그대로가 바로 여래의 성기라는 것이다. 이는 수행에 의해 부처가 되는 것이 아니라 본래부터 부처를 이루고 있다는 뜻이다.

중기 대승불교 경전인 『열반경』이 조사선에 끼친 영향은 바로 불성이다. "모든 중생에게 있는 불성이란 마치 매우 가난한 여인의 집에 있는 보물창고와 같다(衆生佛性 猶如貧女宅中寶藏)."라고 하였으니, '일체중생 실유불성一切衆生悉有佛性'은 선의 대표 문구이다. 이와 똑같이 『여래장경』에서는 '일체중생 유여래장一切衆生有如來藏'이라고 하였다. 중국에서 돈오성불론을 처음 주장했던 사람은 도생(道生, 360?~434)이다. 당시에는 도생의 불성론이 받아들여지지 않고 부정되었다. 불성과 여래장은 같은 의미를 가지고 있는데, 중국에서 여래장보다 불성이라는 용어를 더 활용했기 때문에 불성이 보편화되었다.『열반경』에서는 한발 더 나아가 극악무도하고 오역죄를 지었거나 어리석은 중생, 곧 '일천제일지라도 성불할 수 있다'고 하였다. 이 사상을 배경으로 한 간화선의 대표적인 화두가 구자무불성狗子無佛性이다.

또 6조 혜능(638~713)이 발심하게 된 경이『금강경』이라고 하지만,『열반경』의 불성상청정佛性常淸淨이라는 설도 있다. 혜능의 제자 하택 신회(荷澤神會, 670~762)도 "견성설이나 돈오사상은『열반경』의 불성설이 없이는 성립될 수 없다."라고 말할 정도이다. 중국 선사상의 시발점을 이루는 돈오사상 확립은 바로 신회에 의해서 이루어졌다. 신회는『열반경』이외『유마경』의 "번뇌를 끊지 않고 열반에 드는 것을 연좌宴坐라고 한다",『화엄경』「여래출현품」의 "일체중생이 여래의 지혜덕상智慧德相을 갖추고 있다", 그리고『법화경』의 "부처님은 오직 일대사인연一大事因緣으로 세상에 출현하였다."는 내용을 토대로 돈오견성과 반야사상을 확립하였다.

다음은 중국 초기 선종의 소의경전인『능가경』의 본래성불 사상을 보자. 이 경전은 달마가 혜가에게 전해 주며, '이 경을 의지해 수행하라'고 한 경전이다. 여러 내용이 편재하지만, 이 중 대표적인 사상은 자각성지自覺聖智이다. 자각성지는 언설을 떠난 최고의 경지이자 제일의제인 경지를 말한다. 이는 여래가 도달한 자내증自內證의 경지를 표현하기도 한다. 이 경전을 크게 의지했던 선사는 마조(709~788)이다. 마조는『능가경』을 토대로 평상심 및 즉심시불卽心是

佛 사상을 정립하였다.

『원각경』은 7세기 말~8세기 초에 성립되었다. 『원각경』에서는 "이 경의 이름을 돈교대승이라고 하나니, 돈기頓機의 중생이 이 경을 의지해 깨닫기 때문이다(是經名爲頓敎大乘 頓機衆生從此開悟)."라고 하였다. 일체중생이 본래성불임을 곧바로 드러내어 '원각'이라고 이름 붙였듯이 『원각경』은 돈오사상의 측면이 크게 두드러진다.

본래성불의 연원으로서 『법화경』은 일승사상을 표방한다. 이 경에서는 방편으로는 성문·연각·보살 등 삼승이지만, 모두 일승으로 귀일됨(三乘方便 一乘眞實)을 밝히고 있는 포용적인 경전이다. 이 일승을 『법화경』에서는 만선성불萬善成佛과 일체개성불一切皆成佛, 수기와 작불作佛 사상으로 전개하고 있다. 「제바달다품」에서는 악인 제바달다와 8세 용녀의 성불이 등장하는데, 용녀의 찰나성불을 주목한 선사가 하택 신회이다. 신회는 용녀의 찰나성불을 돈오사상의 근거로 삼았다.

그렇다면 본래성불된 중생이기 때문에 중생과 부처가 동등한 본질을 갖고 있다는 점을 경전에서 보자. 『법화경』에서는 부처 입장에서 "내가 본래 세운 서원은 일체중생들로 하여금 '나와 다름없이 평등하다(如我等無異)'는 것을 알려주는 것이다."라고 하였고, 『화엄경』에선 "(자기 몸속에 있는 여래의 광대한 지혜가) 부처와 다름이 없다(與佛無異)."라고 하였다. 『여래장경』에서는 "일체중생이 비록 수많은 번뇌로 뒤덮여 있으나 여래장이 있어 항상 더러움에 물들지 않고 덕상을 온전히 구족하고 있음이 '여래인 나와 더불어 다를 바 없다'(如我無異)."라고 하였다. 이 세 경전에서는 중생 입장에서 말하는 것이 아니라 부처 입장에서 중생과 동등하다고 하는 것이다.

이상을 다음과 같이 정리해볼 수 있다.

초기불교 : 심성본정心性本淨(심성이 본래 깨끗함)

초기대승 :

『금강경』의 무주無住(=무집착, 공사상)

『유마경』의 여래종如來種·불종성佛種性·여래성如來性·불이사상
不二思想·생사즉열반生死卽涅槃 번뇌즉보리煩惱卽菩提

『화엄경』의 성기사상性起思想 "일체중생이 지혜덕상智慧德相을
갖추고 있다."

『법화경』의 "모든 중생이 성불할 수 있다"는 사상은

일승一乘·불종佛種·불자佛子

중기대승 : 지나치게 공허한 사상으로 허무주의에 빠지는 것에 대한 일환으
로 '그곳에 부처의 본성本性이 있다.' 혹은 '공성空性에 대해 그 일
체개공一切皆空을 깨닫는 주체는 무엇인가?'라는 해답의 요청으
로 불성과 여래장이 등장.

『여래장경』과 『승만경』과 『부증불감경』의 여래장如來藏

『열반경』의 불성佛性·일천제一闡提 성불

『보성론』의 여래계如來界·여래성如來性·법신法身

『불성론』의 여래장

『원각경』 : 모든 중생은 본래 깨달아 있다(衆生本來成佛).

03 | 중국 선사상의 흐름 및 특징

"천하가 나누어진 지 오래되면 반드시 합하게 되고, 합한 것이 오래되면 반드시 나뉘지기 마련이다(天下分久必合, 合久必分)."라고 하였다. 불교사와 선종사도 역사의 부침 속에 통합되었다가 양분되는 양상을 보여준다.

교학불교가 왕권의 도움으로 크게 번창할 무렵, 초기 선종은 왕권이나 귀족들의 도움과는 거리가 멀었다. 부처님께서 가섭에게 3처전심三處傳心*으로 마음을 전하였고, 이 법이 전승되어 28번째가 보리달마이다. 이 달마가 520년에 중국에 도래하여 동토東土의 첫 조사가 된다. 초조初祖인 달마부터 시작해 2조 혜가~3조 승찬 대까지두타행자나 다름없었다. 4조 도신과 5조 홍인의 선법을 '동산법문東山法門'이라고 하는데, 어느 정도 조직적인 승가 형태를 이루기 시작했다.

---

* 부처님께서 가섭존자에게 세 곳에서 마음에서 마음으로 법을 전한 것(以心傳心)이라고 하여 3처전심三處傳心이라고 한다. 영산회상염화미소靈山會上拈花微笑·다자탑전분반좌多子塔前分半坐·사라쌍수곽씨쌍부沙羅雙樹槨示雙趺이다.

호북성湖北省 황매黃梅 4조 도신의 도량인 사조사四祖寺 조사전에 초조 달마
~6조 혜능까지 모셔놓았다. 중국 선종사찰에서는 이 여섯 분의 형상을 많
이 모셔놓는다.

5조 홍인으로부터 배출된 신수계를 북종北宗이라 하고, 혜능계를
남종南宗이라고 하였다. 이렇게 '남종'·'북종'이라고 명명한 선사는
혜능의 제자인 하택 신회(神會荷澤, 670~762)다. 신회는 북종을 방계
라고 하고, 수행법은 점수漸修라고 하였다. 즉 북종선의 습선적인 병
폐를 비판하면서 혜능은 달마의 법통을 이어받은 적손으로서 남종
은 반야와 돈오頓悟 사상이라고 주장하였다.

6조 혜능(638~713) 이후부터 선종의 역사는 큰 물줄기를 이루게
되었다. 그런데 선종의 역사는 하택 신회가 생각지도 못했던 일파에
의해 발전하였다. 혜능의 제자인 남악 회양과 청원 행사 문하에서
비약적인 발전이 이루어진 것이다. 즉 남악 문하에서 마조 도일(馬

祖道一, 709~788)이 배출되었고, 청원 문하에서 석두 희천(石頭希遷, 700~791)이 등장하였다.

마조 문하에서 위앙종과 임제종이 형성되었으며, 석두 문하에서 운문종과 조동종·법안종이 형성되었다. 다시 북송시대에 임제종에서 황룡파와 양기파로 나뉜다. 이를 5가 7종五家七宗이라고 한다. 처음 북송 초기만 해도 운문종과 법안종이 위세를 떨쳤는데, 점차 황룡파로 옮겨갔고, 다시 양기파의 선사상이 크게 발전하였다.

마조로부터 시작해 선사들이 깨달음을 표출하거나 제자들을 제접하기 위해 언어 문자·불자·주장자·방棒·할喝 등을 활용하였다. 이런 일련의 과정에서 조사들의 언행을 기록한 것이 어록이요, 여기서 공안을 발췌해 염고拈古·송고頌古·염송拈頌 형식의 송고문학이 발전하였다. 이 송고문학에서 간화선看話禪이 나온 것이다.

남송시대에 양기파 5대손인 대혜 종고(1089~1163)로부터 간화선이 성립되었고, 조동종에서는 굉지 정각(1091~1157)과 진헐 청료(1089~1151)를 중심으로 하는 묵조선黙照禪이 발전하였다.

송나라 말기부터 원·명·청대를 거쳐 현재까지 중국은 정토와 선이 결합된 염불선念佛禪이 주류를 이루고 있다.

우리나라는 고려시대에 간화선이 유입되었다. 대혜가 체계화한 간화선은 조사선의 핵심을 가장 잘 간직하고 있는 수행법이다. 간화선은 조사선이 강조하는 견성 체험을 그대로 이어받았을 뿐만 아니라, 조사 스님들께서 마음의 본래면목을 바로 보였던 '말길이 끊어진 말씀'을 화두라는 형태로 잘 정형화시켰다. 한편 묵조선은 일본에서 크게 발전하였다.

중국 선종사		한국 선사상사
수대~당대 초기 6세기 초~8세기 초기	여래선如來禪 『능가경』에서 제시한 최고의 선	조사선 (구산선문 외 여러 산문)
당대~당말 5대 8세기~11세기 초기	조사선祖師禪 마조 도일과 석두 희천을 중심으로 발전	
북송 11세기 말기~12세기 초기	문자선에서 송고문학으로 발전, 송고문학 에서 공안이 발전되었다.	간화선
남송 12세기~13세기	간화선과 묵조선	
당대 말기~현대	염불선念佛禪 염불선이란 정토와 선의 결합인데, 이것이 주류를 이루어 왔으며, 현 중국에는 순수 간화선과 묵조선이 미미하게 존재한다.	간화선

중국의 선사상은 곧 우리나라를 비롯해 동아시아 전반의 선사상의 특징이 되었다.

첫째, 선사상은 일심一心의 흐름이다. 석가모니부처님 이래 초기불교의 수행체계인 4선(四禪: 초선~4선), 4무색정(四無色定: 空無邊處·識無邊處·無所有處·非想非非想處), 멸진정滅盡定에서도 핵심은 마음의 개오開悟이다.

서천 28조이자 동토 초조인 달마도 일심을 강조했는데, 곧 안심安心 법문이다. 각 선사들마다 의미는 일심이지만, 저마다 표현방식이 달랐다. 3조 승찬은 신심信心을 주장하였고, 동산법문에서 4조 도신은 수일불이守一不移, 5조 홍인은 수심守心, 우두 법융은 무심無心, 대통 신수는 유심唯心(화엄사상 강조)과 좌선섭심坐禪攝心, 혜능은 자성

29

청정심自性淸淨心이다. 조사선의 개조開祖라고 하는 마조에 와서는 평상심平常心, 황벽에게서는 무심無心, 위산에게는 여여불如如佛, 임제에게서는 자유와 무위진인無位眞人으로 각각 나타나게 된다.

이렇게 선사들마다 다른 용어를 쓰고 있지만 스승에서 제자로, 다시 제자에서 제자로 이심전심이 대대상전代代相傳하였다. 곧 그릇의 형태만 바뀐 것이지, 그릇 안의 물은 그대로 전해지고 있는 것이다. 여기서 스승이 제자를 인가하는 형태로 나타난다.

둘째, 좌선坐禪 형태만을 강조하는 수행이 아니라, 행주좌와行住坐臥 어묵동정語黙動靜 일상 속에서의 수행이 정착되었다. 물론 부처님도 늘 4선(4선에 의해 천안통·숙명통·누진통 삼명三明을 얻어 아라한이 되고, 마음이 하나의 대상에 집중된 상태인 심일경성心一境性의 경지)의 경지에 머물러 신심身心의 상태를 간직했다. 열반하실 때도 4선의 경지에서 열반하였다. 일상생활에서의 수행이 초기불교에서 없는 것은 아니지만, 방법상 고착시킨 것은 중국 선사들이다. 이런 데서 운력(노동)하는 것도 수행의 연장선으로 보았다. 여기서 한발 더 나아가 선사들의 생활 전반에 관한 규칙인 청규淸規가 제정되었다.

셋째, 중국의 선종은 대승불교 경전의 불성과 본래성불 사상을 응용해 선사상을 정립했다. 수증도과修道證果의 가능적 근거인 불성에 대한 자각과 반야사상의 실천을 일체화함으로써 돈오를 강조하였다.

넷째, 8세기 중반 조사선 확립으로 인도 선과 다른 중국 선이 확립되었다. 이 조사선의 근간을 보면, 부처보다는 현세에서의 인간 중심 사상으로 흘렀다. 특히 인간의 본바탕인 자성自性이 청정하다는 주제의식을 강조하는 데 역점을 두었다.

다섯째, 인도 선에서는 볼 수 없는 광경이 바로 대기대용大機大用·선기禪機 방편의 활용이다. 곧 인도 선이 정적靜的인 데 반해 중국 선은 동적動的으로 활발하다. 무엇보다 활발하고 자유스러움이 깃들어 있다(이 점에는 도교적인 성향이 담겨 있다). 스승은 제자들을 깨우치기 위해 방편을 썼는데, 이를 법거량法擧揚이라고 한다. 이 법거량이 문자화되고, 이 문자선이 공안公案으로 전환되었다. 이 공안을 방법화한 것이 송나라 때 간화선看話禪이다.

여섯째, 인도불교가 경전 중심이었다면, 중국 선종은 어록語錄을 편찬하고, 어록을 중시하였다.

일곱째, 유학+선, 천태+선, 화엄+선, 정토+선 등 융합적인 측면이다. 이 가운데 선과 정토는 선정일치禪淨一致라고 해서 송대 이후부

'조고화두照顧話頭·염불시수念佛是誰' 글귀가 선방 기둥에 많이 붙여져 있다(강서성江西省 영수현永水縣 진여사).

터 근현대까지 이르고 있다. 당나라 말기 영명 연수는 『만선동귀집萬善同歸集』을 통해 선정일치를 주장하기 시작하였다. 원나라 때는 중봉 명본, 명나라 때부터는 감산 덕청·운서 주굉 등이 선사로서 정토를 겸하였다. 지금도 중국 선방에는 '염불시수念佛是誰'라는 문구가 선방 기둥 곳곳마다 붙어 있다. 우리나라는 나옹 혜근·서산 휴정에게 선+정토사상이 담겨 있다.

여덟째, 선문화의 발전이다. 선문화도 여러 방향이다. ①선+시, 오도송이나 열반송, 깨달음의 기쁨을 노래한 선시가 있다. ②선+그림(畵), 선+묵墨 등 그림과 선의 결합에는 청거 호승의 목우도를 비롯해 곽암의 십우도 등 여러 선사들의 십우도가 있다. ③선+차, 다도가 발전되었는데, 다도는 동아시아 가운데 일본에서 가장 큰 발달을 이루었다. ④원상○을 표시하거나 그리기도 하였다. 원상이란 불법 그 자체의 진실, 깨달음의 원만성을 상징한다.

아홉째, 재가자도 수행자로서의 보편화를 이루었다. 승려들만의 한정된 불교가 아니라 재가자의 활동이 매우 컸다. 대표적 인물로는 당대의 방거사·두보(712~770)·왕유(700~761)·이하(790~816)·이고(약산 유엄 제자)·백거이(772~846)·배휴(791~870) 등이 있다. 백거이는 흥선 유관(興善惟寬, 755~817)의 제자로 법맥도에 등장하며, 배휴는 종밀·위산·황벽 등으로부터 가르침을 받았다. 송대의 유학자들은 선사상에서 영향을 받았다. 당대는 재가 수행자가 순수 선만을 지향했다면, 송대에는 선과 문학이 결합된 경향을 보였다. 대표적으로 황룡파의 소동파·황산곡·왕안석이 있고, 육상산·장상영(1043~1121)·장구성(1092~1159)이 있다. 특히 대혜 종고에게 간화

중국은 차와 선이 결합된 문화가 보편화되어 있다. 찻잔에도 '다선일미' 글귀가 새겨져 있다.

선 지도를 받은 재가자는 수두룩하다. 원대에는 조동종 만송 행수(萬松行秀, 1166~1246)의 제자인 담연거사 야율초재(1190~1244) 등이 있다.

중국에 선이 유입된 이래 중국인들은 선을 신비나 감통感通과 같은 이미지로 받아들였다. 그러다 6조 혜능에 이르러 중국적인 선으로 변화되기 시작하면서, 마조(709~788)에 이르러 일상화된 종교로 탈바꿈되었다. 즉 현실을 벗어난, 형이상학적으로 여겨지던 선이 일상화된 종교로 전환된 것이다. 방거사는 오도송에서 "신통神通 묘용妙用(내 마음 공부는) 물 긷고 땔나무 줍는 일이로다."라고 한 데서도 선의 일상화된 사실을 알 수 있다.

04 | 달마가 중국에 도래하기 전, 중국의 선자禪者들

선사상은 위진남북조시대를 거치면서 청담淸談과 현학玄學 사상으로 나타났고, 여기에 늑나마제·보지공·부대사 등 선자禪者들이 있었다. 즉 선종 역사는 달마가 520년 중국에 들어온 이래 시작되었다고 보지만, 선사상은 달마 이전부터 존재해 왔다고 볼 수 있다.

(1) 늑나마제(勒那摩提, 5~6세기경)는 중인도 역경승이며, 경학과 선관에도 통달하였다. 508년 중국 낙양 영녕사永寧寺에서 『법화론』 등

낙양 영녕사

6부를 번역하였다. 그 당시에는 늑나마제의 선이 달마의 선법보다 융성했다고한다.

지공 화상 진영

(2) 보지공(寶誌公, 誌公和尙, 418~514)은 계율로부터 벗어나 형식적인 선관을배척하고 무애행無碍行이나 무집착 등전형적인 자유로움을 드러낸 선사로서후대 선사상에 영향을 끼친 인물이다. 양무제의 초청으로 대내(大內, 궁궐 안)에서 설법하였고, 당대의 신승神僧으로 알려져 있었다. 지공誌公 화상은 당시의 학파 스님들과는 그 사상이나 행적이 달랐다. 그는 때로는 이적을 나타내기도 하고, 언행 또한 궤변적이어서 알아듣는 이가 적었다. 훗날 그의 법문은 선종이 크게 발전한 뒤에 사람들의 관심사가 되었고 크게 각광을 받았다. 지공의 법문은 다분히 조사선적인 성격을 띠고 있으므로, 교학에만 몰두해 있던 당시의 승려들 사이에서는 일종의 궤변이라는 낙인을 받았을 것으로 추론된다. 당나라에 들어서 지공 화상의 법문은 선구적인 조사선의 법문이라고 칭송을 받게 된 것이다. 지공 화상은 법문 중에 "공들여 지어 놓은 절과 탑을 모두 헐어버려라."고 역설하였다. 절을 짓고 탑을 쌓았다는 공덕을 잊어버리라고 했는데, 자신이 선행을 지었다고 관념 두는 것은 유루복이요, 선행을 하고서도 이를 마음 두지 않는 것이 무루복이다. 하지만 지공 화상은 유루복과 무루복을 떠나 그 이상, 즉마음 닦는 것을 염두에 둔 것으로 본다.

(3) 부대사(傅大士, 497~569) 또한 달마 이전 중국 선종의 역사가 시작되기 전의 인물이다. 부대사는 중국 선종사 측면에서는 포함시킬 수 없지만, 선사상적禪思想史的인 측면에서는 그의 사상을 빼놓을 수 없을 만큼 후대 선자들에게 큰 영향을 끼쳤다. 부대사는 절강성浙江省 동양東陽 출신이다. 호가 선혜善慧로 선혜대사善慧大士로도 널리 알려져 있다. 534년 양무제에게 설법하여 무제를 불교에 귀의시켰다. 깨달음을 얻고 거침없는 수행과 법문으로 당시 출가자와 재가자 모두에게 존경을 받았던 인물이다. 그의 선적 경지는 『벽암록』 67칙에 '부대사강경경傅大士講經竟'이라는 내용으로 전한다.

양무제가 부대사에게 『금강경』 강의를 부탁하였다. 부대사는 법좌에 오르자마자 법탁을 탁 치고는 즉시 내려왔다. 무제가 깜짝 놀라 당황해하자, 지공 화상이 말했다.
"폐하께서는 이 뜻을 알겠습니까?"
"모르겠습니다."
그러자 지공 화상이 말했다.
"부대사께서는 이미 설법을 마쳤습니다(大士講經竟)."

이 내용은 고려 진각국사 혜심(1178~1234)의 『선문염송禪門拈頌』 1422칙에도 전한다.

부대사는 24세에 숭두타嵩頭陀에게 감오感悟하여 숭산에 숨어 수행하면서 깨달음을 얻었다. 때때로 무애행으로 출가자와 재가자 모두에게 존경을 받았고, 양무제의 귀의를 받았으며, 남경南京 방산方

山 정림사定林寺에 머물렀다. 만년에 비승비속으로 생활하여 자유자재한 도인으로 알려졌으며, 『금강경오가해』의 저자 가운데 한 분이다. 부대사의 즉심시불卽心是佛 사상은 조사선 사상에 적지 않은 영향을 끼쳤다. 부대사의 게송을 하나 보자.

빈손으로 호미를 쥐고
걸으면서 물소를 탄다.
사람이 다리를 지날 때
다리는 흐르나 물은 흐르지 않는다.
空手把鋤頭 步行騎水牛 人從橋上過 橋流水不流
(『전등록』·『오등회원』)

농부가 밭을 갈고 있을 때 자기가 호미를 쥐고 있다는 생각이 전혀 없이(무심히) 호미를 잡고 하루 동안 밭일을 끝낸다. 그런 뒤에 물소의 등을 타고 집으로 오면서 소와 자신이 하나가 되어 걸어가고 있는 것이 바로 자기 자신이 걸어가고 있는 것과 같은 (無心한) 경계이다.

05 | 동아시아 선에 씨앗을 뿌리다 : 초조 달마

(1) 선종의 초조 달마, 그는 실제 인물인가?

달마達摩*만큼 중국 선종사에서 큰 부분을 차지하는 인물도 드물다. 달마는 중국 선의 시작점이며, 달마의 사상은 중국 선사상의 근원을 이루기 때문이다. 어록이나 공안公案에 '조사서래의祖師西來意'가 많이 등장한다. 여기서 조사는 달마를 가리키는데, '달마가 서쪽으로부터 중국에 온 이유는 무엇이냐?'라는 뜻이다. 단순한 어구적인 해석을 의미하는 것이 아니라, '선의 본질은 무엇인가?', 수행코자 하는 '그 마음의 본질이란 무엇이냐?'가 담겨 있다. 바로 이런 전제 아래서 수많은 수행자들이 선문답을 하고 있다. 그만큼 달마라는 인물은 어떤 존재이냐를 떠나서 선의 근원이자 본질의 대명사나 다름없다.

달마에 관한 전기로서 현존하는 가장 오래된 문헌은 도선(道宣, 596~667)의 『속고승전』(645년)이다. 『속고승전』보다 늦은 시대의 『전등록』(1004년)에서도 달마를 선종 시조始祖로서의 사명을 짊어진

---

* 달마의 '마'는 摩(達摩)라고 쓰이기도 하고, 磨(達磨)라고 쓰이기도 한다. 대체로 역사상 실존한 인물이었던 달마를 가리킬 경우에는 達摩로 표기하고, 선종의 이상적 상징으로서의 달마를 가리킬 경우는 達磨로 한다.

이상형의 모습으로 묘사하고 있다.

예를 들어, 달마가 처음 양무제와
조우했을 때의 일이다. 양무제가 달마
에게 자신은 "스님들을 돕고 불사하
는 데 큰 역할을 하였는데, 자신에게
공덕이 얼마나 되느냐?"라고 묻자, 달
마는 양무제에게 "공덕이 하나도 없
다."라고 답했다. 또한 달마가 숭산 소
림사로 들어가 9년간 면벽하고 있을
때, 혜가가 찾아와 법을 구하였다. 눈
이 오는 날, 혜가는 팔을 잘라서 달마
에게 구도력을 보여주었다. 한편 달마

우리나라 국립중앙박물관에 소장되어
있는 김명국의 달마도

는 당시 승려였던 보리유지菩提流支**와 광통율사(光統律師, 471~550)
의 질투를 사서 독살되었는데, 관 속에 한 짝 신발만 남겨둔 채 인도
로 돌아갔다고 한다. 이외에 달마와 관련해 재미난 일화가 많다. 그
런데 모두 허구이다. 달마에 관한 일화 등은 후대 조사상祖師像에 대
한 시대적인 요청에 의해 만들어졌다고 볼 수 있다.

그렇다면 달마는 역사적 실제 인물이 아닌 가공인물인가? 한마디
로 답하면 달마는 실제 인물이다. 학계에서는 최초로 달마가 실제
인물이라는 사실을 양현지楊衒之의 『낙양가람기洛陽伽藍記』를 증거

** 보리유지는 6세기 초 북위 불교계에서 활동하였으며, 역경삼장으로 알려진 인
   물이다.

로 한다. 즉, 권1「영녕사조永寧寺條」에 다음과 같은 기록이 전한다.

달마는 멀리 변방 지역에서 태어나 우리나라를 유람하다가, 북위
의 수도 낙양 영녕사 탑의 금반에 해가 비쳐 그 광채가 구름 위에
까지 퍼지며 보탁寶鐸이 바람에 흔들리어 울리니, 그 소리의 여운
이 중천中天에까지 미치는 모습을 보고, 달마가 "나는 150살이 되
도록 여러 나라를 두루 다녔으나 이 절은 매우 아름답다."라고 말
하며 입으로 "나무南無"라고 염불하면서 연일 합장하였다.

『전등록』에서도 "달마는 후위後魏 여덟 번째 임금인 효명제孝明帝
19년에 열반에 들었는데, 이때 나이가 150세요, 장사는 하남성河南
省 웅이산熊耳山에서 지냈으며 양무제 아들 소명태자가 제문을 지었
다."라고 하면서 달마의 탑을 정림사定林寺에 모셨다고 명기하고 있
다. 그런데 10여 년 전에 삼문협 웅이산(三門峽 陝縣 西李村 陸溝 熊耳
山)에서 달마의 석비와 묘탑이 발견되었다. 석비에는 "달마는 대동
大同 2년(536년) 12월 5일에 낙주洛州의 우문禹門, 현재의 용문석굴에
서 입멸했다."라고 적혀 있어 문헌과 조금 상이한 점이 있다.

(2) 달마의 행적

『속고승전』에 기록된 달마의 모습은 이러하다. "달마는 남천축南天
竺의 바라문 종족으로 신령스러운 슬기가 밝고 트이어 듣는 것은 모
두 환하게 깨달았다. 대승에 뜻을 두어 마음이 허적虛寂함에 명합冥
合하였으며, 미묘함을 통달하여 많은 수행자들이 그를 높이 평가했

다. 그는 변방의 사람들을 가엾이 여겨 법을 중국에 전하고자 송宋의 남쪽 국경인 남월南越에 이르렀고, 후에 북지北地로 옮겨가 위魏에 이르렀다."

달마가 중국에 들어오기 이전에도 선자들이 있었지만, 대부분의 중국인들은 선을 신선방술적이고 초현실적인 것으로 인식하고 있었다. 인도 선의 중국적 변용은 천태종의 천태 지의(538~597)이지만, 선을 신이神異한 이미지로 알고 있던 중국인의 사유를 완전히 승화시킨 것은 보리달마에 의한 중국 선종의 성립이다('선종'이라는 종명을 처음으로 쓴 것은 황벽 희운의 『전심법요』이다).

『역대법보기』에 의하면, 달마가 제자들에게 법을 인가하는 부분에 대해 피皮·육肉·골骨·수髓의 부법付法이 전한다. 어느 날 달마가 제자들을 모이라고 한 뒤에 '선을 통해 얻은 바를 말해 보라'고 하였다. 제일 먼저 도부道副가 말했다.

"문자에 착着하지 않고 문자를 여의지도 않는 것으로 도를 삼는 것입니다."

"너는 나의 가죽을 얻었다."

총지摠持 비구니에게는 "그대는 살을 얻었다."라고 했으며, 도육道育에게는 "뼈를 얻었다."고 하였다. 마지막 혜가에게는 "골수를 얻었다."라고 한 뒤, 그에게 법의 신표로 가사를 전했다. 이리하여 달마의 법은 2조 혜가에게 전해졌다.*

---

* 『속고승전續高僧傳』 권16 「혜가장慧可章」에 달마의 제자로 도육道育과 혜가 이외 향거사向居士·화공化公·요공廖公·법림法林·승나僧那·혜만慧滿이 나온다. 여

41

(3) 달마의 선사상

달마가 중국에 들어온 무렵, 승주(僧稠, 480~560)뿐만 아니라 화북의 수행자들은 백골관白骨觀이나 부정관不淨觀 수행법을 닦았다. 이에『속고승전』의 저자 도선은 "보리달마의 선법은 이론적인 반야般若 사상에 기초를 두면서도 벽관壁觀이라는 실천으로 새로운 경지를 펼쳤기에 대승벽관大乘壁觀 공업최고功業最高"라고 극찬하였다. 바로 이런 점이 달마가 중국 선종의 초조初祖로 받들어지는 이유이기도 하다. 달마의 선법을 전하는 최고의 문헌은 돈황본『이입사행론二入四行論』인데, 이를 토대로 달마의 선법을 살펴보자.

Ⓐ 이입理入

무릇 도에 들어가는 데는 여러 가지 길이 있으나, 그 요문要門으로 이입理入과 행입行入(四行) 두 가지를 벗어나지 않는다. 첫 번째는 이입이요, 두 번째는 행입이다. 이입이란 경전에 의해서 도道의 근본정신을 깨닫고 범부와 성인이 모두가 동일한 진성眞性을 가지고 있다고 깊이 믿는 것이다. 다만 객진(客塵, 번뇌)으로 뒤덮여 있어 능히 나타나지 못한 것이니, 만약 망妄을 버리고 진眞으로 돌아가 벽壁과 같이 주住하여 스스로 마음을 관觀하여 자신과 상대가 둘이 아님을 깨달으면 범부와 성인이 하나로 평등해진다.

기에 몇몇은 약전略傳 혹은 언설言說을 싣고 있으나, 향거사·화공化公·요공·화공和公(和禪師) 등 4명에 대해서는 전기를 전혀 알 수 없다.

이에 여여부동如如不動한 경지에 머물러 언교를 따르지 않으면서 적연무위寂然無爲함을 이입이라고 한다.*

경전에 의해 도의 대본을 파악한다고 하여 자교오종藉教悟宗이라고 본다. 즉 달을 가리키는 손가락이나 강을 건넌 뒤에 뗏목처럼 경전의 이론을 의지해 깨달음의 길로 나아가는 확신을 가지라는 뜻이다(손가락이나 뗏목은 방편에 해당하므로 깨달은 뒤에 버릴 것을 강조). 경전에 의해 일체중생이 부처와 똑같은 본성을 갖고 있음을 깊이 믿는다는 것은 이론이 아닌 곧 실천인데, 이 실천이 곧 벽관壁觀이다. 한마디로 대승경전에는 모든 중생이 본래성불·본각本覺임을 설하고 있으므로, 자신이 깨달아 있는 부처임을 굳게 확신해야 한다. 이입이란 안심安心이며, 안심이란 벽관壁觀이라고 할 수 있다. 벽관은 번뇌나 허망이 접촉할 수 없는 근원적인 마음인 안심의 상태에 되돌아가 안주하는 실천법을 말한다.

Ⓑ 행입行入의 4행

달마가 수행자로서 네 가지를 실천하라고 한 내용에는 어떤 것이 있는가? 4행은 구체적인 실천 형태를 말하지만, 우리네 삶과도 밀접하므로 전문을 보기로 한다.

---

* "夫入道多途 要而言之 不出二種 一是理入 二是行入 理入者 謂藉教悟宗 深信凡聖 含生同一眞性 但爲客塵妄覆不能顯了 若也捨妄歸眞 凝住壁觀 無自無他 凡聖等一 堅住不移 更不隨於言教 此卽與眞理冥符 無有分別 寂然無爲名之理入."(『경덕전등록』)

① 보원행報冤行이란 무엇인가. 수행하는 사람이 만약 고통스러운 일을 당했다면 다음과 같이 생각해야 하느니라. '내가 과거 무시 이래로 수만 겁 동안에 수행을 하지 않고, 원망하고 증오하는 일을 많이 지었으며 (남을) 해롭게 하는 일이 많았기 때문이다. 비록 지금 죄를 짓지 않을지라도 이는 전세에 지은 악업으로 인해 과보가 나타난 것이다.' 그러니 이러한 이치를 마음으로 받아들여 인욕한다면 원망하고 하소연하는 일이 없을 것이다. 경전에 이르기를 "고통을 만나도 근심하지 않는다. 근본을 알고 통달해 있기 때문이다." 이렇게 생각한다면 이치와 더불어 상응해 원망을 체달하고 도道를 증득할 수 있다.*

보원행 내용은 누구나 수긍할 것이다. 굳이 수행만이 아닌 삶에서도 마찬가지라고 본다. 살면서 어찌 꽃길만이 펼쳐지겠는가! 인생은 가시밭길이 더 많은 법이다. 특히 사람 관계에서 오는 고통이 제일 많다. 이때마다 상대방을 원망하면 그 원한과 고통은 배가 된다. 그러니 원망과 증오·번뇌로운 그 어떤 것이든 자신의 전생업보 때문이니 '빚 갚는다'고 여기고 인내하라는 뜻이다. 『금강경』에도 이와 유사한 내용이 있다. "경을 수지하고 독송할 때 좋지 않은 일이 발생하면 과거의 업장을 한꺼번에 소멸하는 계기이니, 더 열심히 독송하라."

---

* "修道行人 若受苦時 當自念言 我從往昔無數劫中 棄本逐末 流浪諸有 多起怨憎 危害無限 今雖無犯 是我宿殃惡業果熟 非天非人所能見與 甘心忍受 都無怨訴 經云 逢苦不憂 何以故 識達本故 此心生時 與理相應 體怨進道."(『경덕전등록』)

② 수연행隨緣行이란 무엇인가. 중생은 자아가 없으며 인연의 업業에 따를 뿐이다. 고통과 즐거움을 받는 것이 모두 인연에 따라 받는 것이다. 만약 좋은 일이나 명예 등의 일을 얻으면 이는 과거세에 지은 선업으로 인해 금세에 받는 것이다. 이것도 인연이 다하면 없어지게 되어 있다. 그러니 어찌 기뻐할 것이 있겠는가. 좋고 나쁜 것도 다 인연에 따르며 마음에 증감增減이 없기 때문에 기쁜 일에도 동요하지 않고, 그윽이 도에 따라야 한다.**

명나라 말기 유학자인 육상객陸湘客이 이런 말을 하였다. "초연한 마음가짐을 갖고, 사람을 대함에도 초연하며…… 성공했을 때는 담담하고, 실패하더라도 태연하라(自處超然 處人超然…… 得意澹然 失意泰然)." 살아가면서 좋은 일이 생기기도 하고, 나쁜 일이 발생하기도 한다. 힘든 역경이 있으면 이 또한 인연에 의한 것이라고 받아들이고, 좋은 일이 생겨도 인연이 다하면 곧 사라질 것이니 너무 들뜨지 말라는 것이다. 사바세계의 삶이 어찌 내 뜻대로 되겠는가? 좋은 일과 나쁜 일이 번복되어 찾아오는 법이다. 이렇게 삶의 순역順逆 경계에 흔들리지 않는 것도 불도의 실천이다.

③ 무소구행無所求行이란 무엇인가. 세상 사람들이 욕심 부리는

** "衆生無我 並緣業所轉 苦樂齊受 皆從緣生 若得勝報榮譽等事 是我過去宿因所感 今方得之 緣盡還無 何喜之有得失從緣 心無增減 喜風不動 冥順於道."(『경덕전등록』)

것을 구求라고 한다. 지혜로운 사람은 참됨을 깨닫고, 이 진리로
서 세속적인 것을 꺼리며 마음을 무위無爲에 두고, 몸을 흐름에
맡겨 움직인다. …… 공덕천과 흑암녀가 함께 다니며 서로 따른
다. 삼계에 오래 머물러 있는데, 이곳은 마치 불난 집과 같다. 육
신이라는 것이 다 고통인지라 누가 이곳에서 편안하겠는가. 그러
기 때문에 모든 것에 생각을 쉬고 구하지 말지니라. 경전에 이르
기를 "구함이 있으면 고통이요, 구함이 없으면 낙이다."라고 하였
다. 구함이 없는 것이 바로 참된 도의 행行이다.*

『유마경』에서는 '법法을 구하는 사람은 일체법에 무언가 구하지
말라(無求)'고 하였고, 임제는 구하는 마음이 없는 것이 무사無事라
고 하였다. 이것이 무주無住요, 무심無心이다. 우리 일상의 인생살이
도 마찬가지이다. 곧 삶에서 벌어지는 그대로 추우면 추운 대로 더
우면 더운 대로 받아들여야 한다. 달마가 말하는 무소구행은 무엇이
든 '추구하지 말라'가 아니라 지나친 집착을 삼가고 여여한 삶을 즐
기라는 뜻이다.

④ 칭법행稱法行이란 무엇인가. 자성이 청정하다는 이치를 법이라
하며, 이치라고 하는 것은 모든 형상이 공空이고, 번뇌와 집착도

---

* "世人長迷 處處貪箸 名之爲求 智者悟眞 理將俗反 安心無爲 形隨運轉 … 功德黑闇
常相隨逐 三界久居 猶如火宅 有身皆苦 誰得而安了達此處 故於諸有息想無求 經云
有求皆苦 無求乃樂 判知無求眞爲道行."(『경덕전등록』)

46

없으며 피차彼此가 없는 것이다. 경전에 이르기를 "법法에는 중생
이라는 것이 없다. 중생이라는 번뇌를 여읜 때문이다. 법에는 자
아가 없다. 자아의 때(垢)를 여읜 연고니라." 이런 법을 의지하고,
법에 순응하는 것이다.[**]

칭법행은 앞에서 말한 세 가지를 종합한다. 여기에는 두 가지가 담
겨 있다.

첫째는 모든 중생이 본래 불성을 구족하고 있으므로 깨달아 있는
존재임을 자각해야 한다.

둘째는 공의 실천적인 측면에 입각해 공관空觀에 투철하여 6바라
밀을 실천해야 한다. 『금강경』에도 똑같은 구절이 있는데, 무주상보
시無住相布施이다. 이는 보시만을 말하는 것이 아니라, 무주상지계無
住相持戒·무주상인욕無住相忍辱 등 6가지 바라밀을 주(住: 집착이나 관
념의 의미)하는 마음 없이 실천하라는 뜻이다. 즉 집착심 없는 공의
실천을 제시한다.

이와 같이 4행을 통해서 본 보리달마의 선사상을 종합해 보면, 보
원행과 수연행은 일상생활 속에서의 인욕 수행을 말하고, 무소구행
과 칭법행은 무집착의 실천을 가리킨다. 4행은 고요한 곳에서만이
아닌 일상적인 삶 속에서 실천하는 방법의 제시라고 볼 수 있다.

[**] "性淨之理 目之爲法 此理衆相斯空 無染無著 無此無彼 經云 法無衆生 離衆生垢故
法無有我 離我垢故 智者若能信解此理."(『경덕전등록』)

06 | "번뇌와 보리는 하나": 2조 혜가

(1) 혜가, 스승 달마를 만나다

앞에서 달마의 제자들에 대해 언급했었다. 여기서는 달마의 법을 받은 선사인 2조 혜가(二祖慧可, 487~593)를 만나 보기로 하자. 혜가는 달마를 만나기 이전부터 출가자 신분이었는데, 꽤 늦은 나이에 출가했다. 혜가는 성이 희姬씨요, 향산사香山寺 보정 스님에게 출가했다. 40세 무렵 선정 속에서 '큰 선지식이 있거늘 여기에만 있느냐?'는 소리를 관觀하고, 자신의 이름을 '신광神光'이라 고친 뒤 달마를 찾아 귀의했다. 당시 인도에서 온 외국 성인을 스승으로 정하고 법을 구하고자 했으니 혜가의 안목 또한 높이 살 만하다. 눈발이 날리는 속에서 혜가가 달마에게 예를 표하고, 달마에게 물었다.

"스님, 저의 마음이 너무 편안치 못합니다. 스님께서 편안케 해 주십시오."
"그대의 마음을 가지고 오너라. 그러면 너의 마음을 안심시켜 주리라."
"마음을 찾으려고 해도 찾을 수 없습니다(覓心了不可得)."
"내가 이미 네 마음을 편안케 해 마쳤느니라."(『경덕전등록』)

2조 혜가가 눈 오는 날, 달마에게 팔을 잘라 보였음을 의미하는 '입설정' 당우(하남성河南省 숭산嵩山 소림사)

위의 선문답을 '안심安心 법문'이라고 한다.* 규봉 종밀(780~841)도 『선원제전집도서』에서 달마를 선종의 개조開祖라고 보았는데, 마음으로써 마음에 전하기 때문이다. 여기서 마음이란 곧 안심을 말하는데, 달마의 안심은 곧 능가종[楞伽宗은 호적(胡適, 1891~1962) 박사가

---

* 달마가 설하는 안심은 미혹 이외에 깨달음조차 없는 것이며, 마조의 평삼심平常心과 같은 선상에 있음을 엿볼 수 있다. 안심문답은 후대로 내려가면서 동산법문東山法門에서는 수심守心으로, 혜능은 자성自性으로 나타내고 있다. 마조에게서는 평상심平常心과 즉심卽心으로, 황벽은 무심無心으로, 임제는 자유自由와 무위진인無位眞人으로 나타내고 있다. 즉 달마의 안심安心은 후대 선종사에 심心 사상의 대표적인 표본이 되었으며 안심문답은 선의 대표적인 전형구가 되었다.

49

붙인 종명)의 근간이요, 멀리로는 중국 선종에 흐르는 핵심적인 물줄기다. 달마의 『오성론悟性論』에서는 "탐진치 3독이 곧 불성으로서, 3독 이외에 다시 별도로 불성이 없다."라고 하였다. 또 『유마경』에서는 "번뇌와 악을 지닌 인간의 현실이 곧 해탈을 달성하고 성불하는 기초가 된다."라고 하였다. 고원이 아닌 진흙탕 속에서 아름다운 연꽃이 피어나는 것처럼, 번뇌 자리에 불성이 자리잡고 있다. 번뇌를 끊고 나서 열반을 얻는 것이 아니라, 번뇌를 끊지 않고 열반을 얻을 필요도 없는 본래의 마음자리로 돌아가는 것이다. 열반을 찾을 필요도, 보리를 구할 필요조차 없는 근본 마음자리가 안심이다.

그는 달마에게서 '혜가'라는 법명을 받았다. 그는 스승 대신 마을에 내려가 걸식과 탁발을 해다가 스승을 섬겼다. 어느 날 혜가가 달마에게 물었다.

"스님, 어떻게 공부해야 도를 얻을 수 있습니까?"
"밖으로 모든 인연을 쉬고 안으로 헐떡거리는 마음이 없으며
마음이 장벽과 같아야만 도에 들어가느니라."
外息諸緣 內心無喘 心如墻壁 可以入道 (『속고승전』「습선편習禪篇」)

밖의 인연을 끊고, 안의 마음도 쉬어야 깨달음을 얻는다는 것, 예전에는 예사로 보았는데 절실히 공감된다. 혜가는 6년간 스승을 섬기며 달마에게 가르침을 받고 법을 전해 받았다. 달마가 입적하자, 그의 유골을 강기슭에 묻었다.

50

하남성河南省 숭산嵩山 소림사 부근에 있는 이조암 암자

(2) 혜가의 사상 및 문하

혜가는 업도鄴都(현 河北省 臨漳縣과 河南省 安陽市 일대)에서 선법을 진
작하며 교화에 주력하였다. 그런데 당시 주변 사람들은 혜가의 선법
을 마어魔語라고 하며 그를 비방하였다. 아이러니하게도 우리나라
에 처음으로 선을 전한 도의국사(道義國師, ?~825)와 유사하다. 조계
종의 종조인 도의국사가 당나라에서 서당 지장(西堂智藏, 738~817)으
로부터 법을 받고 돌아와 선을 말하자, 사람들이 '마어'라며 비난하
였다.

달마에게 법을 받은 2조 혜가의 선사상을 단적으로 드러내는 구절
이 있다. 향거사向居士가 자기 자신의 견해를 제시한 뒤 혜가에게 해
답을 구하였다. 혜가는 "무명과 지혜는 서로 다르지 않으니 만법이
모두 이와 같다(無明智慧等無異 知萬法卽皆如)."라고 대답하였다. 즉 '무
명과 지혜, 번뇌와 보리는 같은 것으로서 서로 다른 것이 아니다. 무

명과 지혜, 중생과 부처를 구별하는 것은 두 가지 견해에 집착되어 있다'는 것이다. 이 말은 스승 달마의 선사상과 같은 것으로, 이 사상이 후대 조사선의 선사상이다. 호好·오惡, 명明·암暗, 번뇌·보리, 생사·열반, 옳고 그름이 각각 따로 존재하는 것이 아니라 곧 하나인 자리이다. 또한 안심 자리가 불안한 마음자리요, 무명의 자리가 바로 지혜의 자리이며, 중생이 곧 부처이다. 혜가는 달마의 가르침(安心)을 계승해 '이견二見에 집착하지 말 것'을 설하였다.

혜가의 문하에는 혜惠 선사·나那 선사·충沖 선사 등 여러 제자가 있었는데, 법은 승찬(?~606)에게 전해졌다. 혜가는 법을 승찬에게 전하고, 업도에서 천민들과 어울리며 막행막식하였다. 이런 혜가를 이해하지 못한 당시의 대강사 변화 법사辯和法師가 재상 적중간翟仲侃에게 무고誣告함으로써 혜가는 처형당해 입적하였다.

07 "마음은 허공과 같아서 모자라지도 넘치지도 않는다": 3조 승찬

(1) 업과 병고

3조 승찬(僧璨, ?~606)은 한센병 환자였다. 승찬이 40세 무렵, 2조 혜가 앞에 나타나 말했다.

> "저는 오래전부터 풍병을 앓고 있습니다. 무슨 죄가 그리도 큰지, 스님께서 참제해 주십시오."
>
> "죄를 가지고 오너라. 그러면 없애 주리라."
>
> "죄라는 것을 찾을 수가 없습니다(覓罪不可得)."
>
> "그러면, 너의 죄는 벌써 없어졌다. 앞으로 불법승 삼보에 의지하라."
>
> "스님이 계시니 승보는 알겠지만, 무엇이 불보와 법보입니까?"
>
> "마음이 부처요, 마음이 법이다. 부처와 법이 둘이 아니니, 승보 또한 그러하다."
>
> "오늘에서야 비로소 몸과 마음이 깨끗함을 얻었습니다."
>
> "너는 나의 보석이다. 승찬이라 하리라."
>
> (『경덕전등록』)

이 이야기는 551년 무렵에 일어난 일로, 앞의 사나이는 3조 승찬이다. 승찬은 혜가의 법을 받은 3조三祖이다. 승찬은 풍병 환자로서 혜가를 만났다. 한센병은 오늘날이나 예전이나 가벼운 병이 아닌지라 그 심정이 어떠했을지 짐작이 간다. 『천수경』에 이런 내용이 있다. "죄에는 본 성품이 없고 단지 그 마음에 따라 일어나니, 만약 그 마음이 멸한다면 죄도 또한 없어지고 죄와 마음, 이 두 가지가 모두 사라지면 곧 진실한 참회이다(罪無自性從心起 心若滅是罪亦忘 罪忘心滅 兩俱空 是則名爲眞懺悔)." 이 내용은 단순한 참회를 말하는 것이 아니다. 사람은 자신 스스로가 만들어낸 두려움, 비굴함, 자괴감, 낮은 자존감으로 자승자박한다. 허상으로 만든 것에 스스로 실체가 있다고 착각하고 괴로워한다. 죄의식이라는 것도 번뇌가 만들어낸 뜬구름과 같은 것이다. 곧 죄라고 하는 경계와 그 마음에서 만들어낸 두려움, 이 두 가지에서 모두 벗어나야 자유로울 수 있다. 생각과 관념으로부터 자유로울 수 있다면 어떤 두려움이나 걱정이든 사라질 것이다.

(2) 승찬의 행적

승찬의 생몰연대는 정확히 알 수 없다. 『전법보기傳法寶紀』에 의하면, 승찬이 출가하고 수행한 때는 남북조시대(南北朝時代, 420~589) 후기로 왕조의 흥망성세가 잦은 난세였다. 또한 북주(北周, 556~581)의 무제(560~578 재위)가 일으킨 대법난이 있었던 때이다. 달마 이래 선 수행자들은 일정하게 머물지 않는 두타행자나 다름없었다. 승찬도 마찬가지로 왕권이나 귀족의 보호 없이 열악한 환경에서 수행하

삼조사 도량 입구(안휘성安徽省 잠산潛山)

였다.

　승찬은 수나라 문제 때인 590년 무렵부터 서주舒州 산곡사山谷寺에 머물러 10여 년 동안 은거하면서 수행하였다. 승찬은 법회를 하다가 큰 나무 아래서 합장한 채 서서 열반하였다. 선사들은 생사해탈이 자유로운 이들이 많이 있다. 경허 선사의 제자인 혜월도 만년에 부산 선암사에서 소나무 가지를 붙들고 선 채로 입적하였다. 조선시대 벽송 지엄(碧松智嚴, 1464~1534)은 『법화경』을 강설하다가 「방편품」에 이르러 "이 노승은 여러분을 위해 적멸상寂滅相을 보이고 가리니, 여러분은 밖에서 찾지 말고 더욱 정진에만 힘쓰라."고 당부한 뒤에 열반에 들었다.

　사람들이 산곡사山谷寺에 묘를 써서 스님의 법체를 묻어 주었다. 훗날 이상李常이라는 사람이 신회에게 물어서 산곡사 도량의 묘를 파서 선사의 유골을 화장하니, 사리가 300여 과가 나왔다. 승찬이 열

반한 지 150년 후 현종이 '감지선사鑑智禪師'라는 시호를 내렸고, 탑 이름을 '각적覺寂'이라고 한다. 현재 중국 안휘성安徽省 잠산潛山 삼조사三祖寺 도량 내에 각적탑이 모셔져 있으며, 십여 명의 승려들이 상주하고 있다. 사찰 도량 곳곳에 해박정解縛亭, 승찬이 고행하였다는 동굴 등 선사의 행적을 상징하는 곳들이 있다.

3조 승찬의 탑인 각적탑이다. 안휘성安徽省 잠산潛山 삼조사에 모셔져 있다.

(3) 승찬의 선사상

승찬의 사상을 엿볼 수 있는 게송집으로는 『신심명』이 있다.

세속의 인연도 따르지 말고, 출세간의 법에도 머물지 말라.
참됨을 구하려 하지도 말고, 망령된 견해만 쉴지니라.
두 견해에 머물지도 말고, 그것을 좇아 찾으려고도 하지 말라.
莫逐有緣 勿住空忍 不用求眞 唯須息見 二見不住 愼莫追尋

잠깐이라도 '옳고·그르다'는 시비를 일으키면,
어지러이 본마음을 잃는다.
신심은 둘이 아니요, 둘 아님이 바로 신심이니라.

纔有是非 紛然失心 信心不二 不二信心

『신심명』의 형식은 4언 절구 운문체로, 총 140구 584자다. 절대무위를 설한 영가 현각의『증도가』, 대상과 혼연일체가 되는 회호回互의 원리를 설파한 석두의『참동계』등과 함께 예로부터 동아시아 선자들에게 가장 많이 애송되는 선시이다.『신심명』은 승찬의 설이 아니라는 학자들의 반론도 있지만, 아직까지는 승찬의 작품으로 본다. 이 작품은 깨달음의 본체인 신심信心에 새겨 놓으라(돌에 새기듯이)는 선사의 간절함이 담겨 있다. 또한 대립과 차별심이 없는, 둘이 아닌 하나라는 불이사상이 담겨 있다. 초기불교 사상으로 보면 양변을 떠난 중도사상이요, 공사상을 내포한다. 곧 마음자리는 원래 부사의한 해탈경계이므로 옳고 그름, 장단長短, 밉고 고움의 이분법적인 견해를 여읜 일체 평등한 본심이다. 바로 이런 경지가 깨달음이라는 것이다. 한편 이 게송에는 중국의 전통 사유체계에 기반을 둔 '만물일체 사상'이 담겨 있다.

08 │ "누가 그대를 해탈하지 못하도록 묶고 있는가?": 4조 도신

(1) 도신, 스승 승찬을 만나다.

선종의 4조 도신(四祖道信, 580~651)은 7세에 출가하여 여러 스승을 섬기다가, 14세 때 서주舒州 완공산完公山에서 3조 승찬을 만났다. 4조 도신이 물었다.

"스님의 자비로 해탈법문을 하나 주십시오."

"누가 그대를 해탈하지 못하도록 묶어 두는가?"

"아무도 그런 사람이 없습니다."

"묶은 사람도 없는데, 무엇을 벗어나려고 한단 말이냐(何更求解脫乎)?"(『경덕전등록』)

묶임은 외부에서 묶은 것이 아니라 자신이 묶고 있으며, 그 풀음도 자신이 해야 한다. 원래는 묶여 있는 것도 아니건만, 번뇌와 고통이라는 올가미를 스스로 만들어 쓰고 있다. 달마가 혜가에게 '괴로운 마음을 가지고 오라'는 것이나 혜가가 승찬에게 '죄를 가지고 오라는 것'이나 승찬이 도신에게 '누가 그대를 묶고 있는가?' 등은 모두 본래성불된 그 자리, 공성空性에 입각해 있다. '불안한 마음자리는 곧 공성의 측면에서 볼 때 깨달음의 자리'인 것이다. 불안한 마음(번뇌)이 곧 안심安心(菩提)의 자리인 번뇌즉보리煩惱卽菩提, 생사즉열반生死卽涅槃이다. 번뇌를 끊고 열반을 얻는 것이 아니라 번뇌를 끊지 않고 열반을 얻을 필요도 없는 본래의 마음으로 돌아가는 것이다. 곧 열반을 찾을 필요도 보리를 구할 필요도 없는 근본 마음자리이다.

(2) 도신의 행적

도신은 사마씨로 호북성湖北省 기춘蘄春 출신이다. 3조 승찬과의 선문답을 통해 깨달음을 얻은 뒤, 13년 동안 스승 문하에 머물렀다. 이후 도신은 여러 지역을 행각하였다.

도신의 선사상은 일행삼매一行三昧인데,『문수설반야경』에 의거한다. 도신이 27세 무렵 길주사吉州寺(현 江西省 吉安)에 머물렀을 때, 길주성이 70여 일간 도적떼에게 포위되어 있었다. 성 안의 우물까지 말라 백성들이 곤경에 처했는데, 도신이 길주사에 도착하자 우물이 솟았다. 또 도신이 백성들에게 '반야般若'라고 크게 염송을 시키자, 갑자기 성의 사방에서 대력사大力士들이 나타나 도적들이 허둥지둥 달아났다는 내용이『고승전』「감통感通」편에 전한다. 도신은 여산의 대림사 등 여러 곳에서 수행하다 마지막으로 쌍봉산에 정착하였다.

선사는 호북성湖北省 황매현黃梅縣 쌍봉산雙峰山에서 30여 년간 주석하였다. 그곳에서 법을 펴고 제자들을 이끌었는데, 이를 동산법문東山法門이라고 한다(5조 홍인의 사상까지 아울러 동산법문이라고 함). 4조 도신이 선풍을 펼칠 때는 천태종의 천태 지의(538~597)가『마하지관』에 의해 선법禪法을 일으키며 활동하던 시기와 비슷하다. 달마

사조사 도량 입구(호북성湖北省 황매현黃梅縣)

이래 선사들은 두타행자였는데 동산법문 때부터 대중생활을 하였다. 동산법문에 500명이 넘는 수행자가 운집했다고 하니, 최초로 선종 교단이 형성된 셈이다. 그러면 이들은 어떻게 집단생활을 유지할 수 있었을까?

당시 천태종만 해도 천태산의 교단을 유지하기 위하여 황제의 원조에 의지한 반면, 동산법문 교단은 노동에 의한 자급자족의 체계를 확립하면서 농민층의 신뢰와 지지를 얻어 식량을 얻을 수 있었다. 초기불교에서는 수행자가 노동을 하거나 생산 활동에 종사하는 것이 계율에 위배되지만, 동산법문과 이후 선사들에 의해 발전된 일상에서의 선이 완성되면서 노동은 수행의 연장선으로 발전된다. 이 점이 훗날 백장(720~814)에 의해 제정된 청규淸規이다. 여기서 발단되어 현재 한국 승려들이 울력하는 것도 당연시된 것이다.

4조 도신의 묘탑인 비로탑, 자운탑慈雲塔(호북성 황매 사조사)

(3) 도신의 선사상

도신의 선사상의 특징은 무엇인가? 5조 홍인의 제자인 대통 신수 (606~706)가 측천무후의 부름을 받고 입궐했을 때 황제가 물었다.

"그대가 공부하고 전하는 법은 누구의 종지宗旨인가?
"기주蘄州의 동산법문을 전수받았으며, 『문수설반야경』의 일행삼
매一行三昧에 의거하고 있습니다."

손자뻘 제자인 신수가 답한 일행삼매는 도신의 선사상으로 대표 된다. 곧 도신의 선사상은 일행삼매의 구체적인 실천법인 수일불이 守一不移의 좌선방편坐禪方便이다. 일행삼매란 법계일상法界一相·진 여평등眞如平等의 진리를 관찰하는 삼매이다. 이 일행삼매설은 『문 수설반야경』에 의하면서, 실천적인 내용면에서는 부처님의 법신法

身과 중생을 평등하게 보는 『대승기신론』에 가깝다. 도신의 저서인 『입도안심요방편법문入道安心要方便法門』에 의하면, 마음의 근원을 깨달을 것을 주장하면서 그 실천행으로 수일불이守一不移를 강조한다. "하나를 굳게 지켜 흔들림이 없어(守一不移) 동動·정靜, 시是·비非 등 어떤 것에도 여여如如하면 누구든지 '분명하게 불성을 보고', 빨리 정문定門에 들어갈 수 있다." 여기서 도신의 수일불이는 '분명하게 불성을 본다'는 본래성불을 전제로 한다. 또한 도신은 하나를 굳게 지키는 수행으로서의 좌선을 권장하고 있는데, 좌선할 때는 원숭이가 오직 일념으로 밤을 파먹는 것처럼 일행삼매의 좌선을 강조한다. 그는 또한 '마음이 곧 부처'임을 강조했는데, 이 점은 후대 선사들에게서도 두드러지게 나타난다.

정혜 방장이 불사한 호북성 황매현의 사조사

당나라 태종이 도신을 보고자 세 차례나 입궐할 것을 권했으나 도신은 한사코 거절했다. 화가 난 태종이 네 번째 입궐할 것을 권하며 '이번에 입궐하지 않으면 목을 베어 오라'는 명을 내렸다. 그런데도 도신은 이에 굴하지 않고 쌍봉산을 벗어나지 않았다.

도신의 사찰인 황매현 사조사四祖寺는 정혜(淨慧, 1932~2013) 방장이 완벽하게 불사해 마친 대가람이다. 도량 내의 당우를 단순한 문양으로 단청했는데, 벌써 10년이 흘렀는데도 뇌리에 각인되어 있을 정도이다. 정혜 방장은 허운 대사(虛雲, 1840~1959)의 제자로서 운문종 13세 종통을 계승했으며, 임제종 법맥도 함께 받았다.

09 | "구름이 아닌 태양을 보아라": 5조 홍인

(1) 홍인, 스승 도신을 만나다

4조 도신(四祖道信, 580~651)은 파두산(湖北省 荊州)에 머물며 법을 펴다, 우연히 황매黃梅에 갔을 때 한 소년(홍인)을 만났다. 소년의 골상이 특이하고 어린 소년인데도 그의 사람됨이 보였다. 이에 4조 도신이 물었다.

"네 성은 무엇이냐?"
"성姓은 있으나 흔한 성이 아닙니다."
"그래 무슨 성이냐?"
"저는 불성佛性입니다."

이렇게 처음 4조와 대화를 나눈 홍인은 그의 문하에 출가하여 12세에 인가를 받고 발우와 가사를 전수받았다.

(2) 홍인의 행적

오조 홍인(五祖弘忍, 602~675)은 성이 주周씨, 황매 출신으로 일찍이 부친을 여의고, 모친을 부양하여 효자로 표창되었다. 7세에 4조 도신에게 출가하여 유거사幽居寺에서 지냈다. 홍인은 신장이 8척, 용모는 보통 사람들과 달랐다.

사람됨이 질박하고 말이 없어 주위 승려들의 조롱거리가 되었으나 그들과 다툼이 없었다. 또한 그는 도반들과 시비분별을 논하게 될지라도 언제나 입을 다물어 그에게는 적이 없었다. 낮에는 묵묵히 노동을 하였고, 밤에는 좌선을 하여 새벽까지 이어질 정도로 열심히 수행했다. 홍인이 직접 노동한 것으로 도반들에게 음식을 공양 올려 생활이 충족되었다고 한다. 홍인은 행동거지 하나하나에 조심하였고, 늘 밝은 모습을 유지했으며, 사위의(四威儀: 행주좌와)가 모두 도량이었고, 삼업(三業: 신구의)이 모두 불사佛事였다. 고요함과 산란함

이 둘이 아니어서 말을 할 때나 묵언할 때도 항상 여일한 모습이었다. 이 내용은『능가사자기』에 전한다.

홍인은 호북성湖北省 무한武漢 황매현黃梅縣에 위치한 오조사五祖寺에 머물렀다. 674년 2월, 홍인은 제자 현색에게 명하여 탑을 세우게 하였다. 제자들이 탑을 세웠다(이 탑이 지금도 건재함).

그달 14일에 홍인이 제자들에게 "탑을 세웠느냐?"라고

5조 홍인의 사리탑인 대만보탑(호북성 황매의 오조사 도량)

문자, 제자들이 답을 하였다. 홍인은 "부처님이 열반하신 날과 같은 날에 열반할 수는 없다. 나의 생가를 사찰로 만들라."는 마지막 말을 남겼다. 16일, 홍인은 남쪽을 향하여 연좌한 뒤에 조용히 입적하였다.

홍인이 주석하던 오조사는 처음 수나라 때 세워져 동산사東山寺·쌍봉사双峰寺라고 불리다가 홍인이 이곳에 상주하면서 오조사라 불리었다. 홍인 문하에 혜능·대통 신수(大通神秀, 606~706)·지선·혜안·법여, 양주 고려승 지덕智德(고구려 승려로 추정) 등 훌륭한 제자가 많이 배출되었다. 마음에 대한 해석을 둘러싸고 혜능慧能을 대표로 하는 남종南宗과 신수神秀를 대표로 하는 북종北宗으로 나뉜다. 혜능과 신수야말로 선종사에 획을 그은 인물들로서 모두 홍인의 제자이다.

어떤 사람이 홍인에게 이런 질문을 하였다.

"도를 배우는데, 왜 마을과 가까이 있지 않고 산에 거처합니까?"

홍인은 이렇게 답하였다.

"큰 건물의 재목은 본래 심산유곡深山幽谷에서 나오는 것인데, 인간에게서 가까이하지 않는 것이다. 사람들에게서 멀리 떨어져 있는 까닭에 칼과 도끼에 의해 잘려지지 아니하고, 차츰 장성하여 큰 나무가 된 후에야 동량으로 쓰일 수 있는 것이다. 수행자는 마음을 심산유곡에 두고, 소란스런 속진을 멀리 피하여 산중에서 양성하며, 길이 세속의 일을 버리는 것이다. 목전에 잡다한 일들이 없으니 마음이 스스로 편안하고, 이로부터 도道의 나무에 꽃이 활짝 피어 선림禪林에 과실이 열리게 된다."

(3) 홍인의 선사상

홍인의 선사상은『수심요론修心要論』의 수심守心·수본심守本心·수본진심守本眞心이다. 홍인의 기본사상에도 심心이 강조된다.『최상승론』에 나타난 홍인의 사상을 살펴보자.

불법의 요지를 알고자 한다면 수심이 제일이다.
이 수심은 바로 열반의 근본이고 입도入道의 요문이며,
12부 경전의 본질(宗)로서 삼세제불의 근본(祖)이 된다.*

(『최상승론最上乘論』)

즉 '일상의 행·주·좌·와 가운데 오로지 전념하여 청정한 자심自心을 지키는 일이 도에 들어가는 열쇠이다. 그것은 일체 경전의 핵심이며, 삼세제불의 심요이다'고 하는 수심守心은 우리들 자성이 본래 청정한 그 불성을 확인하고 잘 지킬 것을 강조하는 것이다. 이와 같이 홍인의 선사상은 수심으로, 그 수심의 실제적인 수행법으로는『관무량수경』에 의거한 실천법**을 설하고 있다.

------

* "欲知法要 守心第一 此守心者 乃是涅槃之根本 入道之要門 十二部經之宗 三世諸佛之祖."
** 소위 일상관日想觀으로, 하나의 태양에 대한 생각을 관하는 것이다. 이것은『관무량수경』에서 극락정토極樂淨土의 관상觀想을 설하는 16가지 관법 가운데 맨 처음 나오는 관법이다. 경에는 지평선의 저쪽에 멀리 지고 있는 일몰의 모습을 마음속에 그리는 것이지만, 홍인은 그것을 자기의 진실한 마음을 지키는 것에 비유하였다.

또 『수심요론』 서두에 "수도修道의 근본(本體)이란 마땅히 불생불멸하고 분별이 없는 자성청정한 마음을 알아야 한다."라고 설하고 있다. 수심의 마음은 주체적이고 근원적인 것에 부응하며, 『능가경』의 자각성지自覺聖智나 『열반경』에서 주장하는 자성청정심에 기초를 두고 있다. 따라서 일심을 지키는 것은 자기의 있는 그대로의 본심을 지키는 것이며, 또 진실한 자기에 눈뜨는 것이다.

그러므로 홍인은 자성이 청정한 본심을 알아야 하며, 의연히 마음만 지킨다면(守心) 망념은 일어나지 않는다고 하였다. 이에 대해 구름을 번뇌에 비유하고, 구름(煩惱)에 가려진 태양을 불성에 비유한 것을 홍인의 『수심요론』에서 살펴보면 다음과 같다.

다시 태양에 비유하면, 구름이 사방팔방에서 일어나 태양빛이 천하를 비추지 못해 천지가 캄캄해질 때와 같은 것이다. 그 어두운 까닭은 구름이 빛을 가렸을 뿐, 본래의 빛은 그대로 있는 것이다. 이와 같이 사람들의 청정한 마음도 망념이나 번뇌라는 구름에 가려 덮여 있기 때문이다. 다만 능히 수심만 한다면 망념은 일어나지 않으며 열반이 자연히 일어난다. 그러므로 자성청정한 본심을 알아야 한다.*

---

* "譬如世間雲霧八方俱起天下陰闇日豈爛也 何故無光 光元不壞 只爲雲霧所覆 一切衆生淸淨之心 亦復如是 只爲攀緣妄念煩惱諸見黑雲所覆 但能凝然守心 妄念不生 涅槃法自然顯現 故知自心 本來淸淨."

즉 부운浮雲이 아닌 태양 그 자체를 보아야 하는데, 수심만 잘 한다면 망념이 일어나지 않으며, 마음이 본래 청정하며 부처와 동일한 본성이라는 것을 알아야 한다는 것이다.

이렇게 번뇌에 가려진 본심을 비유한 예는 많다. 훗날 마조의 제자인 귀종 지상歸宗智常도 홍인과 같은 발상으로 본심을 태양에 비유하였다. 한편 황벽은 본성을 허공에, 번뇌를 태양에 비유하였다.

5조 홍인상(호북성 황매현 오조사 도량)

이렇듯 모든 선사들이 '망妄을 꿰뚫어 진眞을 보아야 한다'고 강조하고 있다. 망이 진을 떠나 별도로 존재하는 것이 아니며, 불안한 마음 이외에 안심할 마음은 없는 것이다. 이와 같이 볼 때 달마의 안심安心은 달마 계승의 제자들을 통해서 면면히 선종사에 흐르고 있음을 알 수 있다.

10 | 공감능력 선사들 : 우두종의 지암과 혜명

(1) 수행자의 대비심

중생의 아픔을 알기 때문에 무위無爲 세계에 머물지 아니하고,

중생의 고픔을 없애기 위해 유위有爲 세계를 저버리지 않는다.

"知衆生病故 不住無爲 滅衆生病故 不盡有爲" (『유마경』「보살행품」)

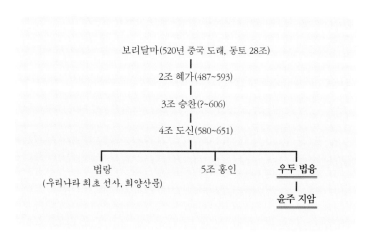

다른 종교들과 달리 스님들은 성직자가 아닌, 수행자라는 타이틀을 걸머진다. 즉 출가하면서부터 타인을 위해 봉사하겠다는 발원이

아닌, 자신의 생사해탈을 위해 출가하는 경향이 강하다. 초기불교에서는 깨달음을 얻어 이 사바에 돌아오지 않는 것을 최고 지향점으로 한다. 곧 회신멸지(灰身滅智: 깨달은 성자는 당연히 윤회하지 않는다)의 열반론이다. 하지만 부처님의 위대한 진리에도 불구하고 중생들은 늘 아픔과 고픔 속에 서성인다. 이래서 대승불교에 와서는 해탈 열반의 경지에 안주하는 것이 아닌 무한한 마음, 대비大悲로 중생을 제도한다고 하여 무주처열반無住處涅槃이라고 한다. 그러면서 대승불교에서 보살사상이 강조되었다. 곧 적멸세계가 최고가 아니라, 깨달은 뒤에 다시 중생세계에 돌아와 중생과 함께한다는 것이다.

그러면 현 시대에 맞는, 중생과 함께함은 무엇인가? 이런 생각을 할 때마다 필자 입장에서 내리는 답변이 있다. 이 시대는 감정을 공유할 줄 아는 진정성과 공감능력을 가진 수행자여야 한다는 것이다.

신라시대 원효와 동시대 인물인 대안 스님이 있다. 원효가 대안을 만나기 위해 굴로 찾아갔는데, 대안은 없고 너구리 한 마리가 죽어 있고 그 옆에 새끼 너구리가 슬피 울었다. 원효는 너구리의 왕생극락을 발원하며 『아미타경』을 염하였다. 이때 대안이 들어와 이렇게 말한다. "이 새끼 너구리가 경을 알아듣겠소?" 그러면서 대안은 동냥해서 얻어온 젖을 너구리에게 먹이며, 원효에게 말했다. "이것이 너구리가 알아듣는 『아미타경』입니다." 바로 이 점이다. 배고픈 사람에게 진리를 설할 것이 아니라 빵을 주고, 자식 잃은 사람에게 법이 아니라 손잡고 함께 울어주는 것, 이런 공감능력이 필요한 시대이다. 오래전에 공감의 귀감이 되는 선사가 있었다. 우두종의 윤주지암이다.

(2) 지암의 행적

윤주 지암(潤州智巖, 577~654)은 선종사에서 우두 법융(牛頭法融, 594~657, 4조 도신의 제자)의 법을 받은 우두종 2세라는 이름이 문헌에 전한다. 지암의 생애와 단편적인 사상은 『경덕전등록』 4권에 수록되어 전할 뿐이다. 지암은 곡아(曲阿: 江蘇省 丹陽) 출신이며, 젊었을 때 군인으로 지혜와 용맹이 매우 뛰어났다. 신장은 7척 6촌이었다.

그는 어릴 적 이런 생각을 하였다고 한다. '눈으로 보고, 귀로 듣는 현상만을 가지고 싸우는 사람들이 어떻게 삶과 죽음을 알 수 있겠는가?' 그는 수나라 대업 연간(大業年間, 605~616), 20세 무렵에 무인武人이 되었다. 수많은 전쟁에서 전공을 세워 40세에 중랑장中郎將이라는 지위까지 올랐다. 어느 날 그는 '사람이 사람을 죽여서 영광과 명예를 얻는 군인이 무슨 의미 있는 삶인가?'를 깊이 궁구했다. 지암은 사람을 많이 죽일수록 훌륭한 군인이 된다는 것에 환멸을 느끼기 시작했다. 그러다가 무덕 연간(武德年間, 617~626), 나이 40세가 넘어서주舒州 완공산晥公山 보월寶月 선사 문하로 출가하였다.

三十三世牛頭智嚴禪師

어느 날 선사가 좌선을 하고 있는데, 키가 열 자가 넘는 승려가 나타나 그에게 말했다.

"그대는 나이 40세가 넘어 출가했기 때문에 다른 사람보다 두 배나 더 열심히 정진하지 않으면 안 됩니다."

이후부터 지암은 더 열심히 정진했다. 그러다 깊은 산골에서 선정에 들었는데,

윤주 지암 진영

72

지암이 계곡 물에 잠기었다. 이런 와중에도 지암이 태연스럽게 선정에 들어 있자, 계곡물이 자연스럽게 줄어들었다. 이때 지나던 사냥꾼이 이 모습을 보고 지암에게 감동을 받아 엉겁결에 지암을 향해 합장하였다. 사냥꾼은 자신의 사냥 업을 반성하고 참회하였다.

우두 법융 진영(윤주 지암의 스승)

지암이 출가한 지 몇 해가 지난 어느 날, 옛 지인들이 찾아왔다. 그 지인들은 옛 전장에서 함께한 동료들로서 지암에게 이렇게 말했다.

"미쳤는가. 자네가 뭐가 아쉬워서 이런 산속에서 고행을 한단 말인가? 그대가 다시 무인의 길을 걷는다면 반드시 성공할 것이니, 다시 세속으로 돌아오게."

지암은 오히려 옛 친구들에게 이렇게 말했다.

"미친 사람이었던 내가 이제야 제정신으로 돌아왔네. 그대들이야말로 정말 미쳐 있는 거야. 색色을 좋아하고, 소리에 현혹되며, 명예를 탐하고, 첩을 탐하는 것은 생사에 유전하는 것이네. 어째서 그대들은 생사에서 벗어나려고 하지 않는가?"

옛 벗들은 감동을 받고 물러갔다. 이후 지암은 완공산 건업建業(현 江苏省 南京)으로 돌아가 근교에 머물고 있던 우두산의 우두 법융 문하에서 깨달음을 이루고, 법맥을 받았다. 법융은 지암에게 말했다.

"나는 4조 도신의 법을 받아 모든 번뇌를 끊었다. 깨달음도 꿈속의 환영과 같은 것이다. 너의 경계에는 하나의 티끌이 날아서 하늘을 덮는 일도, 하나의 먼지가 떨어져 땅을 감추는 일도 없어졌다. 이제 나는 너에게 아무것도 말할 것이 없다. 이 우두산의 법문을 너에게 부탁한다."

이후 지암은 우두종의 2세가 되었다. 후에 지암은 법을 혜방慧方에게 전하고, 석두성石頭城(南京 淸涼山)으로 들어갔다. 석두성은 나인(나병환자)들의 주거 집단인 나인방癩人坊이다. 이곳에서 지암은 나인들과 함께 생활하며 그들에게 진리를 설해 주었다. 그렇게 머물다 78세에 그곳에서 입적하였다. 입적한 뒤에 스님의 안색은 생전처럼 똑같았고, 스님이 머물던 방에는 기이한 향내가 풍겼다고 한다.

지암 스님처럼 나인들과 함께 생활하지는 않았지만, 나인들의 아픔을 안아준 선사가 있다. 소림사 불타 선사의 제자인 승조(僧稠, 480~560)이다. 승조는 보리달마가 중국으로 와서 활동하는 무렵 수행하고 있던 승려이다. 도선道宣은 『속고승전』에 승조(『열반경』「성행품」의 四念處法에 의거)와 달마의 수행법을 비교해 기록하였다. 승조는 만년에 호남성湖南省 청라산靑羅山에 머물고 있었는데, 이 지역은 나병환자들이 많은 곳이었다. 나병환자들은 승조를 신통력이 뛰어난 선승으로 여기고 매우 존경하였다. 나병환자들은 악취가 풍기고 짓무른 피부에서 고름이 나오는 손으로 승조에게 음식을 공양 올렸다. 승조는 이들의 공양물을 흔쾌히 받아 맛있게 음식을 먹었다. 승조는 지암처럼 나병환자들과 함께 살지는 않았지만, 그들의 공양을 받아 먹으며 그들의 아픔을 함께 나누었다.

(3) 혜명

지암은 무인으로서의 삶을 접고, 생사해탈의 절대 경지를 지향했다. 이런 지암의 법을 받은 이가 월주 사문越州沙門 혜명惠明이다. 혜명이 깊은 산중에서 좌선을 하고 있을 때이다. 그런데 눈이 너무 많이 와서 길이 차단되어 먹을 것을 구할 수 없었다. 그는 7일간 물도 마시지 못한 채 견딜 수밖에 없었다. 7일이 지나서 그는 이렇게 생각했다. '예로부터 사람이 7일간 먹지 않으면 죽는다고 하였다. 그런데 나는 여전히 살아 있다.' 그는 이런 고행을 겪은 뒤에 더 깊은 수행을 하기로 마음먹었다. 깊은 산골 절벽을 찾았다. 절벽 부근 나무에 새끼줄을 묶은 뒤 새끼줄에 의지해 몸을 매달았다. 말 그대로 떨어지면 바로 삶을 마감하는 상황이다. 그는 자신의 생명을 담보로 할 만큼 깨달음이 절박했다. 이런 절체절명의 단련이 있었기 때문에 해탈을 얻게 된다. 또 혜명은 형주荊州 사망산四望山에서 두타를 할 때, 두 마리 호랑이가 싸우는 가운데에 들어가 화해를 시켰다고 한다. 혜명은 계절에 상관없이 항상 옷 한 벌로 생활하였으며, 어느 곳에 머물든 자유로운 삶을 누렸다.

(4) 우두종의 지암과 혜명을 통해 본 중국 초기 선사상

지암과 혜명을 통해 중국 초기 선사상의 대강을 볼 수 있다.

첫째, 선과 선종이 뿌리 내리기 이전이나 이후의 중국에서는 선사들을 신이한 존재로 묘사하였다. 앞에서 언급한 혜명이나 승조에 대한 자료를 찾아보면, 스님이 호랑이를 타고 있거나 호랑이나 사자 등을 제도하는 그림이 대부분이다. 물론 보리달마에 관한 달마도도

대부분 신이한 모습이다. 곧 중국에서 선이 처음 발달하는 무렵엔 선을 신통방술처럼 묘사하였다. 이 점은 승려가 신통력을 나타내서가 아니라 신통 있는 승려가 중생의 고통을 덜어주고, 중생을 보살핀다는 일종의 시대적 요청에 의해서 선사들을 신이한 모습으로 묘사했을 가능성이 크다고 본다.

둘째, 선은 지혜적인 측면뿐만 아니라 자비(실천적인 측면)도 겸비하였다. 이 사상이 투영된 것이 바로 송대에 들어서 발전된 선화禪畵 십우도에서 마지막 그림으로 나오는 입전수수入纏垂手이다. 깨달음을 완전히 이룬 뒤 홀로 적멸을 만끽하는 것이 아니라 중생을 향해 발걸음을 돌리는 것이다. 운문종의 자각 종색慈覺宗賾도『좌선의』서문에서 "무릇 반야를 배우는 보살은 먼저 마땅히 대비심을 일으켜 큰 서원을 세우고, 정교하게 삼매를 닦되 중생을 제도해야 할 것이요, 자기 한 몸만을 위해 홀로 해탈을 구해서는 안 된다(學般若菩薩 先當起大悲心發弘誓願 精修三昧誓度衆生 不爲一身獨求解脫)."라고 하였다.

고려 때 보조 지눌(普照知訥, 1158~1210년)은 수선사에서 결사를 하면서 승려들의 청규인『계초심학입문誡初心學入文』에서도 환도중생還度衆生을 강조하였다. 조선 초기 장원심 스님도 굶주린 백성에게 밥을 주었고, 걸인들에게 옷을 주고 잠잘 곳을 마련해 주었다. 또한 환자를 보살피는 일을 하였다. 승려들이 자신의 해탈만을 지향하여 중생들의 삶을 외면했다고 하지만, 수백 년 전에도 공감능력이 뛰어난 전법 승려들이 존재했던 것이다.

11 | 동아시아 선종을 개척하다: 6조 혜능

(1) 불성사상, 이는 인류의 평등을 말한다.

"간디 씨, 나(불가촉천민)에게는 조국이 없습니다."

회의석상에서 암베드카르(Ambedkar, 1891~1956)가 마하트마 간디에게 던진 말이다. 암베드카르는 카스트 제도(Caste)에도 들지 못하는 불가촉천민이다. 그는 1948년 인도가 영국으로부터 독립한 이래 최초 법무부장관을 역임하였다. 암베드카르가 겪은 간디는 '마하트마'라는 단어가 들어가지 않은 그냥 '간디 씨'였다. 간디는 불가촉천민을 '하리쟌(신의 아들)'이라고 하였지만, 진정한 천민을 위한 성자는 아니었던 듯하다(간디는 바이샤 계급). 신분 문제만큼은 암베드카르와 간디의 입장 차이가 매우 컸다.

암베드카르는 고대 인도로부터 존속된 신분 차별 제도가 힌두교(브라만교) 탓이라고 보고, "나는 비록 힌두교도로 태어났지만 불자로 죽겠다."라고 선언하면서 불교로 개종하였다. 근대 불가촉천민들에게 희망 그 자체였던 인물이다. 그는 이런 말을 하였다.

"카스트에 입각한 힌두교는 피압박 민중들의 열정에 찬물을 끼얹었습니다. 이것이 내가 힌두교에서 불교로 개종하는 이유입니다. 힌두사회는 불평등의 또 다른 이름인 사성제도 위에 서 있습니다. 힌두교는 억압받는 계층들에게 노예·농노와 같은 삶이 있을 뿐입니다. 힌두교에 남아 있는 것은 우리들(불가촉천민)에게 어떤 이익도 없습니다. 우리가 소원하는 바는 오로지 평등한 인권입니다. 이런 사상을 주장하는 종교는 석가모니 불교뿐입니다."

그가 불교로 개종한 것은 바로 모든 인간이 똑같이 소중한 존재라는 점이다. 그 똑같이 '소중함'이란 모든 중생이 수행을 통해 누구든지 위대한 성자(붓다)가 될 수 있음을 뜻한다. 곧 성자가 될 수 있는 가능성의 기회를 준다는 것, 그 근거는 바로 모든 중생이 불성을 갖고 있기 때문이다(一切衆生悉有佛性).

6조 혜능(六祖慧能, 638~713)이 출가를 결심하고, 5조 홍인(601~674) 선사를 찾아갔다. 혜능이 홍인에게 인사를 올리자, 홍인이 물었다.

"너는 어디에서 왔느냐? 무엇을 구하고자 하느냐?"

"저는 영남의 신주라는 땅의 백성이온데, 멀리서 스승을 뵙고자 왔습니다. 오직 부처가 되기를 바랄 뿐이지, 다른 뜻은 없습니다."

"네가 살던 영남은 예전부터 오랑캐 땅으로, 너는 오랑캐에 불과하거늘 어찌 하천한 신분으로 부처가 될 수 있겠는가?"

"사람에게는 비록 남과 북이 있을지언정 불성에 어찌 남북이 있겠습니까? 스승님과 오랑캐가 다르지 않은데, 어찌 불성에 차별이 있겠습니까?(人雖有南北 佛性本無南北 獵獠身與和尙不同 佛性有何差別)"

'오랑캐'는 한자로 '갈료獦獠'인데, 한자에 모두 개사슴록변(犭)이 붙어 있다. 곧 '야만인'·'하열한'·'모자라는'·'태생이 천한' 등의 인격 모독이 담겨 있다. 『숫타니파타』에도 "인간은 태어나면서부터 비천한 사람이 되는 것이 아니며, 바라문이 되는 것도 아니다. 그 사람의 행위로 천한 사람도 되고, 행위로 바라문이 된다."라고 하였다. 부처님께서도 카스트 제도를 부정하셨던 것이다. 혜능의 말대로 인간이 어디에서 태어났든, 여자든 남자든, 양반이든 노비이든 지위고하를 떠나 불성을 지닌 존재이다.

(2) 혜능의 출가 및 오도

중국에 인도불교가 유입된 이래 500여 년이 넘어서야 인도적인 색채를 벗어나기 시작했다. 그나마 중국적인 문화, 즉 중국적인 사상으로 탈바꿈되어 깨달음의 근원인 불성이 부각되기 시작한 것(『육조단경』에서는 自性이라는 용어를 사용)은 6조 혜능에 이르러서이다. '불성에 남북이 없다'고 말한 혜능의 답변은 혜능선의 중요한 테제가 된다. 혜능이 언급한 누구에게나 내재되어 있는 이 불성은 참 마음(眞心)을 가리키는 이명異名으로 누구에게나 구족되어 있는 청정한 자성이다. 곧 돈오견성頓悟見性에서의 성性이다.

물론 혜능보다 280여 년 앞선 축도생(竺道生, 355~434)이 『열반경』의 돈오불성론을 주장하였다. 당시 도생은 큰 지탄을 받았고, 불교계에 받아들여지지 않았다. 그러다 혜능에 이르러 본래성불인 불성과 돈오사상이 부각되었다고 볼 수 있다. 이런 점 때문에 혜능은 동아시아 선종사에서 위대한 선지식으로 받들어진다. 현재 '대한불교

조계종'이라는 종명도 '조계산曹溪山'에 머물렀던 혜능의 명칭을 딴 것이다.

그렇다면 혜능은 누구인가? 혜능은 옛날부터 유배지로 유명한 영남(현 광동성) 신주新州 사람이다. 혜능의 속성은 '노盧'씨로서 권세 있는 집안의 후예라는 등 여러 이설이 있다. 혜능은 홀어머니를 모시고 근근이 땔나무를 팔아 생계를 이어가는 나무꾼이었다. 어느 날 그가 나무를 해서 집으로 돌아가는 중에 잠깐 쉬어가기 위해 주막집에 들어갔다가, 방에서 한 승려의 『금강경』 읽는 소리를 들었다. 마침 그때 승려가 '응무소주應無所住 이생기심而生其心(응당히 주하는 바 없이 그 마음을 내라 - 돈황본에는 이 내용이 없음)' 구절을 읽었는데, 그 구절에 혜능은 출가를 결심했다. 이런 예는 곳곳에서 볼 수 있는데, 명나라 때 감산 덕청(憨山德淸, 1546~1623)도 『관음경』의 '능구세간고能救世間苦(능히 세간의 고통을 구한다)' 구절을 듣고 출가를 결심했고, 중봉 명본(中峰明本, 1263~1323)은 출가해서 『금강경』을 독송하는 중 '여래를 짊어진다(荷擔如來)'는 구절에서 깨달음을 이루었다.

혜능은 홀어머니를 어느 스님께 부탁하고, 당시 유명한 호북성湖北省 황매黃梅 5조 홍인을 찾아갔던 것이다. 홍인과 혜능이 처음으로 만나 나눈 선문답이 앞에서 언급한 내용이다.

홍인은 혜능의 근기를 알아보고, '나가서 일이나 열심히 하라'고 한다. 이렇게 혜능은 스승과 인연되어 그곳에서 몇 개월간 노동하였다. 실제 중국 황매 오조사에 가면, 혜능이 허리춤에 맷돌을 매고 방아를 돌리는 모습의 모형이 있다. 어느 날 홍인이 제자들에게 게송을 한 수씩 지어오라고 한다. 그 게송을 보고 깨달음의 인가를 받을 만한 제자에게 가사와 발우를 전하겠다는 뜻이었다.

며칠 후 홍인의 수제자였던 대통 신수(大通神秀, 606~706)가 "몸은 보리의 나무요, 마음은 밝은 거울 대와 같다. 때때로 부지런히 닦아서 때가 끼지 않도록 할지어다(身是菩提樹 心如明鏡臺 時時勤拂拭 勿使惹塵埃)."라는 게송을 지어서 기둥에 붙였다. 혜능도 이에 맞서 다음 게송을 붙였다. "보리는 본래 나무가 없고, 밝은 거울은 또한 대가 아니다. 본래 한 물건도 없거니 어느 곳에 티끌이 있으리오(菩提本無樹 明鏡亦非臺 本來無一物 何處惹塵埃)."

여기서 일물一物이란 이름조차 붙일 수 없어 일물이라고 가정해 놓은 것이다. 일물은 불성佛性·심지心地·보리菩提·법계法界·열반涅槃·여여如如·법신法身·진여眞如·주인공主人公 등으로 표현될 수 있는데, 이 다양한 어구가 후대 선종사에서 발전하는 계기를 이루게 되었다. 우리나라의 서산 대사도 『선가귀감』에서 "여기에 한 물건이 있으니 본래부터 밝고 신령스러워 일찍이 나지도 않고 멸하지도 않음이라. 이름도 붙일 수 없고, 모양도 얻을 수 없도다(有一物於此 從本以來 昭昭靈靈 不曾生不曾滅 名不得狀不得)."라고 하였다. 혜능의 게송을 본 홍인은 혜능을 몰래 불러 전법의 증표인 가사와 발우를 혜능에게 전수하고, 다음 날 새벽 떠나보낸다.

(3) 혜능의 오후 보림

혜능은 의발衣鉢을 들고 영남지방으로 향했다. 다음날 아침, 홍인의 법이 노행자(혜능)에게 전해져 의발을 들고 절을 떠났다는 소리를 듣고는 몇몇 승려가 쫓아가 의발을 뺏으려 하였다. 이때 4품 장군이었던 혜명惠明 화상은 기골이 장대하고 힘이 세었으므로 제일 앞장 서서 혜능을 쫓아왔다.

혜능이 의발을 큰 바위에 놓으면서 말했다.

"이 의발은 믿음을 표시한 것인데, 힘으로써 다투겠느냐?"

혜능은 말을 마치고, 풀 덩굴 속에 몸을 숨겼다. 혜명이 와서 먼저 의발을 들려고 하였으나 꿈쩍도 하지 않았다. 이에 놀라 혜명이 말했다.

"행자여, 행자여, 나오십시오. 나는 법을 위하여 온 것이요, 의발을 탐내어 온 것이 아닙니다."

혜능이 나와서 반석 위에 앉으니 혜명이 절하면서 말했다.

"노행자님께서는 제게 좋은 가르침을 하나 주십시오."

"네가 법을 위하여 왔다고 하였으니, 모든 인연을 쉬고 한 생각도 내지 말라. …… 선도 생각하지 말고 악도 생각하지 말라. 바로 이런 때 어떤 것이 명 상좌의 본래면목인가?(不思善 不思惡 本來面目)"라고 하였다.

이 내용은 공안 가운데 하나로 『무문관』 23칙 '불사선악不思善惡' 으로 전한다. 사유 작용이 일어나기 전의 본질, 참 성품이 무엇이냐 는 것이다.

혜능은 남쪽으로 내려가 15년간 은둔생활을 하였다. 이 기간 동안 을 보림保任하였던 것으로 볼 수 있다. 이후 혜능은 산에서 내려와 광동성廣東省 광주廣州 법성사法性寺(현 光孝寺)에 들어가니, 인종印宗 법사가 『열반경』을 강의하고 있었다. 마침 도량에서 학인 스님들이 대화를 나누고 있는데, 바람이 불어와 깃발이 움직였다.

한 학인이 뜰에 있다가 바람에 펄럭이는 깃발을 보고 말했다.

"바람이 움직이는 것이다."

옆에 있던 학인이 말했다.

"깃발이 움직이는 거다."

두 학인의 논쟁이 끝나지 않자, 혜능이 말했다.

"바람이 움직이는 것도 아니고, 깃발이 움직이는 것도 아니다. 오직 그대들의 마음이 움직이는 것이다."

이 일화는 '비풍비번非風非幡' 공안으로『무문관』29칙에 나온다. 혜능의 말대로 깃발이 움직인 것은 바람에 의한 것도 아니고, 깃발이 움직인 것도 아니다. 바로 깃발이 바람에 움직이는 것을 보고 듣고 인식한 그 마음이 움직인 것이다. 보는 것에 마음이 기울어 있기 때문에 깃발이 보이고, 소리에 마음 두기 때문에 바람 소리가 들리는 법이다. 깃발이 움직이든 바람 소리가 들리든, 마음 두지 않는다면 보이지 않고 들리지 않는 법이다. 이 공안에도 세상 사는 이치가 담겨 있다. 삶에 어떤 문제가 발생해도 내 마음이 동하지 않으면 문제가 없다. 결국 세상이 어떠하든 주위 사람이 어떻든 자신의 마음이 동하지 않으면 어떤 문제도 일어나지 않는다.

(4) 혜능의 열반 및 선풍

선과 관련된 글을 쓸 때면 늘 머릿속에 맴도는 이야기가 있다.

구한말 금강산 마하연 아래 목욕탕집이 있었다. 이 목욕탕의 주인은 불심이 돈독한 불자로, 스님들이 오면 목욕비를 받지 않았다. 어느 날 한 스님이 이 목욕탕에서 목욕하고 나오는데, 주인장에게 고맙다는 말을 하면서 몇 마디 덧붙였다.

"주인장! 고맙소이다. 육신을 깨끗하게 목욕하니 기분이 좋습니다."

주인이 그 말을 듣고, 스님에게 이렇게 말했다.

"스님, 육신은 깨끗하게 목욕했는데, 마음은 어떻게 씻으시겠습니까?"

스님은 아무런 대답도 못한 채 돌아가면서 크게 반성하고 열심히 정진했다고 한다.

하루에 아침저녁으로 몇 차례 세수하면서도 이 주인장의 말을 생각한다. 마음의 번뇌를 어떻게 씻을 것인가? 혜능의 가르침으로 보면, 본래성불된 존재이니 털어버릴 것조차 없음이요, 어떤 언어로도 이름 붙일 수 없는 일물一物이다. 다시 혜능으로 돌아가자.

혜능은 광동성廣東省 소관韶關 남화사南華寺에 머물며 제자들을 제접하였다. 어느 해, 소주韶州 자사刺史 위거韋璩라는 사람이 관료들과 함께 찾아와 대범사大梵寺에서 법을 설해 줄 것을 청했다. 당시 혜능이 대범사 강당에서 법을 설할 때, 자사 및 관료 30여 인, 유학자 30여 인, 스님들과 일반 재가인 모두 합쳐 천여 명이 모였다. 이때 설한 내용이 바로 『육조단경六祖壇經』이다. 『단경』을 설한 장소인 대범사는 현재 대감사大鑑寺라고 한다. 대감사라고 절 이름이 바뀐 것은 혜능의 시호인 대감大鑑에서 딴 것이다. 소관시 기차역에서 3km 떨어진 곳에 위치하는데 매우 작은 사찰이다.

혜능이 홍인으로부터 법을 받은 때가 677년으로, 그는 조계로 와서 36년간이나 선풍을 전개했고 제자들을 지도하였다. 713년 7월 8

혜능의 도량인 광동성廣東省 소관韶關 남화선사 산문 입구

일 혜능이 열반에 들려고 하자, 문인들이 모였다. 대중이 슬피 울면
서 좀 더 머물기를 청하자, 혜능이 말했다.

"부처님이 세상에 출현하신 것도 열반을 나타내기 위함이다. 옴
이 있었으니 가는 것은 당연한 일이다. 나의 이 몸도 반드시 가야
한다."
"스님께서 지금 가시면 언제 돌아오시는 겁니까?"
"잎사귀가 떨어지면 뿌리로 돌아간다. 다시 올 날을 말할 수 없으
리(落葉歸根 來時無口)."

'낙엽'이라는 눈에 보이는 현상이 사라진다고 해서 '낙엽' 자체가
사라진 것은 아니다. 또 '꽃잎'이 떨어졌다고 하여 꽃이 진 것이 아니
다. '꽃잎'은 현상적인 존재로 피었다가 지는 것이지만 그 꽃잎을 떠

혜능의 진신상(광동성 소관 남화선사 육조전)

받치고 있는 참된 실재(꽃)는 영원히 존재한다. 생멸하는 현상 속에 변치 않는 실재, 그 실재를 실상實相이라고 한다. 어느 법조인이 불명예 퇴임을 하면서 퇴임사 마지막에 이런 말을 남겼다.

"낙엽은 뿌리로 돌아갑니다. 낙엽은 지지만 낙엽 자체가 사라지는 것은 아닙니다."

혜능의 취지를 제대로 알고 말한 걸까? 궁금하다.

혜능이 상주했던 남화사南華寺는 광동성 소관韶關에 위치한다. 소관시 곡강구曲江區 성동城東에서 6km 떨어진 곳에 위치한 조계북안曹溪北岸, 보림산록寶林山麓은 영남 제일의 아름다운 곳이다. 남화사는 중국불교의 저명한 사찰이기도 하지만, 중국 선종의 "조정祖庭 사찰"이다. 이 절은 위진남북조시대(502년) 때 창건되었다. 인도 고승 지략삼장智藥三藏이 처음으로 이곳에 머물렀는데, 사찰을 창건해 황제가 '보림사寶林寺'라는 사명을 하사했다.

선사는 원래 713년 광동성 신흥현新興縣 국은사國恩寺에서 입멸했다. 입멸 얼마 후 법신을 남화사로 옮겨온 것이다. 제자들이 6조의 법신에 옻칠을 하고 향을 발라 관에 넣어 영구보존했다. 원적 29년 후인 742년에 영조탑靈照塔을 건립하고 진신상眞身像을 봉안했다. 혜능의 진신상을 영조탑 안에 모셔놓았는데, 혹 훔쳐갈 것을 염려해 육조전六祖殿 안으로 옮긴 것이다. 진신상 앞에 '육조대감六祖大鑑 진공보각원명광조眞空寶覺圓明光照 선사'라는 위패가 있다.

그런데 우리나라에서 혜능과 관련해 재미난 이야기가 전한다. 쌍계사 금당金堂에 혜능의 정상頂相, 즉 두골이 모셔져 있다는 것이다. 722년 두 승려가 당나라에서 귀국하면서 걸망 속에 혜능의 정상을 모시고 와서 쌍계사 금당 육조정상탑에 봉안했다고 한다. 이 내용은 『쌍계사지雙溪寺志』 '선종육조 혜능대사정상동래연기'로 전한다.

(5) 혜능의 선풍 및 선종사적 위치

첫째, 혜능에 의해 열린 돈오頓悟 법문으로부터 위앙종·임제종·조동종·법안종·운문종 등 5가가 형성되었다. 이를 일컬어 '일화오엽

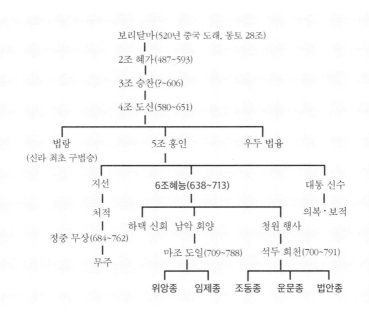

보리달마(520년 중국 도래, 동토 28조)
|
2조 혜가(487~593)
|
3조 승찬(?~606)
|
4조 도신(580~651)
|
법랑 ─── 5조 홍인 ─── 우두 법융
(신라 최초 구법승)
|
지선 ─── 6조혜능(638~713) ─── 대통 신수
|
처적 ─── 하택 신회 · 남악 회양 · 청원 행사 ─── 의복 · 보적
|
정중 무상(684~762) ─── 마조 도일(709~788) · 석두 회천(700~791)
|
무주

위앙종 임제종   조동종 운문종 법안종

一花五葉'이라 한다. 즉 '한 꽃에서 다섯 봉오리가 형성되었다'는 뜻이다. 혜능의 사상에서 발단되어 5가五家가 발전되었을 뿐만 아니라 선사상 및 선 문헌이 크게 발전되었다.

둘째, 자성청정심自性淸淨心을 강조하였다. 혜능이 법을 펼쳤던 남화사에 가면 혜능 사리탑(靈照塔)에 이런 글귀가 새겨져 있다. "보리자성은 본래 청정함이니, 단지 그 마음을 쓰기만 하면 곧바로 성불이니라(菩提自性本來淸淨 但用此心直了成佛)." 이 글은 『육조단경』에 있는 내용이다. 필자가 10여 년 전 사리탑에 새겨진 이 문구를 보고 전율을 느꼈다. 지금도 그 순간이 잊혀지지 않는다. 하나만 더 보자. "부처는 자성 가운데서 이루는 것이니, 몸 밖을 향하여 구하지 말라. 자성을 모르면 곧 중생이요, 자성을 알면 곧 부처이다." 혜능은 "본성품이 부처이므로 이 성품을 떠나 부처는 있을 수 없다(本性是佛 離性無別佛)."고 하였다. 청정한 자성일 때 곧 그 자리가 부처이다. 본각本覺·본래성불本來成佛에 입각한 사상이다.

셋째, 무념無念·무상無相·무주無住 사상을 강조하였다. 혜능의 선사상이 담긴 『육조단경』은 북종 신수계를 의식하고, 남종선 자체의 입장을 확립하는 과정을 반영한다. 남종선의 독립 선언이란 바로 돈오견성頓悟見性과 『금강경』에 기초하여 반야삼매般若三昧를 설하며, 일체법이 무념無念·무상無相·무주無住임을 밝힌 것이다. 『단경』에서 "나의 이 법문은 고래로부터 모두 무념無念을 세워서 핵심(宗)으로 삼고, 무상無相을 체體로 하며, 무주無住를 근본으로 삼는다."라고 하였다. 무상은 모양에 있어서 모양을 떠난 것이요, 무념이란 생각에 있어서 생각을 여읜 것이며, 무주란 사람의 본성이 저 세간에 있어서 선과 악, 미추美醜 등 어느 한쪽에 치우치거나 걸림이 없으며, 원수거나 친하거나 간에 서로 말로 다투거나 공격하며 속이는 등 다툼이 있을 때 공空으로 삼아서 앙갚음을 생각하지 않는 것이다.

넷째, 앞의 셋째와 관련이 깊은데, 혜능선은 반야 사상을 기반으로 한다. "자성이 능히 모든 법을 포함하며, 만법이 모든 사람의 성품 속에 있기 때문에 일체가 곧 하나요 하나가 곧 일체이니, 가고 옴에 자유로워 마음자리에 막힘이 없는 것이 반야般若이다."라고 하였다. 또한 "반야는 지혜인데 일체 처소處所와 일체 시중時中에 생각 생각이 어리석지 않고, 항상 지혜로 행하는 것을 곧 반야행이라고 한다." 선사는 반야는 부처를 여의지 않는 자성으로부터 나오며, 자성이 청정한 본성만이 반야의 지혜를 갖추고 있다고 하였다.

다섯째, 유심정토唯心淨土 사상이다. 『단경』에서 보면 "범부들이 자성을 모르기 때문에 제 몸속의 정토를 알지 못하고 동방이니 서방이니 하면서 찾고 있다. 깨달은 사람은 어디에 있더라도 마찬가지이다."라고 하였다. 진심으로 수행코자 하는 사람은 집에 있어도 동방이 바로 청정한 곳이 되고, 청정도량인 사찰에 있으면서도 닦지 않으면 서방일지라도 혼탁한 지옥이 된다고 보았다.

이와 같이 혜능의 사상을 간단히 정리해 보면 이러하다.

㉠ 자성청정을 기반으로 한 돈오가 강조되어 있다.

㉡ 『금강경』에 기초해 반야바라밀을 설하고 있는데, 반야삼매般若三昧는 일행삼매一行三昧라고 칭하고 있으며 이들 사상의 핵심은 무념·무상·무주이다.

㉢ 선정과 반야의 일체를 강조한다.

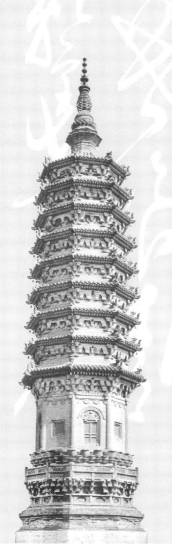

인도선이 중국화된 선으로 승화되다

(조사선)

12 | 조사선의 개조開祖 : 마조 도일

(1) 깨달은 성자는 고향에 가지 말라

당나라 때, 마조 선사가 개법을 한 뒤 제자들이 구름처럼 몰려왔다. 어느 해 마조는 여러 제자들을 이끌고 어릴 적 살던 고향(四川省 什方縣)을 방문했다. 막 마을 입구에 들어서자, 일하고 있던 할머니가 선사를 보고 외쳤다.

"어, 마씨네 키쟁이 코흘리개가 지나가네."

마조 도일(馬祖道一, 709~788)이 이 말을 듣고 제자들에게 말했다.

"출가해 나이 들어서 절대 고향에 가지 말라."

예수도 성인이 된 후 고향에 갔다가 사람들에게 당한 곤욕이 있어, 제자들에게 '성인이 되어서는 절대 고향에 가지 말라'고 했다고 한다.

필자는 수 년 전 마조의 고향을 방문하였다. 중국불교협회에서 일성(一誠, 1926~2017) 방장을 중심으로 마조의 고향을 불교 성지로 만들었다. 마조사나 여러 곳에 마조를 상징하는 상징물들을 마련해 놓았다. 마을 입구에 들어서면서부터 할머니가 외쳤던 '마씨네 코흘리개'를 생각하며 웃음 지었다. 그러면 이 마조는 어떤 인물인가?

(2) 마조, 인물됨과 출가

마조가 활동하던 당대(唐代, 618~907)는 중국 역사상 문화적·사회적·대외적으로 가장 번성했던 시기이다. 또한 외국문화의 수용에 있어서도 관대했다. 그 문화가 최고로 번성할 때, 안록산의 난(755~763)이 일어났다. 이 난으로 인해 당나라의 사회구조·문화·종교까지 크게 흔들렸다. 불교도 종래의 수도권 중심의 교종이 쇠퇴하고, 사람들의 생활과 밀접한 선종이 일어났다. 이런 혁신적인 분위기 속에서 마조의 선은 풍요로운 시골의 곡창지대를 배경으로 종래의 귀족이나 문벌에 대신하여 지방 지배자들의 마음을 사로잡았다.

마조는 사천성 사람으로 성은 '마馬'씨이다. 선사의 행적에서 독특한 점 하나는, 그는 죽는 날까지 속성인 '마씨'라고 불리었는데, 마씨 집에 태어났기 때문에 마조馬祖라고 한 것이다. 예로부터 속성으로써 한 종파의 조사를 부른 예가 있는데, 화엄종의 조사인 두순(杜順, 557~640) 화상이나 부대사(傅大士, 497~569), 신라의 무상(無相, 680~756) 대사를 김화상金和尙이라고 부른 것 등이다. 어쨌든 마조라는 호칭은 선종의 종조로서 잘 어울린다. 마조와 고향이 같은 선사들로는 마조의 다음 세대인 종밀(宗密, 780~841)·임제(臨濟, ?~866)·덕산 선감(德山宣鑑, 782~865)·설두 중현(雪竇重顯, 980~1052)·원오 극근(圓悟克勤, 1063~1135) 등 걸출한 선지식이 많다. 송대의 소동파도 이곳 출신이요, 덩샤오핑 등 현대 중국을 이끈 인물들도 이곳 사천 출신이 많다.

마조는 고향 마을에 위치한 나한사에 출가해 자주資州의 당화상唐和尙(德純寺의 處寂)에게 머리를 깎고, 유주의 원율사에게서 구족계를

마조의 출가사찰(사천성四川省 시방현什方縣 나한사)

받았다. 마조가 수행을 위해 형악衡岳 전법원傳法院에서 수행하고 있을 때, 남악 회양(南岳懷讓, 677~744) 선사를 만났다. 남악은 그가 법기法器임을 알고 다음과 같이 물었다.

"대덕은 무얼 하려고 좌선을 하는가?"
"부처가 되려고요."
그러자 회양은 암자 앞에 있는 돌 위에 기와를 갈아대기 시작했다.
"무엇을 하려고 하십니까?"
"기와를 갈아서 거울을 만들려고 한다."
"기와를 갈아서 어떻게 거울을 만듭니까?"
"그렇다면 어떻게 좌선만으로 부처가 될 수 있겠는가?"

"스승님, 그러면 어떻게 해야 합니까?"

"소가 수레를 끌고 가는데, 수레가 만일 나가지 않는다면 그대는 수레를 채찍질해야 하는가? 아니면 소를 채찍질해야 하는가?"

마조가 아무 말도 못하자, 회양이 다시 물었다.

"자네가 지금 좌선坐禪을 익히고 있는 것인지, 좌불坐佛을 익히고 있는 것인지 알 수가 없군. 만일 좌선을 익히고 있는 중이라면 선이란 결코 앉아 있는 것이 아니며, 혹시 그대가 좌불을 익히고 있는 중이라면 부처는 원래 정해진 모양새가 없다는 사실을 명심하게. 머무르지 않는 법을 놓고 취사선택取捨選擇을 해서는 안 되네. 그대가 혹 좌불을 흉내 내려 한다면 그것은 곧 부처를 죽이는 행위와 다름없고, 보잘것없는 앉음새에 집착하면 정작 깊은 이치에 도달할 수가 없는 법이라네." (『경덕전등록』「남악회양장」)

마조가 이 말을 듣고 활연히 깨달은 바가 있어 스승께 감사의 절을 올렸다. 이 이야기를 선종사에서는 '마전작경磨塼作鏡(기와를 갈아서 거울을 만들다)'이라고 한다.

(3) 마조의 선풍 및 만년

이후 얼마 안 있어 마조는 스승의 인가를 받았다. 마조는 스승에게 깨달음을 얻고, 시봉하기를 10년 한 뒤, 복건성福建省 건양建陽의 불적령佛跡嶺 성적사聖跡寺에서 처음으로 법을 설했다(開堂說法). 이때가 마조의 나이 34세였다.

마조는 강서성江西省 일대에서 선을 펼쳤는데, 이곳 군수 배공裵公

마조의 개당開堂 설법지인 성적사聖迹寺(복건성福建省 건양建陽 불적령佛迹嶺)

의 귀의를 받았다. 배공의 귀의로 말미암아 마조 교단은 크게 번창하는 계기가 되었다. 마조는 769년에 그의 중심 행화지였던 개원사開元寺 주지로 부임하였다. 이때 많은 수행자들이 마조 밑으로 구름처럼 모여들었다. 강서 지방 일대에 48좌의 마조 도량이 건립되었다. 현재 그 유적 가운데 정확한 장소가 발견된 곳은 28군데이다.

마조는 788년 정월에 강서성 건창建昌 석문산石門山에 올라 숲속을 거닐다가 평탄한 골짜기를 보더니 시자에게 말했다.

"다음 달에 나의 육신이 이곳으로 돌아오게 되리라."

이 말씀을 끝내고 산에서 돌아와 얼마 안 되어서 병이 들었다. 원주가 문안 올리면서 물었다.

"스님께선 요즘 어떻게 지내시는지요?"

"일면불日面佛 월면불月面佛이니라."

마조가 가장 활발하게 선풍을 전개했던 개원사.(현 강서성江西省 남창南昌 우
민사佑民寺) 이곳에 조계종의 종조인 도의국사 구법을 상징하는 한중우호탑
이 모셔져 있다.

이것이 마조의 최후 법문이다. 일면불과 월면불의 수명은 각각
1,800세이며 1일日 1야夜로 장수와 단명을 상징하는 화두이다. 마조
는 2월 1일에 세수 80세, 법납 60세로 건창 석문산 륵담사湳潭寺(현
寶峯寺)에서 입적하였다. 마조의 문하는 기록마다 차이가 있다. 『천
성광등록』에는 84명, 『조당집』에는 88명, 『송고승전』에는 대적의 문
하에 800여 명이다. 그만큼 마조 문하에서 기라성 같은 선지식이 많
이 배출되었다. 마조의 장례식은 아주 성대했다고 기록하고 있는데,
정토교의 선도(善導, 613~681) 및 보적(普寂, 651~739, 대통 신수의 제
자)에 버금가는 장례식이었다고 한다. 그만큼 마조가 중국 사회에나

불교계에 끼친 영향이 컸던 것이다.

(4) 선종사적 측면에서 본 마조

선종사에서의 마조의 역할을 개괄적으로 살펴보자.

첫째, 마조는 조사선의 개조開祖로 인정받는다. 일반적으로 선학에서는 선종사를 여래선 – 조사선 – 문자선(공안선) – 간화선·묵조선 – 염불선으로 나눈다. 하지만 조사선의 개조를 누구로 보는가에 대해서는 학자들마다 의견이 분분하다. 달

마조 사리탑(강서성江西省 정안靖安 보봉사寶峯寺)

마·혜능·마조 등 세 선사로 압축되는데, 마조를 기점으로 조사선이 시작되었다는 보는 경향이 일반적이다. 수백여 명의 선사들이 마조의 법맥에서 큰 물줄기가 형성되고 발전되었다. 즉 마조는 선종을 발전시키는 데 교두보 역할을 했던 것이다.

둘째, 인도 선을 탈피하여 중국적인 토양이 깃든 선으로 탈바꿈시켰다. 마조는 선을 선방에서 좌선하는 것만이 아니라 행주좌와 어묵동정의 일상생활에서도 얼마든지 수행할 수 있다는 일상성의 종교로 전환시켰다.

셋째, 마조의 선기禪機 방편에서 공안이 비롯되었다. 할을 하거나 불자拂子를 사용하거나 방망이를 휘두르는 등의 활작략活作略을 선종에서 기연機緣이라고 한다. 이것이 선문답이라는 형태로 되어 어

록이 발생하였는데, 이 어록은 후대에 공안으로 형성되는 단초가 되었다. 마조는 제자들을 가르치면서 깨달음에 이르도록 여러 가지 방편을 활용했는데, 바로 이 점 때문에 마조에서 공안이 시작되었다고 본다. 이에 대해서는 나중에 다루기로 한다.

넷째, 마조가 무상無相 대사와 사제師弟 관계(?)라는 설이다. 무상(680~756)은 중국 초기 선종사(6~8세기)의 한 일파인, 사천성 성도成都에서 선을 펼친 정중종淨衆宗의 개조이다. 무상은 우리나라 신라 성덕왕(聖德王, 702~737)의 아들로서 44세에 당나라에 들어갔다. 그런데 무상 대사와 마조가 스승과 제자라는 점을 규봉 종밀이 주장하면서부터 근래에 이르기까지 연구되고 있다.

다섯째, 마조는 우리나라 대한불교 조계종과도 인연이 밀접하다. 신라 말 고려 초에 구산선문 가운데 일곱 산문이 마조계 법을 받아 신라 곳곳에 선종 산문을 개산하였다. 즉 7산문의 개산조 승려들은 마조에게 있어 손자뻘이 되거나 증손자뻘이 된다. 조계종의 종조인 도의道義국사는 마조의 장손격인 서당 지장(735~814)의 법을 받아 신라에 가지산문을 개산하였다. 그래서 2008년 조계종 총무원에서는 마조의 도량인 강서성江西省 홍주洪州 개원사(현 佑民寺) 도량에 '조계종 종조宗祖 도의조사 입당入唐 구법기념비'를 세웠다. 이곳에서 도의국사가 서당 지장을 참알하고, 법을 받았기 때문이다.

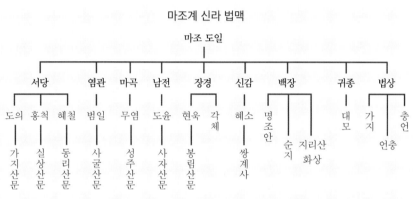

마조계 신라 법맥

마조 도일

서당 / 염관 / 마곡 / 남전 / 장경 / 신감 / 백장 / 귀종 / 법상

도의 홍척 혜철 / 범일 / 무염 / 도윤 / 현욱 각체 / 혜소 / 명조안 순지 지리산 화상 / 대모 / 가지 충언

가지산문 실상산문 동리산문 / 사굴산문 / 성주산문 / 사자산문 / 봉림산문 / 쌍계사 / / / 언충

* 『경덕전등록』과 『조당집』 참고

(1) 한국불교의 영원한 선지식들

우리나라의 최초의 선 전래자는 7세기의 법랑(法郎, 신라 진덕왕대
〔647~653 재위〕)이다. 최치원이 쓴 「봉암사지증대사적조탑비」에 의
하면, "법랑이 중국으로 건너가 4조 도신(四祖道信, 580~651)의 법을
이어 왔다."라는 기록이 전한다. 하지만 선이 크게 보급되기 시작한
시점은 신라 말 고려 초에 해당한다. 이때 아홉 산에 산문山門이 개
산되었다고 하여 '구산선문九山禪門'이라고 한다. 그런데 아홉 산문

가운데 일곱 산문이 마조 도일의 법손이다.

즉 마조의 뛰어난 제자 가운데 한 명인 서당 지장(西堂智藏, 735~814)의 법을 받은 제자는 도의·홍척·혜철이다. 도의道義국사가 개산한 산문은 가지산문으로 현 조계종의 종조에 해당한다. 홍척洪陟은 실상산문(남원 실상사), 혜철惠哲은 동리산문(곡성 태안사)이다.

또 마조의 제자인 염관 제안의 법을 받은 범일은 사굴산문(강원도 강릉), 마곡 보철의 법을 받은 무염은 성주산문(충남 보령), 남전 보원의 법을 받은 도윤은 사자산문(강원도 사자산 법흥사), 장경 회휘의 법을 받은 현욱은 봉림산문(경남 창원)을 개산했다. 또한 마조계 가운데 쌍계산문을 개산한 진감 혜소(眞鑑慧昭, 774~850)도 마조의 제자인 창주 신감(滄州神鑑)의 법을 받아왔다.

이처럼 우리나라 산문 가운데 중요한 위치에 점하는 세 산문(가지산문·실상산문·동리산문)의 스승이 바로 서당이다.

(2) 마조 문하에서의 서당의 위치
먼저 스승 마조와 서당을 포함한 제자들의 일화를 보자.

어느 날 서당·백장·남전 세 사람이 마조를 모시고 달맞이를 갔다.
그때 마조가 제자들에게 물었다.
"바로 지금 같은 때에 무엇을 하면 가장 좋겠는가?"
서당 지장이 말했다.
"공양하는 것이 가장 좋겠습니다."
백장 회해는 "수행하기에 가장 좋겠습니다."라고 했다.

그런데 남전만 소매를 뿌리치면서 그냥 가버렸다.

그러자 마조가 말했다.

"경經은 서당에게 들어가고, 선禪은 백장에게로 돌아가는데, 오직 남전만이 경계에서 벗어났구나." (『경덕전등록』)

앞의 내용은 '마조완월馬祖玩月'이라고 하는 공안이다. 이 공안을 세밀히 보면, 세 선사 가운데 남전 선사에게 포커스를 맞추고 있다. 남전은 조주 종심(趙州從諗, 778~897)의 스승이다. 후세에 무자無字 공안과 끽다거喫茶去 공안으로 유명한 조주에 대한 평가가 높아지면서 스승인 남전이 부각되었다. 또한 남전은 백척간두진일보百尺竿頭進一步 공안을 내세운 장사 경잠의 스승이기도 하다.

한편 선종사에서 청규淸規를 제정한 백장 회해(百丈懷海, 749~814)는 제자 황벽(黃檗希運, ?~850)에 이어 임제(臨濟, ?~867)가 배출되면서 선종사에 크게 부각되었다. 그러면서 자연스럽게 서당의 활약과 법력이 축소된 감이 있다. 하지만 서당은 마조 문하를 대표하는 수제자로, 근래에 서당에 관한 연구가 활발히 이루어지고 있다. 어찌되었든 서당은 우리나라 산문과 밀접한 법연法緣으로 이어지고 있다.

(3) 서당의 행적

서당 지장은 강서성江西省 남강부 출신으로 8세에 출가, 13세 때 임천臨川 서리산西裏山에서 마조를 시봉하였고, 7년 뒤에 스승으로부터 법을 받았다. 서당은 기골氣骨이 장대하고 비범하였다. 서당은 마조가 처음 개당開堂 설법할 무렵(35세, 복건성 聖跡寺)의 제자이니, 마조 문하 가운데 장손 격에 해당한다.

하루는 마조가 서당에게 물었다.

"자네는 어찌하여 경을 보지 않는가(子何不看經)?"

"경에 무언가 다른 것이 있습니까?"

"어찌되었든 자네가 뒷날 남을 위해 반드시 필요할 걸세."

"저 자신도 제 병을 치료하기 어려운데, 감히 남을 위하라고 하십니까?"

"말년에 자네의 선풍이 반드시 세상에 흥기할 것이다."

마조는 강서성 건주贛州 공공산龔共山 보화사寶華寺에서 법을 펼쳤다. 이때 군수 배공裵公의 귀의를 받아 마조 교단이 크게 번창하기 시작했다. 이 무렵, 마조는 보화사에서 홍주洪州(현 南昌) 개원사開元寺(현 우민사)로 옮겨갔다. 마조가 개원사로 옮겨간 뒤에도 서당은 보화사에 남아 법을 펼쳤다. 이때 서당의 가르침을 따라 대중이 운집하는 것이 마치 마조가 살았을 때와 같았다고 한다.

당시 태수太守 이공주李公舟는 『공주부지贛州府志』에 "서당은 천하에 유명한 사람이었다. 서당이 마조를 정성스럽게 섬기는 것이 마치 안회가 공자를 섬기는 것처럼 극진한 제자였다."라고 평하였다. 공공산 보화사는 마조의 전법 도량이기도 하지만, 서당의 개당설법 도량이기도 하다. 서당은 보화사를 떠나지 않고 줄곧 이곳에서 머물며 법을 펴다가 80세에 입적하였다. 당나라 헌종이 '대선교大宣教'라고 하사했으며, 8년 후 목종이 다시 호를 '대각大覺', 탑 이름을 대보광大寶光이라 하사하였다. 또한 '옥석탑玉石塔'이라고도 불린다. 서당과 제자들의 기연機緣을 보기로 하자.

서당지장 사리탑인 옥석탑(강서성 공공산崏共山 보화사寶華寺)

서당의 한 제자가 죽어서 화장을 해 마쳤다. 어느 날, 죽은 제자가 서당에게 나타나 말했다.

"스님, 부디 제 목숨을 다시 찾아주십시오."

서당이 말했다.

"그대는 진정 죽은 자인가, 산 자인가?"

"저는 죽은 자입니다."

"이미 자신이 죽었다는 것을 안다면, 그 목숨을 찾고자 하는 자는 누구인가?"

이후 죽은 제자는 다시는 서당 앞에 나타나지 않았다.

제공制空이라는 승려가 서당에게 말했다.

"해가 너무 일찍 뜨네요."

"바로 이때일세(正是時)!"

조계종 종조 도의국사 구법기념비(강서 성 남창南昌 우민사佑民寺에 모셔져 있음)

유학자인 이고李翶*가 찾아와 서당에게 물었다.

"스님은 마조 대사에게서 어떤 가르침을 받으셨습니까."

"이고!"

"네."

"이게 바로 북과 피리가 서로 상응하는 것과 마찬가지이네."

세 번째 내용은 "서당고각西堂鼓角"이라는 공안이다.

마지막으로 우리나라 도의국사와 서당과의 기연을 보기로 하자. 서당이 홍주 개원사에 머물 때이다. 도의가 당나라에 들어가 행각을 하다 개원사에 입문했다. 도의가 서당의 수행 지도를 받고 있던 차, 어느 날 서당이 도의에게 말했다.

"내가 그대와 인연이 된 것은 돌무더기에서 아름다운 옥玉을 얻고, 조개 가운데서 진주를 줍는 것과 같도다. 진실로 법을 전한다면 이런 사람이 아니고 누구에게 전하랴(誠可以傳法 非斯人而

---

* 이고(李翶, 772~841)는 처음 불교를 비판했으나, 경전을 보고 감탄하여 『복성서復性書』를 써서 유언불의儒言佛意로 유교에 새로운 뜻을 개척했다. 한유韓愈의 「원도原道」는 철학적·이론적인 반면에 이고의 『복성서』는 실천적인 논문이라고 할 수 있다. 이들은 모두 유학의 입장에서 새로운 인간학을 제창하였다.

誰)."(『조당집』)

도의는 서당에게 깨달음의 인가를 받았다.

(4) 선종사적 측면에서 본 서당의 면모

앞에서도 언급했지만, 서당은 마조계에서 백장이나 남전에 비해 축소된 감이 있다. 하지만 서당은 마조계의 장손 격으로 마조의 선풍을 드날린 일인자이다. 당시 중앙에 진출한 마조의 제자들 중 일부는 북쪽(당대의 수도 長安)에서 활동했고, 서당은 남쪽(江西省)에서 선풍을 전개했다. 마조선에 있어 '남쪽과 북쪽의 대립'이라는 기록이 있는데, 당시 장안에 진출한 제자들을 북쪽이라고 지칭했다면, 남쪽의 대표 선사는 서당으로 보았다.

또한 당나라 때 사천성 혜의정사慧義精舍(현 금천사) 남선원南禪院 조사당 안에 무상無相·무주無住·마조·서당, 이 네 분의 진영을 모셔 놓고 공양 올렸다는 기록이 있다. 이는 851년에 시인 이상은(李商隱, 812~858)이 쓴 「당재주혜의정사남선원사증당비唐梓州慧義精舍南禪院四證堂碑」의 기록이다. 여기서 무상 대사는 신라의 왕자 출신인데, 중국에서 모시는 5백 나한 가운데 455번째 나한으로 모셔져 있으며, 당시 정중종淨衆宗의 개조開祖로서 초기 선종사에 입지가 매우 큰 분이다. 또한 무상 대사와 마조를 스승과 제자라고 종밀(圭峰宗密, 780~841)이 주장한 이래 지금까지 연구되고 있다.

이렇듯 서당은 선종사에서 중요한 위치를 차지함은 물론이요, 한국 불교사와 관계가 밀접한 선사인 것이다.

14 | 동아시아 선종 교단의 청규를 제정하다 : 백장 회해

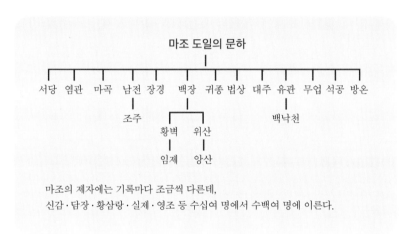

마조 도일의 문하

서당 염관 마곡 남전 장경 백장 귀종 법상 대주 유관 무업 석공 방온

조주

황벽 위산

백낙천

임제 앙산

마조의 제자에는 기록마다 조금씩 다른데,
신감·담장·황삼랑·실제·영조 등 수십여 명에서 수백여 명에 이른다.

(1) 백장의 행적과 공안

청규淸規는 율장에 있는 내용이 아니라 선종 승려들의 수행 패턴에 맞게 제정된 것으로, 당나라 때 백장에 의해서 처음 시도되었다. 즉 인도의 불교문화 사상과 별개로 중국불교의 문화와 선사상이 정립된 것이다.

청규를 최초로 제정한 백장 회해(百丈懷海, 749~814)는 어떤 인물인가? 백장은 '왕王'씨이며, 복건성 복주福州 장락현長樂縣 사람이다. 백장의 휘호는 회해懷海, 서산 혜조西山慧照를 의지해 출가하였고, 형

강서성江西省 봉신현奉新縣 백장사 조사전에 모셔진 백장

산 법조衡山法朝에게서 구족계를 받았다. 대장경을 열람한 뒤 마조
(709~788)에게 가서 수학하였다. 백장은 마조가 입적한 뒤에도 석문
산石門山에 있는 마조의 사리탑(보봉사) 옆에 머물렀다. 그 후 신도들
의 청에 의해 강서성江西省 남창부南昌府 봉신현 백장산百丈山(大雄山)
으로 들어갔다. 백장산은 산세가 지극히 우람하고 가팔라서 '백장'
이라고 불렀다. 필자는 이곳을 10년 전에 방문했었는데, 깊은 산속
인 데다 고지대에 위치해 있어 찾아가는 데만도 대도시에서 이틀이
나 걸렸다. 선사는 이곳에서 선풍을 전개하다 814년 입적했는데, 세
수 66세, 승랍 47년이다. 821년 '대지선사大智禪師' 시호를 받았다.
몇 일화를 통해 백장의 면모를 보자.

어느 날 스승 마조와 들판을 지나다가 들오리가 날아가는 것을
보았는데, 마조가 백장에게 물었다.

"저것이 무슨 물건인고?"

"들오리입니다."

"어디로 갔는가?"

"이미 날아갔습니다."

마조가 머리를 돌려 백장의 코를 한번 비틀었다.

백장은 아픔을 참느라고 소리를 질렀다.

마조가 말했다.

"다시 한번 날아갔다고 말해 봐라."

백장은 마조의 말끝에 깨달은 바가 있었다. (『백장어록』)

이 이야기는 백장야압百丈野鴨(백장과 들오리)이란 공안이다. 여기서 마조가 백장에게 물었던 시심마是甚麼는 단순히 들오리를 지칭하는 것이 아니다. '들오리가 날아가는 것을 보고 듣는 그 작용이나, 코를 비틀었을 때 코가 아프다고 인식하는 본체가 무엇인가'를 직관적으로 깨달을 것을 제자에게 보인 것이다. 들오리가 이미 날아가 버렸든, 바로 그 자리에 있든 상관없이 일상의 보고 듣는 작용은 생멸 生滅이 없는 불생불멸이건만 어리석은 제자는 현상적으로 보이는 것만을 가지고 들오리가 날아갔다고 대답하고 있다.

스승이 제자를 지도하는 선문답이 후대에 문자화되고, 이 문자선이 다시 공안公案으로 전환되었다. 이 공안을 방법화한 것이 간화선이다. 이렇게 간화선의 주제인 공안이 성립하는데, 마조와 백장의 일화에서 발단되었다. 또 마조와 백장 사이에 이런 일화가 전한다.

백장이 법상 모서리에 있는 불자拂子를 보고 마조 선사에게 물었다.

"이 불자에 즉卽해서 작용합니까, 아니면 이 불자를 여의고(離) 작용합니까?"

"그대가 훗날에 법을 설하게 되면 무엇을 가지고 대중을 제접할 것인가?"

백장이 대답 대신 불자를 잡아 세웠다.

마조가 이를 보고 물었다.

"이것(불자)에 즉해서 작용하는가, 아니면 이것을 여의고 작용하는가?"

백장이 불자를 다시 제자리에 갖다 놓았다.

마조가 순간, "악!" 하고 고함을 질렀다. 백장은 사흘 동안 귀가 먹었다. (『백장어록』)

앞의 내용을 '삼일이롱三日耳聾'이라고 한다. 이 공안은 선종에서 최초의 할喝이라고 한다. 이 '할'은 현재 한국의 스님들도 상당 설법 할 때 자주 활용하는 선풍의 한 일면이다.

(2) 청규의 제정

글 서두에서 언급했던 청규에 대해 보자. 청규가 제정된 배경은 크게 세 가지이다.

첫째, 당시 선종 승려들이 율원律院에 거주하였는데 율종 승려와 생활이 맞지 않았다. 이에 선종 승려에 맞는 규율이 필요했다.

선종 사찰인 경우는 청규가 객당(우리나라로 보면 종무소)에 세워져 있다. 대체로 왼쪽에 일반 청규, 오른쪽에는 그 사찰만의 청규를 새겨 놓는다. 글씨가 없는 막대는 향판이다. 우리나라로 치면 장군죽비와 같은 역할을 한다 (사천성 성도 소각사).

둘째, 안사의 난(755~763) 때 하택 신회가 도첩을 팔아 왕권을 도왔는데, 난이 끝난 후에도 도첩 매매가 성행해 교단이 문란하였다. 이에 선사들은 세속적인 유혹을 끊고 자급자족해야 한다는, 안으로부터의 개혁이 필요했다.

셋째, 당나라 때 마조의 사상은 전통이나 경전의 권위를 빌리지 않고 살아있는 인간의 현실성에 중점을 두었다. 이렇게 일상성의 선으로 전개되어 선=노동으로 자연스럽게 변화되었다. 청규 내용을 크게 몇 가지만 언급하면 이러하다.

전 대중이 평등하게 공동으로 노동해야 하는 의무규정인 보청법普請法, 덕이 있는 스승을 장로長老로 삼아 방장方丈에 거주케 하는 것, 불전佛殿을 따로 만들지 않고 법당法堂만을 세워 생불生佛로 추대된 장로로 하여금 법당法堂에서 법을 설하게 하는 것이다. 현재 한국 사찰에서 부처님이 모셔진 당우를 일반적으로 '법당'이라고 하는 것이나 방장제도, 대중울력 등이 백장에 의해 제정된 청규에 의한 것이다. 그러면 선사의 청규 정신을 보기로 하자.

백장은 매일 실시하는 울력만 있으면 대중보다 제일 먼저 나와 일했다. 이 점을 안타까워하던 주지가 하루는 연장을 감추고 쉬기를 청하자, 백장이 말했다.
"내가 심어 놓은 덕도 없는데 어찌 남들만을 수고롭게 하겠는가?"
그날 저녁, 백장은 공양을 하지 않았다. 제자들이 찾아와 스님께 공양하기를 청하니, 백장이 말했다.
"하루 일하지 않으면 하루 먹지 않는다(一日不作 一日不食)."
(『백장어록』)

이 말은 청규의 대표적인 문구가 되었고, 현재 우리나라 어른 스님들도 울력과 수행을 동일시하는 측면으로 발전되어 스님들의 울력이 관습화되었다.

(3) 백장의 선사상

백장과 함께 회자되는 백장야호百丈野狐 공안을 보자.

백장이 설법할 때마다 한 노인이 청중들 맨 뒤에서 법을 들었다.
어느 날 그 노인은 설법이 끝났는데도 법당에 서 있었다. 백장이
이상히 여겨 "거기 서 있는 사람은 누구인가?"라고 물었다. 그때
노인이 말했다.

"저는 사람이 아닙니다. 옛적 가섭불 때 이 절의 주지였습니다. 그
때 한 학인이 제게 묻기를 '수행을 많이 한 사람도 인과에 떨어집
니까?'라고 하기에, 저는 '인과에 떨어지지 않는다(不落因果)'라고
했습니다. 그렇게 대답한 이후부터 저는 500생 동안 여우의 몸을
받았습니다. 스님께서 제가 여우의 몸을 벗어나도록 좋은 말씀을
해주십시오."

백장이 여우에게 말했다.

"수행을 많이 한 사람은 인과에 떨어지는 것이 아니라, 인과에 어
둡지 아니하다(不昧因果)."

그 말끝에 여우가 법안이 열리었고, 선사에게 절을 하며 말했다.

"저는 이미 여우의 몸을 벗어나 뒷산에 있으니, 스님께서 저를 거
두어 주십시오."

여우가 물러난 뒤, 백장이 대중에게 말했다.

"공양 후에 승려의 장례식이 있으니 화장할 준비를 하라."

대중이 절 뒷산으로 올라가 보니, 여우 한 마리가 죽어 있었다. 백
장은 이 여우의 장례식을 승려의 장례식처럼 여법하게 다비해 주

었다. (『백장어록』)

백장의 선풍과 선사상을 보자. 백장은 설법이 끝나고 대중들이 법당 밖으로 우르르 몰려 나갈 때, 그들을 향해 큰소리로 불렀다.

"이보게들!"

대중들이 얼떨결에 놀라 고개를 돌리니, 백장은 이렇게 말했다.

"이것이 무엇인고(是甚麼)?"

선종사에서는 이를 백장하당구百丈下堂句라고 한다. 위 내용은 '이 뭣고'라는 화두로 많이 쓰이고 있다. 또한 불성사상이 담긴, 『벽암록』 26칙에 실려 있는 독좌대웅봉獨坐大雄峰이 있다.

어느 승려가 백장에게 물었다.

"무엇이 기특한 일입니까?"

"그대가 홀로 대웅봉에 앉는 일이다(獨坐大雄峰)." (『백장어록』)

곧 독좌獨坐의 주체인 '아我'는 곧 깨달아 있는 그 본체인 대아大我인 것이다. 대아는 6근·6진을 벗어났고 진상眞相 그대로여서 문자에 매이지도 않으며, 심성은 물듦이 없어 그 자체가 본래 완전한 여여불如如佛의 당체인 것이다. 백장은 돈오법문에서 이렇게 설하고 있다. 어떤 승려가 "도道에 들어가 돈오하는 대승법이 무엇입니까?"라고 묻자 이렇게 답변했다.

"우선 그대는 모든 반연攀緣을 쉬고 만사를 내려놓아서 선善과 불선不善 등 세간의 온갖 것들을 모두 놓아버린 뒤에 기억하지도 말고 망상하지도 말라. 몸과 마음을 놓아버려 자유 자재롭게 되면 마음은 목석같이 되어 입으로는 말할 것이 없으며, 마음으로는 분별할 길이 사라진다. 마음이 허공과 같이 지혜의 해가 저절로 나타나는데, 마치 구름이 흩어지면 해가 나오는 것과 같다."*

이 시중에서 살펴본 대로, 백장은 불성을 태양에, 번뇌를 구름에 비교하여 잠깐 구름에 가려진 태양, 즉 불성을 보아야 한다고 강조한다. 자신이 불성을 구족한 존재임을 자각하기 위해서는 마음이 목석처럼 되어 자심自心을 관觀해야 한다. 이는 곧 마음에 집착이 없는 무심의 경지를 표현한다. 백장이 주장하는 심여목석心如木石과 같아야 한다는 사상은 일체의 상대적인 차별과 분별이 없는 고요한 마음으로서, 달마의 벽관壁觀 사상과 같음을 알 수 있다. 그리하여 백장이 말했다.

"모든 반연인 탐진치 3독을 모두 쉬어서 더럽다거나 깨끗하다는 생각이 다하여 5욕과 8풍을 대하더라도 견문각지見聞覺知 어디에도 걸리지 않으며, 모든 경계에 미혹되지 않으면 저절로 신통과 묘용을 구족하게 된다. 이런 사람을 '해탈인'이라고 한다."

---

* "汝先歇諸緣 休息万事 善與不善 世間一切諸法 幷皆放卻 莫記憶 莫緣念 放捨身心 令其自在 心如木石 口無所辯 心無所行 心地若空 慧日自現 猶如雲開日出相似."(『백장어록』)

116

즉 '마음에 부처·중생, 지옥·극락 등 일체 어떤 일에도 집착하지 않아야 해탈을 얻을 수 있다'는 가르침이다. 달리 표현하자면 선악·미추·중생과 부처라는 분별심을 떠난 마조의 평상심의 변형이요, 더 거슬러 올라가면 불안한 마음을 없애고 안심安心할 마음도 없다고 하는 달마의 안심법문과 다름이 없다.

이와 같이 백장의 돈오법문은 모든 일을 쉬어 사량하지 말고 불성을 그대로만 자각한다면 도인이 될 수 있으니, 이러한 사람을 일러서 발심보살이 불지佛地에 오른다고 이름 붙일 수 있다는 것을 시사하고 있다.

이제 백장의 선종사적 역할을 간략하게 정리해 보자.

첫째, 백장은 큰 인재를 키웠다. 곧 5가 7종 가운데 제일 먼저 위앙종을 개산開山한 위산 영우(771~853)와 임제의 스승인 황벽 희운(?~856)을 배출하여 위앙종과 임제종의 연원을 이룬다. 또한 백장의 제자로 신라 때 명조안明照安이 있다.

둘째, 청규 제정으로 선종 교단이 율원으로부터 독립할 수 있었다. 이로 인해 선종의 근간이 이루어졌으며, 동아시아 선의 기본 틀을 세웠다고 볼 수 있다. 우리나라 또한 나말여초에 백장의 선사상이 유입되어 지금에까지 미치고 있다.

15 | 확고한 주체성으로 자각적인 삶을 살다
가다: 남전 보원

(1) 평상심

어느 승려가 남전 선사에게 물었다.

"스님, 평상심이 무엇입니까?"

"졸리면 자고, 앉고 싶으면 앉는 것이다(要眠卽眠要坐卽坐)."

"잘 이해가 되지 않습니다."

"더우면 시원한 것을 먹고, 추우면 불을 쬐는 것이다(熱卽取涼寒卽向火)." (『경덕전등록』 「남전장」)

평상심平常心, 많이 들어봄직한 단어이고 이야기일 것이다. 이와 똑같은 내용이 『무문관』 19칙에도 전한다. 조주(778~897)가 스승(남전)에게 "어떤 것이 도道입니까?"라고 묻자, 남전은 "평상심이 바로 도(平常心是道)이다."라고 답한다. '평상심시도'는 중국 선의 르네상스 시대(조사선)의 캐치프레이즈나 다름없는 사상이다. 깨달아 있는, 본래성불된 본각本覺에 입각해 있음을 말한다. 본 부처로서 행하고 말하기 때문에 평상의 그 마음이 바로 도요, 그 마음이 바로 부처라는 의미이다. 조사선 시대에는 인간 중심의 사상과 인간의 주체의식

중국에서 구입한 부채. 일반적으로 중국인들은 '평상심'
글씨를 많이 소장하고 있다.

이 가장 중시되고 강조되었는데, 이 인간 중심 사고를 가장 잘 대변
할 수 있는 것이 바로 평상심시도이다. 평범한 일상생활 속에 언제
어디서나 자기의 주체성을 잃어버리지 않고 자각적인 삶을 일구어
나가는 것이다. 이런 선문답으로 제자들을 지도하고 있는 남전은 어
떤 분인가?

(2) 남전의 행적

남전 보원(南泉普願, 748~834)은 조사선의 개조開祖인 마조(709~788)
의 제자이다. 마치 안회가 공자의 총애를 받은 것처럼 남전도 마조
의 총애를 받은 인물로 평가받고 있다. 이 점은 다음 『전등록』의 일
화를 토대로 한다.

어느 날 서당·백장·남전 세 사람이 마조를 모시고 달맞이를 갔다.
그때 마조가 제자들에게 물었다.
"바로 지금 같은 때에 무엇을 하면 가장 좋겠는가?"

서당 지장이 말했다.

"공양하는 것이 가장 좋겠습니다."

백장 회해는 "수행하기에 가장 좋겠습니다."라고 했다.

그런데 남전만 소매를 뿌리치면서 그냥 가버렸다.

그러자 마조가 말했다.

"경經은 서당에게 들어가고, 선은 백장에게로 돌아가는데, 오직 남전만이 경계에서 벗어났구나."

이 내용은 앞 '서당' 부분에서 한 번 언급했던 이야기다. 여기서 마조는 남전을 가장 수승한 인물로 보고 있다. 『송고승전』에는 마조 문하에 서당과 백장 두 대사가 각립했다는 기록이 전한다. 그러나 원판元版 『전등록』에 와서는 남전이 첨가되어 세 선사가 각립하는 것으로 되어 있다. 게다가 '마조완월馬祖玩月'의 기연에도 남전이 첨가된 것은 송나라 때 선의 특징인 대기대용大機大用적인 선이 반영된 것이라고 볼 수 있다. 또한 1138년에 발행된 『고존숙어요古尊宿語要』에 남전계(남전·조주·자호)를 포함한 것으로 보아 남전의 선풍이 송나라 때에 재평가되었다고 볼 수 있다.

남전의 행록은 『송고승전』 11권·『조당집』 16권·『전등록』 8권에 전하며, 『전등록』 권8·『고존숙어요』「고존숙어」에 그의 어록이 전한다. 남전의 휘호는 보원普願, 속성은 왕王씨, 하남성河南省 정주鄭州 신정현新鄭縣 사람이다. 757년 10세에 대외산大隈山 대혜大慧에게 수업하고, 777년 30세에 숭산 회선사會善寺의 숭율사에게 구족계를 받았다. 남전은 계율과 경전을 공부하고, 이어서 용수보살의 삼론(三

論: 中論·百論·十二門論)을 익히며 불법의 현묘한 도리에 심취해 있었다. 이후 남전은 마조 선사를 만나 깨달음을 이루었으니, 사교입선捨敎入禪한 인물이라고 볼 수 있다.

795년 47세에 남전은 안휘성安徽省 지양池陽 남전산南泉山에 들어가 30년간 산에서 내려오지 않고 은둔하였다. 79세인 827년 지양 선성宣城의 겸사廉使 육선陸亘이 하산해 줄 것을 간청해 산을 내려와서 선풍을 펼쳤다. 이렇게 7년여 간 법을 펼친 뒤 세수 87세, 승랍은 58세로 입적하였다.

남전 보원 진영

(3) 선문답을 통해 본 남전의 선사상

남전에 관한 일화는 어록 곳곳에 전한다. 남전의 사상이 드러나는 몇 가지만 살펴보자. 남전이 마조 문하에 있을 때의 일이다.

남전이 대중들에게 죽을 급식하고 있는데, 스승 마조가 물었다.
"통 안에 무엇이 있느냐?"
남전이 말했다.
"이 노인네가 입도 움직이지 않고 말을 하네."
마조는 더 이상 아무 말도 하지 않았다. (『마조록』)

제자가 스승에게 막돼먹게 행동하는 것이 아니라 선문답을 통해 스승과 제자와의 기량이 전개되는 모습이다. 남전이 스승 마조에게 말로써 제압하는 기연으로 보아 마조가 남전의 대기大機를 인정한 것으로 생각된다.

남전의 스승인 마조는 제자들에게 즉심시불卽心是佛을 권하며 법을 설했는데, 마조 이후에 즉심시불 사상을 잘못 받아들이는 이들이 많았다. 곧 즉심시불은 우는 아이를 달래기 위한 하나의 수시隨時 방편에 불과한데, 제자들 중에는 이에 집착하고 교조화하는 이들이 있었다. 남전은 이런 시류를 비판하였다.

어느 승려가 물었다.
"위의 조사로부터 마조에 이르기까지 모두 말씀하기를 '마음이 곧 부처요, 평상심이 도'라고 하셨는데, 지금 화상께서는 어찌하여 '마음이 부처가 아니요, 지혜가 도가 아니다'라고 하십니까? 학인들 모두가 의심하고 있습니다. 화상께서 지도해 주십시오."
남전이 소리를 버럭 지르며 말했다.
"그대가 부처라면 다시 의심하지 말 일이지, 다시 내게 물으면서 어디에 그런 옆집의 부처를 의심하는가? 나는 부처도 아니요, 조사를 보지도 못했다. 그대가 그렇게 말하니 그대 혼자서 조사를 찾아보아라."(『경덕전등록』 「남전장」)

또한 『전등록』에도 앞과 유사한 내용이 있다.

하루는 어떤 승려가 와서 물었다.

122

"지금 화상께서 말씀하시기를 '곧 마음이 부처(即心是佛)라고 해
서도 안 되고, 마음도 아니고 부처도 아니다(非心非佛)고 해서는
안 된다'고 하는데, 스님의 뜻은 무엇입니까?"
"그대가 '곧 마음이 부처다'라고 믿으면 그만이지, 무얼 다시 '되
고·안 되고'를 묻는가? 마치 그대가 밥 먹은 뒤 동랑東廊에서 서
랑西廊 쪽으로 걸어가면서 사람들을 붙잡고, 가도 되는지 안 되는
지를 묻고 있는 것과 같다."

곧 원래 부처이니, 다시 찾을 것도 없거늘 왜 의심하고 문제를 일
으키느냐는 말이다. 즉심시불이든 비심비불이든 언구에 집착하지
말고, 마음이 부처임을 믿고 수행해 나갈 것을 강조한다. 조사선은
스승 마조에 의해 개창되었지만, 이를 전개하고 발전시킨 인물 중의
한 사람이 남전이라고 본다. 곧 평상심의 선이 한층 진일보되어 일
상성의 종교로 전개된 것이다. 이런 선사상으로 인해 남전 문하에서
배출된 선사들이 간화선 발전에 영향을 끼쳤다. 남전참묘南泉斬猫나
이류중행異類中行(수행자가 축생 등 중생 속에서 수행하며 교화에 힘쓸 것)
등 그와 관련된 공안이 적지 않은 것으로 보아 남전은 당시에 독특
한 선풍을 펼친 소유자였음을 알 수 있다. 다음은 일원상과 관련된
남전의 선기禪機가 드러난 내용이다.

남전·귀종 지상歸宗智常·마곡 보철麻谷寶徹 세 사람이 함께 남양
혜충국사에게 예를 드리러 가는 길이었다. 남전이 땅에 동그라미
를 그리며 말했다.

"말해 보라. 그러면 가겠다."

귀종은 원상 안에 들어가 주저앉았고, 마곡은 허리를 굽혀 여인
처럼 절을 했다.

남전이 말했다.

"그렇게 하면 가지 않겠다."

귀종이 말했다.

"이게 무슨 마음인고(是什麼心行)."(『경덕전등록』「남전장」)

이 일화는『전등록』뿐만 아니라『벽암록』69칙에 '남전일원상南泉
一圓相'이라는 제목으로 수록되어 있다. 남전에게 독특한 두 가지 특
징이 있다.

첫째는 그는 마조 생전에 세인들에게 널리 알려졌으며, 둘째는 마
조의 선법을 이으면서도 독특한 선법을 형성하고 있어서 임제종계
뿐만 아니라 조동종계에 이르기까지 두루 널리 영향을 미쳤다는 점
이다. 조동종의 동산 양개(洞山良价, 807~869)가 출가해 의지한 선사
가 오설(五洩, 747~818. 마조의 제자)이다. 오설 선사는 양개의 근기가
수승함을 느끼고, 그를 떠나보내면서 "바른 깨달음을 얻으려면 남전
화상에게 가서 배우라."고 하였다. 또한 당시 선사들 중 수행이 잘
되지 않으면 남전을 찾아간 이들이 많이 있다.

(4) 남전의 문하

남전 문하에 수백여 명의 제자들이 있었으며, 여기에 신라 사자산문
獅子山門의 도윤道允도 포함된다. 남전 문하를 대표하는 제자로는 장

사 경잠(長沙景岑, ?~868)·자호 이종(子湖利蹤, 800~880)·조주 종심 등이 있는데 이들은 모두 한 지역에서 선풍을 드날린 인물들이다. 남전계에 대해 『고존숙어요』에는 이미 남전·조주·자호 3인의 어록이 포함되어 있는데, 어록 성립사에서 볼 때 특이한 집단이었음을 알 수 있다.

경잠은 어려서 출가해 남전 문하에서 수행한 뒤, 그의 법을 받았다. 경잠은 호남성湖南省 장사長沙 녹산사鹿山寺에서 선풍을 전개하며 제자들을 지도하였다. 백척간두진일보百尺竿頭進一步라는 화두로 널리 알려진 선사이다. 백척간두란 수행해서 오르고자 하는 절대 경지를 뜻한다. 최고의 경지인 백척간두에 올라 혼자만의 적정寂靜을 즐기는 것이 아니라 되돌아 중생을 제도한다(進一步)는 뜻이다. 중생들의 삶 속에서 도를 추구했듯이 경잠의 공안에서 남전의 이류중행異類中行을 엿볼 수 있다.

16 | 마조의 재가불자: 방거사와 황삼랑 거사

부처님 재세 시에 우바리·니티 등 천민 출신 비구가 아라한이 되었고, 수많은 여인들도 정각을 이루었다. 곧 깨달음 앞에 남녀노소가 있을 수 없고, 출·재가자의 구별도 없다. 이 점을 크게 발전시킨 이들이 대승불교를 일으킨 보살들이다. 석가모니부처님이 수십 생 동안 보살로서 수행(因)을 통해 부처가 되었듯이(果), 대승불교 보살들도 누구나 수행을 통해 깨달음을 얻을 수 있다는 점이 부각되었다. 중국에서는 불교가 유입된 이래 재가자의 신행활동이 일반화되었으며, 역대로 깨달은 이들이 많이 있다. 또한 근현대 중국에서 불교가 나락에 떨어진 즈음 불학을 일으킨 이들이 재가자들이다. 당나라의 방거사와 황삼랑 두 재가자를 만나보자.

(1) 방거사

① 선불장 유래

방온(龐蘊, ?~808)은 성을 그대로 따서 '방거사'라고 한다. 방거사는 호북성 양양襄陽 사람으로 어려서부터 유학을 공부했던 사람이다. 어느 해, 단하 천연(丹霞天然, 739~824)과 과거 시험을 보러 가는 길녘에 한 스님을 만났다. 잠시 길가에서 대화를 주고받는 도중, 스님께서 이들에게 물었다.

"지금 두 분은 어디로 가는 길입니까?"

"우리들은 과거 시험 보러 갑니다."

"세속에서 명예를 추구하는 관리로 선택되는 것보다 수행해서 부처에게 선택되는 것이 어떻겠습니까?"

"부처에게 선택되려면 어떻게 해야 합니까?"

"마조라는 유명한 선지식이 있는데, 그 선사를 한번 만나 뵙지 않겠습니까?"

이 소리를 듣고 천연과 방거사는 과거 시험을 단념하고, 마조 선사를 찾아갔다. '선불장選佛場'이라는 단어는 방거사와 관련되어 시작되었고, 한국이나 중국 사찰의 선방 편액으로 많이 걸려 있다. 훗날 방거사가 선불장에 대해 이렇게 노래했다.

시방의 무리가 한 자리에 모여서
제각기 무위無爲의 진리를 배우나니,
여기는 바로 부처를 뽑는 곳,

'선불장' 편액(전라남도
장성 백양사)

127

마음의 공空을 깨닫고 급제하여 돌아간다.

十方同一會 各各學無爲 此是選佛處 心空及第歸 (『조당집』)

② 일상성의 선으로 정립

이후 방거사는 재가자로 수행하였고, 천연은 출가 승려가 되어 조동종 계열의 선사가 되었다. 이 천연과 관련된 공안이 '단하소불丹霞燒佛'인데, 목불을 태워 방을 따뜻하게 하였다는 그 선사이다. 다음은 방거사의 유명한 시 구절을 보자.

> 내 일상생활에 특별한 일이 따로 없고
> 내 스스로 차별 없이 즐긴다.
> 취하고 버릴 것이 따로 없으며
> 너무 법석 떨 것도 치워버릴 것도 없다.
> 누가 주자朱紫라고 불렀는가?
> 산과 언덕엔 티끌 하나 없는데
> 신통과 묘용은
> 물 긷고 땔나무 줍는 일이로다.
>
> 日日事無別 唯吾自偶諧 頭頭非取捨 處處勿張乖
> 朱紫誰爲號 丘山絶點埃 神通幷妙用 運水及搬柴
>
> (『경덕전등록』「방거사장」)

이 선시는 일상생활 속에서 선을 실천하는 대표 시 구절로 유명하다. '주자朱紫'라는 말은 붉은색과 자주색의 관복을 입은 고관대작을

128

상징한다. 이는 방거사가 세속에서 얻은 명예인 관복 입은 관리는 물론, 최상의 진리인 진여眞如나 실상實相이라는 것조차 마음에 두지 않는 경지를 추구함을 시사한다.

'신통과 묘용은 물 긷고 땔나무 줍는 일이로다'라는 표현은 중국 초기 선의 신비한 신통사상이 극복되어 일상성의 종교로 변화된 것을 단적으로 드러내는 시 구절이다. 후대 송나라 유학자들도 이 구절에 관심을 표하며 선에 관심을 가졌다. 즉 요사了事의 범부凡夫로서 수행해 선사들만큼의 경지를 누릴 수 있다는 중국 선의 최극점을 상징하기도 한다. 요사범부를 노래한 방거사의 시구를 하나 더 보자.

마음이 그러하듯, 경계 또한 그러하다.

실함도 없지만, 허함도 또한 없다.

유有에도 관계치 않고, 무無에도 머물지 않는다.

이는 성현이 아니라 일을 마친 범부로다.

心如境亦如 無實亦無虛 有亦不管 無亦不居 不事賢聖 了事凡夫

(『경덕전등록』「방거사장」)

③ 재가선자의 선봉

방거사는 수행자로서 출가도 하지 않고 제자도 없었으나 '중국의 유마거사'라고 칭한다. 그는 지식인이요 수행자로서 선사들과 날카로운 법거량을 하였고, 공부가 부족한 승려들에게 따끔한 충고도 잊지 않았다. 방거사는 당시 선종의 거장인 석두(700~790) 선사를 뵙고 선지禪旨를 얻은 뒤, 마조를 친견하여 2년 동안 정진하였다. 방거사가 마조를 친견했을 때, 방거사가 마조에게 이렇게 물었다.

"만법과 더불어 짝하지 않는 것은 무엇입니까?"
"그대가 서강의 물을 다 마시면, 그때를 기다려 말해 주리라
(待汝一口吸盡西江水卽向汝道)."(『마조어록』)

이 이야기는 '마조서강'이라는 유명한 공안이다. 하여튼 방거사의 삶은 무소유와 무집착의 실천이었다. 이러한 방거사의 소식을 알려 주는 게송이 있다.

내가 살고 있는 집은 성에서 멀찍이 벗어나 있다.
집이라고는 초가삼간뿐이니, 한 칸이라야 두 길 정도가 될까?
방대(아들)에게 물려줄 것도 없다. 공공空空하여 앉을 곳조차 없다.
집안은 공공공, 공공하여 재물이 있을 리 없다.
해가 뜨면 공 속을 걷고, 해가 지면 공 속에 눕는다.
하염없이 앉아 공하게 시詩를 읊으니,
시가 공하여 그 화답 또한 공하다. (『방거사어록』)

방거사가 아들에게 유산으로 남긴 재산은 무엇과도 바꿀 수 없는 최상의 진리(空)였다. 방거사가 입멸할 무렵, 딸 영조에게 "해 그늘을 보아서 정오가 되거든 말해 다오."라고 하였다. 잠시 후 영조는 "아버지, 일식이어요. 조금 나와 보세요."라고 하자, 방거사가 잠깐

나온 사이 딸 영조가 평상에 올라가 열반에 들었다. 방거사는 "내 딸이 솜씨가 빠르구나!"라는 말을 남겼다. 일주일 뒤, 그 마을 태수인 우적공이 방문했을 때, "모든 것은 공무空無한 것이니 한갓 그림자나 산의 메아리와 같은 것이오. 몸 건강히 지내시오." 하고는, 그의 무릎에 기대어 입멸하였다. 우적공이 그의 아내와 아들(방대)에게 이 소식을 전하자, 아들은 밭에서 일을 하다 선(立) 채로 입멸하였다. 방거사 부인

방거사(하남성河南省 남소南召 단하사 조사전 내, 단하 천연의 상 옆에 방거사가 모셔져 있다.)

은 아들을 다비한 뒤 어디론가 떠났다고 하는 일화가 전할 뿐이다.

방거사에 관한 전설적인 이야기가 많다. 참선을 시작한 후 재산을 모두 배에 실어서 동정洞庭의 상강湘江에 침몰시키고, 호북성 양양 교외의 작은 집에서 대나무 소쿠리를 만들어 팔아 생계를 유지하였다는 이야기도 전한다. 방거사 가족은 모두 깨달음을 이룬 이상적인 가족으로, 시·그림·창극 등 주된 소재거리가 되고 있다. 방거사는 동토의 유마라고 칭하기도 한다. 그는 중국사에서 사대부들이나 재가불자들의 롤 모델이며, 동아시아 전반에 걸쳐 유학자와 문인들에게 동경의 대상이다.

(2) 황삼랑 거사

황삼랑黃三郎 거사에 관련된 재미난 이야기는 『마조어록』과 『조당집』에 전한다. 황삼랑은 서천西川에 살았는데, 두 아들을 모두 마조(709~788)에게 출가시켰다. 거사는 출가한 아들들이 사찰에서 잘 적응하는지 걱정되어 두 아들을 찾아갔다. 거사는 두 아들이 별 탈 없이 수행을 잘하고 있어 안심되었다. 거사가 아들 스님들에게 말했다.

"옛 사람이 말하기를 나를 낳은 이는 부모요, 나를 완성해 주는 이는 벗이라고 했습니다. 두 스님은 나의 자식이지만, 출가자가 되었으니 나의 도반이 되어 이 늙은이를 잘 지도해 주십시오."

자식을 출가시키고, 본인도 수행코자 두 아들을 도반으로 보는 황삼랑의 기개가 뛰어나다. 두 스님은 자신들은 아버지를 제도할 능력이 못 된다며, 아버지를 마조에게 인도하였다. 마조가 먼저 황삼랑에게 물었다.

"서천에서 여기까지 왔는데, 그대는 서천에 있는가, 홍주(현 江西省 南昌)에 있는가?"

"가정에는 두 가장이 없고, 나라에는 두 왕이 없습니다."

"그대는 나이가 몇이오?"

"85세입니다."

"비록 그렇게 계산하나, 무슨 나이인가?"

"만일 스님을 만나지 못했다면 일생을 헛되이 보낼 뻔했습니다. 스님을 뵌 뒤에는 칼로 허공을 긋는 것과 같습니다." (『마조어록』)

마조는 거사에게 육신이 어디 있는가를 물은 것이 아니다. '지금 마주 서 있는 그 본체가 무엇인가'를 묻고 있다. 이어서 마조가 육신의 나이를 물었는데, 이 또한 육신의 나이를 물은 것이 아니다. '지금 자신의 나이라고 말하는 그 사람의 본래면목이 무엇이냐?'고 묻는 것이다. 이렇게 근기가 뛰어난 거사였기에 그 자리에서 깨달음을 이루었고, 죽을 때까지 수행을 게을리 하지 않았다. 그는 또한 당시 유명한 강사였던 양좌주를 마조에게 소개시켜 사교입선捨敎入禪토록 만들었다. 다음은『조당집』에 전하는 이야기인데, 내용이 조금 다르다.

황삼랑이 마조 선사에게 말했다.
"제가 스님을 뵙지 못했더라면 일생을 어영부영 살다 갈 뻔했습니다. 이렇게 늘그막이라도 스님을 뵙고 공부를 할 수 있게 되었으니, 마치 칼로 허공을 베어버린 기분입니다."
마조가 말했다.
"거사님, 어디에서든 늘 진실 그대로입니다(隨處任眞). 참됨을 여의고 입처立處가 있는 것이 아닙니다(非離眞而有立處). 서 있는 그 자리가 곧 참됨입니다(立處卽眞). 모두가 자가의 본체입니다(盡是自家體)." (『조당집』)

진실과 관계없는 우리만의 존재방식이 따로 있는 것이 아니라 우리의 존재방식 그대로가 바로 진실(立處卽眞)이기 때문이다. 마조는 때에 따라서 어디에서든 늘 진실 그대로(隨處任眞)라고 하였고, 또 현실 있는 그대로가 참됨(即事而眞)이라고 설하였다. 여기서 선사의 긍정적인 현실 중시의 사고방식을 엿볼 수 있다. 조사선을 완성시킨 임제(臨濟, ?~866)도 "가는 곳마다 주인이 되고, 서는 곳마다 진리의 땅이 되게 하라(隨處作住 立處皆眞)."고 하였다. 즉 자신의 존재가치를 결정해 가면서, 현실 그대로에 적응하면서 그 자리에서 느끼는 참된 자각이 바로 자유인 것이다.

17 | 마조의 독특한 제자들 :
담장·영묵·석공 혜장

(1) 담장 선사

디오게네스(B.C. 5세기 중반 고대 그리스 철학자)는 목이 말라 물을 먹기 위해 동냥 그릇을 들고 강으로 갔다. 그가 강둑에 다다랐을 무렵, 개 한 마리가 그의 옆을 스쳐 달려가더니 강물에 첨벙 뛰어들어 실컷 물을 마시고 즐겁게 목욕까지 하였다. 디오게네스는 그 모습을 보면서 이런 생각을 하였다. '저 개는 나보다 더 자유롭구나. 개는 동냥 그릇조차 갖고 다니지 않는군. 개도 이렇게 살고 있는데, 나(我)는 이 그릇을 도둑맞을까봐 몸에 안고 다녔다. 한밤중에도 그릇이 없어지지 않았나 걱정되어 잠을 깬 적도 있었으니, 개만도 못하지 않은가?!' 그러더니 그는 강물에 그릇을 던져 버렸다.

'소유물을 갖지 않겠다'는 것이 아니라 소유물에 '집착하지 않겠다'는 정신이 무소유 정신이다. 이 무소유 사상은 승려의 계율이기도 하다. 이런 무소유 사상에 철저한 선사로 담장이 있다.

담장曇藏은 마조 선사의 만년 제자이다. 조사선의 개조인 마조(馬祖, 709~788)에게 제자가 많다 보니 제자들도 각양각색이었다. 여기에서는 사냥꾼 출신 혜장과 유학자 출신 영묵, 그리고 담장을 소개하기로 한다. 담장의 일화가 『전등록』에 전하는데, 선사는 스승 마조가 열반하고 남악南岳 서원사西苑寺에 머물렀다. 담장은 개 한 마리를 키웠는데, 늦은 밤에 경행을 하면 개가 와서 옷을 물었다. 오랜 시간 경행했다는 뜻으로 알고, 담장은 바로 방으로 들어가는 습관이 있었다. 어느 날 개가 문 옆에 엎드려 계속 짖었다. 이튿날 아침, 새벽에 공양간 앞에 큰 구렁이 하나가 나타나 입을 벌리고 독을 내뿜고 있었다. 사미승이 겁에 질려 있자, 선사가 말했다.

"죽음을 어찌 피할 수 있겠는가? 저 놈이 독을 뿜고 달려들면, 나는 자비로운 마음으로 받아들인다. 독은 진실한 성품이 없어서 끓어오르면 강해지고, 자비는 인연을 가리지 않으니 원수와 친척이 같은 것이다."

이 말이 끝나자마자, 미물인 구렁이도 스님의 말에 감화를 받았는지 슬그머니 사라졌다. 또 어느 날 저녁, 암자에 도둑이 들었다. 개는 담장의 옷을 물더니 놓아주지 않았다. 선사는 무슨 변고가 생긴 것이라고 추측하고 주위를 살펴보니 도둑이었다. 담장이 도둑에게 말했다.

"누추한 암자까지 찾아오느라 고생이 많습니다. 혹 마음에 드는 물건이 있으면 마음대로 가져가십시오."

도둑은 선사의 말에 감동을 받고 절을 한 뒤 자취도 없이 사라졌다. 우리나라 혜월(1861~1937) 선사에게도 비슷한 고사가 있다. 혜월이 머물고 있던 정혜사에 도둑이 들었다. 쌀을 훔쳐 지게에 지고 가려던 도둑이 가마니가 무거워 쩔쩔매고 있는데, 선사가 가만히 지게 짐을 들어올려 주면서 도둑에게 말했다.

"쉿, 아무 소리 하지 말고 어서 내려가게, 양식이 떨어지면 또 찾아오시게."

또 일본의 시치리(七里, 1893~1958) 선사가 머물고 있던 절에 도둑이 들었다. 도둑이 선사에게 칼을 들이대며 돈을 달라고 하자, 선사는 태연스럽게 "저 서랍에 있는 돈을 가져가라."고 하였다. 도둑이 잡혀서 관리가 찾아와 전후사정을 물어보자, 선사는 "도둑이 훔친 것이 아니라 내가 주었다."라고 하였다. 이 도둑은 복역을 마치고, 선사를 찾아와 제자가 되었다.

또 청빈한 삶을 살다간 료칸(良寬, 1758~1831) 선사가 있다. 료칸이 머물던 곳에 늦은 밤중에 도둑이 들었다. 물건을 훔치러 온 도둑이 훔쳐갈 물건이 없어 실망하자, 료칸이 말했다.

"이 옷이라도 벗어줄 테니 가지고 가라."

선사의 행동에 감동 받은 도둑이 탄식을 하며 달아나 버렸다. 료칸이 도둑을 향해 중얼거렸다.

"내가 저 아름다운 달을 줄 수만 있다면 얼마나 좋았을까."

(2) 영묵 선사

앞 방거사 이야기에서 '선불장選佛場'을 언급했다. 이 단어에 해당하는 마조의 제자가 있는데, 오설 영묵(五洩靈黙, 747~818)이다. 영묵은 명문 가문의 유학자 출신이다. 그가 출가하게 된 인연이 매우 독특하다. 『조당집』에 의하면 영묵은 과거 시험을 보러 가는 길녘에 마조가 머물고 있는 강서성 홍주洪州 개원사開元寺를 방문한다. 영묵은 당시 마조가 널리 알려져 있어 궁금하던 차에 단순한 마음으로 개원사를 찾은 것이다. 마조와 마주앉게 된 영묵은 선사 앞에서 말문이

막혔다. 마조가 먼저 물었다.

"어디 가는 중인데 여기에 들렸는가?"

"과거 시험 치르러 장안에 갑니다."

"수재(영묵)는 가까운 곳을 놔두고 너무 멀리 가는군!"

"그러면 이 근처에도 시험장이 있습니까?"

"눈앞에 부족한 것이 무엇이 있는가?"(『조당집』「오설화상장」)

영묵은 이런 인연으로 과거 시험을 접고 개원사에 출가하였다. 며칠이 지나 영묵이 마조에게 삭발하겠다고 하자, 마조가 말했다.

"삭발해 주는 것은 어려운 일이 아니네만, 자네의 일대사인연과는 별개의 문제네."

그런데 영묵이 삭발까지 하고 여러 날을 수행해도 아무런 진전이 없었다. 그러던 차에 정상좌와 마조가 문답하는 와중에 정상좌가 문득 깨달음을 이룬다. 영묵은 마조를 찾아가 따지듯이 말했다.

"스님, 저는 과거 시험을 포기하고 출가했습니다. 저보다 늦게 출가한 정상좌는 깨달음을 이루었는데, 저는 왜 깨달음이 더딘가요?"

영묵은 주절주절 한참동안 스승에게 불만을 토로했다. 마조가 영묵에게 말했다.

"네가 출가하는 것은 내가 허락했지만, 그대의 정각은 내가 어쩔 수 없는 일이다."

"그렇다면, 그럴 만한 스승을 가르쳐 주십시오."

"이곳에서 700리 떨어진 남악산南嶽山에 석두 선사가 있는데, 한번 가보아라. 실마리를 찾을 수 있을 것이다."

　출가하고 삭발했다고 부처에게 선택(選佛)되지 않으며, 스승이 제자의 깨달음을 책임지는 것도 아니다. 오직 자신의 수행 정진에 따라 부처에게 선택될 수 있는 것이다. 아니, 출가하지 않고 재가자 신분이어도 얼마든지 수행해 부처에게 선택될 수 있다. 이것이 대승불교 사상이다. 영묵은 남악산의 석두 선사와 마조 사이를 오고 가며 공부해 깨달음을 이루었다. 석두는 석두 희천(700~790, 조동종의 종조)을 말하는데, 당시 석두는 마조와 쌍벽을 이루며 제자들을 지도했던 대선사이다.

(3) 혜장 선사

마조의 제자 중 사냥꾼 출신 제자가 있다. 석공 혜장(石鞏慧藏, ?~?)이다. 출가 전, 혜장이 산에서 사냥을 하다 우연히 마조를 만났다. 마조가 혜장에게 물었다.

"화살 한 대로 몇 마리를 쏘느냐?"
"화살 한 대로 한 마리를 쏩니다."
"스님도 사냥을 해보셨습니까? 화살 하나로 몇 마리를 쏠 수 있습니까?"
"나는 화살 하나로 한 번에 떼거리를 잡는다."
이 말에 혜장이 의아한 눈초리로 쳐다보며 말했다.
"아무리 제가 사냥 일을 하지만, 생명은 소중한 겁니다. 어찌 스님께서는 생명을 그렇게 함부로 하십니까?"

"왜 그런 것은 알면서 자네는 자신을 잡지 못하는가?(汝旣知如是
何不自射)"(『마조어록』)

혜장이 마조의 말을 들은 뒤 화살을 꺾어 버리고 출가했다. 여기서
마조가 말한 '자신을 잡지 못한다 것'은 마조가 혜장에게 자신의 번
뇌를 타파할 것을 가르친 것이다. 이후 혜장은 마조 문하에서 수행
하였다.

어느 날 마조가 물었다.

"무엇을 하느냐?"

"소를 돌보고 있습니다."

"어떻게 돌보고 있느냐?"

"한 번이라도 미망迷妄에 떨어지면, 단번에 코끝을 잡아 끌어당깁
니다."

"너는 소 기르는 법을 제대로 알고 있구나."(『마조어록』)

여기서 '소 기르는 법'이란 번뇌로 가득 찬 자신을 다스려서 청정
한 본원 자리로 되돌아간다는 뜻이다. 이렇게 '소'는 번뇌를 상징하
고, 길들이는 '목동'은 수행자로 비유해서 깨달음을 향해 나가는 그
림을 '십우도十牛圖' 혹은 '목우도牧牛圖'라고 한다. 이 십우도가 유행
한 것은 송나라 때인데, 마조가 제자들을 지도하는 기연機緣에 벌써
소 이야기가 등장한다. 후대에 소를 배경으로 선禪그림이 나오면서

석공사(강서성江西省 의황宜黃) 대웅전. 대웅전 주련에 "석공사는 홍주洪州(마조선) 도량이며 선기禪機를 전해서 청정한 마음으로 이끌고 극락으로 이끌어 준다."라고 쓰여 있다.

선화禪畵가 등장하게 된다.

하루는 혜장이 사형師兄인 서당 지장에게 물었다.

"허공을 잡을 수 있습니까?"

"잡을 수 있습니다."

"어떻게 잡습니까?"

서당이 손으로 허공을 더듬자, 석공이 핀잔을 주었다.

"그래 가지고 허공이 잘 잡히겠습니까!?"

이에 서당이 물었다.

"그럼 사제는 어떻게 잡으시겠습니까?"

석공은 느닷없이 서당의 코를 힘껏 잡고 끌었다. 서당이 비명을
지르며 말했다.

"아얏! 이 코를 놓으십시오. 코가 빠지겠습니다."

이때 석공이 말했다.

"허공은 이렇게 잡아야지!" (『경덕전등록』「석공장」)

18 | 마조의 괴짜 제자들 : 등은봉·단하 천연

선은 당나라 때 최고로 번성했다. 당시에 최고의 선지식과 수행자들
이 많았기 때문이다. 당나라 때 선지식인 마조 도일·석두 희천·경
산 법흠·남양 혜충은 서로를 격려하는 도반이었고, 서로서로 제자
를 보내어 지도하였다. 즉 자신과 인연이 맞지 않으면 다른 선사에
게 제자를 보내어 지도하게 하였다. 마조와 석두 문하를 오고 가며
공부한 괴짜배기 선사들을 소개한다.

(1) 등은봉

은봉隱峯은 '등鄧'씨 성을 붙여 등은봉으로 알려져 있다. 그는 마조
도일(709~788)의 제자 가운데 가장 괴짜배기인데, 그에 관한 기록에
서 "어린 나이임에도 스스로 결단하여 하고 싶은 일만을 하므로 부
모의 말도 소용없었다."고 한다. 이는 후대에 은봉의 성품이 확고한
주체성을 가진 인물임을 묘사한 것으로 보인다. 생몰연대는 미상이
며, 그에 관한 기록은『송고승전』·『조당집』·『경덕전등록』등에 전
한다.

 등은봉이 마조 문하에서 수행해도 깨달음에 진전이 없자, 마조에

게 작별 인사를 하였다. 마조가 먼저 물었다.

"어디로 가려는가?"

"석두에게로 갑니다."

"석두의 길은 미끄럽다고 하더구나."

"꼭두각시인 셈 치고, 한번 잘 놀아보렵니다." (『마조어록』)

여기서 마조가 '석두의 길이 미끄럽다'고 말한 것은, 근기가 낮은 사람은 석두 희천(700~791)을 감당하기 어려움을 경고하는 것이기도 하지만, 석두 선사가 제자들이 함부로 가까이 다가오는 것을 허용치 않았음을 의미하기도 한다.

은봉은 처음 마조 선사를 찾아가 공부했으나 깨달음을 얻지 못하자, 마조 문하에서 나와 석두 선사를 찾아갔다. 은봉은 그곳에서도 깨달음을 얻지 못했다. 은봉은 석두에게로 갔다가 마조에게 되돌아오기를 수차례 반복했다. 두 선지식을 몇 차례 오고 가도 깨달음을 얻지 못하자 사형인 남전 보원(南泉普願, 748~834)에게 머물면서 마조의 스승 됨을 알고, 마침내 마조 문하에서 깨달음을 얻었다.

어느 날 은봉이 수레를 밀고 오는 것을 본 마조는 다리를 뻗고 앉아 길목을 막았다.

은봉이 말했다.

"스승님, 발을 움츠려 주십시오."

그래도 마조가 말을 듣지 않는다.

"한번 뻗은 다리는 움츠리지 못한다."

"이미 나아간 것은 물러나지 않습니다."

말을 끝낸 은봉이 마조의 다리 위로 수레를 그대로 밀고 나갔다. 다리를 다친 마조는 도끼를 들고 법당으로 들어가 외쳤다.

"아까 내 다리를 상하게 한 놈은 어디 있느냐?"

이에 은봉이 나와 마조 앞에서 고개를 내밀자, 마조가 도끼를 내려놓았다. (『마조어록』)

은봉이 마조의 법을 받은 것은 8세기 후반으로 마조의 노년기에 해당된다. 은봉이 원화元和 중엽(808~820)에 오대산으로 가는 도중, 절도사 오원제吳元濟가 난을 일으켜 관군과 항쟁하는 상황을 만났다. 은봉이 살육전쟁을 막기 위해 주장자를 들고 양쪽 진영을 날아다니자, 이를 지켜보고 있던 군사들이 싸움을 그만두었다고 한다. 선사가 날아다녔다는 것은 조금 과장되어 보인다. 이런 표현으로 그 선사에 대한 존경과 신이함을 묘사한 것으로 생각된다.

훗날 은봉은 남전산南泉山·대위산大潙山·형악衡岳·청량산淸凉山 등 곳곳을 두루 행각하며 수행하다가 오대산(淸凉山)에서 입적하였다. 은봉의 기이한 행적 중 하나가 거꾸로 입적한 일이다. 은봉은 입적할 때 거꾸로 서서 죽은 사람으로 고금에 널리 알려져 있다. 열반할 당시의 일화가 『경덕전등록』 8권 「은봉장」에 전한다. 그는 입적할 무렵, 제자들에게 물었다.

"앉아서 죽은 승려가 있느냐?"

"예."

"서서 죽은 승려가 있느냐?"

"예."

"거꾸로 서서 죽은 제자가 있느냐?"

"없습니다."

"그럼, 나는 거꾸로 서서 죽어야겠다."

이렇게 말한 뒤, 은봉은 물구나무 선 채로 열반하였다. 제자들이
입관하기가 어려워 애를 먹고 있는데, 그 여동생 스님이 와서 은봉
을 살짝 건드리며 말했다.

"오빠는 살아생전에도 괴팍한 행동을 많이 하더니, 죽어서도 이러
십니까?"

그러자 은봉이 바닥에 똑바로 누웠다고 한다. 이 이야기는 열반에
관한 재밌는 일화로 널리 회자되고 있다. 이는 생사해탈의 자재로움
을 보인 선사의 모습이다.

(2) 단하 천연

선사 가운데 '천연스럽다'고 해서 그대로 이름이 된 분이 단하 천연
(丹霞天然, 739~824)이다. 천연은 출가 동기부터 심상치 않은 인물이
었다. 천연은 어려서 유학을 공부하고, 방온(龐蘊, ?~808) 거사와 함
께 과거 시험을 보기 위해 장안을 향해 가는 길녘, 한 선사에게서
"세속에서 명예를 추구하는 관리로 선택되는 것보다 수행해서 부처
에게 선택되는 것(選佛場)이 어떻겠는가?"라는 말을 듣고 방거사와
함께 발길을 돌려 마조를 찾아갔다.

마조가 물었다.

"무엇 때문에 여기에 왔는가?"

천연은 쓰고 있던 복두를 쳐 올렸다. 이를 본 마조는 곧 그의 근기를 간파하고 웃으며 말했다.

"자네의 스승은 석두 선사로군."

"석두라니요?"

"여기에서 남악산을 향해 700리를 가면 석두라고 하는 곳에 석두 장로가 살고 있으니, 그곳으로 가서 출가하게."

단하 천연의 행적비(하남성 남소南召에 위치한 단하사 도량 내)

단하 천연은 석두 문하로 들어가서 3년여간 부엌일을 하였다. 하루는 석두 희천이 천연을 삭발시키고자 행자들을 모아놓고 말했다.

"내일 아침 공양을 마친 뒤, 법당 앞에 풀이 무성하니 풀을 깎아야겠다."

이튿날 다른 제자들은 제각기 낫과 괭이를 들고 나왔으나, 천연만은 삭발할 칼과 대야에 물을 떠가지고 석두 앞에 꿇어앉았다. 선사가 고개를 끄덕이고 웃으며 그의 머리를 깎아 주었다. 머리를 깎아준 뒤, 정수리가 봉우리처럼 볼록 솟아 있는 것을 보고 이를 어루만지며 말했다.

"천연天然스럽구나."

불교에서 스님들의 머리카락을 무명초無明草라고 한다. 그런데 천연이라고 불린 또 다른 전거가 있다. 단하 천연이 훗날 마조 문하로 다시 들어가 머물며 '천연'이라는 법호를 얻은 내용이 『전등록』 14 권에 전한다. 단하 천연이 인사를 드리기 전, 그는 승당 안에 안치되어 있던 보살상의 머리 위에 걸터앉았다. 대중들이 놀라 이 사실을 마조에게 고했다. 마조가 승당으로 가서 보고 말했다.

"역시 나의 제자로다. 천연스럽기 그지없구나!"

'천연'이라는 법호가 석두계와 마조계 어록에서 유사한 내용으로 전하는 것은 천연의 법력이 선종사에서 결코 적지 않기 때문이라고 본다. 천연은 깨달음을 얻은 뒤 무애자재한 행을 보이며 여러 곳을 행각하였다. 그는 낙경洛京의 남양 혜충국사를 친견하기도 하고, 천태산의 화정華頂 선흥사善興寺에서 3년을 보냈으며, 우두종의 경산 법흠에게서도 진리를 구하였다. 이렇게 볼 때, 천연은 당대의 선지식들을 모두 친견했다고 볼 수 있다.

불교사에 천연과 관련된 유명한 이야기는 단하소불丹霞燒佛 공안이다.

천연이 만행하는 도중, 추운 겨울날 낙동洛東 혜림사慧林寺에서 하룻밤을 묵게 되었다.(승려들은 사찰에서 하룻밤 묵거나 잠시 기거할 수 있는 것이 승가의 불문율이다. 필자도 중국 사찰 순례를 하면서 절에서 자주 머물렀다.) 천연 선사가 그 절에 너무 늦게 도착했는지, 밥도 먹지 못하고 잠을 자려니 너무 추워서 잠을 잘 수가 없었다. 천연은 법당에서 목불木佛을 내려다 쪼개서 불을 피워 따뜻하게 밤을 지새웠다. 다음날 절에서는 난리가 났다. 승려들이 예불을 하려고

148

단한 천연의 상(하남성河南省 남소南召 단하사 조사전. 옆에 방거사
가 모셔져 있다)

보니, 불상이 없었다. 마침 부엌에 있던 원주 스님이 타다 남은 목
불을 발견했다. 원주는 대중들을 불러 모으며 소리쳤다.

"세상에 이런 법이 어디 있습니까? 큰일 났습니다."

이렇게 밖에서 소란스럽게 웅성거리자, 천연 선사는 천연덕스럽
게 문을 열고 나오며 말했다.

"소승은 이 절의 부처님이 법력이 대단하다고 들었습니다. 그래
부처님 몸에서 사리가 나오나 했더니, 사리가 나오지 않더군요."

원주 스님이 너무 기가 막혀 화를 내며 말했다.

"나무 불상에서 무슨 사리가 나옵니까?"

"사리도 나오지 않는 부처인데, 불 좀 피워서 몸 좀 녹였거늘 무
슨 큰 죄라도 됩니까?"(『오등회원』)

목불木佛은 불을 지나지 못하고, 진흙 부처는 물을 지나지 못하며,

청동 부처는 용광로를 지나지 못하는 법이라고 했다. 형상에 집착해 그것이 최상이고 최고라는 분별심을 갖지 말라는 이야기다. 저 공안은 관념을 두거나 집착심을 갖지 말라는 것이지, 법당의 부처를 함부로 훼손해도 된다는 뜻이 아니다. 석가모니부처님이 열반에 들면서 제자들에게 '사리를 섬기지 말고, 열심히 정진하라'고 하신 말씀도 한번쯤 상기하자. 이교도들이 가끔 이 내용을 역이용하고 있는데, 잘못 이해하고 있는 것이다.

이보다 더 배짱 두둑한 이야기가 있다. 천연이 천진교天津橋 위에 드러누워 있는데, 마침 지나가던 그곳의 유수留守 정공鄭公이 일어날 것을 종용하였다. 당연히 관리가 지나가니 일어나서 예를 표하라는 뜻이다. 그런데 천연이 거들떠보지도 않고 딴청부리자, 정공이 천연에게 물었다.

"왜 사람이 지나가는데 일어나지도 않습니까?"

"일 없는 게 중이요."

정공은 천연에게 귀의해 옷 두 벌을 보내고 날마다 양식을 보내주었다고 한다. 은봉과 천연, 출가해 이 정도 걸림이 없어야 진정한 대자유인이라고 부를 수 있지 않을까?!

19 | 한 시대에 선풍을 드날린 마조의 문하 : 대주 혜해·염관 제안·반산 보적

(1) 대주 혜해

대주 혜해(大珠慧海, ?~?)가 처음으로 마조를 친견했을 때의 일이다. 마조가 물었다.

"자네는 무슨 일로 여기에 왔는가?"

"불법을 구하기 위해 왔습니다."

"어찌하여 너의 보물창고를 집에 놔두고, 쓸데없이 돌아다니기만 하는가? 나에게는 아무것도 없다. 불법 따위는 찾아서 무얼 하겠느냐?"

대주가 절을 올리고 다시 물었다.

"제 보물창고라니, 무슨 말씀이십니까?"

"오히려 지금 묻고 있는 자네가 바로 그 보물창고라네. 모든 것을 다 갖추고 있어 조금도 부족한 것이 없다. 또한 쓰려고 하면 마음먹은 대로 쓸 수도 있다(即今問我者 是汝寶藏 一切具足 更無欠少 使用自在)." (『마조어록』)

여기서 마조가 말한 '너의 보물창고'란 바로 인간에게 내재된 불성

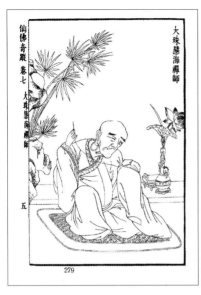

대주 혜해 진영

佛性이요, 자성自性, 참된 본성을 말한다. 『화엄경』에서도 부처님께서 일체중생들을 관찰하시고, 이런 말씀을 하셨다.

"기이하고 기이하다. 모든 중생들이 여래의 지혜를 갖추고 있으면서도 어리석고 미혹하여 알지 못하고 보지 못하고 있구나(奇哉奇哉 此諸衆生 云何具有如來智慧 愚癡迷惑 不知不見)."

마조도 '각자 자신이 원래 갖추고 있는데, 달리 바깥에서 부처를 구할 필요가 있는가?'라는 속뜻을 가지고 대주에게 보물창고를 언급한 것이다.

대주의 속성은 주朱씨인데, 같은 음音인 주珠를 염두에 두고 마조는 그를 '대주大珠'라고 불렀다. 대주는 마조가 법을 펴기 시작할 무렵의 제자이니, 마조계 문하에서 장손에 속한다. 대주는 마조의 「탑비명塔碑銘」에 필두로 등장하며, 그의 생몰이나 전기에 대해서는 정확하지 않다.

대주의 저서인 『돈오입도요문론頓悟入道要門論』(『돈오요문』)은 자연스럽고 솔직하게 선의 진수를 그대로 드러내어 고금을 막론하고 애독되는 어록이다. 마조 생전에 지어졌는데, 마조가 『돈오요문』을 보고 "월주에 큰 구슬이 있는데, 둥글고 투명하며 자유자재하여 걸리는 바가 없구나."라고 대주를 칭찬하였다고 한다.

대주의 일상 속에서 수행을 전개하는 이야기가 『전등록』에 전한다.

원율사가 대주에게 물었다.

"화상께서는 도를 닦을 때 공력을 들입니까?"

"네, 공력을 들입니다."

"어떻게 공력을 들입니까?"

"배고프면 밥 먹고, 피곤하면 곧 잠잡니다."

"모든 사람들도 그렇게 합니다. 모든 사람들도 스님처럼 공력을 들인다고 할 수 있겠네요."

"그렇지 않습니다. 그들은 나와 다릅니다."

"어째서 같지 않습니까?"

"그들은 밥 먹고 있을 때 먹지 않고 쓸데없는 생각을 하고, 또 잠을 잘 때도 자지 않고 이런저런 꿈을 꿉니다. 그렇기 때문에 나와 같지 않습니다."

우리들은 거의 구할 수 없는 곳, 즉 추상적인 문자나 교묘한 형이상학 속에서 그 비결이라는 것을 구하고 있다. 그러나 선은 우리들 일상생활의 극히 구체적인 속에 있다. 방온 거사는 "신통과 묘용은 물 긷고 땔나무 줍는 일이로다."라고 게송을 읊었는데, 깨달음은 형이상학적인 데 있는 것이 아닌, 삶 속에 살아있음을 의미한다. 또한 임제 선사는 "가는 곳마다 주인이 되고, 서는 곳마다 진리의 땅이 되게 하라(隨處作住 立處皆眞)."고 설파하였다. 즉 현실 그대로에 적응하면서 그 자리에서 느끼는 진실한 자각이 자유自由요, 현재에 깨어 있는 자각이라야 부처로서 살고 있는 것이다.

(2) 염관 제안

염관 제안(鹽官齊安, ?~842)은 강소성江蘇省 해문군海門郡 사람으로 왕실의 후예라고 한다. 고향의 운종雲琮에게 머리를 삭발하고, 남악의 지엄智嚴 율사에게 구족계를 받았다. 뒤에 마조가 남강의 공공산에서 법을 펴고 있다는 소문을 듣고 마조를 찾아갔다. 마조는 염관을 처음 보고 그가 법기法器임을 알았다는 기록이 『경덕전등록』「염관장」에 전한다. 그리고 마조가 입적할 때까지 그의 곁을 떠나지 않았다. 마조 입멸 후 여러 곳을 행각하다가 절강성浙江省 해창海昌에서 법흔法昕이 선원을 짓고 염관을 주석토록 하였다.

염관이 이곳에 있을 때 사방에서 수행자들이 몰려왔고, '북에는 분주 무업이 있고, 남에는 염관이 있다'고 할 정도로 그의 선풍이 널리 알려졌다. 문하에는 신라 제자로 사굴산문闍崛山門의 범일梵日이 있다. 훗날의 선종(宣宗, 846~859 재위)이 왕이 되기 전에 몸을 숨긴 곳도 바로 염관의 처소였다. 염관은 842년에 90여 세 나이로 입적했는데, 후에 선종이 '오공 선사悟空禪師'라는 시호를 내렸다. 『경덕전등록』「염관장」에 염관의 선기를 드러내 보인 기연이 전한다.

한 강사가 염관에게 찾아왔다.
염관이 물었다.

"좌주께서는 어떤 일을 하고 있나요?"

"『화엄경』을 강의합니다."

"경 가운데는 몇 종류의 법계法界가 있나요?"

"넓게 말하면 중중무진重重無盡이고, 간략히 말하면 네 종류의 법계가 있습니다."

염관이 불자를 세워 보이며 말했다.

"그러면 이것은 몇 번째 법계입니까?"

좌주가 대답을 못하고 주춤거리자, 염관이 말했다.

"이리저리 생각해서 알려고 하는 것은 귀신의 계략이니, 한낮의 도깨비불은 아무런 빛도 없는 것입니다."

(3) 반산 보적

반산 보적(盤山寶積, ?~?)의 행적도 『조당집』·『전등록』에 전한다. 반산은 중국 당나라 때 스님이다. 마조의 법을 이어받았으며, 하북성河北省 유주幽州 반산盤山(현 베이징 주변)에서 선풍을 선양하였다. 임제 선사가 깨달음을 이루고 법을 펼치는 데 큰 영향을 끼쳤던 '보화'라는 인물이 있었는데, 그 진주 보화(鎭州普化, 860~874)가 바로 반산의 제자이다. 일본 선학자 야나기다 세이잔(柳田聖山)은 "임제의 사상을 알려면 보화를 염두에 두고 『임제록』을 읽어야 한다."라고 말할 정도이다. 보화의 풍광風狂이 담긴 행동과 언어는 임제의 사상 형성에 큰 영향을 끼쳤으며, 보화가 먼저 열반에 들기까지 선사는 임제의 스승이자 도반이었다.

반산 보적이 우연히 시장에 들렀다. 그리고 마침 그때 정육점에서 상인이 방금 잡은 돼지고기를 팔고 있는 것을 보았다. 손님이 상인에게 '가장 좋은 것으로 한 근만 달라'고 하자, 상인은 '어느 부위인들 최상품 아닌 곳이 있겠습니까?' 하는 소리를 듣고 깨달았다고 한다.

　마조의 은둔한 제자들 :
　양좌주·분주 무업·대매 법상

(1) 대매 법상

대매 법상(大梅法常, 752~839)은 마조의 제자 중 은둔한 제자로 유명
하다.『조당집』에는 법상과 마조의 선문답에 대해 이렇게 전한다.

　어느 날 법상이 마조에게 물었다.
　"어떤 것이 부처입니까?"
　"곧 너의 마음이다."
　"깨달은 뒤, 어떻게 보림保任(보호임지保護任持의 준말로서 깨달음을
　그대로 간직해 잃어버리지 않는 것)하면 되겠습니까?"
　"너는 잘 호지할지니라."
　"어떤 것이 법입니까?"
　"곧 너의 마음이다."
　"어떤 것이 조사의 뜻입니까?"
　"곧 너의 마음이다."

　법상은 마조로부터 '마음이 곧 부처(卽心是佛)' 언구로 깨달음을 얻
은 뒤, 곧바로 명주 대매산大梅山에 들어가 암자 생활을 하면서 죽을

때까지 세상에 나오지 않았다고 한다. 다시 말해 법상은 스승 마조에게 법을 받은 뒤 천태산天台山 남쪽 70리쯤에 위치한 대매산에 들어가 입적할 때까지 은둔하며 살았다. 한 승려가 법상에게 물었다.

"은자께서는 언제부터 이곳에서 살았습니까?"
"사방의 산이 푸르렀다가 다시 노랗게 물드는 것을 바라볼 뿐, 세월이 얼마나 지났는지 모릅니다."
"이 산을 벗어나려면 어느 길로 가야 합니까?"
"저 물이 흘러가는 대로 따라 가십시오."

다음은 『마조어록』에 전하는 이야기다. 마조는 법상이 깊은 산속으로 들어가 어떻게 수행하고 있는지 궁금했다. 이에 한 승려를 보내어 법상을 한 번 만나보도록 했다. 얼마 후 승려는 대매산으로 들어가 법상을 만나서 이렇게 물었다.

"스님께서는 마조 스님을 뵙고 무엇을 얻었기에 이 산에 머물고 계십니까?"
"나는 마조 스님과 선문답을 하는 중 스님께서 나에게 '마음이 곧 부처'라고 하였네. 나는 그 말에 깨달음을 얻었고, 이후 여기 머물고 있네."
"그런데 법상 스님, 요즈음 마조 스님은 법문을 달리 하십니다."
"어떻게 달라졌는가?"
"요즘 마조 스님은 '마음도 아니요, 부처도 아니다(非心非佛)'라고

158

하십니다."

그러자 법상은 도리어 이렇게 말했다.

"아니, 그 노인은 사람을 혼란케 하는 일을 아직도 그만두지 않는군. 마조 스님이 비심비불非心非佛이라고 하든 즉심시불卽心卽佛이라고 하든 나는 오직 즉심시불일세."

그 승려가 마조에게 돌아가 법상이 했던 말을 그대로 들려주자, 마조가 탄성을 질렀다.

"매실이 다 익었구나."

이 일화는 마조의 선사상인 즉심시불과 더불어 널리 회자되는 이야기다. 아마도 법상은 처음 마조로부터 즉심시불이 아닌 비심비불 언구를 들었을지라도 깨달았을 것이다. 그만큼 법상은 마조의 수시隨時 설법의 진수를 알고 있는 뛰어난 제자였다.

법상은 대매산에 은둔해 사는데도 많은 제자들이 모여들었다. 신라인 가지迦智와 충언忠彦 스님이 있고, 일본인 원심源心 등 많은 제자를 두었다. 또한 제자 가운데 천용天龍이 있는데, 천용의 제자 가운데 일지선一指禪(어떤 제자들이 법을 물어도 손가락 하나를 들어서 표현하였다. 한 손가락은 단순히 한 손가락이 아니라 대립과 분별이 없는 무심無心·무아無我인 절대 세계를 표현한 것)으로 유명한 구지俱胝 스님이 있다. 법상은 입적하기 직전 제자들에게 말했다.

"오는 자를 막지도 말고, 가는 자를 말리지 말라(來莫可抑 往莫可追)."

(2) 분주 무업

분주 무업(汾州無業, 760~821)은 섬서성陝西省 상현商縣 사람으로 출
가해 총명한 동자로 알려졌으며 여러 경전을 두루 배워 경학에 뛰어
났다. 13세 때는 사람들에게 『화엄경』과 『법화경』을 설할 정도로 신
동이라고 불리었고, 특히 경 가운데서도 『열반경』에 뛰어난 대학자
로 널리 알려졌다.

당시 사람들에게 '해내海內(바다로 둘러싸인 육지라는 뜻으로, 나라 안
에서 유명한 이를 지칭함)'라고 불릴 정도였으나 선사는 상相을 내려놓
고, 먼 곳까지 선지식을 찾아가 교학을 묻는 학자였다. 무업이 마조
를 찾아와 심지를 얻은 기연機緣이 『전등록』에 전한다. 무업은 신장
이 6척이 넘었고, 건장한 체격을 갖춘 사람이었다.

마조가 자신을 찾아온 무업의 형상을 보니, 형체가 뛰어나고 말하
는 목소리가 당당하였다. 마조가 무업에게 먼저 말했다.

"형체는 보기 좋고 당당하군. 그런데 법당은 훌륭한데, 법당 안에
부처가 없군."

무업이 무릎을 꿇고 마조에게 물었다.

"저는 출가한 이래 삼승三乘의 교학은 공부해 마쳤지만, 선문禪門
에서 즉심시불卽心是佛이라고 하는 말을 잘 알지 못하겠습니다."

"자네가 지금 알지 못한다고 하는 그 자체, 그것 이외에는 결코
다른 것이 없네. 이를 깨닫지 못한 것이 미혹이고, 깨우치면 깨달
음이라네. 마치 손을 쥐면 주먹이 되고, 펴면 손바닥이 되는 것과
같은 이치이네."

무업이 물었다.

"달마 대사가 이 땅에 와서 우리들에게 전한 심인心印이란 무엇입니까?"

"달마가 어떻든 누가 어떠하든 다른 일에 신경 쓰지 말게. 자네는 돌아갔다가 다음에 다시 또 오게!"

무업이 법당 밖으로 막 나가려는 순간, 마조가 크게 불렀다.

"여보게! 대덕大德!"

무업이 놀라 순간적으로 고개를 돌리자, 마조가 말했다.

"여보게! 이것이 무엇인가?(是甚麼)"

이때 무업이 크게 깨닫고, 마조에게 큰절을 올렸다.

무업이 마조 문하에서 공부해 깨달음을 얻은 뒤, 자신의 진리를 사람들에게 펼쳤다. 누군가 어떤 질문을 하여도 무업은 "망상하지 말라(莫妄想)."고 하였다. 망상이란 현재가 아닌 과거나 미래 일에 신경 쓰는 것이며, 해결할 수도 없는 건전하지 못한 생각이 지나치게 치닫는 것을 말한다. 망상으로 인해 자신의 마음을 병들게 할 필요가 없다. 망상이란 수행에 전념할 수 없게 만드는 큰 장애물이다.

훗날 한 제자로부터 '법을 설해 달라'는 요청을 받자, 이런 말을 하였다.

"산승은 일법一法도 사람들에게 설해줄 것이 없다. 다만 올바로 병을 고치고 속박을 풀어줄 뿐이다."

이후 무업은 몇 년간 여러 산에서 홀로 행각하였다. '추지처낭중錐之處囊中 기말입현其末立見'이라는 말이 있다. 즉 송곳이 주머니 안에

분주 무업 존영. 무업은 중국 오백나한 가운데 61번째인 무업숙진존자無業宿盡尊者로 모셔져 있다(절강성浙江省 항주杭州 영은사靈隱寺 오백나한당)

있으면 그 끝이 밖으로 뚫고 나온다는 말인데, 이와 같이 무업 스님의 법력을 흠모하며 귀의하는 자들이 점차 늘었다. 무업은 홀로의 두타 행각을 멈추고 개원사開元寺에 주석하며 20여 년을 교화하였다. 당시 헌종(憲宗, 805~819년 재위)이 무업에게 몇 번이고 황궁으로 들어와 설법해 주기를 청했으나 응하지 않았다. 무업 만년에 목종穆宗이 또다시 황궁에 왕래하기를 요청하자, 신하를 통해 이런 말을 전했다.

"가보아야 될 일을 못 가보지만, 길은 반드시 다르지 않네."

다음날 무업은 입적했다. 목종은 무업의 입적에 애달파하며 '대달국사大達國師'라는 시호를 내렸다. 무업 선사는 중국에서 섬기는 5백 나한 가운데 61번째인 '무업숙진존자無業宿盡尊者'로 모셔지고 있다.

(3) 양좌주

마조의 제자 가운데는 사교입선한 제자들(분주 무업)과 강사들이 많이 있다. 양좌주亮座主는 당시 학자로서 널리 알려져 있었다. 마조와 양좌주의 기연이 『마조어록』에 전한다.

마조가 먼저 물었다.

"좌주(강사)께서는 경론 강의에 뛰어나다고 들었는데, 맞습니까?"

"과분하신 말씀입니다."

"무엇으로 강의하는지요?"

"마음으로 강의합니다."

"마음은 재주 부리는 광대와 같고, 의식은 광대놀이에 장단을 맞추는 사람과 같은데, 마음이 어떻게 경을 강의할 수 있나요?"

순간, 좌주가 언성을 높여서 말했다.

"마음이 못한다면, 허공이 한다는 말입니까?"

"허공은 할 수 있지!"

양좌주는 마조와 더 이상 대화할 수 없다고 생각하고 서둘러 나가려는데, 갑자기 마조가 그를 불렀다.

"좌주!"

문득 돌아서는 순간에 좌주는 크게 깨닫고, 마조에게 큰절을 올렸다.

좌주는 곧 사찰로 돌아가 대중을 모아놓고 말했다.

"지금까지 나의 논강은 어느 누가 따를 자가 없다고 자부해 왔습니다. 그러나 오늘 마조에게 질문을 받고, 평생 했던 공부가 얼음 녹듯이 녹았습니다."

이렇게 양좌주는 말을 마치고, 곧 서산西山으로 들어가 소식이 끊겼다고 한다.

양좌주는 마조계의 사교입선捨敎入禪한 대표적인 승려들 중 한 분이다. 마조가 생존했을 당시인 8세기는 중국의 불교학이 최고조로 발전되어 오다 점차 쇠퇴하는 무렵이었다. 당시 교학을 버리고 선을 지향했던 승려들이 많았음을 볼 때, 매너리즘에 빠진 교학을 대신할 실천적인 선종이 새롭게 부각되었음이 반증된 것이라고 볼 수 있다. 이 무렵부터 선 수행자들이 기하급수적으로 늘어나면서 선종이 최고조로 발전하기 시작했다.

21 | 자유 속에서 무애를 갈구하다 : 백낙천

(1) 당시唐詩의 귀재

황제는 얼굴 가린 채

그녀를 구하지 못하여

머리 돌려 피눈물을 비 오듯 흘리네.

君王掩面救不得 回看血淚相和流

황제의 마음은 자나 깨나

귀비를 그리는 정으로 가득 찼네.

행궁에서 달을 보니, 절절이 마음 아려오고

밤비 속에 들려오는 말방울 소리 황제의 애간장을 끊게 하네.

聖主朝朝暮暮情 行宮見月傷心色 夜雨聞鈴腸斷聲

연꽃은 귀비의 얼굴 같고 버들은 그녀의 눈썹 같으니

이들을 바라보며, 어찌 눈물 흘리지 않으리.

봄바람에 복숭아꽃 살구꽃 흐드러지게 피고,

가을비에 오동잎 떨어질 때면 그리움 더욱 사무치네.

백낙천의 상(사천성四川省 성도成都
두보초당에 모셔져 있다)

芙蓉如面柳如眉 對此如何不淚垂 春風桃李花開日 秋雨梧桐葉落時

위의 시는 백낙천(白樂天, 772~846)이 쓴 「장한가長恨歌」의 일부분
이다. 「장한가」는 806년에 지은 120행의 긴 서사시로 현종과 양귀
비의 사랑을 다룬 시다. 안록산의 난(755년)으로 현종이 사천성으로
피난 가는 도중, 나라를 패망시킨 원인이 양귀비라는 신하들의 빗발
친 상소로 어쩔 수 없이 양귀비에게 죽음을 내린다. 백낙천은 두 사
람의 지극한 사랑과 현종의 양귀비에 대한 애절한 그리움을 시로 묘
사했는데, 감히 백낙천이 아니면 표현할 수 없는 뛰어난 작품이다.

(2) 불교사에서 본 백낙천

시의 귀재, 백낙천은 어떤 인물인가? 낙천은 자字이고, 본 이름은 백
거이白居易이다. 중국 문학사와 불교사에서는 '백낙천'으로 불린다.
낙천은 당나라 4대(이백·두보·한유 등) 시인 중 한 사람으로 알려져

있으며, 당송唐宋 600년 역사에서도 8대 문장가 중 한 사람으로, 그의 시세계는 가히 독보적이다. 낙천의 시세계는 통속적인 언어 구사와 풍자에 뛰어나며, 평이하고 유려한 시풍으로도 알려져 있다. 낙천은 시를 쓰면, 글을 모르는 할머니에게 읽어주어 이해되는가를 물었다고 한다. 한편 불교적으로는 자유를 희구하는 정신을 드러내고 있으며, 그의 시에는 불교의 정토세계와 노장사상이 담겨 있다.

낙천은 산서성山西省 태원太原 출신으로, 당나라 덕종德宗 때(798년) 진사에 합격해 관직에 몸담았다. 그는 40세 무렵, 모친과 어린 딸을 잃은 후 불교에 관심을 갖기 시작했다. 낙천이 불교에 귀의한 후 선에 관심을 가지면서 많은 선사들과 교류가 있었다. 선종법맥도에도 흥선 유관(興善惟寬, 755~817, 마조의 제자)의 제자로 기록되어 있다. 곧 낙천은 마조 도일의 문하에 해당한다고 볼 수 있다.

낙천이 활동하던 시기인 8~9세기는 선이 활발하던 때로, 특히 문인들과 유학자들이 선에 관심이 많았다. 당시 선의 흐름이 전체적으로 자유를 강조하는 측면이 있었는데, 자연스럽게 시와 문학 속에

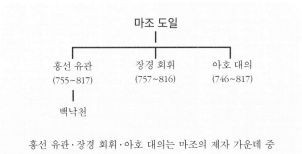

홍선 유관·장경 회휘·아호 대의는 마조의 제자 가운데 중앙제도에 진출해서 법을 펼친 이들이다. 마조선이 천하에 알려지게 된 것도 세 제자에 의해서다.

자유를 테제로 하는 선이 대중화되었다. 당대는 중국문화의 전성기로서, 특히 당시唐詩는 중국문학사상 최고 수준이다. 중세 동양의 봉건적 사회구조 속에서 개인의 존재, 개인의 자유를 존중하는 중국선 특유의 압도적인 인간 신뢰 정신에 관심을 둔 시인으로는 왕유王維·두보杜甫·이하李賀 등이 있는데, 당연히 여기에 낙천도 포함된다. 낙천은 당나라 시인들 가운데 불교관과 선관을 매우 뚜렷이 나타내고 있다.

낙천과 선사들과의 몇 일화를 통해 그의 불교관과 선경禪境을 보자.

(3) 백낙천, 당대 선지식을 만나다

젊은 시절 백낙천은 강직한 성품으로 좌천되는 일이 많았는데, 자연스럽게 지방의 여러 선사들과 인연을 맺었다. 한번은 항주 자사刺史로 있을 때, 그 지방의 고승 조과 도림(鳥窠道林, 741~824, 우두종의 경산 법흠 제자)의 사찰을 방문하였다. 도림은 새가 나무 위에 집을 짓고 사는 것처럼 나무 위에서 좌선을 한다고 하여 '조과鳥窠'라고 하였다. 낙천이 선사에게 말했다.

"큰스님, 제가 평생에 좌우명 삼을 만한 법문을 듣고자 왔습니다."
"모든 악한 행동을 짓지 말고, 많은 선한 일만을 받들어 행하며, 스스로 자기 마음을 깨끗이 하라. 이것이 모든 부처님의 가르침이다(諸惡莫作 衆善奉行 自淨其意 是諸佛敎)."

"그거야 삼척동자도 아는 일 아닙니까?"

"삼척동자도 알기는 쉬워도 팔십 먹은 노인도 행하기는 어려운 것일세."

이 사구게는 『법구경』뿐만 아니라 수많은 여러 대승경전에 언급되어 있다. 이 게송은 석가모니부처님을 포함해 여섯 분의 과거 부처님께서 공통으로 훈계하는 가르침이라고 하여 칠불통계게七佛通戒偈라고 한다. 이 이야기는 『전등록』·『오등회원』·『지월록』 등에 실려 있다.

또 백낙천이 강주江州 사마司馬 시절에 그 지역에 살던 귀종 지상(歸宗智常, ?~?, 마조의 제자)을 찾아갔다. 마침 선사는 흙을 이겨 벽을 바르고 있었다. 작업 도중 선사는 고개를 돌려 물었다.

"그대는 선비인 것 같은데 군자인가, 소인인가?"

(백낙천은 겸연쩍은 듯) "저는 군자가 되려고 노력합니다."

"선사가 흙손으로 흙판을 두드리자, 백낙천은 얼른 흙을 떠서 선사의 흙 판에 올려주었다. 선사는 흙을 받고 말했다.

"그대가 그 유명한 백낙천인가?"

"그렇습니다."

"겨우 흙이나 떠주는 사람이군."

다음은 백낙천에게 법을 전한 스승인 홍선 유관(755~817)과의 대화이다. 낙천이 유관에게 물었다.

"마음이 이미 분별이 없다면, 어떻게 마음을 닦습니까?"

"마음은 본래 손상이 없거늘, 어떻게 닦을 필요가 있겠는가? 더럽고 깨끗한 것을 논하지 말고, 일체 생각을 일으키지 말라."

"더러운 것을 생각하지 않습니다. 하지만 깨끗한 것을 생각하지 않는다면, 그 또한 옳지 않다고 봅니다."

"예를 들어 사람의 눈동자에는 아무것도 넣을 수가 없다. 금가루가 비록 진귀한 보물이지만 눈동자에 들어가면 병이 된다."

"수행도 없고 생각도 없으면, 범부와 무엇이 다르겠습니까?"

"범부는 밝음이 없고, 성문과 연각은 집착을 한다. 이 두 가지 병을 여의는 것, 이것이 참다운 수행이다. 참다운 수행이란 부지런해도 아니 되지만, 잊어버리고 있어도 안 된다. 부지런하면 집착에 가깝고, 잊어버리고 있으면 무명에 떨어진다. 이것이 마음의 요긴한 점이다."

조사선에서는 선과 악에 있어 그 어떤 것에도 마음 두지 말라고 한다. 곧 선과 악이 일어나기 이전 본성에 입각해야 함이요, 본래성불되어 있으므로 굳이 수행을 가자할 필요가 없다고 보기 때문이다.

(4) 말년, 정토에 물들다

백낙천은 만년에 벼슬자리를 내놓고 하남성河南省 낙양에 위치한 향산사香山寺에 머물렀다. 향산사는 용문석굴과 이하伊河를 중심으로 마주보고 있다. 중국의 3대 석굴 중 하나인 용문석굴은 이하를 중심으로 서산西山과 동산東山 석굴로 나뉜다. 일반적으로 용문석굴은 서산이 중심이고, 이하의 다리를 건너 동산 석굴이 이어져 있는 가운데 향산사가 위치한다.

낙천이 말년에 향산사에 머물렀다고 하여 그를 '향산거사香山居士'라고도 한다. 그는 자신의 모든 재산을 모아 향산사를 중수한 뒤, 불광 여만(佛光如滿, ?~?, 마조 도일 제자)이 향산사 주지가 되는 데 일조한다. 이들은 이곳에서 재가자를 포함해 여만 선사 등 9명이 도반이 되어 구로사九老社를 결성해 음영임천吟詠林泉하며 친교를 나누었다.

낙천이 말년에 정착한 세계는 무량수불(아미타불)의 서방정토 극락세계였다. 그는 구로사 외에도 148명의 가까운 사람들과 '상생회上生會'라는 모임을 만들어 부처님의 명호를 부르고, 부처님과 같은 자세로 좌선하고 내세에 서방정토에 왕생하기를 기원하였다. 낙천의 「염불게念佛偈」를 보자.

내 나이 일흔 하나, 다시는 풍월을 일삼지 않으리.

경전을 보자니 눈이 불편하고 …….

무엇으로 심안心眼을 제도할 것인가?

한 구절 아미타가 있도다. 앉을 때나 서 있을 때나 아미타,

화살같이 바빠도 늘 아미타를 떠나지 않네.

말년에 낙천은 도반들과 결사를 하며, 수행과 신행을 겸했다. 아난 존자가 부처님께 도반으로부터 받는 영향을 물었을 때, 부처님께서는 "좋은 선지식과 도반에 둘러싸여 있다면 수행의 전부를 완성한 것과 다름이 없다."(잡아함 『선지식경』)라고 하셨다. 요즘은 불교신자

백원白園(백낙천 묘). 하남성 낙양에 위치한 향산사香山寺 옆에 있다.

들이 활발하게 경전 공부를 하고, 참선하는 이들이 많다. 백낙천처럼 승속을 뛰어넘는 도반 인연을 만들어 공부에 매진하거나 보시행 등 결사를 해보면 어떨까 싶다.

여만 선사가 먼저 열반에 들자, 구노사 도반들은 향산사에 여만의 묘탑을 세웠다. 백낙천은 향산사에서 18년을 머문 뒤, 이곳에서 세상을 하직했다. 그는 임종 무렵, 자식들에게 '여만선사묘탑 옆에 자신을 묻어 달라'는 유언을 남겼다. 자식들은 낙천의 유언에 따라 846년 그를 여만 선사 옆에 묻었다. 낙천의 묘는 향산사 도량의 지척 거리에 위치한다. 현재 여만 선사의 묘탑은 없고 낙천의 묘만 있는데, '백원白園'이라는 편액이 걸려 있다.

22 | 옛 부처가 다시 오다 : 조주 고불古佛

6조 혜능
|
남악 회양
|
마조 도일(709~788)
|
남전 보원(748~834)
|
조주 종심

「닭 우는 축시丑時」

가난한 마을인지라, 절 꼬락서니는 말할 것도 없다.

부처님께 마지 공양은 그만두고, 아침 죽 끓일 쌀알조차 없으니

창문 틈새마다 수북이 앉은 먼지나 바라볼 밖에……

반갑지 않은 참새만 쩍쩍대고, 친한 사람은 하나도 없으니

혼자 앉아 낙엽 지는 소리를 듣는다.

누가 말했던가?! 출가자는 애증愛憎을 끊는 거라고……

생각할수록 눈물이 나 손수건을 적신다.

「해가 높이 뜬 사시巳時」

머리 깎고, 이 지경에 이를 줄을 누가 알았으랴.

어쩌다 청을 받아들여 시골구석 중이 되고 보니

굴욕과 굶주림, 처량한 신세에 죽을 지경이다.

키다리 장삼張三과 껌둥이 이사李四,

그들은 눈곱만큼도 나를 존경하지 않는다.

아까는 갑자기 문 앞에 나타나서는

'차 꿔 달라', '종이 꿔 달라' 떼만 쓰고 가더라. (『조주록』)

위의 선시는 조주 종심(趙州從諗, 778~897)의 '12시가十二時歌' 중 일부이다. 12시가는 자시·축시·인시…… 해시까지 12단락으로 나누어진 시구이다. 근엄한 선사의 모습이 아닌 있는 그대로의 솔직함이 드러나 있어 정감이 간다. 조주가 머물렀던 천여 년 전의 관음원

백림선사 전경. 하북성 조주趙州에 있다. 선사가 머물 당시에는 관음원이라고 칭했다.

은 가난했지만, 현재의 사찰(柏林禪寺)은 총림 형태의 거대한 사찰로 불사가 완비되어 있다.

(1) 조주의 행적

조주 종심은 산동성山東省 조주曹州 출신으로, 어려서 조주의 호통원扈通院에 출가하였다. 이후 남전 보원(南泉普願, 748~834)의 제자가 되어 법맥을 받았다. 그는 80세까지 행각을 하다, 80세가 넘어서야 하북성河北省 조주현趙州縣 관음원에 주석했다. 조주는 이 관음원에 머물며, 세납 120세의 장수를 누린 분이다. 조주가 스승 남전을 처음 만났을 때의 일이다.

아직 추위가 다 가시지 않은 이른 봄날이었다.

남전 선사가 양지바른 곳에서 낮잠을 자고 있는데, 사미승 조주가 찾아왔다.

남전은 조주에게 물었다. "어디서 왔느냐?"

"예, 서상원瑞像院에서 왔습니다."

"서상이라! 그럼 상서로운 모습을 보았는가?"

남전은 조주의 의중을 떠보았다. 그러자 조주가 대답했다.

"아뇨, 상서로운 모습은 보지 못했고, 다만 와여래臥如來를 보았습니다."

남전은 '이 놈이 보통 사미가 아니구나!'라고 생각하고, 일어나 다시 물었다.

"자네는 임자가 있는가?"

"네, 있습니다."

"어디 있느냐?"

이때 조주가 자리에서 일어나 남전에게 절하면서 말했다.

"아직 추운 계절인데, 스승님(남전)께서 존체 만복하시니 무엇보다 다행입니다." (『조주어록』)

공안, 화두에는 조주의 선문답이 많이 있다. 조주의 선문답은 간화선의 종문서인 『무문관』과 『벽암록』 등에 전한다. 이를 중심으로 몇 가지만 보기로 하자.

① 방하착

한 수행자가 조주에게 물었다.

"(모든 것을 버리고) 한 물건도 가져오지 않은 때는 어찌해야 합니까?"

"모두 내려놓아라(放下着)."

"이미 한 물건도 가지고 오지 않았는데 무얼 내려놓으라는 말입니까?"

"그러면, 다시 짊어지고 가거라(着得去)." (『오가정종찬』)

모든 것을 내려놓는다는 것은, 마음속에 한 물건도 가지고 있지 않다는 관념조차 내려놓아야 한다. 곧 무심의 경지에 머물러 있어야 하는데, 그 무심이라는 것조차 마음에 들고 있다면 결국 집착과 관념에 빠져 있는 것이다.

② 발우를 씻거라

어떤 스님이 조주 선사를 찾아와 말했다.

"저는 방금 이곳에 왔습니다. 큰스님께서 잘 지도해 주십시오."

"죽은 먹었느냐?"

"예."

"그럼 밥그릇이나 씻어라(洗鉢盂去)." (『무문관』)

한 승려가 조주에게 물었다.

"스님, 인생에서 가장 다급한 일이 무엇입니까?"

그러자 조주 선사가 갑자기 일어서며 말했다.

"오줌 좀 눠야겠다. 이런 사소한 일도 몸소 이 늙은이가 해야 하는구나." (『조주록』)

③ 일등·중등·하등

하루는 성덕군成德郡의 절도사 조왕趙王이 조주를 찾아왔다. 마침 조주는 선상 위에 앉아 있었는데, 내려오지 않고 이렇게 말했다.

"소승이 어려서부터 일을 많이 해 노쇠해서 선상에서 내려오기 힘듭니다."

조왕은 조주에게 정중히 예를 올리고 떠났다. 다음 날 조왕은 한 장군에게 명을 내려 조주에게 소식을 전했다. 장군이 와서 조주에게 예를 올리자, 조주는 선상에서 내려와 정중하게 그를 맞이했다. 이 점을 괴이하게 여긴 제자가 선사에게 물었다.

"스님, 어제 왕이 왔을 때는 선상에서 내려오지도 않더니, 오늘 장군이 오니까 선상에서 내려와 영접하시네요."

"일등 가는 사람이 오면 선상에 앉아 맞이하고, 중등 가는 사람이 오면 선상에서 내려와 맞이해야 한다. 하등 가는 사람이 오면 대문 밖까지 나가 맞이해야 한다."

조주가 조주에서 40여 년 관음원에 있는 동안 조왕은 몇 차례 왕부王府로 청했으나 나아가지 않았다. 또한 조왕은 조주에게 사찰을 지어 공양 올렸으나 이 또한 받지 않았다. 이런 조주의 덕성을 알고 있던 조왕이 소종(昭宗, 888~904 재위)에게 상소를 올려, 조주는 가사와 진제대사眞際大師라는 시호를 받게 되었다.

④ 끽다거 · 정전백수자

조주가 조주성의 관음원에 머물고 있을 때, 승려가 찾아와 물었다.

"'조주', '조주' 하는데 조주란 본래 어떤 겁니까?"

"조주에는 동문도 있고, 서문도 있으며, 남문도 있고, 북문도 있지 (趙州東西南北)."(『벽암록』9칙)

또한 제자들이 찾아와 법을 물으면 이 절에 처음 온 승려이든 두 번째 온 승려이든 제자들에게 이렇게 말했다.

"차나 한잔 마시게(喫茶去)."

한번은 원주가 물었다.

"왜 스님께서는 처음 왔든 두 번째 왔든 똑같이 '차나 마시라'고 합니까?"

그러자 조주가 "원주" 하고 불렀다. 원주가 대답을 하자, 선사가 말했다.

"차나 한잔 마시게."(『오등회원』)

한 승려가 조주에게 물었다.

"달마조사께서 인도에서 중국으로 온 까닭이 무엇입니까"

(선사가 뜰 앞의 잣나무를 가리키며) "뜰 앞의 잣나무니라(庭前柏樹
子)."(『무문관』)

실제로 백림선사 도량에는 잣나무 두 그루가 아름드리 서 있다. 절
이름 '백림(柏樹)'도 위의 공안에서 비롯되었다. 한편 조주의 끽다거
공안으로 인해 백림선사柏林禪寺는 다선일미의 대표되는 사찰로도
유명하다. 백림선사는 하북성河北省 조주현趙州縣(현 河北省 石家莊市
趙縣縣城)에 위치한다. 조주가 머물 당시 관음원觀音院으로 칭하다가

하북성 조주현 백림선사 도량에 있는 잣나무

남송시대에 영안원永安院으로 개칭되었으며, 원나라 때부터 현재 이름인 '백림선사'로 불린다.

⑤ 조주의 돌다리

또한 백림선사에서 4km 떨어진 곳에 조주교趙州橋가 있다. 이 다리는 수나라 때 이응이 건설하여 안제교安濟橋라고 불리다 현재 '조주교'라고 불린다. 당시 장인들의 축조술이 뛰어나 지금까지도 귀중한 문화재로 인정받고 있다. 이 조주교와 관련된 조주의 일화가 있다.

한 학인이 와서 물었다.
"조주의 돌다리 소문을 들은 지가 오래인데 막상 와서 보니 외나무다리뿐이군요."
"그대는 외나무다리만 보았을 뿐, 돌다리는 보질 못하군."
"어떤 것이 돌다리(趙州石橋)입니까?"
"나귀도 타고, 말도 건너지."(『벽암록』)

이 승려는 조주의 가르침이 세상에 크게 알려져 있어 늘 존경심을 갖고 있었다. 그런데 막상 와서 보니 '보잘것없는 시시한 통나무다리에 불과하다'고 푸념하는 것이다. 곧 여기서 통나무다리로 말하지만, 조주를 빗대어 말하면서 선사에게 실망했다는 의미라고 볼 수 있다. 조주가 맞서서 '나의 가르침은 나귀나 말, 개를 포함한 일체 모든 중생을 제도한다. 너는 근기가 약해 나의 가르침을 받을 만한 자격이 없다'고 반격하는 것이다.

(2) 조주의 선종사적 위치

조주는 120세로 열반에 들며 제자들에게 유언하기를, 사리를 줍거나 탑을 세우지 말라고 하여, 그 유언이 지켜졌다. 그러다 원나라 때 (1330년), 조주고불진제광조국사탑趙州古佛眞際光祖國師之塔이 건립되었다.

조주는 선종사에서 어떤 위치를 지니는가.

첫째, 『벽암록』에 전하는 공안 가운데 12개가 조주의 공안이다. 또한 『무문관』의 1칙인 무자無字 화두는 화두 가운데 간화선의 가장 긴요한 핵심 화두이며, 간화선 행자들이 가장 많이 들고 있는 화두이다. 조주의 무자 화두를 처음 주목한 사람은 오조 법연(?~1104)이다. 『법연어록』의 상당법어에 이런 내용이 전한다. "여러분들은 평소 어떻게 참선하고 있는가? 나는 언제나 단지 무無자만을 참구하는 것만으로도 충분하다고 생각한다. 여러분들이 만약 이 무자 하나를 투과하여 체득한다면 천하에 그 누구라도 여러분들을 어떻게 할 수 없다. 여러분! 조주의 이 무자를 어떻게 투과할 것인가? 이 무자를 투과한 사람이 있는가? 있으면 나와 대답해 보라. 나는 여러분들이 개에게 불성이 있다고 대답하는 것을 바라지 않고, 없다는 대

조주고불진제광조국사탑趙州古佛眞際光祖國師塔(하북성 조주 백림선사 도량에 모셔진 조주 사리탑)

답도 바라지 않는다. 있는 것도 아니고 없는 것도 아니라고 대답하는 것도 바라지 않는다. 여러분들은 어떻게 대답하겠는가?" 이외 대혜 종고·무문 혜개·몽산 덕이 등 역대의 간화선자들도 이 화두를 중시했다.

둘째, 조주는 청빈한 삶을 자청했지만, 조주로 인해 발달한 선사상은 매우 풍족해졌다. 당대에 '남설봉, 북조주'라는 말이 있을 정도로 남쪽에는 설봉 의존(822~908)이, 북쪽에는 조주가 큰 선지식으로서 당대에 영향을 끼쳤다. 또한 옛 부처가 다시 출현했다고 하여 선종사에서 선사를 '조주 고불古佛'이라 칭한다.

23 | 선의 르네상스 시대, 선사상에 매료된 문인과 유학자

앞에서 백낙천(白樂天, 772~846)을 살펴보았다. 낙천은 당대唐代 문장가로 젊을 때는 선을 하였고, 나이 들어서는 정토를 신봉했다. 이처럼 낙천과 비슷한 시대에 재가불자들 중에는 선과 시 모두에 조예가 깊은 이들이 많았다. 곧 두보杜甫·이하李賀·왕유王維 등인데, 이들은 불교적인 관점에서 많은 선시를 남겼다.

당시唐詩는 중국문학사상 최고 수준으로, 문학사에서 높은 찬사를 받는다. 중국의 역사학자이자 문화평론가인 위치우이(余秋雨, 1946~)는 세계적인 작가이다. 중국에서는 그가 지은 책의 해적판이 넘쳐날 정도이고, 우리나라에도 그의 책이 몇 권 번역되어 있다. 위치우이는 문화대혁명(1967~1976) 때 혹독한 고통을 겪으면서도 다른 나라로 망명하지 않았다. 그는 당시를 매우 자랑스러워했는데, 자국에서 당시를 읽어야 한다는 지론을 갖고 있어서였다.

이렇게 당대에 시가 발달하고 있을 즈음, 유학자들은 선에 관심을 가졌다. 이때 발표된 시와 문학에는 인간으로서의 가치와 개인의 자유가 녹아 있다. 선과 시의 접점을 찾은 몇 인물을 만나보자.

(1) 두보

두보(杜甫, 712~770)는 안사의 난을 겪으면서도 선사들과 교류가 있었다. 그의 선시 2편을 보자.

몸은 쌍봉사에 맡기고, 문은 7조의 선을 추구하네.
돛을 내리고 옛날의 생각을 따라 거친 베옷을 입고
부처님의 참된 진리를 추구한다네.
身許雙峰寺 門求七祖禪 落帆追宿昔 衣褐向眞詮
(『두보시가전집杜甫詩歌全集』)

「야청허십손송시애이유작夜聽許十損誦詩愛而有作」
허 씨는 일찍이 오대산에서 불교를 배운 사람으로
그의 고결한 수행은 분주의 석벽곡石壁谷으로부터 나온 것이라네.
나도 일찍이 승찬과 혜가의 선을 배웠지만,

두보(사천성四川省
성도成都 두보초당)

184

이 몸은 여전히 선적禪寂에 얽매여 있을 뿐이라네.

許生五台賓 業白出石壁 余亦師粲可 身猶縛禪寂 (『두보시가전집』)

전자의 시 구절에서 7조는 누구를 지칭하는지 알 수 없다. 또한 후자의 시에서 두보는 선사들과 교류하며 선을 추구했음을 알 수 있는데, 선의 고요함에 관념을 두고 있는 자신을 비판하고 있다. 두보는 선을 통해 삶의 진지함을 찾고자 했던 것으로 보인다.

(2) 왕유

왕유(王維, 700~761)는 스스로 '왕마힐王摩詰'이라고 자처했는데, 자를 마힐이라 한 것도 『유마힐경維摩詰經』에서 따온 것이다. 그는 이 경을 독송하고, 문학 작품 속에 경의 내용을 적용시켰다. 그의 어머니는 대통 신수(大通神秀, 606~706)와 의복義福을 30여 년 모신 신심 깊은 불자였고, 왕유 또한 선사들과 교류하며 선사들의 비문을 써주었다. 왕유는 북종 계통의 『능사사자기』의 편자인 정각(淨覺, 683~750?)의 비문을 쓰기도 하였고, 남종의 대표 선사인 혜능의 '육조능선사비명六祖能禪師碑銘'도 써주었다. 왕유는 어렸을 때부터 어머니를 따라 절에 다녀 불심이 깊었고, 9세 때부터 시를 지을 정도로 총명했다. 그는 21세에 진사 합격을 시작으로 벼슬길에 들어섰다. 안록산의 난 때 반군 포로가 되어 곤욕을 치렀지만, 그의 관료생활은 비교적 평탄해 상서우승尚書右丞에 이르렀다. 후에 그의

왕유

이름 대신 '왕우승王右丞'이라 부르게 된 것도 그의 벼슬 때문이다.

그는 31세에 부인과 사별한 후 재혼하지 않고 평생 홀로 살았다. 성품이 고요하고 한적한 것을 좋아했는데, 병약한 어머니를 위해 장안에서 멀지 않은 종남산終南山에 '망천장輞川莊'이라는 별장을 짓고 운치 있는 생활을 즐겼다. 모친이 세상을 떠나자, 이 별장(망천장)을 선사에게 보시하였다. 왕유는 초현실의 세계에서 노닐었던 인물로서, 그의 삶에 선이 표면적으로 드러나 있다. 또한 왕유는 자연을 주제로 한 서정 시인이요 화가로 한 시대에 이름을 날린 분이다. 그의 작품에는 무심無生·도심道心·공문空門·야선夜禪 등 선사상과 부합되는 용어들이 많이 있어 후대에 그를 '시불詩佛'이라고 불렀다.

(3) 한유, 유종원, 이하

앞에서 언급한 대로 당대는 인간 중심의 자유를 갈구하는 선이 발달되었다. 이 점은 유교에 영향을 끼쳐 새로운 사상으로 발전되는 시발점이 되었다. 전통적인 사유에 길들여진 지식인들도 불교의 철리에 근거한 합리주의를 바탕으로 새로운 사상을 정립하기 시작했다. 당시 대표적인 유학자들로는 한유韓愈·유종원柳宗元·이고李翶 등이 있다.

한유(韓愈, 768~824)는 유명한 논문집인 『오원五原』을 남겼다. 오원이란 「원도原道」·「원성原性」·「원훼原毁」·「원인原人」·「원귀原鬼」이다. 『오원』은 모두 근원적인 인간의 이상을 추구하는 내용을 담고 있다. '원도原道'는 인간 본연의 모습을 더듬어 밝힌다는 뜻이며, '원

성原性'은 본질적인 인간성 탐구를 의미
한다. 한유는 공자·맹자 이후 훈고의 학
문으로 떨어진 유학 사상을 인간의 학
문으로 재정립시켰다. 이런 토대 위에
서 한유는 '인간은 누구라도 학문과 수
행을 쌓으면 반드시 성인이 될 수 있다'
는 가능성을 갖고 있다고 주장했다. 한
유는 선사상을 토대로 자신의 유학 사상
을 전개했지만, 불교를 비판했던 배불론
자이다.

한유

유종원(柳宗元, 779~831)은 한유의 배불론排佛論과는 다르게 불교
를 존중하고 불사를 기록하거나 승려들의 비문을 많이 남긴 유학자
이다.

이하(李賀, 790~816)는 뛰어난 재능을 가지고 있어 귀재鬼才로 불
리었는데, 요절하였다. 그의 시에는 『능가경』과의 접목된 사상이 드
러나 있다.

(4) 이고

이고(李翶, ?~844)는 한유의 문인으로 그에게 깊은 영향을 받았다.
이고는 처음에 불교를 심하게 비판하였다. 한유와 마찬가지로 황제
에게 '절 짓는 데 돈 낭비를 막아야 한다'는 상소문을 올렸다. 그러면
서 "세상 사람들 중에는 불교의 이치로 깨닫는 이는 드물고, 흙·나
무·구리·철로 된 불상과 절만이 온 세상에 널려 있어 산 사람을 해

치며, 늪과 호수로 몰아넣고 있다(『全唐文』 314).”고 비판했는데, 토목공사를 해서 사찰 짓는 것을 반대한 것이다. 그러던 그가 불교를 접하면서 달라졌다. 불교 경전을 보고 감탄하여 『복성서復性書』를 남겼다.

그의 사상은 유언불의儒言佛意로 유교에 새로운 뜻을 열었다. 『복성서』의 내용은 본성을 회복, 즉 본심·본성으로 돌아가는 반본환원 사상이다. 그의 이런 사상은 송대 유학에 깊은 영향을 주었다. 한유의 「원도原道」가 철학적이고 이론적인 반면, 이고의 『복성서』는 실천적인 측면이 강하다고 볼 수 있다. 이들의 공통점은 모두 유학의 입장에서 새로운 인간학을 제창했다는 점이다. 이고는 유학자 신분이지만 한유와는 정반대로 불교에서 마음의 심요를 찾았다. 선사들과도 인연이 깊은데, 몇 가지 기연機緣을 보기로 하자.

이고는 오래전부터 약산 유엄(藥山惟儼, 751~834)의 명성을 듣고 있던 차, 서신을 통해 마을로 내려와 법문해 주기를 청했다. 선사가 이고의 간곡한 청을 들어주지 않자, 결국 직접 약산을 찾아갔다. 마침 이때 약산이 경전을 읽고 있었다. 시자가 달려와 이고의 내방을 알렸지만, 선사는 들은 척도 않고 경전을 읽었다. 기분이 상한 이고는 발길을 돌리면서 선사에게 말했다.

“얼굴을 보니, 천 리 소문만 못하군요!”
“어째서 귀만 소중히 여기고 눈은 천하게 여기십니까?”
이고는 감정을 진정시키고 물었다.
“선사님, 도란 무엇입니까?”

선사가 손으로 위를 한 번 가리키고, 다시 아래를 가리키며 물었다.

"아시겠습니까?"

"모르겠습니다."

"고개를 들든 수그리든 숨길 것이 없음이요,

구름은 하늘에 있고 물은 병속에 있네."

低頭仰面無藏處 雲在靑天水在甁. (『전당문全唐文』 336)

이고는 약산의 말을 듣자마자 곧바로 그 뜻을 알아채고, 선사에게 예를 올리며 게송을 지어 바쳤다.

수행하신 풍채는 학과 같고,

천 그루 소나무 아래 두 상자의 경經이로다.

내가 와서 도를 물으니 다른 말은 없고,

'구름은 하늘에 있고, 물은 병에 있'고 하시네.

鍊得身形似鶴形 千株松下兩函經 我來聞道無餘說 雲在靑天水在甁.

(『전당문』 336)

이고는 약산을 참문하고 마음을 깨친 후 선사의 유발상좌가 되었다. 한번은 이고가 남전 보원(南泉普願, 748~834)을 찾아가 물었다.

"옛날 어떤 사람이 병 속에 병아리를 키웠습니다. 그런데 병아리가 점점 커서 마침내 병에서 꺼낼 수가 없게 되었습니다. 이 병을 깨뜨리지도 않고, 병아리를 다치지 않게 꺼내려면 어찌해야 합니까? 스님은 어떻게 하시겠습니까?"

갑자기 남전이 장관을 불렀다.

"장관!"

이고는 엉겁결에 "예" 하고 답을 했다.

"야, 나왔다." (『전등록』)

이와 같이 문인들은 선의 인간 중심과 자유 사상에 영향을 받아 수많은 선시를 남겼고, 유학자들도 불교를 비판하기보다는 선의 영향을 받아 유교에 활력을 불어넣었다. 즉 당나라 때의 선은 육조六祖 이래 귀족사회의 전통과 권위주의 혹은 형식주의에 사로잡혀 있던 문화를 인간 긍정의 사상 풍조로 변화시키는 역할을 하였다. 이것이 송나라 이후의 문학과 철학(→ 理學)의 바탕이 된다.

24 | 당나라 시대, 대장부 여인들

유리 천장(Glass Ceiling)이라는 용어가 있을 만큼 서양도 양성평등이 이뤄지지 않았지만, 우리나라 여성들의 성평등지수는 더욱 낮은 편이다. 근자에 우리나라 공직자 남녀 비율을 조사했는데, 고위직 공무원에 여성이 거의 없는 경우가 있으며, 그나마 법조계를 포함해 전체적으로 여성 비율이 겨우 두 자리 수를 넘었다.

그러면 불교계는 어떠한가? 부처님 당시에는 여성(출가·재가 모두)들도 깨달음에 있어서는 동등하게 인정을 받았으나, 부파불교로 접어들면서 비구니를 포함해 여성들을 노골적으로 하대시하였다. 그리고 대승불교로 접어들어 일승一乘 차원에서 '일체중생실유불성一切衆生悉有佛性'이라는 주장이 나오면서 조금 완화되었다. 그렇다면 중국 선 르네상스 시대, 선지식 여성들이 있었겠는가? 대답은 "yes"이다.

중국에서 최초의 비구니가 등장한 것은 기록상으로는 동진 성제의 함강咸康 연중(335~342)에 활동했던 '정검淨撿'이다. 비구니 교단이 발전하기 시작한 때는 위진남북조시대이다. 그러다 정식으로 비구니 교단이 설치되어 계를 받은 것은 송나라 원가 10년(433) 전후이다. 이후부터 비구니 도량이 만들어졌다. 465년 황제의 조칙으로 비구니 보현이 보현사의 주지가 되었다.

양나라 보창寶唱이 「비구니전」을 저술하였는데, 여기에 비구니 65명의 활동상이 기록되어 있다. 이어서 진화震華에 의해 기록된 「속비구니전」에는 양나라의 총지總持 비구니를 비롯해 약 206명의 활동상을 기록하였다. 다음으로 「조동종니승사」가 엮어졌는데, 여기에는 선자 비구니를 중심으로 기록하였다.

① 총지 비구니

보리달마가 중국으로 건너온 지 9년 무렵, 인도로 돌아가려고 생각하고 제자들에게 각각 얻은 바가 있는지를 말해 보라고 하였다. 제자들의 대답을 다 듣고, 달마가 이렇게 말했다.

"한 사람은 나의 진수眞髓를 얻었고, 한 사람은 나의 피부를 얻었다. 또 한 사람은 나의 뼈를 얻었으며, 다른 한 사람은 나의 살을 얻었다. 진수를 얻은 이는 (2조) 혜가이고, 나의 피부를 얻은 이는 도부道副이며, 나의 뼈를 얻은 이는 도육道育이며, 나의 살을 얻은 이는 총지總持이다." (『역대법보기』)

여기서 달마에게 '내 살을 얻은 자'라고 인가를 받은 총지는 비구니로서 양무제의 딸이다. 원래 이름은 명련明練인데, 달마로부터 '총지'라는 이름을 받았다.

② 무진장 비구니

6조 혜능의 친구 중 유지략劉志略이 있다. 유지략에게 고모가 있는데, 무진장無盡藏 비구니이다. 그녀는 늘 『열반경』을 염송하였다. 혜능은 무진장의 염송하는 소리를 듣고, 묘한 뜻을 설명해 주었다. 한번은 무진장 비구니가 경전을 들고 와서는 글자를 가리키며 물으니 혜능이 말했다.

"글자는 알지 못하니, 뜻으로 물어보십시오."
"글자도 알지 못하면서, 어떻게 뜻을 알 수 있습니까?"
"불법의 도리란 글자와 상관이 없소."
비구니가 놀랍고 기이하게 여긴 뒤, 마을 사람들에게 혜능에 대해 이렇게 말했다.

비구니 스님들 공양 모습. 2018년 10월, 중국 복건성福建省 보전시莆田市에서 개최한 5차 세계불교포럼이 있었다. 둘째 날, 전 세계 천여 명의 승려가 공양할 당시 중국 비구니 스님들이다.

"저 분은 도를 잘 아는 사람이니, 마땅히 공양하고 존경할 만합니다."

③ 유철마 비구니

선종사에서 대표적인 비구니로 '쇠 맷돌'이라 불리는 유철마劉鐵磨가 있다. 그녀의 이름에서부터 범상한 비구니가 아님을 알 수 있는데, 그녀의 선풍禪風이 매우 예리하고 험준해 사람들이 그녀를 유철마라 불렀다. 유철마는 위앙종의 선사에게 가르침을 받았다. 위앙종은 선종 5가 가운데 최초로 산문을 개산하였다. 종조는 위산 영우(潙山靈祐, 771~853)와 그의 제자 앙산 혜적(仰山慧寂, 802~887)이다. 유철마의 행적은 정확하지 않은데, 출가해서 비구니가 되어 담주 위산潙山 근처에 작은 암자를 짓고 살았다고 한다. 평소 위산 영우 선사곁에 가서 가르침을 받고 큰 깨달음을 얻었다.

유철마 비구니가 위산 선사를 찾아왔다. 위산이 먼저 인사했다.
"어이, 늙은 암소! 자네 잘 왔는가?!"*
유철마 비구니가 말했다.
"내일 오대산에서 대법회가 있다는데, 화상께서도 가십니까?"
그러자 위산 선사는 네 활개를 펴고 벌렁 누워버렸다. 유철마는

---

* 위산은 제자들에게 "노승이 죽은 뒤엔 산 아래 한 신도의 집에 암소로 태어날 것이다. 왼쪽 옆구리에 다섯 글자 '위산승모갑潙山僧某甲'이라고 쓰여 있을 것이다. 그때에 위산이라 불러야 되겠느냐, 암소라 불러야 되겠느냐?"라고 하였다. 이렇듯 위산은 '암소'라는 용어를 평소에 자주 사용하였다.

아무 말도 하지 않고, 발을 돌려 가버렸다.

위 내용은 『벽암록』 24칙 철마도위산鐵磨到潙山인데, 『종용록』·『전등록』 등 주요 문헌에 선문답이 전한다. 참고로 위산은 호남성湖南省, 오대산은 산서성山西省에 위치해 있어 두 산은 수천 리 떨어져 있다. 유철마가 위산 아래에 살 때, 총림에서 아무도 그녀를 함부로 하지 못할 만큼 수행력이 높았다고 한다.

하루는 자호子湖 선사가 멀리서 찾아와 말했다.
"소문난 맷돌 스님 아니신가요?"
유철마가 말했다.
"외람됩니다."
"맷돌은 오른쪽으로 도는가요, 왼쪽으로 도는가요?"
"스님께서는 망상하지 마십시오."
이 말에 자호 선사는 유철마를 갑자기 손으로 때렸다.

④ 묘신 비구니·남대 낭자

앙산 혜적의 제자 가운데 비구니 묘신妙信이 있다. 사찰에 외교관이나 다름없는 소임자가 갑자기 하산했다. 혜적이 고민한 뒤에 이전에 믿음직하게 보았던 묘신 비구니에게 중요 소임을 맡겼다. 앙산이 외출하고 돌아온 승려들에게 이 소식을 전하니, 모든 대중이 찬성했다고 한다. 그녀가 스승을 대신해 비구승들에게 선법을 전한 일화가 전한다.

그녀가 중책을 맡은 지 얼마 안 되어 사천성에서 17인의 승려들이 앙산에 도착했다. 마침 해가 기울어 비구 절에 가지 못하고, 묘신이 머물고 있는 암자에 들어왔다. 17인의 승려들이 법을 논하는데, 혜능의 풍번문답風幡問答을 가지고 대화를 나누었다. 결론이 나지 않고 분분하자, 묘신이 중얼거렸다.

"17명이나 되는 승려들이 모여 있으면서 불법 입구에도 들어가지 못했군. 이렇게 몰려다니는 것은 부질없는 짓이야."

한 승려가 듣고는 승려들에게 전했다. 스님들은 상의를 하여 그 비구니에게 법을 듣기로 하였다. 그녀가 방에 들어서자마자, 스님들에게 가까이 오라고 하였다. 스님들은 그녀의 위엄 있는 목소리에 이끌려 묘신이 있는 곳까지 다가갔다. 묘신이 말했다.

"그것은 바람이 움직인 것도 아니고, 깃발이 움직인 것도 아닙니다. 더욱이 마음이 움직인 것도 아닙니다."

묘신은 혜능이 답한 '마음이 움직인 것'을 부정하는 것이 아니라, 그 '마음'이라는 것에 집착하면 '마음'이라는 관념에 떨어지기 때문에 이렇게 말한 것이다. 이 승려들은 그녀의 말에 감동한 바가 있어 앙산의 도량까지 올라가지 않고, 그대로 돌아갔다고 한다.

그런데 묘신에 대한 이 홍미로운 이야기가 일본 가마쿠라 시대의 선승 도오겐(道元)의 『정법안장正法眼藏』「예배득수禮拜得髓」에 전한다. 그런데 도겐이 어떤 자료를 인용한 것인지 밝히지 않아 출처가 불분명하다. 아마도 도겐 선사는 일본의 비구니와 여성 신도들이 귀감을 삼도록 소개하였을 것이다.

위앙종에는 묘신 외에도 정씨 성의 한 소녀가 있었다. 그녀는 어린 나이에 위산 영우에게 참문하여 많은 문답을 통해 날카로운 선기禪機를 보였다고 한다. 후에 출가하여 서원 대안(西院大安, 793~883, 위산과는 사형사제)의 법을 이었는데, '남대南臺 낭자'라는 이름으로 전하고 있다. 이 이야기는『선림유취禪林類聚』에 전한다.

⑤ 말산 요연 비구니

당대의 서주瑞州 말산 요연末山了然 비구니는 고안 대우高安大愚 선사의 가르침을 받고 깨달음을 얻었다고 한다. 말산이 임제 의현의 제자인 관계 지한(灌溪志閑, ?~859)과 선문답을 한 뒤에 관계 지한이 요연 비구니를 스승으로 예배하였다는 기록이 전한다.

관계 스님이 행각할 때 말산 요연을 찾아가 말했다.

"대답하면 머물 것이요, 대답하지 못하면 선상禪床을 뒤집어 버리겠다."

요연이 법상에 오르니 관계 스님이 참문하였다.

먼저 요연이 물었다.

"오늘 어디서 떠나 왔습니까?"

"길 어귀요."

"왜 일산을 쓰지 않았습니까?"

관계가 대답을 하지 못하고, 절을 하고는 다시 물었다.

"어떤 것이 말산인가?"

"정수리를 드러내지 않습니다."

"어떤 것이 말산의 주인인가?"

"남자의 모습도 여자의 모습도 아닙니다."

관계가 할을 하고는 말했다.

"왜 변하지 않는가?"

"신神도 아니요, 귀신도 아니거늘 뭣 때문에 변해야 합니까?"

이 말에 관계 스님이 굴복하고, 그곳에서 3년 동안 원두 소임을 살았다고 한다.

⑥ 실제 비구니

당나라 때에 '일지선一指禪'으로 유명한 구지俱胝 선사가 있다. 구지 선사는 법을 묻는 누구에게나 손가락을 세워 보였다고 하여 그의 선을 일지선이라고 한다.

구지 선사가 젊은 시절, 아직 공부가 미치지 못한 채 암자에 홀로 머물러 살고 있었다. 이 무렵 실제實際 비구니가 찾아왔다. 그녀는 삿갓을 쓰고 지팡이를 들고 구지 선사의 선상을 세 바퀴 돌고는 주장자를 선사 앞에 우뚝 세우며 말했다.

"화상이여! 한마디 일러보십시오. 그러면 삿갓을 벗겠습니다."

비구니가 세 번이나 물었지만 구지가 아무 대답을 하지 못했다. 실제가 말했다.

"공부도 제대로 하지 못했군."

이렇게 말한 뒤 뒤돌아 가려고 하는데, 구지가 말했다.

"날도 저물었으니 하루 묵고 가십시오."

실제는 '말할 수 없다면 떠나겠다'며 홀연히 떠나버렸다. 이후 구지가 탄식을 하고 지낸 지 열흘 무렵쯤, 천룡天龍 화상이 처소에 왔다. 구지가 천룡에게 자신의 근황을 말하자, 천룡이 구지에게 손가락 하나를 세워 보였다. 그제야 천룡의 손가락 하나에 깨달음을 얻었다(법맥을 보면, 마조 → 대매 법상 → 천룡 → 구지). 구지가 발심하고 정각을 이루는 데 실제 비구니가 가교 역할을 한 셈이다. 이 실제 비구니는 선종사에서 조사선의 개조開祖인 마조(馬祖, 709~788)의 제자이다. 실제 비구니 일화는『조당집』권19「구지화상장」에 전한다.

⑦ 영조

마조가 강서성江西省 건주贛州 공공산龔共山 보화사寶華寺에서 법을 펼 적에 남전·백장·염관 등 훌륭한 제자들이 많았다. 또한 물구나무를 서서 열반한 등은봉과 방거사, 영조도 마조가 보화사에 머물때 귀의했다. 이 보화사 도량에 제자들의 이름을 딴 '등은봉송鄧隱峯松', '영조여련靈照女蓮' 등 유적이 전한다. 여기서 영조는 방거사의 딸이다.

방거사는 과거 시험 보러 가는 도중 선불장이라는 말을 듣고, 시험을 포기하고 수행을 선택했다. 일가족이 모두 깨달음을 이룬 이상적인 가정으로 중국의 시인들에게는 동경의 대상이며, 후대에 그림·연극 등 주된 소재거리가 되었다. 방거사 가족은 대나무로 생업을 이어가며 청빈하게 살았다. 특히 딸인 영조는 아버지의 경지를 능가했다는 찬사를 받을 정도이다.

방거사가 입적에 들려는 즈음, 딸 영조에게 말했다.

"인생이란 꿈 같고 허깨비 같은 것이다. 너는 네 인연을 따라 살아가도록 해라."

그런 뒤 방거사는 영조에게 말했다.

"해 그늘을 보아서 정오가 되거든 말해 주어라."

한참 후에 영조가 말했다.

"일식이에요. 아버지, 어서 나와 보세요."

방거사가 밖으로 나가니 일식이 아니었다. 이상하게 생각하고 방으로 들어오니, 딸 영조가 평상에 올라가 죽어 있었다. 방거사가 웃으면서 말했다.

"내 딸이 솜씨가 빠르구나!"

방거사는 딸의 장례를 위해 죽음을 일주일 연기했고, 일주일 뒤 그 마을 태수인 우적공于頔公이 방문했을 때 "모든 것은 공무空無한 것이니 한갓 그림자나 산의 메아리와 같은 것이오. 몸 건강히 지내시오." 하고는 그의 무릎에 기대어 입적했다. 후일 이 우적공이 『방거사어록』을 편찬하였다. 우적공이 그의 아내와 아들(방대)에게 이 소식을 전하자, 아들은 밭에서 일을 하다 선(立) 채로 입멸하였다. 방거사 부인은 아들을 다비한 뒤 어디론가 떠났다는 전설 같은 일화가 전한다.

⑧ 장설 보살

마조 도일(709~788) 선사에게 '장설張雪'이라는 조카딸이 하나 있었다. 장설의 아버지는 마조에게 자주 찾아가 참선도 배우고 경전도 공부하였다. 하루는 설이의 아버지가 마조에게 물었다.

"스님, 설이가 자주 아파서 시집도 못 가고 있으니, 부처님 은덕으로 시집도 가고 병도 낫기 위해 설이에게 어떤 경전을 독송케 하면 좋겠습니까?"

마조는「관세음보살보문품」을 권했다. 설이는 아버지를 통해「관음품」을 얻어 3년을 매일 하루에도 몇 번씩 독송하였다. 어느 날 설이가 빨래를 하는데, 마조가 머무는 절에서 종소리가 울렸다. 설이는 잠시도 쉬지 않고 관음보살을 부르며 방망이를 두드렸다. 그러다 한 순간, 종소리와 절묘하게 맞아떨어지는 때에 설이는 '내가 관세음보살이 되었구나'라며 심지心地가 환히 열리며 도를 성취했다.

설이는 '관음보살이 바로 여기에 있는데, 내가 잘 알지 못했구나'라고 하면서 이때부터 경전을 함부로 대하고 관음보살을 염하지 않았다. 아버지가 설이에게 꾸중을 하자, 설이는 오히려 아버지께 반문하였다.

"아버지, 관음보살이 바로 나인데, 내가 무엇 때문에 굳이 관음보살을 찾으며, 경전에 있는 문자가 쓸데없는 것인데, 꼭 봐야 할 필요가 있습니까?"

아버지는 딸이 걱정되어 마조를 찾아가 자초지종을 말했다. 마조는 글을 써줄 테니 설이 방에 붙여놓으라고 하였다. 마조가 보낸 게송은 이런 내용이었다.

"삼경에 나무 닭 우는 소리를 들으니, 내 마음 내 고향이 분명하구나. 내 집 앞마당에 돌아와 보니, 버들잎은 푸르고 꽃은 붉도다."

설이는 게송을 보고, 끝 구절을 참구하느라 7일간 좌선하였다. 마침내 끝 구절을 타파하고 마조에게 곧장 달려가 절을 하자, 마조가 말했다.

"오! 설이 왔느냐. 네가 공부를 많이 하였더구나. '고인古人의 인연'이라는 말이 있는데, 너는 어떻게 생각하느냐, 한번 말해 보거라."

설이는 미소를 지으며 "스님, 고맙습니다."라고 절을 하자, 마조가 무릎을 탁! 치면서 "과연 내가 너한테 속았구나."라고 하셨다.

이렇게 마조의 인가를 받은 설이는 얼마 후에 시집을 가서 자식을 여럿 두었다. 40여 년의 세월이 흘러 손자 손녀를 여럿 두었는데, 손녀딸 하나가 갑자기 죽었다. 설이는 손녀의 죽음에 매우 서럽게 울었다. 그때 친구들이 이구동성으로 말했다.

"견성하였다는 사람이 왜 그렇게 서럽게 웁니까?"

설이는 그 소리를 듣고 말했다.

"내 손녀가 제대로 세상을 살지도 못하고 죽었으니, 그 손녀를 천도해 주어야 하지 않겠소. 그런데 그 시다림 법문으로 내 눈물을 쏟는 것보다 더 뛰어난 법문이 어디 있겠소. 범부중생은 슬프되 슬픔을 모르고 슬퍼하고 살되 참삶을 모르고 살지만, 깨친 도인은 참삶을 알고 참 슬픔을 알기 때문에 이 할미의 눈물은 수만 권 경전을 지송하는 것보다 더 수승한 공덕이 됩니다. 인간은 태어나면 결국 저 세상으로 가기 마련입니다. 온 곳으로 다시 가는 것이 무엇이 그리 슬퍼할 것이요. 우리 눈에는 오고 가는 것 같지만 실은 오는 것도 가는 것도 아니요, 불생불멸不生不滅입니다. 그래서 나는 이 불생불멸의 큰 길에 들어선 손녀를 인도하느라고 이렇게 눈물을 흘리는 겁니다."

그런데 이와 유사한 여인이 있다. 17세기 일본의 하쿠인(白隱, 1685~1768)의 제자이다. 당시 하쿠인의 수행 지도로 깨달음을 이룬 여성 신도들이 더러 있었는데, 그녀도 그중 하나였다. 주위에서 그녀에게 도를 물을 정도로 따르는 사람들이 많았다. 그러던 어느 해,

그녀의 딸이 죽었다. 그런데 그녀는 자식 잃은 여느 엄마와 똑같이 크게 소리 내어 울었다. 이를 본 사람들이 이구동성으로 말했다.

"큰스님 밑에서 수행하여 인가까지 받은 사람이 어찌 감정을 다스리지 못하는가?"

주위 사람들의 비웃음에도 아랑곳하지 않고 그녀는 눈물을 펑펑 쏟았다.

왜 깨달은 선지식이 울었는지 말하기는 어렵다. 글쎄! 견성했다고 해서 감정이 차가운 돌처럼 되어야 한다고 생각지 않는다. 희로애락을 겪고 있는 삶 자체가 바로 인간 본연의 참모습이라고 본다. 단 슬퍼하되 슬픔에 빠지지 않고, 기뻐하되 그 기쁨에 빠지지 않는 것, 어떤 감정에 얽매이거나 분별심이 없는 무심의 경지여야 한다.

부처님 재세 시나 오늘날에도 여인으로서 깨달은 이가 꾸준히 나오고 있다. 『승만경』의 승만 부인이 여성으로서 깨달음을 이루고 대승 서원을 발했듯이, 어느 누가 어떤 말을 하든 여인들 스스로나 비구니 스님들 스스로가 당당하게 자존감을 갖는 일이 큰 관건이라고 본다.

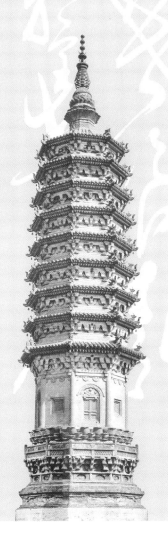

5가의 형성으로
선의 르네상스 시대가 열리다

25 | 천재일우에 비견되는 스승과 제자 :
황벽 희운과 배휴

(1) 당나라, 시대적인 배경

『전심법요傳心法要』의 저자 황벽 희운(黃蘗希運, ?~856)이 활동한 때
는 당나라 말기로, 조사선이 싹터 한창 발전하던 시기이다. 그가 활
동하던 전후의 사회적인 배경 및 불교사적인 배경을 살펴보자. 당대
唐代 교학불교의 여러 종파가 형성되어 최대의 전성기를 누릴 무렵,
사회적으로 두 개의 큰 사건이 발생했다. 하나는 당 무종 때의 회창
파불會昌破佛이고, 또 하나는 그보다 80여 년 앞서 일어난 안사의 난
이다.

안사의 난(755~763)은 태평하던 중국 사회에 문화와 역사, 정치에
까지 큰 영향을 끼친 사건이다. 특히 당 왕조의 정치적 권위를 붕괴
시킨 사건으로, 이를 계기로 새로운 시대를 알리는 혁신적인 분위기
가 태동하였다. 정치적으로는 지방 절도사의 권력이 막강해졌는데,
민정·재정·군사를 장악한 강대한 지방 권력이 형성되기 시작하던
때였다.

회창파불(845~847)은 삼무일종三武一宗의 법난 가운데 가장 피해
가 심했던 대규모적인 법난이었으며, 전국적으로 일어난 파불 사건
이다. 이 사건은 황제의 신임을 받은 도교의 도사 조귀진趙歸眞이 무

종(武宗, 840~846 재위)과 결탁해 일으킨 대대적인 법난이다. 물론 당시 불교 내부에서도 자정自淨 능력이 부족했다. 즉 사원 소유의 장원이 증가함에 따른 국가의 경제적인 문제가 발생했고, 교단적으로 승려의 부패와 타락, 그리고 유랑하는 승려나 사도승私度僧 등의 횡행도 한몫하였다. 『구당서』의 「무종본기」에 의하면, 파괴된 유명 사원은 4,600여 개소, 무명 사원 4만여 개소, 환속한 승려와 비구니는 26만 5백 명, 몰수된 전답은 수천만 경, 양세호로 바뀐 사원 소속의 노비는 15만 명이 되었다고 한다. 이 사건 이후 다음 황제인 선종宣宗의 불교 부흥에도 파불 이전으로의 회복이 불가능했다고 하니, 피해가 얼마나 심각했는지를 짐작할 수 있다.

그런데 파불 사건으로 경전 중심의 교학불교는 큰 피해를 입은 반면, 실천면을 반영한 선종이나 정토종은 오히려 번성하였다. 이 시기를 기점으로 조사선이 확장 발전되기 시작했는데, 선종이 번창한 것도 이러한 사회 상황과 무관하지 않다. 즉 선종의 발전 원인을 두 가지로 볼 수 있는데, 첫째 교종은 귀족사회와 중앙제도권 중심이었던 반면 선은 토속적인 시골(江西省과 湖南省)을 배경으로 발전했다는 점이다. 게다가 국가 혼란으로 중앙의 권력이 약화되고, 지방 권력이 독립적으로 되는 때에 시골 호족들과 선사들의 코드가 맞았던 것이다. 또 하나는 어려운 시대에도 굴하지 않고 수행에 열망이 많은 선자禪者들이 배출되었기 때문이라고 본다.

사회적으로 파불이 끝나고, 선종의 5가(마조 문하에서 위앙종·임제종, 석두 문하에서 운문종·조동종·법안종) 7종(5가에 더하여 임제종계에서 배출된 황룡파·양기파)는 선종사의 큰 물줄기를 형성하기 시작했다.

(2) 배휴, 당대 선지식을 친견하다.

배휴(裵休, 797~870)는 하남성 맹주孟州 제
원濟源 출신으로 당나라 때 유명한 정치가
이다. 목종 때 진사 시험을 거쳐 정치인이
되었고, 선종宣宗 대중大中 연간(847~859)
에 병부서랑兵部侍郎에서 동중서문하평장
사同中書門下平章事(재상)를 역임했다. 재
직 기간에 악정을 개혁한 정치가였고, 지
방 절도사들의 횡포한 과세를 억제하였
다. 배휴는 문장에 능했으며 글씨도 잘 썼
고, 교양이 깊고 성품이 온화한 인물로 정
평이 나 있었다. 배휴는 당대의 기라성

배휴 초상화

같은 선사 세 분을 스승으로 섬겼다. 처음에는 규봉 종밀(圭峯宗密,
780~841)을 섬겼으며, 다음으로 위산 영우(潙山靈祐, 771~853)와 황
벽 희운(黃蘗希運, ?~856)을 스승으로 모셔 공부하였다.

① 배휴와 종밀

배휴는 황벽을 만나기 이전 규봉 종밀(화엄종의 5조이자 하택종의 5조)
에게 가르침을 받았으며, 종밀의 여러 저서에 서문을 지었다. 종밀
의 『대방광원각요의경약소大方廣圓覺了義經略疏』의 서문에 이런 내용
이 전한다. "알맹이는 모두가 한마음이다. 이를 거스르면 범부이고,
이를 따르면 곧 성인이다. 이를 놓치면 생사가 시작됨이요, 이를 깨
달으면 윤회에서 벗어난다." 또한 찬녕贊寧의 『송고승전』「종밀전」

의 "종밀 스님이 있으면, 곧 재상 배휴가 있다. 배휴를 통하지 않고 어떻게 종밀을 알 수 있겠는가?"라는 기록에서 배휴와 종밀의 인연이 매우 깊었음을 알 수 있다. 그런데 배휴가 황벽을 만난 이후로는 황벽의 선기禪機로 인해 마음에 큰 변화가 있었던 것으로 보인다. 배휴가 황벽에 대해 평을 하였는데, 『전등록』에 이렇게 전한다.

"나는 규봉 종밀 선사가 선과 교에 달통한 분으로 매우 존경했지만, 황벽 선사에게 마음이 기울어져 보니, (이전 종밀에 귀의했던 것과는) 감히 비교가 되지 않는다."

배휴는 황벽을 통해 선에 관심이 증폭되었고, 황벽을 통해 새롭게 선을 배울 수 있는 계기가 되었던 것으로 보인다. 『구당서』 「배휴전」에 의하면, "그는 업무 중 틈을 타서 산림에 다녔으며, 의학義學의 승려들과 불법을 연구하였다."라는 기록이 전하는데, 이는 바로 황벽 희운과의 인연을 말한다.

② 배휴와 위앙종 인연

배휴와 위산의 인연을 보자.

위산 영우는 폐불이 일어나자 머리를 기르고 재가자로 살았다. 배휴는 이를 안타깝게 여겼고, 당시 호남관찰사로 있던 그는 무종의 다음 황제인 선종(宣宗, 847~859년 재위)에게 폐불령을 풀도록 주청하였으며, 영우에게는 재출가를 권유하였다. 배휴는 영우를 가마에 태워 호남성湖南省 영향寧鄕 동경사同慶寺(현 密印寺)로 모신 뒤, 선사의 제자들과 상의해 머리카락을 삭발해 드리고자 하였다. 이에 영우가 웃으며 말했다.

"그대들은 머리카락이 없어야 부처라고 생각하는가?"

배휴는 위산 영우가 동경사에서 법을 펼칠 수 있도록 적극적인 지원을 해주어, 동경사에서 법을 펼친 이후로 영우의 문하에는 1,500여 명의 제자가 모였다. 이렇게 동경사를 배경으로 펼쳐진 영우의 선풍이 선종 5가 중 최초로 개산開山한 위앙종이다.

(3) 황벽과 배휴

① 황벽의 행적

황벽 희운黃檗希運은 안사의 난과 회창파불의 격동기를 지나 활동하였다. 선사는 복건성福建省 복주福州 출신으로 속성이나 생몰년은 정확하지 않다. 다만 선종사에서 그의 입적을 대중 연간(847~859)이라고 하는데, 위앙종의 위산 영우(771~853)의 생몰년에 비추어 추정할 뿐이다.* 황벽의 법휘는 희운希運, 시호는 단제斷際이며, 일찍이 자신의 고향인 복건성 복주 황벽산 만복사萬福寺에 출가하였다. 황벽은 후에 강서성江西省 의풍현宜豊縣에 거주하며 법을 펼쳤는데, 고향의 산 이름을 그대로 따서 황벽산이라고 고쳐 불렀다. 황벽산이 중국 선종사에 강서성과 복건성 두 곳에 위치한 셈이다.

황벽은 출가 후 여러 지역을 돌아다니다가 천태산에 올라 어떤 노

---

* 황벽과 위산 영우는 동시대의 사람으로, 모두 백장 회해의 제자이다. 곧 두 선사는 사형사제인 셈이다.

파로부터 백장 선사 이야기를 듣고, 멀리 강서로 가서 위산과 함께 백장 회해(百丈懷海, 749~814)의 법을 받았다. 황벽은 신장이 7척으로 이마에는 육주肉珠가 있는 대장부였으며, 사소한 일에 집착하지 않는 활달한 천성이었다고 한다. 마조 – 백장 법맥인 황벽의 선풍禪風은 간명직절하고, 실천은 고고한 면이 드러나 있다. 이어서 제자 임제 의현(臨濟義玄, ?~866)으로 법이 이어졌다. 황벽의 선사상이 드러난 어록은 『전심법요』와 『완릉록』인데, 이 두 어록에 의해 조사선의 선풍이 확립되고 체계를 이루었다는 평가를 받고 있다.

② 배휴, 황벽을 만나다

황벽과 배휴의 처음 만남은 드라마틱한 기연機緣으로 『전등록』 권 12에 자세히 기록되어 있다. 황벽이 대중을 떠나 이름을 감추고 대안정사에서 허드렛일을 하며 지낼 때이다. 마침 배휴가 와서 불전에 참배하고 벽화를 감상하고 있었다. 벽화를 보던 배휴가 주지에게 물었다.

"저 그림은 누구의 초상입니까?"
"고승의 초상입니다."
"영정은 여기 있지만, 고승은 어디에 있습니까?"
주지가 아무 말도 못하자, 배휴가 '이 절에 참선하는 사람이 없느냐?'고 물었다.
"요즘 어느 객승이 머물며 허드렛일을 하고 있는데, 그가 참선하는 스님인 것 같습니다."

212

곧 황벽이 도착하자, 배휴가 물었다.

"제가 아까 스님들께 '영정은 여기 있는데, 고승은 어디 있습니까?'라고 질문했는데, 아무도 대답하지 못하더군요. 스님께서 한 말씀 해주시지요?"

"배휴!"

황벽의 큰 일갈에 배휴가 놀라 얼떨결에 황벽을 쳐다보았다.

"그대는 어디 있는가?"

이 이야기는 황벽형의黃檗形儀라는 공안으로 널리 알려져 있다. 배휴가 현재 자신이 서 있는 곳을 몰라서 황벽이 소리쳐 불렀을까? 스스로 불성을 지닌 존재라는 것을 염념念念에 잊지 않고 자각시키는 방편이라고 볼 수 있다. 또한 황벽이 배휴에게 '고승의 초상이 누구인지?'를 아는 것이 중요한 것이 아니라, 현재 그 고승을 보고 있는 주인공, 그 본성을 자각하는 주체자를 아는 것이 더 중요함을 경책한 것이다.

③ 추행사문

황벽의 시호는 '단제'인데, 배휴의 권유로 당나라 선종(846~859 재위)이 내려준 것이다. 선종이 황제가 되기 전, 13살 때 왕실에서 추방되어 염관사(앞에서 언급한 염관 제안이 상주한 곳)라는 절에 머문 적이 있는데, 당시 황벽도 그 절에 함께 있었다. 황벽이 예불을 마치고 돌아서는데 어린 선종이 '왜 부처를 신봉하지 말라고 하면서 예불을 올리느냐?'라고 물었다. 황벽은 선종에게 대답은 하지 않고, 다

황벽 희운 사리탑(강서성 의풍현宜豊縣 황
벽사)

짜고짜로 뺨을 몇 차례 때렸다. 수
년 후 선종이 황궁으로 돌아와 황제
가 되었다. 그런데 마침 재상인 배
휴가 선종에게 황벽의 시호를 하나
내려달라고 하자, 선종은 황벽에게
뺨 맞았던 옛일을 떠올리며 추행사
문麤行沙門이라는 호를 내렸다. 이에
맞서 배휴가 "폐하께 3번 손찌검을
한 것은 3제의 윤회를 끊어주기(斷)
위함입니다."라고 하자, 선종이 마
음을 돌려 단제斷際라는 호를 내려
주었다.

④『전심법요』·『완릉록』 탄생의 비화

배휴는 회창 2년(842년) 강서성江西省 종릉鐘陵의 관찰사로 재임할
때, 황벽을 홍주洪州(현 南昌)의 수부首府로 모셔다가 용흥사에 머물
게 하고, 조석으로 도를 물었다. 몇 년 후 배휴가 849년에 완릉宛陵의
관찰사로 전임이 되자, 예를 갖추어 황벽을 다시 개원사로 모셨다.
여기서도 선사에게 아침저녁으로 도를 묻고 가르침을 받았다.

　이때 황벽에게 가르침을 받으며 필록筆錄해 두었다가 황벽이 입적
한 뒤에 황벽의 제자들과 장로들의 증명을 받아 세상에 유포시킨 어
록이『전심법요傳心法要』와『완릉록宛陵錄』이다. 배휴가 아니었다면
황벽의 선사상은 사장되었을지도 모른다. 선연호운善緣好運, 좋은 인

연은 좋은 운을 불러들인다는 말이 있다. 두 분의 만남으로 그 결과물이 1,200여 년이 흐른 즉금에까지 수행자들에게 수행의 나침반이 되고 있으니, 이들의 만남을 천재일우千載一遇라고 해도 과언이 아닐 것이다.

앞에서 언급한 대로『전심법요』는 배휴가 종릉에서 문법聞法한 것을 직접 기술한 것이며,『완릉록』은 배휴가 완릉의 개원사에서 문법한 기록을 기저로 하여 성립된 것이다. 이 황벽 어록의 갖춘 이름은 『황벽단제선사전심법요黃檗斷際禪師傳心法要』와『황벽단제선사완릉록黃檗斷際禪師宛陵錄』라는 제목의 두 권이다. 일반적으로 2권을 통칭해『전심법요』라고도 한다.

황벽이 입적한 2~3년 후인 857년에『전심법요』와『완릉록』이 출간되어 952년『조당집』에 실렸고, 1048년『경덕전등록』9권 말미末尾에 부록으로 실렸다. 이후 원판元版 대장경에 입장入藏되었다. 우리나라에서는 1883년에는 감로사에서『법해보벌法海寶筏』이라는 제목으로 출간되었고, 1908년 부산 범어사에서 간행된『선문촬요禪門撮要』에도 실려 있다. 일본에서는 선학자들에 의해 여러 편역이 나왔으며, 우리나라에서도 여러 역본이 발간되었다.

⑤ 어록을 통해서 본 황벽의 조사선 사상

『전심법요』와『완릉록』은 전반적으로 배휴가 황벽에게 법을 묻고, 황벽이 대답해 주는 형식으로 구성되어 있다. 어록에 전하는 언어들은 간명하고도 평이하며, 격외언구格外言句의 고준高峻한 말들을 사용하지 않으면서도 선의 이치가 논리적으로 전개되어 있다. 두 어록에 의해 조사선 선풍이 확립되고 체계를 이루었다는 평가를 받고 있다. 우리나라 조계종의 정통 선사상을 이해하는 데도 긴요하다. 『전심법요』에서 몇 부분을 인용해 보도록 하자.

"부처와 중생, 일심에 있어 다르지 않다. 마치 허공이 섞이거나 무너지지 않는 것과 같으며, 태양이 떠올라 천하를 밝게 비추지만 허공이 밝아진 것도 아니고, 해가 저문 뒤에도 어둠이 천지를 뒤덮지만 허공은 어두워지지 않는 것과 같다. 밝고 어두운 경계는 교차되며 변화하지만, 허공의 본성은 변화가 없다. 부처와 중생, 마음이 이와 같다."*

허공이란 청정한 자성, 본성, 마음을 말한다. 경전에는 '객진번뇌客塵煩惱'라고 하여 청정한 자성을 주인에, 번뇌를 손님에 비유한다. 즉 청정한 자성(주인: 佛性)은 원래 있는 것이요, 번뇌(손님)는 곧 사라질 것이다는 말이다. 밤이 되어 어둡고 태양이 있어 밝지만, 허공에는 밝고 어두움이 의미가 없듯이, 마음(자성)은 늘 청정히 존재해 있는 본래성불된 부처이기 때문이다.

"제불·보살·제석·범천들이 지나갈지라도 모래는 기뻐하지 않

---

* 佛與衆生 一心無異 猶如虛空無雜無壞 如大日輪照四天下 日升之時 明遍天下 虛空不曾明 日沒之時 暗遍天下 虛空不曾暗 明暗之境 自相陵奪 虛空之性 廓然不變 佛及衆生 心亦如此

는다. 또 소·양·벌레가 밟고 지나가도 모래는 화내지 않는다. 진귀한 보배와 향료가 쌓여 있다고 할지라도 모래는 탐내지 않으며, 똥오줌의 악취에도 모래는 싫어하지 않는다. 이런 마음이 곧 무심無心이다. 모든 분별상分別相을 여의어 중생과 제불, 어떤 것에도 차별하지 않는 무심한 경지, 이것이 궁극적인 경지이다. …… 그런 마음이야말로 본원청정한 부처이며 누구나 가진 마음이다. 준동함영과 제불보살이 일체이며 다르지 아니하다."**

"마음이 곧 부처이다. 위로는 제불로부터 아래로는 꿈틀대는 벌레에 이르기까지 다 불성이 있으며, 동일한 마음의 체성을 구족하고 있다. 달마가 서천에서 와서 오직 일심법만을 전하셨는데, 바로 일체중생이 '본래 부처'임을 가르치셨다. 이에 굳이 (점수적인) 수행을 가자할 필요가 없다. 다만 지금 자기의 마음을 통해 자기의 본성을 보아라. 다시 달리 구할 필요가 없다. 어떻게 자기의 마음을 안다고 하는 것인가? 곧 지금 말하고 있는 자가 곧 그대의 마음이다."***

** 諸佛菩薩釋梵諸天步履而過 沙亦不喜 牛羊虫蟻踐踏而行 沙亦不怒 珍寶馨香 沙亦不貪 糞尿臭穢 沙亦不惡 此心卽無心之心 離一切相 衆生諸佛 更無差別 但能無心 便是究竟 ······ 此心是本源清淨佛 人皆有之 蠢動含靈 與諸佛菩薩 一體不異"
***卽心是佛 上至諸佛 下至蠢動含靈 皆有佛性 同一心体 所以 達摩從西天來 唯傳一心法 直指一切衆生本來是佛 不仮修行 但如今識取自心見自本性 更莫別求 云何識自心 卽如今言語者正是汝心

⑥ 황벽선의 선종사적 위치

첫째, 홍주종洪州宗* 법계法系에서의 황벽의 위치이다. 황벽은 홍주종 마조에 이어 청규를 제정한 백장의 제자이다. 백장이 마조의 고함소리에 3일 동안 귀가 먹었다고 하는 삼일이롱三日耳聾의 공안이 있다. 그런데 훗날 황벽이 스승 백장으로부터 '삼일이롱'의 이야기를 듣고, 자신도 모르게 탄식하며(吐舌) 크게 깨달았다고 하는 황벽토설黃檗吐舌 공안이 있다. 이 두 공안의 연계성을 통해 황벽의 선종사적 위치를 가늠하기도 한다.

둘째, 임제종臨濟宗에 있어 황벽의 법계적 위치이다. 5가 7종 가운데 위앙종에 이어 두 번째로 종풍宗風을 연 선종이 임제종이다. 임제종은 조동종과 함께 오늘날까지 종지宗旨가 전해지고 있는 최대의 선종이다. 황벽의 법은 선종사에서 '임제종의 조정祖庭'이라고 일컫는다. 현 우리나라 조계종이 임제종 선풍禪風이다.

셋째, 황벽의 선이 일본에 끼친 영향이다. 현 일본의 3대 선종으로는 황벽종을 포함해 임제종·조동종이다. 임제종과 조동종은 일본 승려(榮西와 道元)가 중국에 들어가 법맥을 받아 자국에서 선풍을 펼친 반면, 황벽종은 중국 선사가 직접 일본으로 들어가서 법을 펼쳤다. 곧 임제종계의 은원 융기(隱元隆琦, 1592~1673)가 황벽이 출가했던 복건성 만복사萬福寺에서 수행하다가 명나라 말기인 1654년, 63

---

* 홍주종은 마조 도일(馬祖道一, 709~788)계 선을 규봉 종밀이 호칭한 것이다. '홍주'는 강서성江西省 홍주洪州(현 南昌)의 통칭이다. 홍주(남창)는 마조가 생전 당시 머물며 선을 펼쳤던 개원사開元寺(현 佑民寺)가 있는 곳이다.

세에 일본으로 건너가 교토(京都) 우지(宇治)에 만복사를 개산開山하였다. 은원 융기는 임제종 승려로서 일본에 황벽 선사의 선풍을 펼친 것이다. 일본 만복사는 가람양식이나 독경·법요양식·법구·법복 등 모두 명나라 풍습을 따르고 있다. 또한 불교의례를 비롯해 승려들의 수행 방식이나 일상생활 등이 모두 중국 명나라 풍습이다. 또한 황벽종은 차茶나 요리 등 일본 문화계에도 큰 영향을 끼쳐 지금에까지 이르고 있다.

위앙종(시절인연과 일원상) :
위산 영우·앙산 혜적·영운 지근

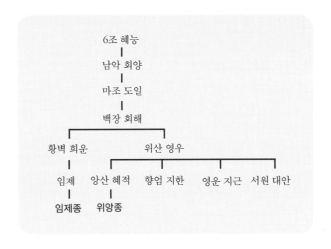

중국 선의 르네상스는 당나라 시대에 형성된 선종의 분파인 5가이다. 물론 5가 이전부터 선이 발달하기 시작했지만, 5가가 형성됨으로써 중국 선이 완성되고 조사선이 정립되었다고 볼 수 있다. 5가 가운데 가장 먼저 흥기한 종파가 위앙종潙仰宗이다. 스승 위산과 제자 앙산의 선사상을 말하는데, 위산의 '위潙' 자와 앙산의 '앙仰' 자를 따서 '위앙종'이라고 한다.

(1) 위앙종 승려들

① 위산 영우

위산 영우(潙山靈祐, 771~853)는 복건성福建省 복주福州 장계長谿 사람으로 속성은 조씨이다. 위산은 15세에 고향 건선사建善寺에 출가해 대소승 계율과 경전을 배웠다. 구족계를 수지한 뒤, 경전 공부에 전념했다. 나이 23세 무렵, "부처님의 가르침은 지극하기는 하지만, 내가 의지할 바가 아니다."라고 하며, 선을 하기 위해 백장 회해(百丈懷海, 749~814) 문하에 들어갔다.

위산은 스승 문하에서 수행하다가 장사長沙로 가던 도중 대위산大潙山 동경사同慶寺에 머물러 법을 펼쳤다. 이런 지 얼마 안 되어 당 무종의 회창폐불會昌廢佛(845)이 일어났다. 위산은 잠시 난을 피해 재가자로 살다가, 난이 끝날 무렵 재상 배휴(裵休, 797~870)의 도움으로 다시 선풍을 펼쳤다. 위산이 동경사에서 법을 펼친 이후, 그의 문하에 1,500여 명의 제자들이 머물렀다. 이곳에서 40여 년간 법을 펼친 위산은 853년 세납 83세로 열반에 들었다. 선사가 열반하는 날 종일토록 산의 물이 마르고 짐승과 새들이 울부짖었다는 기록이 전한다. 시호는 대원大圓, 탑명은 정혜淨慧이다. 저서에는 「담주위산어록潭州潙山語

위산 영우 선사 사리탑(호남성 영향寧鄕 밀인사)

錄」·「위산대원선사경책문潙山大圓禪師警策文」이 있다.

「경책문」에는 위산이 후학들에게 경책하는 구구절절한 말이 담겨 있는데, 「경책문」은 『사십이장경』·『유교경』과 함께 불조삼경佛祖三經으로 불리운다. 「경책문」은 학인들이 처음 공부하는 『치문』에 수록되어 있으며, 수행자들이 늘 곁에 두고 경책으로 삼으라는 내용이 담겨 있다. 위산이 당시 나태한 수행자들을 경책하기 위해 지은 글인데, 한 구절만 살펴보자.

"비록 4대로 이 몸이 지탱되나 항상 서로 어기고 등지니, 덧없는 생로병사가 예고 없이 다가와 아침에 살았다가도 저녁에 죽어서 찰나에 다른 세상이다. 마치 봄 서리나 새벽이슬 같아서 잠깐 사이에 사라지며, 벼랑 위의 나무나 우물 속의 넝쿨과도 같은데 어찌 오래갈 수 있으리오."

② 앙산 혜적

앙산 혜적(仰山慧寂, 807~883)은 광동성廣東省 소관韶關 사람으로 성은 엽葉씨이다. 그는 15세에 출가하려 했지만, 몇 차례나 부모의 승낙을 얻지 못했다. 어느 날 두 줄기의 흰빛이 조계로부터 솟아 앙산의 집에 비추자, 부모가 출가를 허락했다고 한다. 앙산은 17세 때 소주 남화사南華寺의 통 선사通禪師에게 출가한 뒤 사미 신분으로 여러 곳을 다녔다. 18세 무렵 탐원 응진(耽源應眞, 남양 혜충의 제자)의 문하에 들어가 탐원으로부터 일원상一圓相의 도리로 깨달음을 얻은 뒤, 여러 지역을 이력하며 수행하였다. 이후 앙산은 위산의 문하에 입실

앙산 혜적 선사 사리탑(강서성 의춘宜春 서은사)

해 15년간 가르침을 받았다. 즉 앙산은 탐원에게서 일원상으로 1차 깨달음을 얻고, 위산 문하에서 크게 깨달은 뒤에 위산의 법을 받은 것이다.

이후 앙산은 광동성 소관, 광주 등 여러 지역을 옮겨 다니다, 842년 강서성江西省 의춘宜春에 서은사栖隱寺를 창건하고 개당설법하였다. 당시 이 사찰에서는 향엄 지한·석상 초원(石霜楚圓, 986~1039)·불인 요원(佛印了元, 1032~1098) 등이 머물렀고, 승려가 많을 때는 1,000여 명에 이르렀다. 그는 말년에 10년을 광동성 소관의 동평산東平山에 머물다 그곳에서 77세에 입적했다. 후에 제자들이 강서성 의춘 서은사로 사리탑을 옮겨왔다. 시호는 지통智通, 탑명은 대통大通이다.

앙산은 선종사에서 위산의 수제자로 알려졌지만, 6조 혜능의 법을 이은 '7조'라고도 추앙받았으며 '소석가小釋迦'라는 칭호를 받기도 하였다. 앙산이 6조 혜능을 흠모했고, 그의 사상으로 공부했으며, 제자들에게도 조계의 심지心地로 지도했기 때문이다. 이는 한편 앙산의 법력이 선종사에 끼친 영향이 매우 크다는 것을 의미하기도 한다. 위앙종은 스승 위산이 개산했지만, 세상에 드러나고 알려지기 시작한 것은 앙산부터이다.

위산 문하에는 앙산 외에도 훌륭한 제자들이 많은데, 영운 지근·서원 대안(西院大安, 793~883)·향엄 지한 등이 있다.

③ 향엄 지한

『조당집』에 향엄 지한(香嚴智閑, ?~898)의 오도 이야기가 전한다. 그는 경전 및 유교에도 해박했으며, 말은 청산유수였다. 어느 날 스승 위산이 향엄에게 물었다.

"그대는 불경에 있는 뜻을 의지하지 않고 대답을 해보게. 부모미생전본래면목父母未生前 本來面目을 한번 말해 보게나."

향엄이 경전 경구를 헤아리며 다양한 대답을 내놓았으나 위산은 그 말에 수긍하지 않았다. 스승은 향엄이 깨달을 만큼 뛰어난 근기를 갖추었는데도 정진하지 않는 것을 걱정하면서 말했다.

"대답을 해줄 수 없으니, 네가 직접 궁구해서 답을 구해 보거라."

그날로 향엄은 고심하다 만행을 떠나 남양 혜충(南陽慧忠, ?~775)국사의 도량인 향엄사에 이르렀다. 그곳에서 머물던 어느 날, 마당을 쓸다가 기와 조각이 대나무에 '딱!' 하고 부딪치는 소리에 깨닫고,

향엄 지한 도량(하남성河南省 석천淅川 향엄사)

이렇게 게송을 읊었다.

한번 던졌다가 알던 것 모두 잊으니,

다시는 더 닦고 구할 것이 없구나.

움직임에 옛 자취를 드러내고

다시는 모양에 떨어지지 않는다.

처처에 무슨 자취가 있으랴!

소리와 빛깔 밖에 참 모습(威儀)이더라.

제방의 도를 깨친 이들은

모두 이 경계를 일러서 최상의 근기라고 말한다.

一擊忘所知 更不假修治 動容揚古路 不墮悄然機

處處無蹤跡 聲色外威儀 諸方達道者 咸言上上機 (『경덕전등록』)

한 번의 딱! 소리에 이제까지의 알음알이를 다 잊으니, 수행의 힘 빌릴 일이 아니었음을 향엄은 노래하고 있다. 이후 향엄은 200여 수의 오도송과 많은 선시를 남겼다. 『조당집』과 『경덕전등록』에 향엄의 선시가 다량으로 수록되어 있다.

입에 가득한 말, 말할 곳이 없나니
분명히 사람들에게 말해도 알지 못하네.
과감하고 절박하게 정진하라. 이를 악물어라.
무상이 닥쳐오면 구제할 길이 없느니라.
萬口語無處說明 明向道人不 決急者力勤咬喫齒 無常到來救不
(『조당집』)

날씨가 추우면 햇볕을 쪼이고
방에 돌아와서는 한 술의 밥을 먹는다.
태어나기 이전의 일을 사유해
의연히 그 성정性情에 맡기어라.
天寒宜曝日 歸堂一食傾 思着未生時 宜然任他情 (『조당집』)

④ 영운 지근

영운 지근(靈雲志勤, ?~866)의 행적을 보자. 영운의 깨달은 기연도 매우 특이하다. 그는 복숭아꽃이 활짝 핀 모습을 보고 깨달았는데, 다

226

음은 그의 오도송이다.

삼십 년이나 칼을 찾은 나그네여!
몇 번이나 잎이 지고 싹이 돋아 났던가?!
그러나 복숭아꽃을 한번 본 이후로
즉금에 이르도록 다시는 의혹이 일어나지 않는다.
三十年來尋劍客 幾回落葉又抽枝 自從一見桃花後 直至如今更不疑
(『경덕전등록』)

향엄은 기왓장 떨어지는 소리에 깨달았고, 영운은 만개한 꽃을 보고 깨달았듯이, 수행자들마다 깨닫는 시절인연은 제각각이다. 어느 선사는 화장실에서 볼일보다 깨달은 이도 있고, 어느 선사는 물속에 비친 자신의 모습을 보고 깨달은 이도 있다. 보수寶壽 화상은 두 사람이 싸우다 싸움을 그친 뒤 화해하면서 '면목이 없네 그려!'라는 소리를 듣고 '부모미생지전 본래면목' 화두를 깨달았다. 사리불 존자는 조카 디가나카 비구가 경전 독송하는 소리를 듣고 그 경전의 의미를 새기다가 삼매를 얻었다. 또 근대의 허운 화상은 찻잔 깨지는 소리에 깨달았으며, 송대 소동파는 폭포 소리를 듣고 깨달았다. 곧 사람마다 눈으로 보는 것을 통해 깨달은 이가 있는가 하면, 소리를 통해 깨달은 이도 있는 등 깨달음의 기연機緣이 다양하다.

그러나 이 깨달음은 우연히 오는 것도 아니고 기다린다고 해서 오는 것도 아니다. 기연이란 어떤 일이 그에 상응하는 인연을 만나 목적하는 바를 이끌어 내는 계기가 되는 것을 말한다. 깨침의 경우, 그

때까지 무생심無住心과 무착심無着心을 가지고 갈고 닦은 정진력이 계속되고 있는 수행이 기機라면, 그것이 스승의 지도나 혹은 주위 환경과의 접촉이 연緣이 된다.

⑤ 서원 대안

서원 대안(西院大安, 793~883)은 원래 백장의 제자로서 『조당집』에 그의 행적이 전한다. 백장에게 걸출한 제자가 많은데, 대안도 그 가운데 한 사람이다. 대안은 복건성 복주 장락長樂의 서원西院에서 개당하였기에 '서원 대안'이라고 한다. 대안이 백장 문하에 있을 때, 백장 선사에게 물었다.

서원 대안이 상주했던 도량 서선사(복건성福建省 복주福州)

"저는 깨달음을 이루고 싶습니다. 도대체 무엇이 부처입니까?"

"소를 타고 소를 찾는 것과 같으니라."

"그런 줄 알고 난 뒤에는 어떻게 해야 합니까?"

"사람이 소를 타고 집에 돌아가야 한다."

"어떻게 번뇌가 다시 일어나지 않도록 깨달음을 지켜야(保護任持) 합니까?"

"소치는 사람이 막대기를 가지고 소를 감시해서 남의 밭에 침범하지 못하게 해야 한다." (『조당집』)

　대안은 스승 백장이 입적한 뒤에는 사형인 위산에게 옮겨가 위산의 법을 받았다. 위산의 법은 앙산이 이어받아 위앙종을 성립했지만, 처음 위산이 위앙종을 개창할 때 적극적으로 도운 사람은 대안이다. 그의 기록이 담긴 『조당집』 17권에 의하면 "내가 위산에 머무르기 30년, 위산 스님의 밥을 먹고 위산 선사의 대변을 보았지만, 위산의 선만은 배우지 않았다."라고 설하고 있다. 복건성 복주에 위치한 서선사西禪寺에서 주석하다 그곳에서 입적했다. 대안의 재세 시에도 그의 선풍은 널리 풍미했으며, 그의 주석처인 서선사는 현재도 선종 사찰로 유명하다.

(2) 위앙종의 종풍

① 시절인연을 자각하는 여여불如如佛

위앙종의 선풍을 보자. 『경덕전등록』에 위산이 백장 문하에서 깨닫게 되는 결정적인 기연이 전한다. 위산이 23세에 백장을 찾아가니,

백장은 위산의 입실을 허락했다. 어느 날 백장이 위산에게 말했다.

"화로에 불씨가 있는지 헤쳐 보아라."

위산이 화로 안을 뒤적이면서

"불씨가 없습니다."

백장이 다시 화로를 뒤적이며 조그만 불씨를 찾아내어 영우에게 보여주며 말했다.

"이것이 불씨가 아니고 무엇이냐?"

이때 순간 위산이 깨달은 뒤, 백장 선사에게 절을 하고 자기의 견해를 펴니 백장이 말했다.

"그것은 잠시 나타난 갈림길일 뿐이다. 경전에 이르기를 '불성을 보고자 한다면 시절인연時節因緣을 잘 관찰하라'고 하였다. 시절이 도래하면 미혹했던 것을 곧 깨닫게 되고, 잃었던 일을 기억하여 본래부터 자기의 물건이요, 다른 사람으로부터 얻는 것이 아님을 깨닫게 되리라. 그러므로 조사께서 말씀하기를 '깨닫고 나면 깨닫기 전과 같고, 마음이 없으면 법도 없다'고 하였느니라. 이는 허망한 범부와 성인이 차별이 없으며, 심법을 본래 구족하고 있기 때문이다. 그대가 지금 그렇게 되었으니, 스스로 잘 보호해 지닐지니라."(『경덕전등록』)

백장이 제자인 위산에게 불성이 구족되어 있음을 직설적으로 말하지 아니하고 화로에서 불씨를 찾게 하는 방편을 쓰고 있다. 여기서 불씨는 부처가 될 성품인 불성을 말한다. 시절인연이라는 말은

『열반경』에 나오는데, 모든 중생은 자신이 부처가 될 성품(佛性)을 깨닫는 결정적인 때(시기)가 오게 되어 인연과 합하는 것을 말한다. 앞에서 언급한 기연이라는 말과 같은 의미라고 볼 수 있다. 이렇게 스승의 깨우침으로 얻은 시절인연은 위산의 선사상에 중요한 위치를 차지할 뿐만 아니라, 위앙종의 종풍宗風이 된다.

앞에서 언급한 '깨닫고 나면 깨닫기 전과 같고, 마음이 없으면 법도 없어진다……'는 마음과 법이 본래 구족되어 있으므로 허망한 범부니 깨달은 성인이니 라고 할 것도 없음을 의미한다. 곧 옳고 그름, 밝고 어둠, 범부와 성인 등 분별심이 없는 청정심에 입각함이요, 본각本覺의 경지이다. 위산이 스승 백장으로부터 불씨 기연으로 깨달은 것처럼, 위산의 제자 앙산도 불씨와 관련된 기연이 『조당집』권18「앙산장」에 전한다. 앙산이 위산에게 물었다.

"어떤 것이 부처입니까?"
"생각이 없는 미묘한 경지를 생각함으로써 신령스런 불씨를 끊임없이 반조해 생각이 다하고 근원으로 돌아가면 본성과 형상이 상주常住하며 진리(理)와 현상(事)이 둘이 아닌 경계이다. 그것이야말로 참 부처의 여여如如함이니라."(『조당집』)

위산은 이런 여여불如如佛의 진리 속에서 돈오해 범부와 성인이 차별이 없다면 진리와 현상의 차별이 없으며 근본과 현상이 둘이 아닌, 곧 여여불이라고 하였다. 위산이 말하는 생각이 없어진 상태의 미묘한 경지란 무생법인無生法忍이라고 볼 수 있다. 모든 망상이 끊어진 무생無生의 경계이면서 현상에 대한 작용을 하고 있는 미묘한 경계가 생각이 없어진 미묘한 경지이다.

이와 같이 위산과 앙산의 사상에 불성을 자각하는 여여불이 전개되고 있다. 또한 위산은 제자 도오 원지(道吾圓智, 769~835)에게도 불씨를 가지고 지도하고 있다.

선사께서 도오에게 물었다.

"불(火)을 보았는가?"

"보았습니다."

"보는 성품이 어디에서 일어나던가?"

"행주좌와行住坐臥를 여의고 다시 한번 물어 주십시오."(『조당집』)

'여여불'이라는 말은 범부니 성인이니 하는 분별의식이 없어지고, 있는 그대로의 진상이 원래 그대로 드러나며 둘이 아닌 경계를 말한다. 곧 부처나 깨달음 그 자체도 문제 삼지 않고, 시절인연을 자각하고 일상생활에 철저한 평상平常의 무사無事한 사람을 가리킨다. 그만큼 위앙종의 사상은 시절인연을 자각하는 주체인 불성이 여여불임을 강조한다.

② 일원상

일원상一圓相은 위앙종의 여여불 사상 이상으로 중요한 종지이다. 앙산은 수년간 수행 끝에 일원상으로 법을 나투는 묘리를 터득하였다. 『인천안목』에 의하면, 탐원은 남양 혜충의 제자인데, 앙산은 탐원으로부터 일원상의 진리를 받았다. 앙산이 탐원의 처소로 갔을 때의 일이다.

탐원이 앙산에게 법을 주면서 말했다.

"국사에게 6대 조사께서 전하신 97개의 원상이 있었다. 국사께서 입적하실 무렵, 나에게 말했다. '내(남양 혜충)가 죽고 나서 30년쯤 되면 남방의 한 사미가 와서 이 법을 크게 일으킬 것이니, 네가 전해서 이 법을 단절시키지 말라'고 하였다. 내가 너에게 전할 터이니, 너는 마땅히 받들어 지녀라."

그러나 앙산은 97개의 원상을 받아 보고, 모두 소각해 버렸다.

탐원이 어느 날 다시 찾아와 말했다.

"내가 너에게 전한 원상은 비밀한 뜻이 있느니라."

앙산은 그것을 소각해 버렸다고 하였다.

"선사와 역대 조사가 전하는 것을 어찌 태웠느냐?"

"한번 보니 그 뜻을 알았기에 흔적에 집착할 것이 없을 것 같아 태웠습니다."

탐원이 앙산의 답변을 듣고 그를 인가하였다. (『인천안목』)

원상(○)이란 본래 완전무결하고 위대한 작용을 하는 우주의 모습을 둥근 원으로 표현한 것이다. 삼조 승찬의 『신심명』에서는 "둥글기가 큰 허공과 같아서 모자람도 없고 남음도 없다(圓同太虛 無欠無餘)."라고 표현하고 있다. 이 일원상은 위앙종의 대표적인 선풍이다. 위앙종은 수행자를 가르칠 때 원상을 자주 사용하기 때문에 원상에 관련된 문답이 자주 나온다. 앙산이 일원상을 사용하여 제자들을 제접한 여러 예가 있다.

어떤 승려가 와서 앙산에게 물었다.
"어떤 것이 조사의 뜻입니까?"
앙산은 손으로 원상을 그려 보이고 그 원상 안에다 '불佛' 자를 써서 보였다.
또 한번은 앙산이 눈을 감고 앉아 있는데, 어떤 승려가 걸어와서 앙산 곁에 앉았다. 그러자 앙산은 문을 열고 땅 위에다 원상을 그리고 그 원상 안에다 '수水' 자를 쓰고 그 승려에게 돌아보며 보였다. (『조당집』)

앙산은 입적하면서 다음과 같은 열반송을 남겼는데, 여기서도 일원상이 나타나 있다.

일흔일곱 나이가 차니, 무상無常이 오늘에 있도다.
해가 중천에 뜬 정오, 양손으로 세운 무릎을 휘어잡는다.
年滿七十七 無常在今日 日輪正當午 兩手攀屈膝 (『오등회원』)

문제는 '양손으로 세운 무릎을 휘어잡다'이다. 무릎을 껴안고 다시 얼굴을 무릎에 대는 그것은 몸으로 원상을 지어 보이는 일이다. 아래쪽이 위쪽으로 바뀐 그것도 바로 이 원상의 속성이다. 깨달음으로 발을 들여놓는 순간, 온갖 것은 원형으로 바뀐다. 마치 둥근 구슬과도 같아서 좌우상하 따위의 차별은 모두 사라져 버린다. 앙산은 입적하는 순간에도 몸으로 원상을 그려 진여의 이치를 나타내었다. 이와 같이 살펴본 대로 위앙종에서는 체용體用을 밝히어 원상(○)을 그려서 사람에게 보이며, 그 법의 체용을 나타내어 그것을 깨닫고 닦아 들어오게 하는 묘한 방편으로 삼았다.

당나라 말기의 5가에 대한 평가가 여러 곳에 언급되어 있다. 그 가운데 위앙종에 대해서는 일원상을 종풍으로 언급하고 있다. 『종문십규론宗門十規論』은 법안 문익이 5가란 명칭을 처음으로 사용하면서 5가에 대한 평을 하고 있다. 여기서 위앙종에 대해 이렇게 말하고 있다. "위앙은 원상圓相으로써 묵묵히 계합한다(潙仰則方圓黙契)."* 또한 명나라 때의 천은 원수(天隱圓修, ?~1635)는 위앙종을 "환한 빛을 머금은 밝고 맑은 가을 달(光含秋月)"이라고 했는데, 이 표현도 일원상임을 알 수 있다.

그런데 이 일원상은 처음에는 위앙종에서만 쓰였지만 점차 보편적인 수행 방편으로 사용되었다. 선사들은 불자·여의주如意珠·주장자 등으로 공간이나 대지에 일원상을 그리거나, 붓으로 일원상을 그리는 접인법을 활용하였다. 즉 일원상이 깨달음이나 불성의 상징으로서 조사선에 채용되어 스승이 제자를 깨우치는 방편으로 삼았던 것이다. 이와 같이 원상은 진실하고 절대적인 진리, 불심佛心·불성·

---

* 조동종을 만파조종萬派朝宗(모든 종파의 근본), 임제종을 노뢰엄이怒雷掩耳(고막을 찢는 우레), 운문종雲門宗을 건곤좌단乾坤坐斷(앉아서 하늘과 땅을 단절함), 법안종을 천산독로千山獨露(천산 가운데 우뚝한 군계일학)라고 특징지었다.

진여 등을 상징한다.

③ 위앙종의 선풍禪風

하루는 위산이 방장실에 앉아 있는데, 앙산이 들어왔다. 위산이
물었다.
"혜적아, 그대는 요즈음 종문의 법통 계승에 대해 어떻게 생각하
는가?"
"많은 사람들이 이 일을 의심합니다."
"그대는 어떤가?"
"저는 그저 피곤하면 잠자고, 기운이 좀 나면 좌선을 할 뿐입니
다."(『위산어록』)

앙산의 대답은 '단지 피곤하면 자고, 기운 있으면 좌선하는' 일상
생활 속에 진리가 있는 것이지, 더 이상 말할 필요가 없음을 시사한
다. 또 한번은 어느 날, 위산이 제자들과 찻잎 따는 울력을 하고 있었
다. 앙산이 차나무 그늘에서 찻잎을 따고 있을 때, 위산이 큰 목소리
로 말했다.

"종일토록 찻잎을 따고 있는데, 이보게 앙산! 자네의 소리만 들리
고 그대의 모습은 보이지 않는구나. 나오너라. 보고 싶구나."
앙산이 차나무를 흔들어 보이자, 위산이 말했다.
"용用만을 얻었고, 체體는 얻지 못했구나."

앙산이 물었다.

"저는 그렇거니와 화상께서는 어떠십니까?"

위산이 잠시 침묵하자, 앙산이 말했다.

"화상께서는 체만을 얻었을 뿐, 용은 얻지 못하셨군요."

이에 위산이 말했다.

"그대의 그 말, 또한 스무 방망이를 맞아야 하지 않을까?"

(『경덕전등록』)

　스승과 제자 간의 본체와 작용을 일상생활 속에서 그대로 드러내 보이고 있다. 『앙산어록』에 의하면, 앙산은 "석두(石頭, 700~791) 화상이 순수하게 금만을 파는 진금포眞金鋪라면 나 앙산은 잡화포雜貨鋪이다."라고 하면서 자신의 방편법문을 잡화포에 비유하였다. 이는 앙산 스스로 마조 선사와 같은 차원에 두고 말한 것이다. 어떤 물건이든 다 파는 잡화포라는 말은 제자들의 근기에 맞추어 제도해줌을 자임하면서, 석두를 비판하는 면이 담겨 있다.

　앙산이 제자들에게 설했던 법문을 통해 그의 잡화포 방편과 막기오어莫記吾語를 강조하는 시중이 『조당집』 권18에 실려 있다.

"여러분 각자 스스로 광채를 돌이키고 자신을 되찾을지언정 나의 말을 기억하지 말라. 나는 옛적부터 밝음을 등지고 어둠 속에서 허망을 좇는 뿌리가 깊어 마침내 제거하기 어려운 그대들을 가엾게 여긴다. 그래서 거짓으로 방편을 베풀어 다생겁래로 쌓인 나쁜 지식을 뽑아버리려 하노니, 마치 누런 나뭇잎으로 우는 아기를 달래는 것과 같다."

자신이 직접 실참하는 면이 중요한데, 제자들이 언어만을 좇음으로써 공부에 진전이 없는 것을 비판하는 것이다. 위앙종은 앙산 이후 남탑 광용(南塔光湧, 850~938) → 파초 혜청芭蕉慧淸 → 흥양 청양興陽淸讓 등 몇 대만 전하다 법맥이 끊겼다. 즉 당말 5대 10국에 단명하였는데, 이는 선종 5가 가운데 제일 먼저 법맥이 끊긴 것이다. 그런데 근대의 허운(虛雲, 1840~1959) 스님이 위앙종의 선지를 되살려 위앙종의 법맥이 현재까지 이르고 있다.

(1) 임제의 행적 및 선지식과의 기연

인간이 삶을 영위하는 데는 밥을 먹어야 하고, 정신적으로도 충족되어야 한다. 그 정신의 충족이란 무엇을 주식으로 삼는 걸까? 필자는 '자유'라고 생각한다. 역사 이래 자유를 보장받기 위해 어느 나라나 투쟁이 많았다. 물론 자유는 인간으로서 기본 가치를 찾고자 한 것이지만, 불교에서는 번뇌로부터 벗어난 해탈, 정신적 자유를 말한다. 이 자유를 선어禪語로 잘 개념화한 선사가 임제 의현(臨濟義玄, ?~867)이다. 임제는 관념적인 전통이나 사상적 권위, 형식과 타성의 굴레에서 과감하게 벗어난 인간 해방을 부르짖었다.

임제에 의해 개산된 임제종은 선종 5가 가운데 위앙종에 이어 두 번째로 산문을 열었다. 임제종은 조동종과 함께 오늘날까지 종지宗旨가 이어지고 있는 선종이다. 임제가 선종사에 남긴 선사상은 중국 불교사에 획기적인 사상으로, 자유에 입각한 인간 중심의 선이다.

임제가 선풍을 펼친 시기는 사회적으로 혼란한 시대였다. 당대 안사의 난(755~763)과 회창파불(845~847)이 거듭 발생해 사회적으로 혼란이 가중되면서 인간의 삶까지 피폐해졌다. 또한 문화적으로는 한유(韓愈, 768~824)・이고(李翶, ?~844) 등을 주축으로 유교에서도

임제 상. 하북성 석가장시石家庄市 임제사 조사전(法乳堂)에 모셔져 있다. 오른편의 사진은 중국 근현대 대선사인 허운이다.

인간 본질에 관한 탐구가 전개되던 시기이며, 정치적으로는 권력이 수도권의 황제 중심에서 지방 호족으로 이동되던 시대였다.

임제는 조주曹州의 남화南華(현 山東省) 사람으로 속성은 형邢씨, 호는 임제, 휘諱는 의현이다. 그는 어려서부터 성품이 특이했으며 효자였다고 한다. 출가해서 처음에는 불교학 연구에 몰두했으나 불도의 길은 교학으로 미칠 수 없음을 통렬히 깨닫고 선에 전념하였다. 황벽을 만나 간명직절한 기연機緣으로 깨달음을 이루었다. 또한 임제의 깨달음에 빼놓을 수 없는 선사가 있는데, 바로 대우大愚이다. 황벽이 상당上堂해 법을 설하는 중, 깊은 산속에서 홀로 수행하고 있는 대우에 대해 이야기해 주었다.

임제는 대중에 머물다가 스승 황벽의 말을 듣고 대우를 찾아뵙기로 하였다.
임제는 대우를 찾아가 말했다.
"스승님의 가르침을 받고자 왔습니다."
그날 밤 임제는 대우 앞에서 이제까지 알고 있는 경전의 내용을 마음껏 말했다. 대우 스님은 침묵으로 일관하더니, 다음날 아침 임제에게 말했다.

"멀리서 찾아온 자네를 생각해서 어젯밤에는 자네의 말을 들어 주었네. 그런데 자네는 예의도 모르고 허튼 소리만 계속 지껄이 더군."

대우는 말을 끝내자마자, 몽둥이로 몇 차례 때려 문밖으로 내쫓았다. 임제는 황벽에게 와서 그대로 이실직고를 하니, 황벽이 말했다.

"대우는 자네에게 훌륭한 선지식이네. 이 기회를 놓치지 말게."

이 말에 임제가 또 대우를 찾아갔으나 대우는 "염치도 모르고 또 왔네."라고 하면서 몽둥이로 또 두들겨 팼다. 임제가 황벽에게 돌아와 말했다.

"대우 스님의 몽둥이질 속에서 깨닫게 해주신 은혜는 백겁 만겁에도 갚을 수 없습니다."

얼마 후, 임제가 또 대우에게 찾아가니 이전과 마찬가지로 몽둥이를 들었다. 임제가 이번에는 몽둥이를 막아내면서 대우를 넘어 뜨렸다. 대우 스님은 임제의 이런 행동을 보고 말했다.

"내가 이 산속에서 일생을 쓸모없이 보내나 했더니, 오늘에서야 제대로 된 제자를 하나 얻었군." (『조당집』「임제장」)

임제는 대우를 세 번이나 찾아가 세 번의 몽둥이질을 받아가면서 깨달음을 얻었다. 이런 근기가 있어야 깨달음을 얻을 수 있는 법이다. 임제는 황벽과 대우의 기연으로 활안活眼의 종사로서 선종사에 우뚝 그 모습을 드러내었다. 여기에 또 한 분의 스승이 있는데, 진주 보화(鎭州普化, 860~874)이다.

보화는 반산 보적(盤山寶積, 720~814)의 제자로서 생사해탈의 전형을 보인 인물로 풍광風狂의 선사로 알려져 있다. 즉 미친 행동을 하면서 무덤이나 저잣거리에 머물면서 늘 요령을 흔들며 "밝은 것이 와도 때리고, 어두운 것이 와도 때린다(明頭來也打 暗頭來也打)."라고 외치고 다녔다.* 선종사에서 매우 특이하고 기이한 인물로 평가받는다. 일본 선학자 야나기다 세이잔(柳田聖山, 1921~2006)은 임제의 사상을 알려면 보화를 염두에 두고『임제록』을 읽어야 한다고까지 말할 정도이다. 보화의 풍광이 담긴 행동과 언어는 임제에게 많은 영향을 끼쳤으며, 열반에 들기까지 임제와 가까이 지낸 도반으로서 임제의 사상 형성에 도움을 준 선사이다. 임제의 법맥을 정리하면, 6조 혜능 → 남악 회양 → 마조 → 백장 → 황벽 → 임제이다.

임제는 깨달은 이후 황벽 문하에서 얼마간 머문 뒤 여러 곳을 행각하다가 하북성河北省의 진주鎭州 임제원臨濟院에 머물렀다. 임제라는 법호도 그가 머물렀던 임제원에서 비롯된다. 임제는 하북부河北府 부주府主의 왕 상시常侍의 초청에 의하여 진주에서 개당開堂 설법하였다. 이후 선풍을 펼치며 수많은 제자들을 길렀다. 임제는 867년 입적했는데, 시호는 혜조慧照, 탑호는 징영澄靈이다.

---

* 온전한 게송은 "明頭來也打 暗頭來也打 四方八面來旋風打 虛空來連架打"이다. 밝은 것이 오면 밝은 것으로 쳐부수고, 어두운 것이 오면 어두운 것으로 쳐부수며, 사방 팔면에서 오면 회오리바람처럼 자유자재하게 쳐부수고, 허공으로 오면 또한 쳐부순다. 밝음·어둠·사방·허공의 어느 것이나 부정하여 분별을 끊은 경지를 말한다. 무분별의 세계를 강조한 중국의 선사상이 극명하게 드러나 있다.

(2) 임제의 선사상 – 자유와 무위진인

임제의 선사상에 전반적으로 흐르는 근간은 두 가지로 볼 수 있다.

첫째, 임제의 사상에 일관一貫하는 점은 혁신성, 그리고 무엇보다도 현실의 인간에 대한 절대적인 존엄성이 강조되어 있다.

둘째, 전통의 권위를 인정하지 않고 현실적인 삶에 입각한 불법을 주장하면서 철저히 자신만을 믿는 신념이다. 이는 '마음이 부처'라는 철저한 자각의 종교임을 강조하는 사상으로, 하북의 무인武人 사회에서 큰 호응을 받았던 요인이기도 하다.

임제의 사상을 '자유自由'와 '무위진인無位眞人'을 중심으로 살펴보자.

① 인혹人惑

임제는 전통이나 권위를 부정하고 청정한 자성을 지닌 자신을 자각하기 위해 인혹人惑을 물리쳐야 한다고 하였다.

임제선사탑인 징영탑澄靈塔 전경. 임제 입적 후 세워졌는데, 8각 9층탑으로 높이는 30.7m이며, 하북성 석가장시 임제사에 있다.

"도를 닦는 사람들이여! 그대들이 법다운 견해를 얻고자 한다면 결코 사람을 미혹되게 하는 것(人惑)을 받아들여서는 안 된다. 안에서도 밖에서도 무언가 마주치는 것은 모두 끊어 죽여 버려야 한다. 부처를 만나면 부처를 죽이고, 조사를 만나면 조사를 죽이고, 나한을 만나면 나한을 죽이고, 부모를 만나면 부모를 죽이고, 친척을 만나면 친척을 죽여야 비로소 해탈할 수 있다. 일체 사물에 걸리는 바 없이 철저한 해탈자재解脫自在 경지를 얻는 것이다."*

유교주의 국가에서 스승을 죽이고, 부모를 죽이라는 표현은 매우 강렬한 인상을 남긴다. 오해를 부를 수도 있을 것이다. '인혹人惑'이란 부모·친척·부처·조사 등에 얽매이지 않는 주체성을 강조하기 위해 쓰인 강한 어조일 뿐이다. 곧 인간을 속박하는 분별심이나 차별심 자체를 말하는데, 임제는 이런 차별이나 분별심을 끊어버리라는 주체성을 강조한다. 이런 토대 하에서 후대에 『벽암록』100칙의 파릉 화상의 취모검吹毛劍** 및 활인검活人劍, 살인도殺人刀가 등장했을 것으로 추론된다. 살인도는 종래의 인습에 젖은 전통이나 권위, 중생의 생멸심과 분별심을 제거하는 지혜의 칼이고, 활인검은 본래 청정한 불성 본연의 지혜로서 지금 현재 여기에서 자각적인 인간을 구현코자 하는 방편수단의 칼이다.

---

* 爾欲得如法見解 但莫受人惑 向裏向外逢著便殺 逢佛殺佛 逢祖殺祖 逢羅漢殺羅漢 逢父母殺父母 逢親眷殺親眷 始得解脫 不與物拘 透脫自在.(『임제록』)

** 취모검吹毛劍이란 칼날 위에 솜털을 올려놓고 입으로 불면 끊어지는 예리하고 날카로운 검이다. 선어록에서는 검을 자주 인용하는데, 반야 지혜의 영묘한 작용을 비유한 것이며, 지혜의 검으로서 일체의 사량 분별을 끊어버리고 곧바로 여래의 지혜를 체득하는 것을 비유한 것이다.

인혹은 남악 회양(677~744)이 말하는 오염汚染과 보리달마가 언급하는 교위巧僞와 같은 의미이다. 불안한 마음속에 안심安心이 있으며, 생사(번뇌) 속에 해탈이 있고, 번뇌 속에 보리가 있음을 자각하지 못하는 그릇된 마음의 찌꺼기인 것이다. 황벽의 『전심법요』에서 거듭 설하고 있는 분별상分別相과 집착심을 타파하는 것과 같은 뜻으로 볼 수 있다.

수행자는 모름지기 '진정견해眞正見解'를 얻기 위해서는 다른 사람의 관념, 즉 조불祖佛의 가르침은 사람을 속박하는 인혹이므로 그대로 받아들이지 말고 주체성을 확고히 지니면 해탈할 수 있음을 의미한다.

또한 임제는 인혹과 관련시켜 출가에 대해서도 '출가는 구도하고자 하는 일념으로 부모와 친척을 떠나는 것이요, 출가한 이후에도 부처나 아라한의 권속에 들어간다면 그것은 출가 이전보다 못한 것이니, 참된 출가는 인혹을 철저히 끊는 것'이라고 정의하였다.

② 자유

수행에 방해되는 인혹人惑을 받아들이지 말고 일체 사물에 막힘없는 자유의 경지를 강조하였다. 임제는 자유를 이렇게 말하고 있다.

"오늘 불법을 배우는 구도자들은 무엇보다도 진정견해眞正見解를 깨닫지 않으면 안 된다. 만약 그대들이 진정한 견해를 얻는다면 생사에 오염되지 않으며 거주去住의 자유를 누릴 것이다. 다시 특별한 진리를 구하지 않아도 스스로 위대한 자유를 누리게 될 것이다."*

  여기서 임제는 삶과 죽음에 물들지 않는 진인眞人이 바로 거주의 자유인이라고 말하고 있다. '진정견해'란 『임제록』에서 자주 반복되는 말로 수행의 결과를 의미하며, '거주'란 인간의 삶과 행위를 총결하는 표현이다. 카르마의 지배를 받고 있는 생사에 구속되지 않고, 스스로의 존재 가치를 결정해 가는 자유를 의미한다. 자유라는 용어는 당대 조사선이 수립한 특유의 단어이며, 선사들이 자신의 진정한 견해를 표현한 초기 선종의 대표적 구호이다. 이렇게 임제가 말하는 자유는 자신의 존재 가치를 결정해 가면서도 현실 그대로에 적응하면서 그 자리에서 느끼는 진실된 자각이다. '가는 곳마다 주인이 되고 서는 곳마다 진리의 땅이 되게 하라(隨處作住 立處皆眞)'는 뜻이며, 현실 긍정의 입장을 나타내기도 한다. 즉 평상심의 경계, 바로 그 마음자리가 자유인 것이다.

③ 참사람, 무위진인
어느 누구나 차별 없는 참사람이 있다고 하는 무위진인에 대해 살펴보자. 무위진인無位眞人 · 무의도인無依道人 · 무의진인無依眞人 역시 인간의 본원적인 자유를 추구하고 실천하는 부처님의 인간 존중 사상과 일치한다. 무위진인에서 '인人'이란 지금 목전에서 그의 설법을

---

* 今時學佛法者 且要求眞正見解 若得眞正見解 生死不染 去住自由 不要求殊勝 殊勝自至.(『임제록』)

듣고 있는 한 사람 한 사람이 바로 부처이며 조사임을 선언하는 것
이다. 따라서 무위진인은 어떤 계위에도 속하지 않으며, 분별심이나
차별의 위상位相이 없는 참사람으로 인간 누구에게나 본래부터 내
재해 있는 절대 주체를 말한다. 즉 불성佛性·법성法性·자성自性·주
체主體 등 그 자체를 말한다. 또한 마조의 즉심卽心과 같은 의미로도
볼 수 있다. 임제의 무위진인은 마조의 즉심시불卽心是佛보다 현실적
으로 더욱 구체화된 사상이며, 현재의 인간을 중심으로 인격화 되어
나타나고 있는 진리의 인격체이다.

임제가 법을 설했다.
"여기 빨간 몸 덩어리(赤肉團) 안에 한 차별 없는 참사람이 있어서
항상 여러분의 면문面門을 통해서 출입한다. 아직 보지 못한 사람
은 똑똑히 보고 보아라."
그때 한 승려가 나와서 물었다.
"어떤 것이 차별 없는 참사람입니까?"
임제가 선상禪床에서 내려오더니 그 승려의 멱살을 잡고 말했다.
"이르라, 이르라."
잠시 후 그 승려가 무엇이라고 대답하자, 임제는 그를 밀치며 말
했다.
"이 무슨 똥 막대기 같은 무위진인인가!"(『임제록』)

'적육단赤肉團'이란 사람의 심장을 가리키는 말로서, 여기서는 인
간의 육신을 말한다. 무위진인은 일정한 모습이나 형태가 있지 않으

면서 스스로 그 빛을 발하고 있는 존재이다. '무위진인이 무슨 똥 막대기인가!'라는 구절은 임제가 무위진인을 설하면서도 벌써 말로 표현된다면 어긋나는 것이니 일정한 틀에 고정화하지 말라는 경계이다. 붓다가 깨닫고 나서 보니 중생들이 깨달을 성품을 지니고 있으면서 인식하지 못하는 어리석음을 탄식한 것처럼, 임제도 제자들이 불성을 구족하고 있으면서도 갖추고 있는 부처임을 알지 못하는 것을 일러주기 위해 과격한 행동으로 연출한 것이다.

(3) 임제의 선기禪機 방편

임제의 제자 교육은 대기대용大機大用이다. 법안 문익(法眼文益, 885~958)은 임제에 대해 말하기를 "임제는 호환互換으로 용用을 삼았다(臨濟卽互換爲用)."라고 하였다. '호환'은 회호回互로, 빈주호환賓主互換의 준말이다. 손님(제자)과 주인(스승)이 서로 상대방 입장에 서는 파격적인 작용을 가리킨다.

또 「원오오가종요圜悟五家宗要」에서는 임제를 '전기대용全機大用 방할교치棒喝交馳 검인상구인劒刃上求人 전광중수수電光中垂手'라고 평했다. ⓐ전기는 대기大機, 즉 본래 주어진 기량, 대용은 주어진 기량을 활용하는 것이며, ⓑ방할교치는 몽둥이질과 큰소리를 지르는 방법을 번갈아 사용하는 것이다. ⓒ검인상구인은 칼날 위에서 사람(미혹이나 분별심 타파)을 찾는 것이고, ⓓ전광중수수는 번갯불 속에서 수단을 쓰는 것이다. ⓐ~ⓓ는 모두 제자를 교육하는 빈틈없고 신속한 방편을 표현한 것이다.

그 당시나 현재에 이르기까지 선종사에서 임제의 제자 교육 방법은 훌륭한 교육법으로 인정받고 있다. 또한 '임제할 덕산방'이라는 말이 일반화되어 있을 정도로 임제는 제자를 교육할 때 소리를 지르는 '할喝'을 행했던 대표적인 선사이다. 임제는 '할'을 활용해 제자를 지도하면서 이론적인 방편설도 함께 제시하여, 그의 몇 가지 선기방편설은 고금을 막론하고 지침이 되고 있다. 즉 임제는 체體와 용用이 일치되며 용을 위한 체를 확립한 것이다.

임제의 선기방편 제시는 3구·3현·3요, 4할·4빈주·4료간이다. 이에 대해 구체적으로 정리해 보면 이러하다.

①3구三句 : 제1구를 얻으면 조사와 부처의 스승이 될 수 있고, 제2구를 얻으면 사람과 하늘의 스승이 될 수 있으며, 제3구를 얻으면 스스로를 구하려 해도 미치지 못한다는 뜻이다.

②3현三玄 : 체중현體中玄·구중현句中玄·현중현玄中玄이다. '현玄'이란 원래 도교의 용어로 인간의 감관으로는 인지할 수 없는 존재를 가리키는 것인데, 현묘한 정신세계를 표현한다.

③3요三要 : 대기원응大機圓應·대용전창大用全彰·기용제시機用齊施이다.

3구·3현·3요는 제자들을 가르치고 인도하는 방법으로, 공부방법을 말한다. 『임제록』에서는 "1구의 언어는 3현문三玄門을 갖추어야 하며, 1현문一玄門은 모름지기 3요三要를 갖추어야 방편과 작용이 있다."라고 하였다. 즉 제1구는 3구·3현·3요를 갖추고 있으니, 거기에는 방편도 있고 작용도 있다.

④4할四喝 : 『임제록』「감변勘辨」에 설해져 있다. ① 금강왕보검金剛王寶劍은 명상과 언구에 대한 집착을 끊어주는 '할'이다. ② 황금빛

털을 가진 사자가 땅에 웅크리고 앉아 있는 것과 같은 거지금모사자踞地金毛獅子는 제자의 협소한 지견을 끊어주는 '할'이다. ③물고기를 풀어 유인하여 잡는 탐간영초探竿影草(어부의 작업도구)와 같은 '할'로서, 선사가 제자의 근기를 시험해 보거나 제자가 스승의 가르침을 가려내는 '할'이다. ④작용하지 않는 할로서, 일체를 거두어들이는 '할', 부작일할용不作一喝用이다.

⑤4빈주四賓主 : 스승과 제자의 견처見處를 말한다. ①주중주主中主는 주인 가운데 주인이 있는 것으로서, 스승이 스승의 자격을 갖춘 것을 의미한다. ②빈중주賓中主는 손님 가운데 주인이 있는 것으로서, 학인의 견처가 스승보다 우세하여 스승이 학인에게 심경心境을 간파당하는 경우이다. ③주중빈主中賓은 주인 가운데 손님이 있는 것으로서, 스승이 제자를 교화할 만한 역량이 없는 경우이다. ④빈중빈賓中賓은 손님 가운데 손님이 있는 것으로서, 학인이 어리석어 스승의 가르침을 받으면서도 알아차리지 못하는 경우를 말한다.

⑥4료간四料簡 : 임제선의 사상적 인식에 관한 네 가지 표준이다. '료간料簡'이란 나누어 구분하는 것을 말하며 분류의 표준을 의미하는데, 마음과 경계, 즉 주관·객관에 관해 논해 놓은 것이다. ①탈인불탈경奪人不奪境은 자신을 부정하고 대상에 몰입하는 것, ②탈경불탈인奪境不奪人은 대상을 부정하고 자신만을 주목하는 것, ③인경구탈人境俱奪은 자신과 대상을 모두 부정하는 것, ④인경구불탈人境俱不奪은 자신과 대상을 모두 부정하지 않는 것이다. 4료간은 화엄의 4법계관四法界觀과 깊은 관계가 있다고 말하는 사람도 있지만, 4료간은 학인의 자질에 따라 가르침을 펴서 학인을 받아들여 이끄는 방법

이다.

　이처럼 종래에 막연하게 스승이 제자를 지도했던 방법들이 임제에 의해 이론적으로 형식을 갖추었다. 앞에서 언급한 법수法數들은 임제의 체계적인 선사상으로서 화엄과 유식 등 교학이 바탕을 이루고 있다.『임제록』은 선사상의 이론이 체계적이면서 통쾌하게 설해져 있어 후대에 '어록의 왕'이라 불린다.

임제 의현 진영. 우리나라 고창 선운사 조사전에 모셔져 있다.

조동종의 조정祖庭: 청원 행사·석두 희천·
덕산 선감·약산 유엄

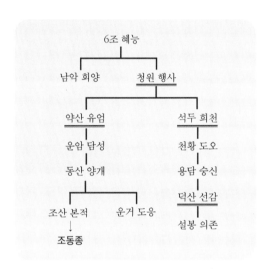

(1) 청원 행사

청원 행사(靑原行思, ?~740)는 강서성江西省 길안吉安 출신으로 속
성은 유劉씨다. 어려서 출가하여 여러 곳을 참방하다 6조 혜능
(638~713)을 찾아갔다.

혜능과 마주한 청원이 물었다.

"어떻게 하여야 계급에 떨어지지 않습니까?"

"그대는 이제까지 무슨 일을 했는가?"

"성인이 가르친 절대 무위(聖諦第一義)인 경지에는 떨어지지 않았습니다."

"그러면 어떤 계급에 떨어졌는가?"

"성인의 진리도 중히 여기지 않는데 무슨 계급이 있겠나이까?"

6조는 청원이 뛰어난 승려임을 인정하고 제자로 받아들였다. 6조가 열반할 무렵, 청원에게 법을 전하면서 말했다.

"예로부터 스승이 제자에게 의발과 법을 전했다. 가사와 발우는 신표이고 법은 마음을 인가한 것이다. …… 내가 5조 홍인 선사로부터 의발을 전수받으면서 어려움이 매우 많았다. 앞으로 내 제자들이 또 다시 의발을 가지고 환난을 당하거나 서로 다툼이 일어나는 일을 바라지 않는다. 의발은 산문에 남겨두고 그대는 능력이 닿는 대로 한 지방을 교화하여 법이 끊어지지 않도록 하라."

이렇게 6조에게 법을 받은 청원은 남악 회양과 더불어 선종계의 2대 제자가 되었다. 이후 청원은 제방을 다니며 수행하다, 714년 자신의 고향인 강서성 길안으로 돌아와 청원산靑原山 정거사淨居寺에 상주하였다. 많은 제자들이 구름처럼 모여들었고, 청원의 법맥으로부터 조동종·운문종·법안종이 생겼다.

한 수행자가 찾아와 청원에게 물었다.

"불법의 대의大意는 무엇입니까?"

"여릉(현 吉安)의 쌀값은 얼마 하던가?"(『경덕전등록』·『종용록』 4칙)

이때부터 '여릉의 쌀값(廬陵米賈)'이라는 화두가 유명해졌다. 이 화두는 불법을 물은 스님이 청원산에 오는 도중에 여릉을 지나왔기 때문에 그렇게 물은 것이다. 아마 다른 지역을 지나왔다면 그 지역의 쌀값을 물었을 것이다. 여릉의 쌀값이든 서울의 쌀값이든 쌀은 사람이 살아가는 데 없어서는 안 되는 식량이다. '수행이라는 것'은 형이상학적인 철학의 범주에 들지 않으며, 뜬구름 잡는 신통력이 아니다. 일상을 떠난 불법은 있을 수 없는 것, 일상 속에서의 수행을 드러낸 것이다. 당대의 선은 이렇게 일상 속에서의 깨달음을 강조한다.

청원 행사의 사리탑(강서성江西省 길안吉安 정거사)

청원 행사가 741년 정거사에서 열반에 들자, 현종은 '홍제弘濟'라는 시호를 내렸다. 탑호는 귀진歸眞이다. 청원 행사가 머물던 정거사는 현재도 수십여 명의 승려들이 상주하고 있다.

(2) 석두 희천

석두 희천(石頭希遷, 700~791)은 광동성廣東省 고요현高要縣 출신이다. 처음에 그는 혜능을 찾아가 출가했다. 희천의 나이 14세에 혜능이 입적했는데, 입적 전에 '청원 행사를 찾아가 의지하라'는 유훈을 받았다. 석두가 청원 행사 도량인 정거사에 찾아가 두 사람이 마주 앉았다.

"어디에서 왔는가?"
"조계에서 왔습니다."
"무엇을 얻으러 왔는가?"
"조계에 가기 전에도 잃은 것이 없습니다."
"그렇다면 조계엔 무엇 하러 갔는가?"
"조계에 가지 않았다면, 어찌 잃지 않은 줄을 알겠습니까?"
(『경덕전등록』「행사장」)

이번에 석두가 먼저 물었다.
"6조께서도 화상을 아십니까?"
"그대는 지금 나를 아는가?"
"아는데 어찌 또 알아보겠습니까?"

"여러 짐승의 뿔이 많지만, 기린의 뿔 하나로 만족하도다."

(『경덕전등록』「행사장」)

'뿔이 많다고 해도 기린의 뿔 하나로 족하다'는 말에서, 당시 청원 문하에 수행자들이 많이 운집해 있었지만 청원이 석두의 뛰어난 근기에 흡족해했음을 알 수 있다. 얼마 후 석두는 청원으로부터 법을 전해 받았다. 742년 석두가 42세 무렵, 남악 형산 남대사南臺寺 동쪽에 바위가 대를 이루고 있는 위에 초암을 짓고 산거 수행자로 살았다. 이때부터 사람들은 선사를 석두石頭라고 불렀다.「초암가草庵歌」 첫 구절에서 그는 이렇게 노래했다.

풀을 엮어 움막 하나 짓는데, 꾸밀 것이 하나도 없네.

밥 먹고 편안히 잠을 청하니, 마음은 한가롭네.

吾結草庵無寶貝 飯了從容圖睡快

이 초암을 남사南寺라고 했다. 석두는 산거山居 수도자로 일생을 보내려 했다. 그러나 주머니에 넣으면 송곳이 당연히 삐져나오듯이 (囊中之錐), 그의 은거에도 많은 수행자들이 그의 선풍에 구름처럼 몰려들었다. 그는 복엄사의 남악 회양(677~744, 마조의 스승)을 자주 만나 도를 나누었다. 어느 날 석두가 회양에게 물었다.

"성현들을 흠모하지 않고 자기 영혼도 소중히 여기지 않을 때는 어떻게 해야 합니까?"

"그대의 한 가닥 물음이 가당치도 않게 도도하구나.

홋날 사람들을 모두 바보로 만들 셈인가?"

"차라리 세세생생토록 지옥에 빠질지언정 성현들에게 도움을 구하지 않겠습니다."

부처님의 경전도 공자의 말씀도 성현의 찌꺼기인 셈이다. 『금강경』의 "내가 말한 가르침이 뗏목과 같은 줄 알라."는 것이나 장자의 "고기를 잡았으면 통발을 버리라(得魚忘筌)."고 한 언구와 같은 것이다. 또한 장자는 성인의 말과 글을 '조박糟粕'이라고 표현했다. 그것이 내 것으로 소화되지 않는 한, 성인의 가르침은 하나의 술 찌꺼기에 불과한 것이다.

다음은 석두의 사상을 엿볼 수 있는 이야기를 보자. 한 수행자가 선사를 찾아와 물었다.

"어떤 것이 해탈입니까?"

"누가 그대를 묶어 속박하고 있던가?!!"

"그러면, 어떤 것이 정토淨土입니까?"

"누가 그대를 더럽혀 때를 묻혔는가?!"

"도대체 어떤 것이 열반입니까?"

"누가 그대에게 생사生死를 주었던가?!"(『경덕전등록』「석두장」)

'해탈·정토·열반'이란 닦아서 얻는 경지가 아니라 본래 자신이 구족하고 있는 본유의 경지이다. 본래 불성(해탈·열반)이 구족되어 있

석두 희천 도량인 남대사 산문 입구(호남성 남악형산南嶽衡山)

기 때문에 더럽히지만 말라는 것이다. 이 점이 곧 조사선 사상이다.
석두는 남대사에서 23년 정도 머물다 65세 무렵 호남성 장사로 옮
겨갔다. '강서의 대적大寂(마조), 호남의 석두'라는 말이 이때부터 생
겨났다.

석두에게서 걸출한 제자가 많이 배출되었고, 이들 문하에서 조동
종·법안종·운문종이 형성되었으니 선종사에 있어 선사의 위치가
작지 아니하다. 석두는 91세로 입적했는데, 시호는 무제無際, 탑호는
견상見相이라고 하였다.

한편 선과 시를 결합한 선시가 나오기 시작했는데, 희천의 「초암
가」나 「참동계參同契」는 중국 최초의 승려 선시집으로 중국 문학사

에서 새로운 철학시의 계보를 이룬다. 또한 이때부터 승려들의「낙도가樂道歌」는 선시의 형태를 이루며 유행하기 시작하였다.「참동계」는 조동종의 일용 경전으로 독송되고 있다. 몇 부분만을 보기로 하자.

밝음 속에 어둠이 있나니
어둠이란 상相에 마음 두지 말라.
어둠 속에 밝음이 있다.
밝음이란 상相을 보지 말라.
밝음과 어둠의 관계는
마치 걸을 때 걸음걸이의 앞뒤와 같으니라.
當明中有暗 勿以暗相遇 當暗中有明 勿以明相覩 明暗各相對 比如前後步

그는 열반할 때도 "암자는 작으나, 그것은 우주를 포함한다,"라는 게송을 남겼다. 다음 게송을 하나 더 보자.

초암이 언제 무너질지 궁금해 묻는다네.
무너지건 무너지지 않건 본래부터 주인은 그곳에 있으면서
남북이나 동서에 치우쳐 따로 머물지 않는다네.
초막이 자리한 터는 견고함을 최상으로 삼는다.
問此庵壞不壞 壞與不壞主元在 不居南北與東西 基上堅牢以爲最

이 내용은「초암가」의 일부분이다. 석두의 선사로서의 기질과 경

259

지를 알 수 있는 계기가 된다.

(3) 약산 유엄

약산 유엄(藥山惟儼, 751~834)은 강서성江西省 강주絳州 출신이다. 17세에 인생무상을 절감하고 출가해 혜조 율사의 제자가 되었다. 출가해 경학을 익혀 교학승으로서 명성을 떨쳤으며, 계율 또한 엄격했다. 유엄이 하루는 '대장부가 어찌 법의 구속을 받고 작은 행위에 얽매여서 지내랴! 마땅히 스스로 깨끗하게 할 뿐이다'라고 생각하고 교학을 버리고 선을 하기로 결심했다. 석두 희천을 찾아가 선사와 대면했다.

> "삼승과 십이분교十二分敎는 제가 조금 알았습니다. 그러나 남방의 종사들이 말하는 '직지인심 견성성불'의 뜻을 알 수 없습니다. 화상께서 제게 깨우침을 주십시오."
> 석두가 유엄을 묵묵히 바라보더니 말했다.
> "그것은 그렇다고 해도 얻을 수 없고, 그렇지 않다고 해도 얻을 수 없다. 그렇기도 그렇지 않기도 하다고 해도 또한 얻을 수 없다. 그대는 어떻게 하겠는가?"(『선문염송집』 9권)

석두는 유엄의 표정을 보고, 마조 선사를 찾아가라고 하였다.
유엄은 석두를 이해하지 못하고, 마조를 찾아가 석두에게 했던 질문을 그대로 하였다. 마조는 이렇게 답했다.

"나는 때때로 그 사람을 보고 눈을 치켜뜨거나 눈을 깜박이라고 하고, 어떤 때는 그 사람을 보고 눈을 치켜뜨지도 눈을 깜박이지도 말라고 하네. 때로는 눈을 치켜뜨고 눈을 깜박이는 것이 그 사람이지만 때로는 눈을 치켜뜨고 눈을 깜박이는 것이 그대가 아니네. 그대는 이 말을 어떻게 알아듣는가?"

유엄이 마조의 말에 깨달음이 있었다. 마조에게 고맙다는 인사를 하자, 마조가 이어서 말했다.

"그대는 보림을 잘 하라. 그대는 석두의 은덕을 입은 것이다."

직지인심 견성성불의 뜻을 물은 유엄의 말에 석두는 '긍정으로도 부정으로도 얻을 수 없다'는 말에 의심을 일으켰고, 마조의 눈을 치켜뜨고 눈을 깜박이는 '사람'이라는 말에 도를 깨우쳤다.

유엄은 마조 문하에서 수행하였다.

어느 날 마조가 물었다.

"요즘은 무엇을 보고 있는가?"

유엄은 마조로부터 근간의 심경을 질문 받았을 때 답변하였다.

"피부가 모두 탈락되고, 오직 진실만이 남았습니다."

"그대가 얻은 것이 마음의 근본과 하나가 되었다. 그래서 손끝에서 발끝까지 그것이 닿지 않는 것이 없구나." (『마조어록』)

3년 후 유엄은 다시 석두의 도량으로 돌아왔다. 얼마 후 유엄은 석두로부터 법을 받았다. 이후 유엄은 호남성湖南省 약산藥山에서 선풍을 떨치며 제자를 지도하였다. 다음은 유엄의 선사상을 알 수 있는 일화 몇 가지이다.

유엄이 좌선하고 있는데, 한 제자가 유엄에게 물었다.
"올연히 앉아 무엇을 생각하십니까?"
"생각할 수 없는 것을 생각하고 있네."
"생각할 수 없는 것을 어떻게 생각할 수 있습니까?"
"비사량非思量이니라." (『경덕전등록』 「약산장」)

유엄이 '올좌兀坐하여 비사량한다'고 하는 것은 곧 훗날 묵조선에 영향을 미쳤다. 당시 유엄이 머물던 약산의 자사인 이고가 찾아왔다. 이고는 한유의 제자로 불교를 배척하는 유학자였다. 이고는 이 마을에 머무는 동안 명성이 자자한 유엄을 친견하고자 하였다. 이고는 부하를 시켜 유엄을 뵙자고 서신을 보냈으나 유엄은 몇 번이나 그 청을 거절하였다. 결국 유엄의 도량에 찾아왔다. 유엄은 이고가 내방했다는 시자의 말을 듣고도 상대를 해주지 않았다. 우여곡절 끝에 유엄과 이고는 마주 앉았다.

"도란 무엇입니까?"
유엄은 손가락으로 위와 아래를 가리키며 "아시겠소?"
"잘 모르겠습니다."
"구름은 하늘에, 물은 병 속에 있소이다(雲在天水在瓶)."
이고는 유엄의 언하에 깨달은 바가 있어 다음과 같은 게송을 읊었다.

수행으로 닦은 몸은 학의 모습 닮았고
천 그루 소나무 아래 경전 두 권 놓여 있네.
내가 와서 도를 물으니 다른 말씀 없으시고
구름은 하늘에, 물은 병 속에 있다 하시더라.
練得身形似鶴形 千株松下兩函經 我來問道無餘說 雲在青天水在瓶
(『경덕전등록』「약산장」)

"구름은 하늘에 있고 물은 병속에 있다."는 말은 도의 경계가 자연
의 이치에 맞게 조화를 이루는 데 있음을 설파한 것이다. 높은 곳은
스스로 높고 낮은 곳은 스스로 낮고, 우주 만물은 일체가 이처럼 스
스로는 무심한 가운데 하늘이 만들어 낸다. 즉 구름이 하늘에 떠 있
고 물이 병에 담기는 것은 모두 다 인간이나 구름, 물 그 자체의 의지
와는 무관한 하늘의 도리이고, 그 하늘의 도리가 곧 도라는 말이다.
이후 이고는 불교의 수승함을 알고 불자가 되었다.
　유엄은 어느 날 밤, 혼자 산에 올라 밤하늘을 향해 크게 웃었다. 그
소리가 예주澧州 땅 동쪽 90리 밖까지 들렸다. 웃음소리에 사람들이
놀라 일어나 함께 웃었다고 한다. 중국인들이 허풍이 조금 심한데,
이 일화(화두)에 나름대로 진정성이 담겨 있다. 유엄의 웃음에 사람
들이 웃었다고 하는 것은 개개의 존재가 우주와 한 몸이라는 만물일
체의 감각이 '살아 숨 쉬는 선' 특유의 개성이라고 볼 수 있다.
　유엄이 입적하기 직전에 "법당이 쓰러진다. 법당이 쓰러진다."라

고 외치자, 대중이 모두 기둥을 잡고 버텼다. 유엄은 손을 흔들면서 "그대들은 나의 뜻을 모른다."라고 한 뒤 97세로 열반하였다. 문종이 '홍도대사弘道大師'라는 시호를 내렸으며, 탑명은 화성化成이다.

(4) 덕산 선감

덕산 선감(德山宣鑑, 782~865)은 선종의 5가7종 가운데 운문종과 법안종 법맥에서 중요한 위치를 점하는 인물이다. 사천성四川省 출신으로 어려서 출가하였다. 처음에는 율장律藏을 연구하다가, 오로지 『금강경』만을 공부하여 그 분야에서 일인자가 되었다. 당시 사람들은 덕산을 『금강경』의 대강사라 하여 '주금강周金剛'이라고 불렀을 정도이다. 그런데 덕산은 당시 북방 지역에 머물렀고, 남방 지역은 선禪이 풍미했다. 덕산은 늘 이렇게 생각했다.

'헤아릴 수 없이 많은 출가인들이 몇 십 겁을 경전 공부에 노력했고, 몇백 겁 동안 부처님 계율을 준수했건만, 제대로 공부도 하지 않은 이들이 문자(경전)를 부정하고(不立文字), 견성성불見性成佛·직지인심直指人心을 주장하고 있으니, 내가 그들을 만나 코를 납작하게 해주어야겠다.'

어느 날 굳게 마음먹고, 걸망에 『금강경』에 관련된 경전을 잔뜩 짊어지고 선사들과 한판 논쟁을 하기 위해 길을 떠났다. 덕산이 풍주지방에 이르렀을 때, 점심시간이 되어 배가 고프던 차에 떡장수 할머니를 만났다. 이 할머니는 스님의 모양새를 보고 말했다.

"스님, 등에 웬 짐을 그렇게 많이 지고 다닙니까? 도대체 무엇입니까?"

"『금강경 청룡소초』입니다."

"스님, 그렇지 않아도『금강경』어느 한 구절을 잘 이해하지 못하고 있는데, 스님께서 대답을 해주시면 제가 점심點心을 그냥 드리겠습니다."

마침 배가 출출하던 차인지라, 덕산은 '질문하라'고 했다. 보통 한국에서는 아침과 저녁 중간인 정오 무렵에 먹는 식사를 점심이라고 하지만, 중국에서는 배가 고플 때 '배가 고프다'는 생각을 잠시 잊기 위해 먹는 일종의 간식을 말한다. 노파는 덕산에게 질문을 던졌다.

"스님,『금강경』18품에 '과거심불가득過去心不可得 현재심불가득現在心不可得 미래심불가득未來心不可得', 즉 지나간 마음도 얻을 수 없고, 현재의 마음도 얻을 수 없고, 미래의 마음도 얻을 수 없다고 했는데, 스님께서는 어느 마음에다 점을 찍겠습니까(→ 點心)?"

이 말에『금강경』의 대가라고 자부하던 덕산은 할 말을 잊고 대답을 하지 못했다. 그러자 할머니가 말했다.

덕산의 상(호남성 상덕常德 건명사乾明寺)

"저기 위에 있는 사찰에 가면 용담 숭신(龍潭崇信, 782~865)이란 큰 선사가 있으니 꼭 만나보십시오."

아마도 이 노파는 덕산에게 있어 관음의 화신이요, 문수보살의 화신이 아닐까(?) 싶다. 절에 도착한 덕산은 큰소리로 외쳤다.

"용담, 용담! 못(潭)도 안 보이고 용龍도 안 보입니다."

이때 용담이 나와서 말했다.

"아닐세. 여기 있네. 그대는 제대로 찾아왔네."(『경덕전등록』「덕산장」)

그날 밤, 용담과 덕산은 저녁 늦게 법담을 나눈 뒤, 덕산이 밖을 나와 촛불을 들고 신발을 찾으려고 하는데 용담이 촛불을 꺼버린다. 그 순간, 덕산의 마음이 확연히 열리면서 깨달았다. 이리하여 덕산은 용담의 법을 이어받은 제자가 되었다. 이 법맥이 바로 5가 7종 가운데 법안종法眼宗의 종조들이요, 이전에 언급했던 석두 희천의 제자들이다.

덕산은 깨달은 이후 자신이 가지고 있는 『금강경』을 모두 불살라 버렸다고 전한다. 자신의 해탈을 추구하지 않고 문자에 집착하는 것을 없애기 위함이다. 그래서 덕산은 후에 법을 설하고 제자들을 지도할 때 늘상 몽둥이를 사용하였다. 스승이 제자를 깨우치기 위한 방편으로, 번뇌망상을 일도양단—刀兩斷하기 위해 쓰는 것이 할喝(소리를 지름)과 방棒이다.

29 | 조동종: 동산 양개·조산 본적·운거 도응

(1) 조동종의 종조, 동산 양개

① 동산 양개의 출가 및 발초첨풍

선종 5가 가운데 현재까지 법맥이 온전히 전하고 있는 종파는 임제종과 조동종이다. 조동종曹洞宗이라는 종명은 제자 조산의 '조曹'자와 스승 동산의 '동洞'자를 합쳐 명명한 것이다.

조동종의 종조인 동산 양개(洞山良价, 807~869)는 절강성浙江省 회계會稽 사람으로 속성은 유兪씨다. 양개는 처음에 고향의 작은 절에 출가하였다. 『반야심경』을 다 외우자, 스승이 다른 경전을 암송하라고 하였다. 양개가 외우지 않겠다고 하자, 스승이 '왜 그러느냐?'고 물었다.

"『반야심경』에는 눈·귀·코·혀·몸·뜻 6근이 없다고 했는데, 무슨 뜻인지 잘 모르겠습니다."

스승은 양개에게 '나는 그대의 질문에 답할 능력이 되지 못한다'라고 고백한 뒤, 양개를 오설산五泄山 영묵(靈默, 747~818)에게 데리고 가 지도해 줄 것을 부탁했다. 이 인연으로 양개는 영묵을 의지해 삭발했다. 양개는 영묵의 문하에서 3년을 머문 뒤 행각을 떠나고 싶었다. 영묵은 양개의 마음을 알아채고, 말했다.

"바른 깨달음을 얻으려면, 남전(南泉, 748~834) 화상에게 가서 배우라."

"한번 떠나면 있었던 인연도 다하리니, 외로운 학은 다시는 옛 둥지로 돌아오지 않는 법입니다."

양개는 남전 문하에 들어 참알한 뒤 다시 위산(潙山, 771~853)을 찾았다. 양개는 위산에게 물었다.

"무정이 참다운 설법을 하는지요? 그렇다면 저는 왜 듣지 못하는가요?"

"부모가 낳은 입으로는 그대에게 설해 줄 수 없다."

"그럼 저는 누구에게 여쭤야 합니까?"

"운암을 찾아가라."

위산의 안내로 양개는 운암 담성(雲巖曇晟, 772~841)을 찾아갔다. 양개는 스승인 운암 이외에도 영묵·남전 보원·위산 영우 등 당대 고승들을 찾아다니며 공부했다. 이렇게 선지식을 찾아 오랫동안 행각하는 것을 발초첨풍(撥草瞻風; 풀포기를 헤치며 스승을 찾아다님)이라고 한다. 이 점은 후대 수행자들의 귀감으로 조동종의 특징이기도 하다. 양개는 운암 문하에 머물러 가르침을 받았다. 스승 담성이 입적하기 전, 양개가 스승에게 물었다.

"무정설법無情說法을 어떤 사람이 듣습니까?"

"무정설법은 무정이 듣는다."

"스님께서도 들었습니까?"

"내가 들었다면 난 법신을 이룬 것이니, 그대는 나의 설법을 듣지 못할 것이다."

"그러면 저는 스승님의 설법을 듣지 않을 것입니다."

"그대는 나의 설법을 듣지 못하면서 어찌 무정설법을 들으려 하는가?"

이에 양개가 무생물인 산천초목 국토가 모두 진여眞如의 법을 설한다는 스승의 말을 들은 뒤, 깨달음을 얻고 게송을 지었다.

신이하고 신이하다.

무정이 설법한다는 것은 생각할 수도 없는 것,

귀로써 들으려 해도 소리가 없고, 눈으로 들어야만 비로소 알 수 있다. (『경덕전등록』「동산장」)

얼마 후 스승 운암이 입적하기 직전, 양개가 스승에게 물었다.

"스승님께서 입적하신 뒤에 누군가 '화상의 초상을 그릴 수 있는가?'라고 물으면, 무어라고 대답할까요?"

"다만 그에게 '다름 아닌 이것이 바로 그것이다'라고 하면 된다."

② 오도 및 선풍 전개

스승이 입적하고 3년이 흘러 양개는 사형 선산과 함께 스승(운암 담성)의 제사를 지내러 위산으로 길을 떠났다. 가는 길녘, 담주에 이르러 큰 개울을 건너게 되었는데, 양개는 물속에 비친 자신의 모습을 보고, 이 문제의식(운암이 열반 직전에 한 말)에 대오大悟하였다. 그러면서 다음 오도송을 남겼다.

절대로 밖을 향해서 찾지 말라.
밖에서 찾으려 하면 할수록 더욱 멀어질 뿐이다.
나 이제 홀로 가지만, 곳곳에서 그를 만나리라.
그는 지금 진짜로 나이지만, 나는 이제 그가 아니다.
이렇게 이해할 때에 비로소 '있는 그대로'의 그를 만나리라.
(『경덕전등록』「동산장」)

양개의 대오大悟는 운암 입적 이후로 본다. 이후 선사는 대중설법을 하면서 스승에 대해 이렇게 말했다. "스승 운암이 나를 위해 법을 설해 주지 않은 것을 감사하게 여길 뿐이다." 양개는 그의 어록에서 양의공수(良醫拱手; 훌륭한 의사는 단지 팔짱만 끼고 있음)라는 말을 강조하였다. 즉 훌륭한 의사는 환자가 자신의 의지를 발휘해 본래의 건강한 모습으로 돌아가도록 도울 뿐이지, 지나치게 베푸는 것은 오히려 독이 된다는 뜻이다. 어떤 배움에서도 제자 스스로의 체구연마(體究練磨; 직접 실천하면서 부딪혀 깨달아 가는 것)가 중요하다고 본다. 그러니 교육에는 스승의 친절보다 스스로의 발심이 얼마나 절실한가를 새기게 된다.

양개는 회창파불(845년) 때 잠시 환속했다가, 46세에 다시 출가하였다. 강서성 의풍宜豊 동산洞山에 들어가 법을 펼치니 문하에 수행자들이 운집하였다. 양개는 열반하기 전 목욕을 한 뒤, 단정히 앉아 열반에 들었다. 제자들이 통곡을 하자, 다시 눈을 뜨고 말했다.

"구도자들은 덧없는 것에 무심해
야 한다.
사는 것은 일을 하는 것이요,
죽는 것은 쉬는 일이다.
그러니 슬퍼할 일이 아니다.
나의 입적에 법석 떨지 말라.
깨달음을 향해 정진하는 구도자답
게 침착하기 바란다.
임종 때 소란 피우는 일은 어리석
은 일이다."

강서성江西省 의풍宜豊 동산 보리사에
있는 동산 양개의 탑. 당우 안에 모셔져
있다.

그런 뒤, 다시 열반에 들었다. 양
개의 탑은 의풍 동산 보리사普利寺
에 모셔져 있다. 탑명은 혜각보탑慧覺寶塔이며, 탑에 10여 인의 제자
이름이 명시되어 있는데, 그중 조산 본적과 운거 도응이 기재되어
있다.

③ 동산 양개와 모친

스님들의 기본 교육과정 교과목 가운데 제일 먼저 배우는 책에『치
문緇門』이 있다. 이 책 내용 가운데 양개와 모친이 주고받은 편지가
실려 있다. '훌륭한 인물은 3대에 나온다'는 말이 있다. 불교사에 동
산 양개와 같은 대 선지식을 길러낸 어머니의 기개가 묻어 있다.

<어머님께>

"…… 제가 부모님 곁을 떠난 이후, 수행 길로 접어든 지 세월이 많이 흘렀습니다. …… 엎드려 바라옵건대 어머님께서는 마음을 가다듬어 도를 닦는 데 뜻을 두고, 공空에 귀의함으로써 이별의 정을 품지 마십시오. 어머니, 문가에 기대어 저를 기다리지도 마십시오. …… 재가인들은 자기 몸을 수양하고 효도를 행함으로써 천심天心에 합하지만, 승려는 불가에 있으면서 도를 사모하고 선을 참구함이니, 정진으로써 어머니 은덕에 보답할 것입니다."

<아들 스님께>

"나는 너와 어느 전생의 옛적부터 인연이 있다가 비로소 어미와 아들로 맺어졌다. …… 네가 태어난 뒤, 마치 보배처럼 너를 사랑하니 똥오줌의 악취도 싫어하지 않았으며, 젖먹일 때도 수고로움을 게을리 하지 않았다. 네가 성인이 되면서부터 외출했다가 돌아오지 않으면 대문에 기대어 언제까지나 기다리곤 했다. …… 아들은 어미를 버릴 뜻이 있으나, 이 어미는 아들을 버릴 마음이 전혀 없다. 네가 출가한 이후로 내 마음이 늘 슬퍼 눈물이 나고, 괴롭고 괴롭구나. 맹세코 고향으로 돌아오지 않는다 하였으니, 곧 너의 뜻을 따를 것이다. 나는 네가 세속의 왕상에 오르기를 기대하는 것이 아니라, 단지 네가 목련존자 같이 나를 제도하여 고해의 바다에서 벗어나게 해주고, 위로는 불과佛果에 오르기를 바랄 뿐이다."

(2) 조동종 선사들

① 조산 본적

조산 본적(曹山本寂, 840~901)은 복건성福建省 복주福州 출신이다. 어려서 유학을 공부하다가 19세에 출가해 25세에 구족계를 받았다. 860년 무렵, 스승 양개를 만나서 동산의 법을 전수 받았다. 몇 년을 스승과 함께 머물다, 어느 날 양개에게 하직을 고하고 떠나려 하니 스승이 물었다.

"어디로 가려는가?"

"변함이 없는 곳으로 가렵니다."

"변함이 없다면 가는 물건이 있는가?"

"가더라도 변하지는 않습니다."

본적은 유행遊行을 하다, 무주撫州 지방에 머물며 교화를 폈다. 본적은 조계曹溪의 6조 혜능을 사모하는 뜻에서 산 이름을 조산曹山으로 고쳤다. 그 후 867년에 도둑의 난을 피해 의황현宜黃縣 하옥산荷玉山으로 옮겨가려 할 때, 종릉 대왕이 본적 선사를 흠모해 몇 번이나 사신을 보내 뵙기를 청했다. 그러나 본적은 그때마다 병을 핑계 삼아 가지 않았다. 대왕이 세 번째 사신을 보내면서, 사신에게 말했다.

"이번에도 네가 본적 선사를 모셔 오지 못하면, 너는 나를 만날 생각을 하지 말라."

이렇게 가혹한 명을 내리니, 사신이 본적에게 와서 슬피 울며 말했다.

강서성江西省 의황宜黃 보적사에 있는 조산 본적의 탑. 보
적사는 현재 비구니 스님들이 상주한다.

"화상께서 대자비를 베풀어 이 중생을 구제해 주소서. 왕명에 따
라주지 않는다면 저희들은 모두 죽습니다."
이때 선사가 사신들의 후환이 걱정되어 시 한 수를 적어 보냈다.

시들어 가는 나무 등걸이 숲속에 끼여 있어
몇 차례 봄을 만났건만 그 마음 변하지 않네.
나무꾼도 오히려 돌아보지 않거늘
이름난 목수가 무엇 하러 나를 쫓아오려 하는가!

왕이 이 시를 보고 본적이 머물고 있는 산을 향해 절했다고 한다.
그는 강서성 의황현 보적사寶積寺에 머물며 스승 동산의 가풍을 이
어 조동종의 종지를 완성시켰다. 1,200여 년 전 선사가 이 도량에 머
물 때, 어느 한 승려가 마당을 쓸고 있었다. 본적이 물었다.

"무엇을 하느냐?"

"마당을 씁니다."

"부처님 앞을 쓰는가, 부처님 뒤를 쓰는가?"

"앞과 뒤를 한꺼번에 씁니다."

"내 짚신이나 갖다 다오."

② 운거 도응

운거 도응(雲居道膺, 846~902)은 속성은 왕씨, 하북성 유주幽州 옥전玉田 출신이다. 어려서 출가하여 여러 곳을 편력하면서 취미 무학(翠微無學, 생몰연대 미상, 대략 9세기 승려로 단하 천연의 법을 받음)에게 참학하고 동산 양개의 제자가 되었다.

하루는 동산이 물었다.

"어디를 갔다 오느냐?"

"산에 올라갔다 옵니다."

"어느 산이 머물 만하더냐?"

"어느 산인들 머물 수 없는 산이 있겠습니까?"

"마치 되돌아가는 길을 얻은 것 같구나."

"길이 없습니다."

"길이 없으면 어찌 노승과 서로 만날 수 있었느냐?"

"길이 있었다면 저는 스님과 함께 산을 마주하고 바라봤을 겁니다."

이에 동산이 도응의 수행력을 인정하고 대중 스님들에게 말했다.

"도응을 우습게보지 말라. 훗날에 천만 사람도 당해낼 수 있는 사람이다."

어느 때, 여러 날이 지나도 도응이 암자에 있으면서 법당(여기서는 수행하는 선방)에 내려오지 않았다. 하루는 동산이 도응을 불러 물었다.

"너는 왜 법당에 내려오지 않느냐?"

"천신天神이 밥을 보내오기 때문에 굳이 법당에 내려오지 않았습니다."

"너를 쓸 만한 인재로 보았더니, 그런 망상만 하고 있었구나. 도응아! 선善도 생각하지 말고 악惡도 생각하지 말라. 이것이 무엇이냐?"

도응이 스승의 언질을 듣고 암자로 돌아와 며칠 정진한 이후로 다시는 천신이 찾아오지 않았다. 도응은 제자들에게 늘 이렇게 말했다.

"지옥은 괴롭다고 할 수 없다. 대장부가 출가하여 대사大事를 밝히지 못한 것이 천하에 가장 괴로운 지옥이다."

도응의 문하에는 1,500여 명의 수행자가 모여들었다. 도응은 강서성江西省 영수현永水縣 진여사에 주석해 열반할 때까지 30여 년을 상주했다. 탑명은 홍각弘覺이다. 진여사는 처음에 운거선원雲居禪院으로 불리었고, 역대로 선사들이 머물며 수행했던 곳이다. 1953년 허운(虛雲, 1860~1959) 화상이 사찰을 중창하고 말년에 주석하면서 위앙종 본찰로 만들었다. 현재 운거사는 노동을 수행으로 삼는 농선병행의 청규정신을 그대로 지키고 있다.

강서성 영수현永水縣 진여사에 모셔져 있는 운거 도응의 탑. 진여사
는 근현대 선지식 허운 화상이 머물다 1959년에 열반한 사찰이기
도 하다.

도응과 사형사제인 본적이 조동종의 종풍을 체계화했다면, 선풍
을 흥성시킨 이는 도응이라고 본다. 본적의 법맥은 단절되었으며,
현재 조동종의 법은 도응의 법맥이다. 우리나라 나말여초의 구산선
문 가운데 이엄利嚴이 도응을 참문하고 법을 이어와 932년 황해도
해주에 수미산문須彌山門을 개산하여 조동종풍을 펼쳤으나 발전되
지 못했다. 일본에서는 도오겐(道元, 1200~1254)에 의해 조동종계의
묵조선이 유입된 이래 일본 선종 가운데 최대의 종파가 되었다.

(3) 조동종의 선풍 및 종풍
① 조동종의 선풍

조동종의 선풍에 대해서는 다양하게 평가된다. 명나라 천은 원수天
隱圓修는 조동종의 선풍을 만파조종(萬派朝宗; 모든 종파의 근본)이라고 표현했고, 다른 기록에서는 임제종은 장군將軍과 같은 기개가 있는 반면, 조동종은 선비와 백성 같은 순박하면서도 철학적·논리적인 선풍이라고 평가하였다. 한편 조동종의 선풍에 불조미생전佛祖未生前 소식이 있다. 임제종은 대기大機와 대용大用을 밝히고 있는 반면, 조동종은 향상向上 등을 밝힌다. 양개의 선법은 형이상학적이며 종교철학적인 면이 있다. 즉 안이한 현실을 부정하고 스스로 불법을 체득해 '그'를 현전하기 위해서는 무한한 수행이 필요한 것이 조동종의 사상이다. 널리 알려진 공안 두 개를 소개한다.

어떤 승려가 동산 양개에게 물었다.
"부처란 무엇입니까?"
"마 삼근이니라(麻三斤)." (『조동록』·『무문관』 18칙)

어느 날 한 제자가 물었다.
"매우 춥거나 너무 더우면, 이를 어떻게 피해야 합니까?"
"추위와 더위가 없는 곳으로 가면 되지 않겠느냐!"
"그렇다면 도대체 어디가 추위와 더위가 없는 곳입니까?"
"추울 땐 그대를 춥게 하고, 더울 땐 그대를 덥게 하는 곳이다."
(『조동록』)

즉 '추울 때는 추위를 그대로 받아들여 하나가 되고, 더울 때는 더운 것을 그대로 받아 들여 하나가 되라'는 것이다. 선禪적인 공안을 삶과 결부시켜 보자. 삶은 늘 변하기 마련이며 굴곡이 있기 마련이다. 어떤 어려움이 닥치면 고난 그 자체를 자연스레 받아들이고, 즐겁고 기쁜 일이 생겨도 그 기쁨을 관조해서 자만에 빠지거나 들뜨지 말 것을 경계하는 말이다.

② 동산삼로洞山三路

조동종은 수행할 때나 중생들을 제도할 때의 지침으로 조도·현로·전수를 제시한다.

첫째, 조도鳥道는 새가 허공을 날 때 일체 흔적을 남기지 않고 날아가는 것에 비유한 것인데, 곧 수행자는 일에 얽매이거나 집착하지 말라는 뜻이다. 곧 몰종적沒蹤迹한 경지요, 『금강경』에서 어떤 경계에도 집착 없이 행하라는 무주심無住心, 응무소주이생기심應無所住而生其心의 원리라고 볼 수 있다.

둘째, 현로玄路는 유무有無·옳고 그름·아름답고 추함·상하上下 등 일체 차별적인 견해나 이분법적 분별심에 떨어지지 말고, 늘 고요한 삼매를 유지할 것을 강조한다.

셋째, 전수展手는 조도와 현로 수행법으로 인해 향상일로向上一路의 경지에 이르렀다면, 이에 머물지 말고 한 걸음 더 나아가 중생 교화에 힘쓸 것을 말한다.

조도와 현로가 공空의 실천적 자수용문自受用門이라면, 전수는 타수용문他受用門이라고 할 수 있다. 자리이타의 대승보살 정신을 선적으로 전개한 것이라고 볼 수 있다.

③ 조동오위曹洞五位

조동종에서 가장 중요하게 내세우는 법문이다. 이는 제자 본적이 스승의 가르침을 토대로 총림의 준칙을 만들고 조동종의 종지를 체계화한 것이다. 정과 편으로 구축되는데, '정正'은 본체(体·空·眞·理淨)이며 보편적인 세계를 가리키고, '편偏'은 현상 세계(用·有·俗·事染)이며 차별적인 세계를 말한다.

첫째, 정중편正中偏은 본체(진여)가 있음을 인정하지만, 사물(현상, 용)이 본체로부터 파생한 것임을 알지 못하는 상태이다.

둘째, 편중정偏中正은 모든 현상이 환영이고 환상이라는 것을 인정하지만, 한 발짝 더 나아가 현상을 통해 본체를 통찰하지 못하는 상태이다.

셋째, 정중래正中來는 본체를 시인하고 체體로부터 용用에 이르려는 노력이다. 즉 체용일여體用一如의 원리를 깨닫기 시작하는 단계이다.

넷째, 편중지偏中至는 일체의 모든 것이 환영이며 헛것임을 깨닫고, 더 나아가 현상을 통해 정신적 본체를 보는 단계이다.

다섯째, 겸중도兼中到는 본체와 현상의 관계가 완전히 일치된 경지이다. 즉 현상과 본체의 분별이 사라진 인간 존재의 본질인 원래의 '마음자리'인 것이다.

수행이 진척됨에 따라 평등과 차별이 다양한 관계를 보이다가 일단 둘이 원융한 것으로 지양되는가 싶더니, 마침내는 그 원융의 관계마저 없어지고 흔적도 남지 않은 것, 즉 번뇌즉보리·생사즉열반의 경지이다. 여기서 더 나아가 배고프면 밥 먹고 졸리면 자는 요사

범부了事凡夫의 일상적 시간에 이른 경지를 말한다.

앞에서 언급한 대로 우리나라에 조동종 선풍이 유입되었으나 발전되지 못했다. 그러나 김시습의 『조동오위요해曹洞五位要解』, 고려 일연의 『중편조동오위重編曹洞五位』 등에 조동종 사상은 인용되었으며, 현 한국 선에도 조동종의 선풍은 유유히 흐르고 있다.

30 | 운문종의 조정 : 설봉 의존과 그 문하

(1) 설봉이 활동할 당시의 시대적인 배경 – 당말 오대

8세기 말부터 지방 절도사들의 권력이 강화되면서 중앙 정부의 권력이 약화되기 시작했다. 지방 분권이 강해지면서 세력가들은 선禪을 선호하였다. 10세기 무렵, 당말(960년)·오대를 전후해 혼란한 시

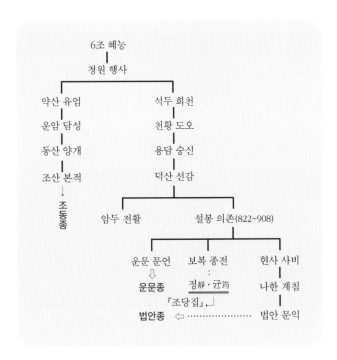

기에 힘이 된 철학이 선종의 5가 가운데 법안종과 운문종이다. 혼돈의 시대에 선은 정치인들과 문인들에게 마음의 안정을 주었다고 생각된다. 운문종이 개산되기 전 당시 유명한 선사가 있는데, 남쪽(현 福建省)의 설봉 의존(雪峰義存, 822~908)과 북쪽(현 河北省)의 조주 종심(趙州從心, 778~897)이다. '남설봉 북조주'라고 할 만큼 이들의 선이 천하를 풍미했다.

(2) 설봉 의존의 행적

선에서 제자들을 방망이로 때렸던 유명한 선사가 덕산 선감(德山宣鑑, 782~865)이다. 이 덕산에게서 배출된 제자가 설봉 의존과 암두 전활(巖頭全豁, 828~887)이다. 설봉과 암두는 사형사제이지만 절친한 도반이었다. 두 선사의 인연은 마치 '수어지교(水魚之交; 고기가 물을 만난 것과 같은 인연)'라 할 만하다. 암두와 설봉은 만행하던 중, 호남성 낭주 오산이란 곳에 갔다가 갑자기 눈이 많이 내려 그곳에 갇히는 신세가 되었다. 설봉은 불안해하는 반면, 암두는 아무 걱정도 없듯이 편안하게 잠을 잤다. 며칠을 함께 머문 뒤, 설봉이 암두에게 물었다.

"앞으로 다가오는 뒷날을 어찌해야 합니까?"

"오는 뒷날, 거룩한 가르침을 드날리고자 한다면 지금까지 배운 가르침들을 완전히 자기 것으로 소화한 뒤, 마음에서 승화시켜 이 세상 모든 것과 하나가 되도록 하십시오."

암두의 대답에 설봉은 깨달음을 얻었다. 실은 설봉이 암두보다 6살이나 연상이다. 설봉이 스승인 덕산에게 인가받고 덕산의 법을 이었지만, 크게 깨닫지는 못했다. 그런데 도반인 암두의 기연으로 설봉이 크게 깨닫는 계기가 된 것이다.

설봉 의존은 당나라 때 복건성福建省 천주泉州 사람이다. 성은 증會씨요, 아버지를 따라 포전蒲田 옥윤사玉潤寺에 갔다가 경현慶玄에게 출가했는데, 이때가 17세이다. 출가하고 얼마 되지 않아 무종의 회창폐불(845년)이 있었다. 이런 와중에도 설봉은 열심히 정진하며 세 차례나 투자 대동(投子大同, 819~914) 선사를 참문하고, 아홉 차례나 동산 양개를 찾아가 법을 찾은 구도자였다. 동산의 소개로 덕산 선감을 참례했는데, 이때 설봉의 나이가 43세 때이다.

설봉이 먼저 스승에게 물었다.

"위로부터 전해 오는 종승사宗乘事를 저도 깨달을 근기가 되겠습니까?"

설봉 의존이 상주했던 복건성福建省 복주福州 설봉사 전경

방망이를 휘두르기로 유명한 덕
산이 순간 설봉에게 방망이를 치면
서 말했다.

"무슨 쓸데없는 소리를 하느냐?"

순간 설봉이 깨달음을 얻고 덕산
문하에서 수행한 뒤, 법을 받았다.
이후 860여 년 무렵부터 그가 열반
할 때까지 설봉산에 주하면서 법을
펼쳤다. 설봉산은 겨울에 눈이 제
일 먼저 내리므로 '설봉雪峰'이라 하
였다.

설봉 의존의 진신상이 모셔진 '의존조사
탑'(복건성 복주 설봉사)

선사는 40년간을 이곳에 머물렀
는데, 여름이나 겨울이나 수행납자가 1천 5백 명이었다고 한다. 그
러나 설봉의 법을 받은 제자는 5~6명이다. 이 무렵 희종(862~888 재
위)이 설봉에게 진각국사眞覺國師라는 시호와 함께 자색 가사, 그리
고 '설봉사' 편액을 하사하였다. 설봉은 이곳에서 열반에 들었는데,
설봉사에는 '의존조사탑義存祖師塔'이 안치되어 있다. 이 조사탑은 사
리를 모신 것이 아니라, 다비하지 않고 설봉의 전신을 탑 속에 모신
것이다.

(3) 설봉 의존의 선사상

설봉의 선사상을 알 수 있는 몇 가지 일화를 『경덕전등록』에서 보자.
당시 민왕이 설봉 선사를 궁내전으로 불러서 물었다.

"모든 부처님과 조사가 전한 비밀한 심인을 말씀해 주십시오. 그리고 부처님과 조사가 어떤 인과를 닦아 성불하셨는지요?"
"견성이 바로 성불입니다."

하루는 설봉이 자신을 가리키며 대중에게 말했다.
"이 검은 암소의 나이가 얼마가 되겠느냐?"
대중들이 대답을 하지 않자, 설봉이 말했다.
"일흔아홉이다."
"스님은 왜 검은 암소가 되려고 하십니까?"
"여기에 무슨 죄와 허물이 있느냐? …… 내가 만약 이렇게 말하고 저렇게 말하면, 그대들은 말에 집착하고 언어를 좇아갈 것이다. 그러나 영양羚羊이 잠을 자면서 뿔을 나무에다 걸고 발을 땅에 닿지 않아 흔적을 남기지 않는 것처럼*. 자취를 찾을 수 없건만 그대들은 또 무엇을 찾으려느냐?"

어느 날 설봉이 선상에 올라 이렇게 설법했다.
"온 대지를 손으로 움켜잡으면 겨우 좁쌀 크기만 하다. 이것을 눈앞에 내던졌지만 (그대들은) 전혀 알지 못하고 있다. 북을 쳐서

---

* 영양은 뿔이 앞으로 꼬부라져 있는 염소이다. 영양은 잠을 잘 때 뿔을 나무에 걸고 자서 자취를 남기지 않는 게 생태적 특징이다. 이 '영양괘각羚羊掛角'은 선학의 중요 이론인 몰종적沒踪跡·무주無住 사상적인 수행을 의미한다. 이 영양과 관련되어서는 설봉 이외에도 운거 도응·황벽 희운·조주 종심 등 선사들의 공안이 많이 있다.

전 대중이 일(普請)이나 하도록 하라."

'좁쌀 한 알에도 삼라만상 모든 진리가 다 들어 있다'고 한 말은 '일즉일체다즉일一卽一體多卽一'의 깨달음의 도리를 제자들이 알아듣지 못함을 애석해하며, 몸소 흙을 밟고 체현하는 노동을 권하는 것이다. 설봉은 제자들을 가르칠 때, 스승 덕산과는 다르게 매우 온화하고 자비로운 교육자였다. 그는 중생제도나 제자를 지도함에 이렇게 원을 세웠다.

"나는 사거리에 선원을 지어 대중을 여법如法하게 공양할 것이다. 만약 어떤 사람이 길을 떠나면 나는 바랑을 메고 주장자를 들어 문밖에까지 나가 잘 전송하고, 그가 몇 걸음 가거든 '스님!' 하고 불러 그가 고개를 돌리면 '가는 도중 내내 몸조심 하십시오'라고 할 것이다."(『조당집』)

(4) 설봉 의존의 문하

설봉 의존 문하에서 법안종과 운문종이 개산되었다.『조당집』에 의하면 설봉 문하에 1,700여 명의 선자들이 있었다고 한다. 당말 오대 말기에 선자들이 전란을 피해 남쪽으로 내려온 것으로 추측된다. 그만큼 설봉이 법을 펼칠 때 남쪽 지역은 평화로웠을 것이요, 이 지역에서 선이 번창했음을 엿볼 수 있다(설봉의 위 세대인 마조와 석두는 광동성 위쪽에 위치한 강서성과 호남성에서 활동).

설봉의 문하에 당대의 선지식인 홍성국사興聖國師 고산 신안(鼓山

神晏, 853~939)이 있다. 고산의 행적은『조당집』과『전등록』에 나온
다. 고산은 하남성河南省 대량大梁 출신으로 속성은 이李씨이다. 13
세에 신령스러운 꿈을 꾸고 백록산白鹿山 묘제선원의 도규道規 선사
에게 출가해 숭산 유리단에서 구족계를 받았다. 이후 여러 선지식을
참례한 후, 설봉 의존 문하에 들어가 법을 받았다. 민사왕閩師王 연빈
延彬이 신안 선사에게 감화를 받아 그에게 가르침을 구하며 스승으
로 섬겼다. 민사왕은 고산에 용천선원湧泉禪院을 짓고 선사를 고산에
머물도록 하였다. 고산은 이곳에서 30여 년간 종풍을 크게 떨쳤다.
한 제자가 선사를 찾아와 물었다.

"위로부터의 종승宗乘을 어떻게 제창해야 합니까?"
신안 선사가 갑자기 불자拂子를 가지고 그 승려의 입을 후려갈
겼다.
승려는 갑작스런 일인데다, 본인이 잘못 질문한 줄 알고 다시 물
었다.
"교리 이외에 따로 전하는 어떤 것이 있습니까?"
"차나 마시거라(喫茶去)."

신안의 법을 이은 제자 자의子儀가 고산을 찾아와 물었다.

"제가 삼천리 먼 곳에서 멀리 법석法席을 찾아와 오늘 때 아닌 때
에 왔으니, 스님께서 때 아닌 대답을 해주시기 바랍니다."
"그대를 둔하게 만들 수는 없다."

"힘을 더는 곳이 어디입니까?"

"그대는 왜 지금 헛된 힘을 소비하고 있는가?"

자의는 신안 선사와의 법거량으로 깨달음을 얻은 후, 나한원에서 크게 법을 떨쳤다. 『전등록』에 실린 신안의 제자만 해도 여러 명이다. 그가 열반한 후 '홍성국사興聖國師' 시호가 내려졌다.

또한 이 설봉의 문하에 보복 종전(保福從展, 867~928)이 있다. 보복의 문하에 정수 문등淨修文僜이 있는데, 이 정수의 제자로 정靜·균筠이 있다. 정·균 두 선승에 의해 『조당집祖堂集』 20권이 완성되었다. 952년 두 선승은 복건성福建省 천주泉州 초경사招慶寺에 머물면서 이 저서를 편찬하였다. 1245년 고려 때 분사대장도감分司大藏都監에 판각되어 고려대장경에 수록된 이래로 『조당집』은 유일무이하게 한국에만 전하고 있다. 1권에서 20권까지 과거 7불佛, 가섭으로부터 달마까지 28조, 동토 6조 혜능, 청원 문하 8세인 설봉 의존, 남악 문하 7세 임제 의현까지 모두 253인의 전기 및 법어, 전등傳燈의 역사가 기록되어 있다. 또한 신라의 선사들도 수록되어 있어 한국불교 연구에 중요한 자료이다.

고려의 대표적 거사인 이자현(李資玄, 1061~1125)이 선과 인연된 것은 『설봉어록』에 의해서다. 설봉의 어록 가운데 "온 천지가 다 눈(眼)인데, 그대는 어디에 웅크리고 앉아 있는가(盡乾坤 是箇眼 汝向什麼 處蹲坐)?"라는 구절에서 활연히 깨달음을 얻었다. 이런 시절인연 후, 이자현은 불조의 어떤 가르침에도 막힘이 없었으며, 이후 선 수행을 하였다.

31 | 운문종(선과 문학의 결합) : 운문 문언

(1) 운문종의 종조, 운문의 행적

운문 문언(雲門文偃, 864~949)은 절강성浙江省 가흥嘉興 출신으로 어려서부터 출가하기를 희망하였다. 운문은 어려서부터 보통의 아이들보다 유난히 똑똑했다고 한다. 7~8세에 출가해 15세에 구족계를 받았다. 운문은 처음에 황벽 문하의 목주 도명(睦州道明, 780~877)을 찾아 가르침을 구했다. 운문이 절에 도착해 대문을 두드리자, 목주가 문을 열고 보더니 일언반구도 없이 '쾅' 닫아버렸다. 운문이 이틀 동안 문을 두드렸으나 거절당하고 사흘째에 다시 문을 두드렸다. 이때 목주가 문을 열고, '너는 쓸모없는 바보다'라고 말한 뒤 문을 다시 닫으려 할 때, 운문의 발이 문틈에 끼었다. 그 순간에 운문은 깨달았다.

운문이 얼마간을 목주 문하에 머물렀을 때, 목주는 운문에게 '설봉을 찾아가 공부하라'고 권했다. 목주의 말대로 운문은 설봉 문하로 들어가 설봉에게서 깨달음을 얻고 법을 받았다. 운문의 나이 60세에 광동성廣東省 유원현乳源縣 운문산에 광태선원光泰禪院을 창건하고 가르침을 펴면서 운문종이 천하에 드러났다. 운문은 20여 년을 이곳에 머물다 열반하였다. 현재도 운문이 살았던 사찰 대각사(大覺寺는

광동성廣東省 유원현乳源縣 운문산 운문사 도량 입구

비구 도량, 운문사는 비구니 도량)에 수백여 대중이 운집해 살고 있다.

(2) 운문종의 공안 및 선풍

일반적으로 5가 가운데 '조동(종) 사민士民, 임제(종) 장군將軍, 운문
(종) 천자天子'라고 한다. '운문천자'라 칭하는 것은, 황제의 소칙처럼
한 번에 결정되어 다시 묻거나 응답하지 않는 간결하고 분명한 어조
로 제자들을 지도했기 때문이다. 그러면『운문록』에서 몇 개의 공안
을 보자.

① "부처란 무엇입니까?"

　"똥 막대기이니라(乾屎厥)."

② "모든 부처가 나온 곳이 어디입니까?"

"동산이 물 위로 간다(東山水上行)."

③ "선禪이라는 것은 어떤 것입니까?"

"시是('예'라는 대답)."

④ "도란 무엇입니까?"

"득得(좋습니다)."

⑤ "일대시교一代時敎란 어떤 것입니까?"

"대일설對一說."

⑥ "청정법신은 어떠한 것입니까?"

"화약란花藥欄(활짝 핀 작약)."

⑦ "눈앞에 기機도 없고, 눈앞에 일(事)이 없을 때는 어떻습니까?"

"도일설到一說."

⑤ '일대시교', 즉 부처님이 재세 시 설한 가르침이 무엇이냐는 질문이다. '대일설', 즉 부처님이 근기에 맞추어 법을 설했다는 뜻이다. 다음, ⑦ "설법을 들을 사람(機)도 없고, 시간과 장소(事)도 없을 때는 어떻게 합니까?"에 대해 운문은 "설하지 않으면 되지(到一說)!"라고 답한 것이다. 곧 일체 병이 없는 사람은 어떠하냐(눈앞에 기도 없고

일도 없다)는 질문에 더 이상 병이 없는 사람에게는 약도 필요치 않다는 뜻이다. ①·②는 대혜 종고가 그의 어록에서 중시하는 대표 공안 여섯 가지*에 포함된다. 또한 ①은 『무문관』21칙이다.

이렇게 운문은 제자들을 제접할 때 짧은 어구로 대답하고, 그들을 지도했다. 그래서 운문종은 시적이고 철학적이며, 함축성이 담겨 있어 '선과 문학의 결합'이라고도 한다. 또한 1구나 2구, 3구 등 짧은 문구로 대답한다고 해서 운문종의 종풍을 '일자관一字關'이라고 한다. 이와 같이 운문의 선풍은 당대 이후에 발전해온 선사상과 선시의 조화로운 결합이라고 볼 수 있다.

> 운문 선사가 제자들에게 말했다.
> "보름 전의 일은 묻지 않겠다. 오늘부터 보름 이후의 일을 표현할 수 있는 시구를 하나씩 지어 오너라."
> 제자들은 머리를 쥐어짜며 시구를 지으려고 했으나 머리에 떠오르지 않았다. 운문은 제자들에게 짧은 구절 하나를 써 보였다.
> "날마다 날마다 좋은 날(日日是好日)."

무엇이 좋은 날이라는 뜻인가? 선에 군더더기를 붙이는 것은 오류를 범하는 일이지만, 삶과 관련해 보자. 바로 '매일 매일이 최상·최

---

* 조주趙州의 庭前栢樹子·趙州의 狗子無佛性·동산洞山의 麻三斤·동산東山의 水上行·운문雲門의 乾屎厥·마조馬祖의 待汝一口吸盡西江水卽向汝道. 『禪宗全書』42, pp.430下~439上.

고의 날'이며, '매일 매일이 둘도 없는 가장 소중한 하루'이다. 그 '날(日)'이라고 하지만, 시시각각 그 순간의 자각이 중요하다고 본다. 그러니 아름다운 꽃을 보는 그 순간도 단 한 번이다. '내일 봐야지!' 하면 벌써 늦는다. '날마다 좋은 날(그 순간이 좋기 위해서)'이 되기 위해서는 스스로의 마음가짐이 중요하다. 순간 순간마다 소중한 삶을 인식해야 매일 매일이 좋은 날(日)이요, 매일 매일이 좋아야 달마다 달마다 좋은 달(月)이요, 달마다 달마다 좋은 달(月)이 되어야 해마다 해마다 좋은 해(年)가 될 것이다.

운문의 문하에서 덕산 연밀德山緣密, 동산 수초(洞山守初, 910~990) 등 명승이 배출되었다. 동산과 관련된 공안(洞山三頓捧,『무문관』15칙)이 있다.

동산이 스승인 운문을 찾아갔다.

운문이 물었다.

"어디서 왔느냐?"

"사도에서 왔습니다."

"그래, 여름철은 어디에서 지냈는고?"

"호남의 보자사에서 지냈습니다."

"어느 때에 그곳을 떠났는가?"

"8월 25일에 출발해 왔습니다."

동산의 답에 운문이 혀를 차며 말했다.

"원래대로라면 막대기로 3돈(60대)을 때려야 하지만, 오늘은 참는다."

다음날 동산이 운문을 찾아가 다시 물었다.

"어제 스님께서 저를 막대기로 60대를 때리겠다고 말씀하셨는데, 저는 도무지 제 잘못을 모르겠습니다."

"이 밥통아! 강서·호남, 어디를 돌아다녔다는 말이냐?"

운문이 크게 일갈을 하자, 이때 동산이 대오했다고 한다.

선의 입장에서 보면 사도(지역 名)가 원래의 사도가 아니고, 보자사 역시 보자가 아니며, 8월 25일이라는 숫자 역시 본래 있는 날짜가 아니다.

애석하게도 운문종은 몇 대를 지나 단멸하였다. 그러나 근현대 선사 허운(虛雲, 1840~1959)이 법맥을 살려 운문종의 종풍이 현재까지 이어지고 있다.

운문 문언의 진신상(광동성廣東省 유원현乳源縣 대각사 조사전)

32 | 법안종(교학과 선종의 일치를 추구하다) : 법안 문익·천태 덕소·현칙 감원

(1) 법안종의 종조, 문익의 행적

설봉 의존의 법맥에서 운문종과 법안종이 개산開山되었다. 운문종은 앞에서 언급하였고, 법안종은 설봉의 제자인 현사 사비(玄沙師備, 835~908)의 손자뻘 제자인 법안에 의해 형성되었다. 법안 문익(法眼文益, 885~958)이 개산한 법안종은 선종 5가 가운데 가장 마지막에 성립되었다. 늦게 성립되었지만 앞의 4가를 아우르는 측면이 있어 선종의 르네상스 시대가 열린 동시에 중국 선종이 완성되었다. 한편 고려 불교에도 영향을 미쳤다.

법안은 절강성浙江省 여항餘杭(현 항주杭州시 여항구) 출신으로 7세에 출가하였다. 월주越州 개원사開元寺에서 구족계를 받고, 아육왕사의 희각 율사 문하에서 율을 익히고 유학 등을 배우며 교학에 몰두했다. 법안은 복주의 장경 혜릉을 참문하고도 수행에 진전이 없었다. 어느 해 법안은 도반들과 함께 행각하는 와중, 폭우를 만나 복건성福建省 지장원地藏院에 머물게 되었다(『전등록』).

지장원에는 현사 사비에게 법을 받은 나한 계침(羅漢桂琛, 867~928)이 머물고 있었다. 법안 일행은 하룻밤을 묵은 뒤 떠나려고 나한에게 인사를 올렸다. 그러자 나한이 물었다.

296

"상좌는 어디를 가려고 하는가?"

"여기저기 행각하고 있습니다."

"행각하고 있는 의도가 무엇인가?"

"잘 모르겠습니다."

'잘 모르겠다'는 이 말에 동행들은
깨달은 바가 있었다고 한다. 다시 나한
이 법안에게 물었다.

법안 문익 진영

"불교에서는 '삼계三界는 오직 마음
이고 만법萬法은 오직 식識'이라고 하
는데, 상좌는 이 뜻을 아는가? (잠시 후 나한이 뜰의 바위를 가리키
며) 그렇다면 저 바위는 마음 안에 있는가? 마음 밖에 있는가?"

"마음 안에 있습니다."

"그대는 행각하는 중이라고 했는데, 무엇 때문에 저 무거운 돌덩
이를 마음에 담아 가지고 다니는가? 얼마나 무겁겠는가?"

법안은 나한의 질문에 답을 하지 못했다. 도반들이 모두 떠나고 법
안만 절에 남아 한 달 동안 열심히 궁구해도 답이 나오지 않았다. 나
한이 먼저 법안에게 말했다.

"참다운 불법은 모든 것을 있는 그대로 보는 것이라네."

법안은 나한의 말에 대오를 하였고, 얼마 후 법을 받았다. 법안의
나이 43세였다. 이후 법안은 강서성江西省 임천臨川 숭수원崇壽院, 강
소성江蘇省 금릉金陵 보은원報恩院, 청량원淸涼院 등지에서 크게 선풍
을 떨쳤다. 958년 74세의 나이로 입적하였다. 시호는 대법안선사大
法眼禪師이며, 저서로는 『종문십규론宗門十規論』·『문익선사어록文益

禪師語錄』이 있다. 법안의 문하에서 선의 총결집인『경덕전등록』, 선교일치의『종경록』과『만선동귀집』이 편찬되었다.

법안의 저서인『종문십규론』은 당시 선가의 병폐(문제점)를 신랄하게 비판함과 동시에 수행 방향을 시정코자 하였다.* 이 논은 모두 10단락으로 되어 있으며, '5가'란 명칭을 처음으로 사용하면서 5가의 선사상을 요약하였다. 그들은 옛 조사가 도에 들어가는 '기연에 조금이라도 의심이 있으면', 그것을 '일로 삼아 반드시 결택決擇하여 분명하게 하는 것을 귀중히 여겼고', '공안으로써 공부의 길을 채찍질했다'는 것이 수록되어 있는 것으로 보아 간화선 이전, 수행의 길라잡이로 삼았음을 알 수 있다.

법안의 심인心印을 고려에 전한 사람은 광종 때의 혜거(慧炬, ?~974)국사이다. 또 법안의 고려 제자로는 노감露鑑이 있다.

(2) 법안종의 선풍

법안이 화엄사상(참다운 불법은 모든 것을 있는 그대로 바라보는 것이라네)을 통해 깨달았듯이, 법안종의 종풍은 화엄+선, 즉 선교융합적이다.『법안록』에 '삼계유식송三界唯識頌'이 있다.

---

* 법안이 언급한 대로, 훌륭한 선사도 있었지만 그렇지 못한 선사도 있었다. 자기의 심지를 밝히지 못하고 종안宗眼도 없으면서 종도에게는 문풍가풍門風家風에 얽매이는 자, 불조의 진리도 알지 못하면서 불립문자를 표면에 내세워 스스로 선사의 면모를 갖추었다고 하는 자, 가송歌頌 짓기를 즐겨하여 문사文士인 척하는 자, 자기의 무능력을 반성하지 않고 자기를 보호하기 위해 대중들로 하여금 다른 사람을 배척하게 하는 자 등 선을 훼손하는 자를 비판하고 있다.

삼계는 오직 마음뿐이며, 만법은 오직 식識이다.

오직 식이며, 모든 것이 마음뿐이라면

눈으로 소리를 듣고, 귀로는 색을 보아야 하건만

색이 귀에 이르지 못하는데 소리인들 어찌 눈에 닿겠는가!

눈으로 색을 보고 귀로 소리를 들어야 만법을 이루리라.

만법이 인연이 아니라면 어찌 허깨비와 같은 (만법을) 관찰할 수

있겠는가?!

산하대지에 도대체 무엇이 영원한 것이고, 무엇이 무상한 것

인가!?

三界唯心 万法唯識 唯識唯心 眼聲耳色 色不到耳 聲何觸眼

眼色耳声 万法成辦 万法匪缘 豈观如幻 山河大地 誰堅誰變

삼계유심·만법유식이란 우리 자신이 경험하고 있는 내용이 마음
으로 나타난 것에 불과함을 시사한다. 즉 우리가 느끼고 보는 모든
외부 경계는 자기의 마음을 벗어나 존재하지 않는다. 다음은 법안의
'원성실성송圓成實性頌'이다.

지극한 이치는 생각이나 말조차 없는 것, 어찌 무엇으로 비유할

수 있겠는가?

서리 내린 밤, 달이 내려와 무심히(任運) 시냇물에 떨어진다.

과일이 익으니 원숭이와 함께 더욱 더 무겁고

첩첩산길에 길을 잃은 듯, 석양빛 보려고 머리를 드니

원래부터 서쪽인 것을…….

理極忘情謂 如何有喻齊 到頭霜雪夜 任運落前溪

果熟兼猿重 山長似路迷 舉頭殘照在 元是住居西

　여기서 원성실성은 기사己事의 구명究明에서 원만히 모든 것을 깨달아 마친 자의 표현이라고 할 수 있다. 법안은 이런 마음을 가을달에 비유하고 있다. 법안이 말하는 원성실성은 그대로 무심의 세계인 선의 경지인데, 모든 것은 진여의 나타남에 불과하다는 뜻이다.

　이와 같이 법안의 선풍은 화엄사상과 선의 결합인 선교융합이다. 한편 법안종의 선풍은 강남을 중심으로 전개되었는데, 북송시대로 접어들면서 쇠퇴하였다. 하지만 염롱·게송·착어 등 법안종의 선풍은 송대 송고頌古 문학과 공안선 시대로 전개되는 견인차 역할을 하였다.

(3) 법안종 문하

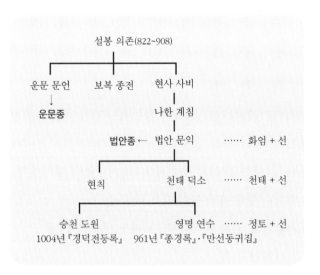

① 천태 덕소(법안종 2세)

천태 덕소(天台德韶, 890~972)는 법안의 제자로서 천태학과 선의 융합을 도모하였다. 천태는 절강성 처주부處州府 용천현龍泉縣 사람으로, 18세 때 출가하였다. 출가 후에 여러 선지식을 만나기 위해 다녔는데도 깨닫지 못했다. 천태가 당시 찾아다닌 선지식이 54명이라고 할 정도로 천태는 스승과 법연이 없었다. 천태는 마지막이라는 비장한 각오로 법안을 찾아갔는데, 인연이 되었다. 법안은 첫눈에 천태의 근기를 알아보았다.

> 덕소가 법안의 도량에 머물던 어느 날, 한 승려가 법안에게 물었다.
> "어떤 것이 조계의 물 한 방울입니까(如何是曹源一滴水)?"
> "조계의 물 한 방울이다(曹源一滴水)."
> 법안의 대답에 그 승려는 뜻을 파악하지 못했다. 그런데 함께 있던 천태가 오히려 법안의 말에 개오開悟하였다. 천태가 자신의 오도悟道 경지를 법안에게 아뢰니 법안이 말했다.
> "그대는 뒷날 마땅히 국왕의 스승이 되어서 조사의 도를 크게 빛낼 것이다. 나는 그대의 근기에 미치지 못한다."
> (『법안록』·『직지심경』)

이렇게 법안은 제자 천태에게 겸손하였다. 이런 기연을 계기로 천태는 법안의 법을 받았다. 이후 천태는 고향으로 돌아갔다가 다시 절강성浙江省 천태현天台縣 천태산으로 옮겨가 천태 지의(天台智顗,

천태 덕소 진영

538~597)의 유적을 중수하였다. 이후 사람들은 선사를 '천태 지자의 후신'으로 여겼다.

당시에는 천태 교학이 거의 소멸된 상태였다. 천태 덕소는 나계 의적螺溪 義寂을 통하여 오월吳越의 왕인 충의왕(忠懿王, 948~978 재위)으로 하여금 사신을 보내 고려 광종(光宗, 949~975 재위)에게 고려에 유통되고 있는 천태 교전을 그대로 베껴 올 수 있도록 요청했다.* 이를 계기로 단절 위기에 놓여 있던 천태 교학이 부흥할 수 있는 계기가 마련되었다. 천태 덕소는 선종 승려이면서 천태 교학에 마음을 기울여 선+천태의 선교융합적인 토대를 이루었다. 이런 면은 후대 중국 근대 승려들에게도 나타난다.

천태 덕소가 활동할 때에 법난(955년 후주의 폐불)이 일어났고, 불교에 대한 사회적인 비판이 있었다. 이런 시기에 천태는 외부세력에 대한 대항 논리로 선교융합을 표방했다고도 볼 수 있다. 971년 천태

---

* 지반志磐의 『불조통기』에 따르면, 충의왕忠懿王이 『영가집永嘉集』을 읽다가 뜻을 알 수 없어 천태 덕소에게 물었다. 덕소는 당시 천태종 종사인 나계 의적螺溪 義寂에게 물으라고 하였다. 왕이 의적에게 물으니, 의적은 '천태 전적이 당나라 말기에 전란으로 소실되어 중국에는 없고 해외에 있다'고 하였다. 이에 오월왕은 고려 광종 11년(960년)에 사신을 고려에 보내 잃어버린 불교 전적을 요청하고, 고려에서는 왕명으로 중국에 불교전적을 보냈다. 이때 불교전적을 가지고 중국으로 건너간 이가 바로 『천태사교의』를 지은 제관諦觀 법사라고 한다.

302

산 화정華頂의 서쪽 봉우리가 갑자기 무너지면서 온 산천이 진동하였다. 천태는 자신의 수명이 얼마 남지 않았음을 제자들에게 공포한 며칠 후에 열반에 들었다. 세수는 82세, 법랍은 65세였다.

② 현칙 감원(법안종 2세)

법안 문하에 현칙玄則 감원이 있다. 감원監院이란 사찰의 행정 업무를 담당하는 소임으로, 현재 우리나라로 치면 부주지격에 해당한다. 그런데 현칙은 스승인 법안에게 법을 묻는 일이 없었다. 하루는 법안이 현칙에게 물었다.

"자네는 이곳에 머문 지 23년이 되었는데, 어찌하여 내게 법을 묻지 않는가?"
"스승님에게 묻지 않는 것은 별 뜻이 없습니다. 저는 이미 청봉靑峰 선사 문하에서 한 소식을 얻었기 때문입니다."
"그래, 어디 한번 자네가 얻은 경지를 말해 보아라."
"제가 청봉 선사에게 '무엇이 부처입니까?'라고 물었더니 선사가 '병정동자래구화丙丁童子來求火'라고 답했습니다. 그때 선의 경지를 얻었습니다."
"그래? 그런데 그대가 잘못 안 것 같구나. 한번 설명해 보아라."
"병정이라고 하는 것은 '병丙(火의 兄)'과 '정丁(火의 弟)'으로, 모두 불을 취급하는 신을 말합니다. 화신火神이 불을 구하고 있는 것은 마치 부처가 부처를 구하는 것이 아니겠습니까?!"
"역시 너 따위가 알 리가 없지, 네가 잘못 알고 있군."

303

현칙은 스승의 이 말에 불쾌감을 드러내고, '이런 스승 밑에 있어 봐야 내가 이득이 될 게 없을 것 같다'라는 말을 남기고 사찰에서 짐을 싸서 나가버렸다. 그렇게 도망을 나가 양자강을 건너 멀리 떠났다. 그러다 갑자기 스승의 말을 다시 한번 생각하게 되었다. '우리 스님 같은 분이 내게 그런 말을 했다면, 반드시 까닭이 있을 것이다'라고 생각하고, 다시 법안에게 돌아갔다. 마침 이 무렵, 법안도 현칙이 떠난 것을 안타까워하였다.

"이 현칙 수좌는 아까운 수좌이다. 다시 돌아온다면 깨달음을 얻을 것이다. 그런데 다시 돌아오지 않는다면 정각의 기회는 없을 것이다."

현칙이 돌아와서 스승에게 사죄 인사를 드리며 법안에게 물었다.

"무엇이 부처입니까?"

"병정 동자가 불을 구하는구나(丙丁童子來求火)."(『벽암록』 7칙)

'본래 모든 것을 구족하게 갖춘 부처인데, 새삼스레 다시 부처가 될 필요가 있는가?'라는 의미이다. 실라성室羅城의 미남자 연야달다演若達多가 머리를 갖고 있으면서 머리를 찾는 것과 같은 이치이다. 머리를 갖고 있으면서 머리를 찾는다는 장두멱두將頭覓頭는 『수능엄경』 4권에 수록되어 있다. 마음 밖을 향해서 부처를 찾으려는 어리석은 이들을 훈계하는 내용이다.

이 말에 현칙은 크게 깨달음을 얻었다. 현칙은 이전 선사에게서 첫 번째 깨달음을 얻었고, 법안에게서 대정각의 기회를 얻은 셈이다. 처음 깨달음이나 두 번째 깨달음이나 같은 내용이지만, 법안과의 기연으로 대정각을 이룬 것은 시절인연이 도래한 것이라고 볼 수 있다.

33 | 고독조차 사치라고 여긴 선사들 : 나잔 · 남악 현태 · 법창 의우 · 광혜 원련

1,600여 년 한국 불교사에 찬란한 고려불교도 있었지만, 조선 500년 통한의 불교사는 매우 심각했다. 그럼에도 그 무엇이 오랜 시간 한국사회에 불교를 존속하게 한 것인가? 석가모니부처님 이래 2,600년 이상 지구상에 불교가 이어져 내려온 것은 지극한 수행자가 배출되었기 때문이라고 본다. 이제 중국 선의 르네상스 시대에 참 수행자의 면모를 남긴 몇 분을 만나 보자.

① 나잔

남악南嶽 형산衡山(형산은 호남성에 위치하고 있으며, 남악 회양과 석두 희천이 상주했던 곳)에 나잔懶殘이라는 선사가 살았다. 이 선사의 이름인 나잔이란 말은 누더기를 걸치고 노쇠해서 비틀비틀 걷는 노인이라는 뜻이다. 나잔은 북종선 3세에 해당한다. 즉 대통 신수(大通神秀, 606~706) 문하에 당시 화엄학자이자 선사인 보적(普寂, 651~739)이 있는데, 나잔은 바로 보적의 제자이다(5조 홍인 → 신수 → 보적 → 나잔). 당나라 현종(712~756 재위)이 나잔의 덕을 칭송해 그를 관직에 기용할 생각으로 칙사를 보내어 장안으로 모셔오라고 하였다.

칙사는 나잔이 머물고 있는 산골을 겨우 찾아갔건만 선사는 칙사를 거들떠보지도 않았다. 칙사가 황제의 말을 전하자, 나잔은 칙사 앞에서 아무 말도 하지 않고 구운 감자를 맛있게 먹고 있었다. 선사는 평소에 씻지도 않아 침과 콧물이 목덜미 근처까지 드리워진 모습이었다. 이때가 마침 추운 겨울인데다 초라한 행색의 노승이 감자를 먹고 있으니, 칙사가 안타까운 마음으로 선사에게 물었다.

"스님, 무엇이든 필요한 것은 없습니까?"
나잔이 고개를 들어 말했다.
"그래, 내가 부탁을 하나 하지요. 그대가 아까부터 내 앞을 가로막고 서 있어 햇볕이 들지 않으니, 그 서 있는 자리 좀 비켜 주시오"

이렇게 나잔처럼 명예에 얽매이지 않은 선사들이 많았다. 나잔의 '낙도가樂道歌' 일부분을 보기로 하자.

나는 하늘에 태어나는 것도 바라지 않고,
복전福田도 좋아하지 않는다.
그저 배고프면 밥 먹고, 졸리면 잠을 잔다.
어리석은 사람은 나를 비웃겠지만
지혜로운 사람은 알 것이다.
어리석고 둔한 것이 아니라 본체가 그러하다.
가고 싶으면 가고, 멈추고 싶으면 멈춘다.
몸에는 헤어진 누더기 한 벌,
발에는 엄마가 준 버선 한 켤레다(脚着孃生袴). (『경덕전등록』「나잔장」)

마지막 줄의 양생과攘生袴는 화두 가운데 하나이다.

② 남악 현태

당나라 중기~말기에 선은 비약적으로 발전했다. 말 그대로 선의 르
네상스이다. 수행자들이 많다 보니, 수백여 대중이 함께 거주했다.
그러면서 선사들 중 어떤 이는 지방관의 보시를 받으며, 지역 발전
을 이루기도 하였다. 반면 그 반대의 선자들이 있었는데, 대중과 함
께 거주하는 것보다 깊은 산속에서 홀로 은둔하며 시를 읊는 시승들
도 많았다. 선시가 발달한 것도 바로 이 시기인데, 이 또한 르네상스
시대 선풍의 한 단면이기도 하다. 당말 오대에 접어드는 10세기 무
렵, 남악 현태南嶽玄泰 스님이 그런 경우이다. 현태 선사는 입적하기
직전, 이런 게송(遺偈)을 남겼다.

이제 나는 65세,

지수화풍 4대는 허공으로 산산이 흩어지려고 한다.

도는 그윽하고 현묘하나니

거기에는 부처도 없고, 조사도 없으며,

머리 깎는 귀찮은 일도 없고, 목욕하는 수고로움도 없다.

이제는 한 덩어리 사나운 불길만이 남아 있을 뿐이니,

나는 이것으로 충분히 만족한다네.

今年六十五 四大將離主 其道自玄玄 箇中無佛祖

不用剃頭 不須澡浴 一堆猛火 千足萬足 (『전당시全唐詩』·『경덕전등록』)

308

승려들이 입적한 뒤에 화장하는 곳(강서성江西省 항주杭州 천목산)

위의 게송을 남긴 현태 선사는 평소 고고한 생활에 제자 한 사람 없이 홀로 수행하다가 열반하였다. 열반에 들기 전날, 한 수행자를 불러 그가 머무는 토굴 앞에 장작을 산더미처럼 쌓게 한 뒤, 다음 날 앞의 게송을 남긴 후 불속에 뛰어들어 열반에 든 것이다.

현태 선사는 후배 승려들이 장례식을 치르는 수고로움을 덜게 하기 위해 평소처럼 죽음도 고요히 맞아들였다. 옛날에 스님들은 율무 염주를 많이 지니고 다녔다. 인적이 드문 깊은 산골에서 율무나무를 만나면, 그곳에는 한 수행자가 홀로 죽음을 맞이한 곳이라고 한다. 즉, 스님의 법신은 썩어 사라졌지만 평소에 목에 걸었던 율무염주가 싹이 트고 자라 열매를 맺었다는 전설 같은 이야기가 전한다.

우리나라 경허(鏡虛, 1846~1912) 선사는 홀연히 자취를 감춘 뒤 삼수갑산에서 서당 훈장을 하다가 입적했다. 또한 경허 선사의 제자인 수월(水月, 1855~1928)도 그러하다. 수월은 제자가 없었고, 법문을 남기지 않아 선사의 어록이 전하지 않는다. 수월은 금강산 마하연 선방에서 조실을 지내다 홀연히 자취를 감춘 뒤, 중국 간도 지방에서 살았다. 스님은 만년에 북간도 왕청현汪淸縣 나자구羅子溝 화엄사 작은 암자에 주석했다. 수월은 목욕을 마치고, 스스로 쌓아놓은 장작더미에 올라 입적했다. 입적한 날부터 7일 동안 스님의 법신에서 방광이 있었고, 다비한 뒤에 많은 사리들이 쏟아져 나왔다. 수행자가 평생을 수행한 뒤에 홀로 가는 거야 당연하지만 인간에게 남은 마지막 연민, 그 고독의 흔적조차 남기지 않고 떠난 선사들이 많았다.

③ 법창 의우

송대 초에 법창 의우(法昌倚遇, 1005~1081) 선사가 있다. 의우는 임장臨漳 고정高亭 사람으로 운문종계 선사이다. 어려서 출가하여 큰 뜻을 품고 천하 사방을 행각하며 수행하면서 총림에 이름을 날렸다. 부산 법원(浮山法遠, 991~1067) 선사는 의우 선사를 두고, '발초첨풍撥草瞻風의 진정한 수행자로서 후학들의 귀감'이라고 칭찬하였다.

의우는 만년에 분령分寧 북쪽 천봉만학千峰萬壑 가운데 담이 무너진 옛집에 은거했다. 간혹 수행납자들이 선사에게 공부를 배우고자 깊은 산골까지 찾아왔다. 하지만 의우 선사는 제자를 친절히 지도하거나 자상하게 이끌지 않았다. 결국 제자들이 선사의 무뚝뚝함과 무성의에 원망만 잔뜩 하고 선사 곁을 떠났다. 당연히 선사는 제자 없이 사찰에 홀로 머물 때가 더 많았다. 그런데도 선사는 새벽에 향을 피우고 홀로 예불하며, 저녁에 등불을 밝히고 법당에 올라 아무도 없는데도 설법하는 일을 늙어 죽을 때까지 하였다. 곧 총림에서 하는 청규를 홀로 여실하게 지켜 나간 것이다. 이런 선사의 모습을 알고 있던 용도각龍圖閣 학사學士 서희(徐禧, 1035~1082)는 대중이 없는데도 대중과 함께 사는 것처럼 여법하게 사셨던 선사의 위의에 감탄하였다. 의우는 이런 유게를 남겼다.

금년 내 나이 일흔일곱
길 떠날 날을 받아야겠기에
어젯밤 거북점을 쳐 보니
내일 아침이 좋다고 하더라.
今年七十七 出行須擇日 昨夜報龜哥 報道明朝吉 (『인천보감』)

생사生死조차 자유자재로웠던 선사의 모습이다.

④ 광혜 원련

당나라 말기의 광혜 원련(廣慧元璉, 951~1036) 선사의 설법을 소개할까 한다. 원련은 임제종계 선사로서 당시 선자들의 귀감이 되었던 인물이다. 이 법문을 통해 승려로서의 면모를 새기었으면 하는 바람이다.

원련 선사는 대중에게 법을 설할 때면 "늘 재물과 이익을 멀리하고 먹고 입는 것을 간소하게 하라."고 했고, 또 "만약 도를 배우려거든 먼저 배고프고 가난해야 더 열심히 정진한다. 그렇지 못하면 도를 이룰 수 없다."라고도 설했다. 원련 선사는 입적하기 전 대중에게 이런 마지막 말을 남겼다.

"내가 평소 그대들에게 재물과 이익을 멀리하고 먹고 입는 것을 소박하게 하면 반드시 도업道業을 이룰 수 있다고 가르쳤다. 모든 죄업은 재물 때문에 발생하고, 좋지 못한 불명예는 입과 몸에서 일어난다. 나는 일생 동안 재물을 모으지 않았고, 대중에 살며 스님들과 함께 밥을 먹었다. 이는 내 분수 밖의 일이어서가 아니라 부처님께서 그렇게 가르쳤기 때문이다.

그대들은 어버이를 작별하고 출가했다. 그러니 마음을 알고 근원을 통달해 무위법無爲法을 깨닫고자 한다면 세간의 재물을 버리고 걸식으로 만족하며, 하루 한 끼 먹고 나무 밑에서 하룻밤을 자야 한다. 이것이 부처님의 가르침이거늘 어찌 그것을 어기는가?! 혹 수행자가 잘 먹고 잘 입는 것을 목적으로 한다면 부처님의 형상과 옷을 빌려 입고 불법문중을 파괴하는 것이다. 이미 불자가 되었다면 불자다운 행동을 해야 한다. '나는 복이 많고, 인연도 많으니, 마음대로 업을 지어도 된다'고 생각해서는 안 된다. 그것은 부모와 스승에게 누를 끼치는 일이며, 함께 지옥에 들어가는 일이다.

요즘 세상에 선지식이라고 하는 이들 가운데 안목도 열리지 못했으면서 입만 열었다 하면 여법하지 못한 말을 함부로 내뱉고, 사람들과 부딪히는 등 독사 같은 사람이 많이 있다. 또 어떤 이들은 재물이나 명예를 얻는 데 피를 본 파리처럼 결코 포기할 줄을 모른다. 또 어떤 수행자들은 '나는 선을 알고 도를 깨쳤다'고 하면서 방棒을 쓰고 할喝도 하니 참으로 안타까운 일이다. 그대들은 반드시 이 점을 주의해야 한다." (『인천보감』)

선종은 당나라 중엽부터 당나라 말기와 5대五代까지 200여 년간 훌륭한 선지식이 배출되면서 선풍이 풍미했던 르네상스였다. 5가 가운데 법안 문익(法眼文益, 885~958)이 개산한 법안종은 가장 마지막에 성립되었다. 송나라로 들어서 선은 공안선과 염불선으로 발달하는데, 그 원류 역할을 했던 선사(연수·도원)가 법안종의 3세이다.

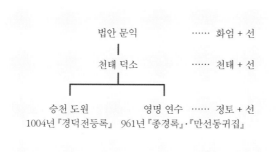

```
          법안 문익          …… 화엄 + 선
            |
          천태 덕소          …… 천태 + 선
        ┌─────┴─────┐
     승천 도원        영명 연수  …… 정토 + 선
  1004년『경덕전등록』  961년『종경록』·『만선동귀집』
```

(1) 시대적인 배경

영명 연수(永明延壽, 904~975)가 선풍을 전개하며 활동을 전개할 무렵은 당대 말기 5대 10국 시대이다. 문화적으로나 종교적으로 흥성했던 시대가 무너지면서 대륙은 크고 작은 나라로 분열되어 정치·문화·경제·사회·종교 등 각계각층이 혼란한 시기였다. 융성하게 발전되었던 선종도 5대~송대 초기로 접어들면서 차츰차츰 쇠락의 길로 접어들었다. 그러면서 종파의 특징을 논하고, 종파 간의 우열을 논하였다. 크게는 선교의 대립적 구도요, 작게는 선종 각 분파 간의 논쟁이 끊이지 않았다. 이때 연수는 불교 종파 간은 물론, 선종 간에도 사상의 간격을 좁히기 위해 "일심一心"이라는 표제로 모든 종파를 회통하며, 전체 불교를 통합하고자 시도하였다. 연수는 시대에 대한 문제의식을 갖고 불교의 역할이 무엇인가를 고민한 뒤, 그 해법을 제시한 탁월한 식견가라고 할 수 있다.

(2) 연수의 행적

법안종 3세 영명 연수(永明延壽, 904~975)는 904년 절강성浙江省 임안부臨安府 여항餘杭 출신이다. 일찍이 불법에 뜻을 두어 오신채를 먹지 않았고, 20세부터는 하루 한 끼 식사를 하며 『법화경』을 독송했

四十四世永明延壽禪師

영명 연수 진영

다. 연수는 28세에 화정진장華亭鎭將이라는 직책의 관리였는데, 군용으로 사들인 생선과 새우 등을 모두 방생하였다. 연수는 이 일로 체포되었으나 자신의 의견을 피력함으로써 누명을 벗고 석방되었다. 옥에서 풀려난 뒤 31세에 취암 영삼翠巖令參을 스승으로 출가하였다. 이후 천태 덕소(天台德韶, 890~972)를 만나 절강성 국청사에 머물렀다. 연수는 법화참법을 닦을 때, '일생 선정에 들고 간경하며, 수많은 정진

절강성 항주杭州 정자사, 연수는 이곳에서 머물며 『종경록』을 저술했다.

력으로 정토를 장엄한다(一生禪定誦經 萬善莊嚴淨土)'라고 적힌 심지를
일곱 번이나 뽑았다. 이로부터 연수는 일생을 참선하며 염불할 것을
서원하였다.

이후 명주明州 설두산雪竇山에 머물 때는 매일 아미타불을 염하고,
행도발원行道發願 등 108종의 불사를 행하였다. 960년 항주 영은산
신사新寺, 961년 사주師州 영명永明 정자사淨慈寺 등에 머문 뒤, 다시
천태산에 들어가 수많은 사람들에게 계를 주었다. 975년 세납 72세,
법랍 42세로 입적하였다. 이후 황제로부터 지각 선사智覺禪師 시호를
받았다. 연수의 저서로는 『만선동귀집』과 『종경록』이 있다.

(3) 연수의 저서 : 『종경록』

『종경록宗鏡錄』은 연수가 전체 불교를 통합하고 시대에 부응코자
편찬한 저서이다. 『종경록』은 100권으로 되어 있으며, 종밀(宗密,
780~841)의 뒤를 이어 선교일치를 체계화함으로써 중국불교를 재편
한 것으로 평가받는다(961년). 한편 선교일치를 주장하면서 종밀의
입장과는 다른 선교일치론으로 선사상을 체계화하였다. 『종경록』의
구성요소 및 내용을 분석해 보면, 핵심 키워드는 선교일치·선정일
치·삼교일치로서, 일심一心이 전체 내용을 관통하고 있다.

첫째, 선교일치禪教一致이다. 연수는 천태·화엄·유식·정토·율
에 이르기까지 두루 섭렵해서 선교원융을 주장했다. 연수는 선을 우
위에 두고 선교일치를 주장했으며, 일심을 바탕으로 선교를 회통하
였다.

둘째, 선정일치禪淨一致이다. 불교가 중국에 유입되면서부터 정토
사상은 늘 불교사와 함께 흘러왔다. 곧 선정일치를 연수가 최초로
주장한 것은 아니지만, 극명하게 논리적이고 체계적으로 선정합일
을 주장한 승려는 연수가 처음이다. 연수의 선정일치를 근거로 송대
이후 청나라 말기까지 염불선이 주류를 이루었다. 이 점은 『만선동
귀집』에서 자세히 거론한다.

셋째로 삼교일치三教一致·삼교융합이다. 물론 삼교에 대한 주장은
연수 이전인 종밀에게도 나타나고, 송나라 때에 여러 선사들도 주장
하였다.

316

(4) 연수의 저서 : 『만선동귀집』

『만선동귀집萬善同歸集』은 선과 염불 정토의 겸수兼修를 내용으로 하고 있다. 이 선정일치는 중국에서 연수가 처음 시도한 것은 아니다. 『법화경』에서는 "나무불 한 번만 불러도 모두 이미 불도를 이룬다."라고 하면서 모두 제법실상을 증득할 수 있다고 하였다. 마명보살은 『대승기신론』에서 "정토법문은 가장 수승한 방편"이라고 하였고, 용수보살은 『십주비바사론』 「이행품易行品」에서 "정토법문은 쉽게 행하고 빨리 불도를 이룰 수 있는 도"라고 하였다. 한편 천태 지의는 「십의론十疑論」을 저술하며 서방극락세계에 전념할 것을 설하였다.

그런데 연수는 정토를 말하며 선과의 일치를 강조하였다. 송대 이후 중국 선종은 선정일치의 선풍이 주류를 이루게 된다. 선과 정토의 일치에 대해서는 타방정토他方淨土가 아닌 자성미타自性彌陀 유심정토唯心淨土를 말한다. 물론 유심정토는 6조 혜능(638~713)도 『단경』에서 "마음이 청정하면 곧 이것이 자성自性의 서방정토西方淨土"라고 하며 누누이 주장했던 바이다.

그의 정토사상은 일심을 종宗으로 하며, 이사理事의 두 방면을 밝혀 선정쌍수를 권함과 동시에 이理에서 사事의 방면으로부터 그 자내증을 위하여 칭명염불을 닦고 서방왕생을 추구하였다. 또한 「참선염불사료간參禪念佛四料簡」 게송을 지어 선정쌍수禪淨雙修의 필요성을 강조하였다.* 이런 점으로 인해 연수는 법안종 3세인 동시에 송대

---

* 有禪無淨土 瞥爾隨他去 十八九蹉路 陰境若現前 無禪有淨土 何愁不開悟 萬修萬人去 但得見彌陀

정토교의 백련사 7조(여산 혜원 → 선도善導 → 법조法照 → 소강少康 → 연수 → 성상省常) 중의 한 분으로 여겨진다.

(5) 연수가 선종사에 미친 영향

첫째, 연수가 주장했던 선교일치·선정일치·삼교일치 사상은 송대 이후 중국불교에 지대한 영향을 미쳤다. 청나라 말기 태허(太虛, 1890~1947)는『조계선지신격절曹溪禪之新擊節』에서 "연수의 사상으로 인해 중국 선종의 선이 모호해졌으며, 선종 특색이 사라졌다."라고 비판하였다. 하지만 후대 중국불교의 흐름을 제시한 공헌자라는 점에 있어서는 이견이 없다.

둘째, 우리나라 고려에 미친 영향이 적지 않다. 천태종의 원묘 요세(圓妙了世, 1163~1245)는 강진 만덕산萬德山에서 천태 사상을 기반으로 참회(법화삼매참)와 정토가 겸비된 백련결사白蓮結社를 주관하였다(1236년). 요세는 연수의 "천태의 묘해妙解에 의지하지 않고는 수행의 120가지 병病을 벗어날 수 없다."라는 내용에 감득하고, 선에서 법화 사상으로 전향하였다. 곧 요세는 송대 백련결사를 본받아 결사한 것이다. 한편 고려 초기 4대 왕인 광종(949~975 재위)이 연수의『만선동귀집』을 읽고 감동을 받아 36명의 승려를 송나라에 유학보냈다. 유학을 다녀온 승려들 중 일부는 대각국사 의천이 종파를 통합할 때 중심세력이 되기도 하였다.

有禪有淨土 將來作佛祖 猶如戴角虎 現世爲人師 無禪無淨土 沒箇人依怙 鐵牀併銅柱 萬劫與千生.

(6) 공안선의 원류: 승천 도원(법안종 3세)

승천 도원(承天道原, ?~?)은 천태 덕소의 제자로서 법안종 3세에 해당한다. 도원이 편찬한 『경덕전등록景德傳燈錄』 30권은 후대 공안선, 즉 간화선이 나오는 데 결정적인 역할을 하였다. 이 점은 다음에 거론키로 한다. 이 책은 경덕 원년元年인 1004년에 엮어져 '경덕' 명호를 붙였다. 양억楊億이 교정하고 진종眞宗에게 상진하여 입장入藏이 허락된 선종 사서이다.

『경덕전등록』에는 과거 7불로부터 서천西天 28대~동토東土 6조~법안종 법안 문익에 이르기까지 1,701명 선사들의 기연機緣을 언급하고 있다(정확히 951명이고, 그 외는 선사들의 이름만 전함). 이 책은 당대 선종의 역사와 그 유래를 서술하고 있으며, 선사들의 선시·오도송·선문규식禪門規式·법계法系 등 다양한 내용이 전한다.

『경덕전등록』은 801년 『보림전』, 952년 『조당집』을 이은 선종의 사서이며, 전등록 가운데 대표적인 문헌으로 선종의 매우 중요한 자료이다. 또한 이 『전등록』에 영향을 받아 남송 때 보제普濟에 의해 『오등회원五燈會元』이 편찬되었다(1252년). 즉 『보림전』 → 『조당집』 → 『경덕전등록』 → 『오등회원』이다. 한편 『경덕전등록』에는 우리나라 나말여초 승려들의 행적도 전하고 있어 한국 불교사 연구에도 중요한 자료이다.

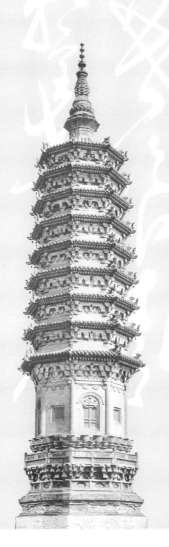

4장 북송시대,
5가 7종의 완성,
유학자들이 선에 물들다

35 | 송대, 유불도 융합과 송학宋學

송나라를 세운 태조(조광윤趙匡胤)는 불교에 관대했다. 그러나 당나라 말기부터 지방 절도사들의 권력이 매우 커져 있는 상태였다. 한편 수·당대에 과거제도가 생겼지만, 사대부들의 활동 범위가 넓지 않았다. 그러다 과거제도가 활성화되어 관료가 되는 길이 정착된 것은 송대 이후부터이다. 그러면서 관료가 된 이들은 지식 계층을 형성하였다.

태조는 지방 절도사와 관리들의 권력을 방지코자 하나로 통일된 문인 중심주의 정책을 폈다. 곧 사대부들이 각계각층에서 활동을 하며 중추적인 역할을 하였다. 그러면서 불교를 국가의 권력 안으로 포섭하고자 하였다. 물론 이런 경우는 송대만이 아니라 중국 역사상에 자주 나타났고, 우리나라 경우도 마찬가지이다. 대체로 정치적으로나 시기적으로 유불융합이 주장될 때는 불교가 약세에 몰릴 때였다. 즉 불교와 유교의 차이점을 논하면서 불교의 뛰어남을 드러내고자 하였고, 황제에게 불교의 정체성을 알리고자 하는 의도도 있었다. 여기서는 유불융합에 대해 시대적·공간적 차원에서 살펴보도록 하겠다.

(1) 대표적으로 유불을 주장한 선사와 문인들

중국에서 유불도 삼교합일을 처음으로 주장한 이는 양나라 때 승우(僧祐, 445~518)이다. 그는 『홍명집弘明集』을 편찬했는데, 불교가 중국에 들어온 이래 남북조시대를 거쳐 양나라 때까지의 유불도 문제를 다룬 책이다. 승우는 서문에서 밝히고 있는 것처럼, 불교를 비방하는 자들에 격분해 불교를 보호하기 위해 불교의 유익한 내용을 수집한 것이다. 다음 『광홍명집』은 『홍명집』의 속편으로 도선(道宣, 569~667)이 편찬했다.* 총 30권으로 구성되어 있으며, 『홍명집』에 싣지 못한 것을 첨가하였다. 두 책 모두 삼교회통이라기보다는 호법론護法論에 가깝다. 다음으로 유불융합을 주장한 이는 수나라 때 천태 지의이다.

---

* 『홍명집』은 양나라 때 승우僧祐가 편찬한 것으로 불교가 처음 전래된 후한後漢 명제明帝 이후 500여 년 동안 저술되었던 불교에 관한 논문, 기사, 편지, 격문 등 58편이 수록되어 있다. 14권으로 되어 있는 이 책에는 유불선 삼교를 둘러싸고 벌여온 논쟁의 쟁점들이 기술되어 있다. 승우는 서문에서 불교를 비방하는 사람들에게 격분을 금할 수 없어 불교를 지키고 펴기 위하여 불교에 유익한 글이면 다 모아 수집하여 편찬하게 되었다고 책을 지은 동기를 밝히면서, 『홍명집』이 호법론護法論으로 지어진 저서임을 밝히고 있다. 각 권마다 역대의 여러 사람들이 쓴 논문을 인용하면서 불교의 정당성과 우위를 주장하는 내용들이 주류를 이루고 있다. 『광홍명집』은 『홍명집』의 속편이라 할 수 있는 책으로 당나라 때 도선道宣이 편찬하였다. 논문, 시부詩賦, 명문銘文 등을 채록하여 30권으로 구성되어 있으며 그 내용이 10편으로 분류되어 있다. 『광홍명집』은 『홍명집』의 누락된 내용들을 보충하여 편찬한 것으로 불교 외에 『열자』, 『후한서後漢書』, 『위서魏書』에 수록된 내용들을 적절히 인용, 『홍명집』보다 그 내용 범위를 넓혔다 해서 『광홍명집』이라 하였다.

천태 지의(天台智顗, 538~597)는 '마음의 약'으로서 세간의 도덕에 관해 "만약 깊이 세간의 도덕을 알면, 그것은 바로 부처님의 가르침이다."라고 하였다. 곧 불교의 5계, 5상五常(仁義禮智信), 5행五行(木火土金水), 5경(詩經·尙書·春秋·禮記·易經)이 서로 대응하고 양자의 교설이 상통함을 주장하였다. 지의는 유교나 오행설을 근본적으로는 불법佛法이라고 보았다. 그는 불교 실천론을 정립하는 데 있어 중국의

삼교회통을 주장했던 천태 지의 진신보탑(절강성 천태현 천태산 지자탑원)

모든 사상을 받아들이며, 불교와 유사점을 찾아 체계화하였다. 지의의 사상을 이어 유불도 융합을 주장한 인물은 당대의 규봉 종밀(圭峰宗密, 780~841)이다.

종밀은 『원인론原人論』으로 불교 입장에서 유교·도교를 회통시켰다. 그는 불교의 심성心性 입장에서 유교 윤리를 포섭해 종합하려는 시도를 보였다. 종밀이 주장한 유불회통은 한유(韓愈, 768~824)의 사상을 본받았다고 본다. 그런데 한유는 불교를 오랑캐 종족의 사상이라며, 불교를 단호하게 비판했다.

이후 송대로 접어들어 최초로 유불을 주장한 이는 불일 계숭(佛日契嵩, 1007~1074)이다.* 그는 불교 입장에서 유교를 일치시킨 『보교

賢首五祖圭峰宗密禪師

규봉 종밀 진영, 종밀은 삼교를 회통하
고, 불교철학을 정립했다. 또한 송대 유
학자들이 송학의 체계를 세우는 데 길잡
이 역할을 하였다.

편輔敎篇』을 지었는데, '유교의 5상
은 불교의 5계·10선과 유사하다'고
주장하였다. 설숭은 한유의 지나친
배불에 항거해서 불교의 존재성을
정당화하기 위해 이 같이 주장한 것
이다. 설숭과 동시대인 구양수(歐陽
修, 1007~1072)는 유교만이 참된 국
가 이념이라고 주장했는데, 이후에
설숭에게 감화를 받아 불교를 옹호
하였다.

　구양수는 당송 8대 문장가 중 한
사람이다. 어려서 가난한 집안에 태어나 4세 때 아버지를 여의었으
며, 붓과 종이를 살 돈이 없어 어머니가 모래 위에 갈대로 글씨를 써
서 가르쳤다고 한다. 10세 때 당대 한유의 글을 읽은 것이 문학의 길
로 들어선 계기가 되었다. 그는 진사를 시작으로 관료파의 중심인물

---

* 　계숭은 광서성廣西省 등주藤州 사람이다. 『전법정종기傳法正宗記』·『정조도定祖
　圖』 등 선종사 책을 저술하였다. 구양수 등이 사대부의 유학을 일으키고 불교를
　배척하는 데 대해 유교와 불교의 일치를 주장하는 『보교편輔敎編』 등을 저술했
　다. 저술에서 계숭은 '유교의 인·의·예·지·신은 불교의 5계나 10선행과 유사
　하다'고 주장하였다. 또한 '불교는 중국에 유입되었을 때부터 중국사상과 일치
　한다. 이에 불도로써 근본을 삼는다면 반드시 이름 있는 유학자가 될 것'이라고
　하였다. 계숭이 속한 운문종은 지식층이나 권력층에 감화를 주는 데 크게 기여
　하였다.

이 될 만큼 높은 관직에 올랐던 인물이다. 그는 많은 시와 저서를 남김으로써 후대 사람들과 문학계에 큰 영향을 끼쳤다.[**] 구양수는 생전『화엄경』전권을 다 읽을 만큼 신심이 깊어 '육일六一 거사'라 불렀다.

계숭에 이어 유불융합을 주장한 이는 운문종의 중흥조이자『송고 100칙』를 저술한 설두 중현(雪竇重顯, 980~1052)이다. 설숭과 중현은 모두 운문종 승려로서 송나라 초기의 국가 이념인 유교주의를 자신의 이론에 절충한 선사들이다. 또 남송대로 접어들어 장상영(張商英, 無盡居士, 1043~1121)이『호법론護法論』을 저술했는데, 이 논은 대장경에 입장入藏될 정도로 뛰어났다. 우리나라에서는 고려 말기, 환암 혼수가 승준과 만회에게 명하여 장상영의『호법론』을 청룡사본으로 간행하였다.

(2) 철학적인 유불도 삼교 주장 ↔ 배불에 항거한 주장

물론 사상적으로 철학적인 입장에서 삼교일치를 주장하기도 하지만, 대체로 시대적인 위기감에서 불교를 보호하는 차원이 더 강하다고 보인다. 우리나라도 유불도 삼교일치를 주장한 이들이 많았다. 삼교일치는 조선시대의 두드러진 특징 가운데 하나이다. 함허 득통은『현정론顯正論』을 저술함으로써 삼교일치 사상을 주장했는데, 득

[**] 강소성江蘇省 남경南京 대명사大明寺 도량 내 대웅보전 주변에 구양사歐陽祠가 있다. 북송시대 정치가이자 당송 8대가 중 한 사람인 구양수歐陽修의 석각 화상을 모셔놓았다.

통의 삼교융합론은 유가의 배불론을 반격하면서 삼교의 조화론적인 입장을 보이며 불교를 현정顯正시키고 있다. 조선 중기 서산 휴정도『삼가귀감三家龜鑑』을 통해 이 점을 강조하고 있다. 휴정은 삼교가 모두 근원적인 마음을 구명究明하고 그것을 개발하는 데 역점을 두고, 그들이 조화롭게 병행할 수 있는 가능성을 제시하였다. 그런데 조선 현종 때의 인물인 백곡 처능의 경우는 다르다. 왕의 권력이 절대적인 시대에 목숨을 내놓으면서까지 부당하다고 항거한 선사는 백곡이 처음이자 마지막이다. 백곡은「간폐석교소諫廢釋敎疏」상소문을 통해 유교만 숭상하고 폐불하는 것에 항거하였다.

(3) 송대 문치주의와 찬녕의 불교관

앞에서 말한 대로 송나라는 문치주의를 표방했다. 이 무렵, 항주 태수의 원조와 권력에 힘입어 국사가 된 찬녕(贊寧, 919~1002)은 계율에 정통한 불교 학자로서 불교와 유교의 융합을 시도했다. 그는『승사략僧史略』과『송고승전』을 저술하였고, 율과 유학 등에도 뛰어났던 인물이다. 찬녕은 유교 사상으로 선사들의 행적을 해설하였다. 그러면서 그는 '국왕의 권력을 제일'로 하고, 불교는 그 아래에 두어야 한다는 입장을 견지하면서 '권력의 도움 없이는 불교가 발전할 수 없다'고 주장하였다.

송 태조가 수도 상국사에 행차했을 때의 일이다. 황제가 대웅전 앞에서 부처님께 예배하는 것이 옳은가 그렇지 않은가 하고 질문했을 때, 찬영은 이렇게 말했다.

"황제는 부처님께 예배하지 않아도 됩니다."

"황제도 신심으로 예배하는 것이 좋지 않은가?"

"황제는 우리들의 현 부처님이십니다. 그리고 불상은 과거의 부처님을 나타낸 것이기 때문입니다."

글쎄? 이런 찬녕과는 관점이 다른 승려가 있다. 여산 혜원(廬山, 334~416)은 여산에서 산문 밖을 나오지 않고 30여 년을 수행한 승려로서 『사문불경왕자론沙門不敬王者論』을 저술하였다. '승려는 황제에게도 예를 하지 않는다'는 주장이다. 승려는 삼계도사요, 사생자부가 되기 위한 출가자로서 세속적인 왕에 비견될 수 없을 만큼 높은 위치에 있다는 의미이다. 두 분을 비교코자 언급하는 것은 아니지만, 승려가 재빠르게 시대에 순응하기보다는 굴하지 않는 자존감이 더 돋보인다.

(4) 송학과 선종의 관계

우리나라 조선은 유교주의 정책을 표방함으로서 불교는 자연 쇠락의 길을 걸었다. 송나라도 유사하지만, 우리나라와는 다르게 불교 말살 정책을 편 것은 아니다. 송나라 불교는 색깔만 달라졌지, 송학宋學이 불교를 근간으로 하고 있어 불교는 여전히 살아 있었다. 곧 당대 선사상의 영향으로 유교의 송학이 발달된 점은 모든 학자들의 공통된 의견이다. 아니, 당나라 때의 유학자들도 선의 영향을 받아 자신의 철학을 구축했다. 앞 장에서 당대 한유나 이고李翱·유종원柳宗元 등을 언급했다. 한유는 원도原道·원성原性·원훼原毁·원인原人·원귀原鬼 등 '오원'을 주장해 인간 본연의 모습을 탐구했다.* 이고도

『복성서復性書』를 통해 불교적인 관점에서 유교 이론을 저술하였다. 그는 인간의 본성에 대한 회복, 본심·본성으로 돌아가는 반본환원 사상을 주장했다. 당시 한유의 문하생들이 이고의『복성서』를 읽고 이렇게 탄식했다. "아아, 이고도 가고 말았구나(불교로 귀의). 우리 유교도 이제 쇠퇴하겠구나. 통탄할 일이다."

이런 유학자들의 사상을 본받아 송대 이후의 문학과 철학에 새로운 경향이 시작되었다. 특히 이고(?~844)의 사상이 큰 영향을 미쳤다. 이고의 철학은 송학의 선구를 이루었다는 평가를 받는다.[**]

송학은 내용적으로 불교가 개척한 심성心性의 사변을 받아들이고 있음을 부정할 수 없다. 송학은 불교의 이름을 칭하지 않는 중국적인 불교라고 할 수 있다. 예컨대 주자의 불교 비판과 같은 것은 거기

---

[*] 한유는 공자·맹자 이후 훈고의 학문으로 떨어졌던 유학을 인간과 접목시키고자 했는데, '인간은 어느 누구라도 학문과 수행을 쌓으면 반드시 성인이 될 수 있다'고 주장했다.

[**] 송학에 커다란 영향을 끼친 것은 이고의 복성설復性說인데, 그 내용을 보면 성인도 범인도 그 '성性'은 동일하지만 거기에 각覺과 불각不覺의 차이가 있는 것은, 성인은 성性을 미혹시키는 정(情; 喜·怒·哀·樂·愛·惡·欲의 7정)에 빠지지 않는데, 범인은 그것의 방해로 성을 바로 볼 수 없기 때문이라고 하면서, 범인도 정의 속박을 벗고 성으로 되돌아오면 성인이 된다고 주장했다. 그것을 실현하는 방법으로는, 정이 생기지 않도록 하기 위해 사려思慮를 갖고 마음을 깨끗이 하는 것이라고 하였다. 당시의 사람들이 장자·열자·노자·석가에 의지해 안심安心을 구하는 것에 대하여, 그는 유교에도 성명性命의 이치가 있다고 하면서 『예기禮記』의 「중용」 편에 기초하여 자신의 주장을 폈다. 그러나 그의 주장은 도가의 복초復初, 불교의 돈오頓悟·지관止觀의 방법에서 영향을 받은 것으로, 이 점에서 유교 이론이 종래와 완전히 다른 방법으로 구성되었다고 볼 수 있다.

에서 문제 삼고 있는 지식이 거의 모두 선禪에 관한 것이다. 일본의 가마타 시게오(鎌田茂雄)는 "불교인 가운데 가장 위대한 사람으로 중국 사상사에 큰 영향을 남긴 인물은 종밀이다."라고 하였다. 즉 종밀이 송학 및 양명학에 큰 영향을 끼쳤다는 말이다. 종밀이 지知를 보편적인 원리로 삼은 것처럼, 주자는 이理를 종지로 삼았다. 또 종밀은 마조(709~788)의 견성見性·작용作用에 대해 비판했는데, 주자는 불교를 비판하는 데 종밀의 사상을 활용하였다. 종밀은 역설적 의미에서 불교를 비판하는 길잡이 노릇을 한 셈이다. 불교를 깨뜨리는 주자학의 주춧돌을 종밀이 마련했다고 해도 과언이 아니다. 그러면 송대 유학자들의 사상을 보자.

정명도(鄭明道, 1032~1085)는 "인仁을 알아야 한다. '인'이란 혼연물과 동체이다. 천지의 상常은 그 마음이 만물에 빠짐없이 미치지만 무심無心하다."라고 하였다. 유교의 어구로써 불교의 뜻에 맞추는 것으로 보인다. 한편 주자朱子는 송학과 선과의 차이에 대해 "송학은 마음에 바탕해 이치를 구명하고, 이치에 따라서 사물에 응하려고 하는 것이다. 선학은 마음으로써 마음을 구하고, 마음으로써 마음을 부리는 것이다."라고 하였다. 이 유학자들의 계보를 보면, 한유·이고·유종원 → 구양수 → 정명도·정이천 → 주자·육상산이다.

36 | 송대 선사들과 황정견

(1) 송대 사대부 문화

내 살이나 중생의 살이나, 이름은 동일하지 않지만

몸뚱이는 다르지 않네.

본래 똑같은 목숨으로서, 단지 몸뚱이의 모습만이 다를 뿐이네.

괴로움은 타인 몫이라 생각하고,

달고 기름진 것은 내가 필요로 하네.

염라대왕 판결을 시비하기 전에

스스로 자기 죄를 판가름해보면 어떨까?!

我肉衆生肉 名殊體不殊 原同一種性 只爲別形軀

苦惱從他受 甘肥任我需 莫敎閻老斷 自揣應如何 (『계살시戒殺詩』)

위의 시는 송대 황정견(黃庭堅, 1045~1105년)의 작품이다. 정견은 선자禪者이며, 문인으로서 선시를 많이 남겼다. 그의 시 속에는 불자로서의 마음가짐이 그대로 녹아 있다.

황정견이 살았던 송대로 들어서면, 승려들도 사대부화 된 면이 있고, 유교의 사대부들 또한 선사와 같이 수행하거나 불교 경전에 심취해 선시를 쓰는 이들이 많았다. 이전 당대唐代 선사들은 오롯이 수행에만 전념했던 반면, 송대 선사들은 사대부 친구들과 어울려 시와 사詞를 짓거나 거문고를 연주하며 담백함과 소탈함을 즐기는 이들이 많았다.

당시 승려로서 예술적인 취향을 보인 승려를 보면, 비연秘演·도잠道潛·각범覺範·각심覺心·계소繼紹 등이 있다. 또한 혜천慧泉은 수많은 책을 읽어 해박한 지식이 있어 당시 사대부들이 스님을 찾아와 묻는 경우가 많았으며, 그를 '천만권千萬卷'이라고 불렀다. 청순淸順은 당시 유명한 시인으로 "성품이 맑고 고요하여 사람들과 함부로 사귀지 않았으며, 특별한 일이 없이 도시에 나가지 않았는데, 사대부들이 직접 찾아와 만났고, 때로는 식량을 보내 주었다."는 기록이 전한다. 또한 중수仲殊는 소동파의 문인인데, 그의 시 가운데 '윤주북고루潤州北固樓'는 당시 사대부들이 노랫가락처럼 읊고 다녔다고 한다.

그 반대인 경우, 즉 사대부로서 승려들과 어울리며 선을 하고 선시를 남기는 이들도 많았다. 남송의 대학자 주희도『대혜어록』을 즐겨 읽었는데, "현재 선학禪學을 하지 않는 사람은 그 깊은 곳에 이르러 보지 못할 것이다. 깊은 곳에 도달하고 나면 반드시 선에 나아간다."(『주자어류』)는 말을 남겼다. 송대의 대표적인 문인이자 선자로는 양억·장방평·이준욱·주돈이·소동파·구양수·정이·황정견 등이 있다.

(2) 황정견의 생애와 구도정신

정견은 강서성江西省 홍주洪州(현 修水) 사람이다. 그는 시골의 학자 집안 출신으로 부친도 진사에 급제했으며, 도서를 많이 소장하고 있었다. 그는 어릴 때부터 총명해 주위 친척들로부터 인정을 받았다. 그는 7세 때에 '목동시牧童詩'를 지었는데, 어린 시절부터 세속의 명리를 좇는 것을 견제할 정도였다. 이미 어린 나이부터 탈속脫俗의 이미지를 갖고 있었다고 본다.

정견은 22세에 진사 급제를 시작으로 정치계에 입문했다. 정견은 정치인으로서 승승장구하며 요직을 두루 겸했다. 그러다 그가 편수관으로 있을 때, 실록을 편찬하는 과정에서 사실을 왜곡했다는 탄핵을 받아 사천성四川省 부릉涪陵으로 유배를 갔다. 이후 56세 무렵, 중앙에 기용되었으나 다시 유배지를 전전하는 신세가 되었다. 1105년 유배지에서 61세의 나이로 세상을 떠났다. 무덤은 그의 고향 수수현修水縣에 있으며, 유적은 수십여 곳이다. 정견이 남긴 저술로는 『산곡집山谷集』·『산곡정화록山谷精華錄』·『산곡금취외편山谷琴趣外篇』·『화엄소』 등이 있다.

정견은 문인으로서 한 경지에 이르러, 소동파와 더불어 양대라 하여 '소황蘇黃'이라 불리었다. 정견은 소동파의 제자이면서 절친한 벗이었다. 소동파의 문장이 자유롭고 정적인 데 비해 정견은 고전 성어를 자유로이 구사하여 두보의 계승자라 일컬었다. 정견은 호를 '예장황선생豫章黃先生'·'산곡도인山谷道人'이라 했는데, 선종사에서는 황산곡黃山谷이라는 이름으로 알려져 있다. 그는 수사와 꾸밈을 추구하고 깊이에 힘을 쏟아 '강서시파江西詩派'의 조종祖宗으로 추대

받았다. 정견은 "문장을 지을 때는 남을 뒤따르는 것을 가장 꺼려야 하며 …… 스스로 일가를 이루어야 한다."는 유명한 말을 남겼다. 그는 시와 서법 두 방면 모두에서 일가를 이루었다 해서 '시서쌍절詩書雙絶'이란 평가를 얻었다. 그러면 정견의 구도과정을 보자.

황산곡 초상화

(3) 황정견과 송대 선사들

정견이 회당 조심(晦堂祖心, 1025~1100) 선사를 찾아가, 선사에게 물었다.

"불법의 요체가 무엇입니까?"

"나는 자네한테 하나도 숨기는 게 없네."

정견이 선사의 말에 사족을 붙여가며 풀이하려고 하자, 조심 선사가 말했다.

"그게 아니네. 조금 있다가 자네에게 설명해 주겠네."

잠시 후 선사는 정견에게 따라오라고 한 뒤 산길로 들어갔다. 한참을 걸은 뒤 멈춰 섰는데, 마침 물푸레나무 꽃이 만개해 향기가 계곡에 가득했다. 조심 선사가 정견에게 물었다.

"물푸레나무 향기가 나지 않는가?"

"예, 납니다."

"나는 자네한테 조금도 숨기는 게 없네."

그 순간, 정견은 도의 편재성을 분명히 깨달았다고 한다.

(『오등회원五燈會元』)

335

곧 선은 뜬구름 잡는 신통의 세계가 아니라 있는 그대로를 깨닫는 여실지견如實知見의 세계이다. 주무숙(周茂叔, 1017~1073)이 불인 요원 선사에게 '도道가 무엇인가?'를 물었을 때 요원도 "눈앞에 보이는 푸른 산들이 제 모습 그대로 드러내 놓고 있지 않은가?"라고 답했다. 한편 소동파(1037~1101)도 오도시에서 "버들은 푸르고 꽃은 붉다."라고 하였고, 도오겐(道元, 1200~1253)은 "눈은 옆으로, 코는 세로로 달려 있다(眼橫鼻直)는 사실을 알았다."라고 하였다.

　정견에게 선의 스승으로는 조심이지만, 조심은 정견에게 글을 배웠다고 한다. 조심은 황룡파에 속하는데, 당시 황룡파는 사대부들과 왕래가 잦았다. 앞에서 언급한 소동파도 황룡파 동림 상총의 제자이다. 또한 정견은 사심 오신(死心悟新, 1043~1114)·영원 유청(靈源惟淸, ?~1117) 선사와도 도반처럼 지내며 선을 배웠다. 황정견은 회당 조심의 법맥을 받아 법맥도에도 등장한다.

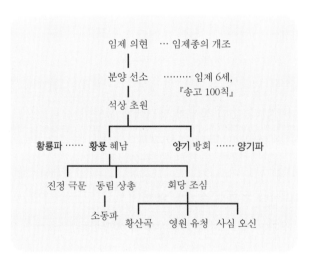

다음으로 정견의 선 세계를 알 수 있는 시를 보자.

만 리의 푸른 하늘에는
구름이 일고 비가 온다.
인적 없는 텅 빈 산에
물이 흐르고 꽃이 핀다.
萬里靑天 雲起雨來 空山無人 水流華開

정견은 늘 하던 버릇대로 애정시(愛情詞)를 많이 지었다. 그러던 어느 날, 원통 법수圓通法秀 선사를 만났다. 법수 선사는 성품이 냉엄하고 직설적인 분이다. 선사가 정견을 꾸짖으며 말했다.

"그대는 대장부로서 어찌하여 좋은 글 솜씨를 겨우 이렇게 쓰는가?"
정견이 웃으며 말했다.
"스님께서는 저까지 말 뱃속에 집어넣으려 하십니까?"
(『수월재지월록水月齋指月錄』)

정견이 이렇게 말을 한 데는 사연이 있다. 말을 잘 그리는 이백시李伯時란 사람이 있었다. 법수 선사가 그에게 생각에 따라 움직이는 삶의 원리를 설명하고 "말을 주제로 그리다 보면, 말 뱃속에 들어갈 것을 염두에 두어야 합니다."라고 꾸짖은 일이 있었다. 이백시는 이후부터 관음보살상을 그렸다. 정견이 이를 염두에 두고, 선사의 힐

난을 농담으로 받아친 것이다. 그러자 선
사가 말했다.

"당신은 달콤한 언어로 세상 사람들을
음욕이 일어나도록 부추기고 있는 겁니
다. 말 뱃속에 들어가는 것은 그래도 괜
찮지요. 그대가 지옥에 떨어질까 염려됩
니다."

그 말에 정견은 술을 끊고. 육식을 즐
기지 않았으며, 여인들을 멀리하였다고
한다.

저서 『산곡집』에 있는 황산곡의
초상화

(4) 황정견의 발원문

그 옛날 사자왕께서는 맑고 깨끗한 법을 몸으로 삼고

최상의 진리인 공空의 골짜기에서

갈기를 휘날리며 포효하셨습니다.

정념正念의 활, 삼명三明의 예리한 화살,

사랑과 연민의 갑옷을 입고서

인욕의 힘으로 동요되지 않으며

마왕의 군대를 곧장 격파하였습니다.

항상 삼매를 즐기고 감로를 맛있는 밥으로 삼았으며

해탈의 맛을 국으로 삼아 삼승三乘에 노니셨습니다.

일체지一切智에 편안히 머물며, 최상의 법륜을 굴리셨습니다.

제가 이제 그 성품에 맞는 참된 말씀을 널리 찬탄하고,

몸과 입과 뜻으로 헤아리고 관觀하면서 참회합니다.

저는 지난날 어리석음으로 인해 애욕을 품었고,

술 마시고 고기 먹으며 애욕의 갈증을 더했으며,

삿된 견해의 숲에서 노닐어 해탈을 얻지 못했습니다.

이제 부처님을 마주해 발원을 세우고 서원합니다.

오늘부터 미래제가 다하도록 다시는 음욕을 부리지 않겠습니다.

오늘부터 미래제가 다하도록 다시는 술을 마시지 않겠습니다.

오늘부터 미래제가 다하도록 다시는 고기를 먹지 않겠습니다.

만약 다시 음욕에 떨어진다면,

마땅히 지옥에 떨어져 불구덩이 속에서 한량없는 세월을 보내며,

일체중생의 음행한 과보로 받을 고통까지 제가 대신 받겠습니다.

만약 다시 술을 마신다면,

마땅히 지옥에 떨어져 철철 넘치는 구리 쇳물을 마시면서

수많은 세월을 보내며,

일체중생의 술에 취해 받는 과보를 제가 대신 받겠습니다.

만약 다시 고기를 먹는다면,

마땅히 지옥에 떨어져 뜨거운 쇳덩이를 삼키면서

무량한 세월을 보내며,

일체중생이 고기를 먹은 과보로 받을 고통을

제가 대신 받겠습니다.

원하옵니다.

제가 이렇게 미래제가 다하도록 참고 견딜 것을 맹세하오니,

6근과 6진이 청정하여 10인十忍을 빠짐없이 갖추게 하시고,

다른 이의 가르침이 없이도 일체지에 들게 하시며,

여래를 따라 다함없는 중생계에서 불사를 드러내게 하소서.

삼가 바라옵니다.

시방세계를 꿰뚫고 만 가지 덕으로 장엄하신 불보살님이여!

티끌처럼 수많은 세계에서 저를 위해 증명해 주소서.

만약 다음 생에 태어나서 이 사실을 혹 잊어버리거든

부디 가피를 드리워 저의 미혹의 구름을 거두어 주소서.

허공 같은 법신 부처님께 한결같은 마음으로 간절히 예배합니다.

정견은 발원문을 작성한 이래로 평생 자신의 발원을 저버리지 않고, 아침에 나물죽 한 그릇과 점심에 나물밥 한 그릇만 먹으면서 참선하였다. 정견은 정치적으로는 역경에 처했지만, 선 수행으로 가난과 고난을 즐겼다고 해도 과언이 아니다. 그는 친구에게 이런 시를 보냈다.

만사가 모두 한 가지 근본이거늘,

생각이 많으면 그것이 선의 병통이 되네.

답답함 밀쳐내면 새로운 시가 떠오르고,

발자국 잊으면 토끼 다니는 길 드러나네.

연꽃은 진흙 속에서 피어나니, 진에塵恚와 환의 본성을 알겠네.

몸 굽혀 그윽한 향기를 맡으니,

마음은 저녁 경치와 함께 고요하네.

萬事同一機 多慮乃禪病 排悶有新詩 忘蹄出兔徑

蓮花生淤泥 可見嗔喜性 小立近幽香 心與晚色靜

(『차운답빈로병기독유동원次韻答斌老病起獨遊東園』)

정견은 이런 시를 벗에게 보내며, 자총自聰(임제종 승려)과 해회 연
이海會演二 선사에게 귀의할 것을 권하면서 "깊이 선열을 구하고, 생
사의 근원처를 모두 보게 되면 근심·음욕·분노 등이 마음에 발붙
일 곳이 없으며, 병에 근본이 없거늘 어찌 그 지엽이 해를 끼칠 것인
가?"라고 하였다. 또 친구에게 답한 편지에 '백 가지 병이 다 내 안
에서 나오니, 깨닫고 보면 본래 누가 앓았던가?'라는 내용을 보냈다.
이와 같이 정견은 사대부 출신이지만 선사상에 영향을 받은 그의 글
은 후대까지 널리 알려졌으며, 불자로서의 귀감이 되고 있다.

송대에 전개된 임제종 선사들:
풍혈 연소·수산 성념·분양 선소·석상 초원

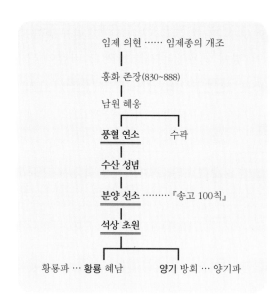

당나라 말기~오대~북송대에 이르는 동안에도 선종은 면면히 발
달하고 있었다. 이때는 5가 가운데 운문종·임제종·조동종의 선풍
만이 전하였다. 선종사에서 임제종을 거론할 때는 임제종에서 분파
된 황룡파와 양기파, 즉 임제에서 시대를 건너뛰어 황룡과 양기만을
거론한다. 임제의 법을 받은 홍화 존장~석상 초원까지의 선풍을 생
략하는 경우가 부지기수다. 하지만 우리나라 조계종은 임제종 문하

의 흐름에 주목하지 않을 수 없다. 이에 황룡파와 양기파가 형성되기 이전까지의 선사들을 보기로 하자.

(1) 풍혈 연소

임제의 문하 풍혈 연소(風穴延沼, 896~973)는 어려서부터 출가할 뜻이 있어 어육이나 오신채를 금했다고 한다. 『법화현의法華玄義』에 깊은 뜻을 두고 천태 교관인 지관정혜止觀定慧를 닦았다. 이후 남원 혜옹(南院慧顒, ?~?)의 문하에 들어가 원두 소임을 맡았다. 하루는 남원이 물었다.

풍혈 연소 진영

"남방에서는 이 몽둥이를 어떻게 헤아리느냐?"

"굉장하게 헤아립니다. 이곳의 몽둥이는 어떻게 헤아립니까?"

"방棒 아래, 무생법인이 기연을 만나고도 스승을 알아보지 못하는구나."

연소는 스승의 이 말에 크게 대오했다. 연소는 사형사제인 수곽守廓을 만나서도 공부에 도움을 받았다고 한다. 이후 연소도 스승이 되어 선풍을 떨쳤다.

한 제자가 찾아와 물었다.

"무엇이 부처입니까?"

"부처 아닌 게 있더냐?"

"현묘한 말은 깨우치기 어려우니, 곧 가르쳐 주십시오."

"바닷가 모래톱에 집을 짓고 사니, 부상(扶桑: 해가 떠오르는 곳)에 가장 먼저 해가 든다."

"밝은 달이 공중에 걸려 있을 때는 어찌해야 합니까?"

"하늘에서 빨리 돌아가는 것을 좇지 말고, 땅속에 묻힌 것을 물어라."

"옛 곡조에는 음률이 없으니, 어떻게 화합을 이룰 수 있습니까?"

"나무로 만든 닭이 야반삼경에 울고, 띠풀로 엮은 개가 새벽에 짖는다."

연소는 당시 유학과 불교학에 뛰어나 "그의 법석은 천하에 제일이고, 멀리서부터 학자가 찾아왔다."라고 한다. 법을 이을 제자가 없어 연소는 "총명한 사람은 많아도 자신의 본성을 구하는 이는 드물다."라며 한탄을 하였다. 마침 이 무렵, 수산 성념이 찾아왔다.

(2) 수산 성념

수산 성념(首山省念, 926~993)은 출가해 두타행을 하다『법화경』을 소의경전으로 하여 3,000번을 독송했다. 당시 그를 '염법화念法華'라 하였다. 수산이 연소 문하에 머물러 있는데, 어느 날 연소가 대성통곡을 하였다. 수산이 연유를 물었더니, '임제의 법맥을 잇지 못하고 여기서 끊어지는 게 슬퍼서 그러네'라고 하였다. 성념이 '그러면 저라도 잇겠습니다'라고 하자, 연소가 '자네는『법화경』에 걸려 있네'라고 하였다. 성념이 경전 독송을 끊고 수행에 전념하자, 다음 공안을 수산에게 주었다.

"세존의 설하지 않는 말씀(不說之說)은 어떤 것인가?"

"가섭의 듣지 않는 들음(不聞之聞)은 어떤 것인가?"

이후 수산은 스승의 법을 받아 남방 일대에 크게 선풍을 진작했다. 수산의 선풍을 알 수 있는 몇 가지 공안을 보기로 하자. 수산이 죽비를 들어 대중에게 보이며 말했다.

수산 성념 진영

"그대들이 만약 이를 죽비라고 불러도 어긋나고,

죽비라고 부르지 않아도 어긋날 것이다.

그대들은 얼른 말해 보라. 이를 무어라 하겠는가."

(『무문관』43칙 '수산죽비首山竹篦')

『무문관』의 저자 무문 혜개(無門慧開, 1183~1260)는 "죽비를 죽비라 불러도 안 되고, 부르지 않아도 안 되는 이치를 알면 자유로울 수 있다."고 답했다. 이 공안을 배촉관背觸關이라고 한다. 다음, 수산의 삼구三句가 있다.

"제1구에서 알아차리면 불조佛祖의 스승이 되고,

제2구에서 알아차리면 인천人天의 스승의 되며,

제3구에서 알아차리면 자신도 구제하지 못한다." (『종용록』)

수산은 바로 제1구에서 깨달음을 강조하고 있다. 다음, 선사의 공안을 보자.

어떤 사람이 선사에게 물었다.
"부처란 무엇입니까?"
"며느리를 나귀 등에 태우고, 시어머니가 고삐를 잡고 길을 간다."(『종용록』65칙 '수산신부首山新婦')

부처로 상징되는 진리가 무엇이냐는 질문이다. 시어머니와 며느리의 위치가 바뀌어 있는데, 선은 격외格外의 도리임을 의미한다. 가다가 시어머니와 며느리의 위치가 바뀔 수도 있고, 나귀에 둘이 탈 수도 있으며, 나귀에 아무도 타지 않을 수도 있다. 이러하든 저러하든 정해진 법은 없다. 『금강경』에서 "무상정등각이라고 할 만한 정해진 법이 없다(無有定法 名阿耨多羅三藐三菩提)."고 하듯이 일정한 법은 있을 수 없다. '부처가 ○○이다'라고 정의할 수 없듯이, 어떤 행이든 언어이든 삶의 어느 언저리에서든 무심無心한 도리가 중요하다.

한 제자가 수산에게 물었다.
"임제의 할과 방은 어떤 의미가 있는 겁니까?"
"그럼, 자네가 한번 해보려나."
그러자 그 승려가 "허어, 허어"라고 소리치자, 수산이 말했다.
"눈이 멀었군."
그러자 그 제자가 다시 할을 하였다. 수산이 말했다.

"그대는 눈이 멀었는데, 어찌 체통을 이루겠는가?"

(3) 분양 선소

분양 선소(汾陽善昭, 947~1024)는 14세에 부
모를 여의고 출가하여 계를 받았다. 불법을
구하고자 선지식을 찾아 발초첨풍하였다.
최후에 수산 성념에게 귀의해 깨달음을 얻
어 그의 법을 이었다. "코끼리 가는 곳에 여
우의 발자취 끊어진다(象王行處絶狐踪)."는
말에 크게 깨달았다. 시호는 무덕 선사無德
禪師이다.

분양 선소 진영

송대의 송고문학에서 공안으로 발전되었고, 다시 공안에서 화두
가 나와 간화선이 발전되었다. 즉 송고문학에서 공안선이 성립되었
고, 이 공안을 수행방법으로 전환한 것이 간화선이다. 송고문학의
시발점이라고 하는『송고頌古 100칙』이 있는데, 선소가 최초로『송
고 100칙』을 만들었다.『송고 100칙』은 수많은 공안을 시와 계송으
로 해석한 것이다.

선소는 속세의 번거로움을 싫어해 은둔해 살아서인지, 그에 관한
자료는 많지 않다. 후대에 선소의 선풍을 알 수 있는 일화가 있다. 훗
날 간화선의 제창자 대혜 종고(1089~1163)가 귀양을 가게 되었다.
이때 종고를 따르는 스님들이 이런 말을 하였다.

"사람이 살면서 신념 때문에 겪어야 할 불행이라면 구차하게 면하
려거나 슬퍼할 필요 없다. 만약 선사께서 평생을 아녀자처럼 아랫목

에 앉아서 입 다물고 아무 말도 하지 않았다면 오늘과 같은 일은 없을 것이다. 대혜 선사께서는 옛 성인이 가신 길을 간 것뿐이다. 그대들은 무엇을 그리 슬퍼하는가. 옛날 자명慈明·낭야琅琊·대우大愚 세 스님이 분양 선소를 친견하기 위해 길을 떠난 적이 있다. 그때 마침 서북 지역에서 전쟁으로 길이 막히자, 스님들은 군복으로 갈아입고 병사들 대열에 끼어 선소를 친견하러 갔다."

바로 이 대목이다. 이 내용을 통해 당시 선소의 선사로서의 위상을 알 수 있다.

(4) 석상 초원

석상 초원(石霜楚圓, 986~1039)은 현재 광서廣西 장족壯族 자치구自治區에 해당하는 전주全州 출신으로 속성은 이씨이다. '자명慈明 초원'이라고도 하는데, 처음에는 유생이었으나 22세에 출가했다. 출가 이후 만행을 하며 스승을 찾던 중 분양 선소를 참문했다. 초원이 선소 문하에서 2년을 지냈으나, 아무

석상 초원 진영

런 가르침이 없었다. 하루는 초원이 스승에게 말했다.

"스님, 저는 스님 문하에서 2년을 보냈으나, 깨달음에 관한 것은 조금도 배우지 못하고 세속의 잡다한 일만 하다 세월이 가고 있습니다. 이렇게 산다면 무슨 수행자로서 의미가 있겠습니까?"
스승이 초원의 말이 끝나기가 바쁘게 말했다.

"이 못된 놈아! 너 같은 놈이 내 문하에 들어오다니……."

대뜸 선소가 주장자로 두들겨 패자, 초원이 살려 달라고 외치며 도망갔다. 초원이 여기서 깨닫고 나서 말했다.

"임제의 도는 이런 일상생활 속에서 나왔구나!"

초원은 스승을 따라 경도京都(현 개봉開封)에서 7년을 보낸 뒤, 여러 곳을 거쳐 강서성江西省 의춘宜春 남원사에서 3년을 주석했다. 이때 초원을 알현한 제자가 양기 방회이다. 그 후 초원은 호남성의 도오사·석상사·복엄사 등에서 방장으로 주석하며 선풍을 드날렸다. 복엄사에서는 황룡파의 개산조인 황룡 혜남을 제자로 두었다. 5가 7종 가운데 임제종계의 초원 선사로부터 황룡파와 양기파가 분파되었으니, 초원의 선종사적 위치가 실로 크다고 볼 수 있다.

석상 초원이 주석했던 도량인 호남성 류양瀏陽 석상사石霜寺. 이 선사로부터 양기파와 황룡파가 분파되었다. 이 사찰 주변에는 선사들의 탑과 부도 등 수백여 기가 산재해 있다.

북송 인종(仁宗, 1022~1063 재위) 황제의 사위인 이준욱이 병이 들자, 초원에게 뵙기를 청한다는 전갈이 왔다. 초원은 부마가 살고 있는 경도로 달려가 부마를 위로하며 말했다.

"본래 걸림이 없는 것이요, 어디서나 모나고 둥글든 임의任意에 맡기십시오."

부마가 말했다.

"밤이 되니 몹시 피곤하군요."

"부처 없는 곳으로 부처가 되어 가십시오."

초원 선사의 마지막 법어에 부마는 편안히 눈을 감았다.

초원이 호남성湖南省 장사長沙 홍화사로 돌아가는데, 인종 황제가 (초원에게) 관선官船을 타고 가도록 하사했다. 그런데 배를 타고 가는 도중, 초원이 갑자기 중풍을 맞았다.

"시자야! 내가 아무래도 풍에 걸린 것 같다."

스승이 풍을 맞아 입이 비뚤어진 것을 보고, 제자가 발을 동동 구르면서 말했다.

"아이쿠! 이 일을 어쩌나?! 스님께서 평생 동안 걸핏하면 부처를 욕하고 조사를 꾸짖더니, 이제 그 업보를 받은 것 같습니다."

시자의 말에 웃으면서 말했다.

"내가 곧 바르게 해서 보여주마."

손으로 입을 어루만지니 비뚤어졌던 입이 제자리로 돌아왔다. 초원은 사찰로 돌아온 이후 좌선삼매에 들어 다음해인 1039년에 입적했다.

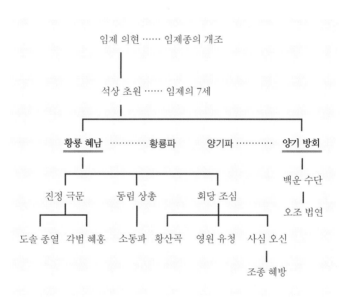

(1) 그 당시〔北宋〕선종사

북송의 선종은 5가 → 7가로 발전되었다. 곧 5가 가운데 임제종에서 황룡파와 양기파로 분파되었다.

양기파의 방회는 강서성 평향 양기산에서 선풍을 전개했고, 황룡파의 혜남은 강서성 남창 황룡산에서 선풍을 전개했다. 황룡파는 황룡 혜남에서부터 허암 회창(虛庵懷敞, ?~?)까지 8대 200여 년간 지속되다 단절되었다. 이후 양기파만 남아 임제종을 대표했다. 북송 후기에서 남송대로 접어들어 선종은 이미 임제종 천하였고 조동종이 겨우 연명하고 있는 '임천하동일우臨天下洞一隅'였다.

양기파는 송·원·명·청대에까지 가장 번성한 선종 종파였을 뿐만 아니라 한국·일본 선종도 양기파의 선풍이 대세를 이루었다. 그 실증적인 사례의 하나로, 청나라 강희 연간에 섭선聶先 스님이 저술한 『속지월록續指月錄』에 모두 710명의 선사가 등장하는데 그 중 470명이 양기파 선사들이고, 나머지 240명이 위앙종·조동종·운문종·법안종·황룡파 선사들이다. 곧 양기파의 선사들이 중국 선의 대미大尾를 이룬 것이다. 여기서 황룡파와 양기파 개산조開山祖들의 행적을 보자.

(2) 황룡 혜남

황룡 혜남(黃龍慧南, 1002~1069)은 강서성江西省 신주信州(현 上饒) 출신이다. 강서성 남창南昌 황룡산黃龍山에서 임제의 선풍을 전개했다.

四十五世黃龍慧南禪師

혜남은 황룡파 개조이며, 1110년 송나라 휘종(徽宗, 재위 1100~1125)에게 '보각 선사普覺禪師'라는 시호를 받았다.

혜남은 11세에 신주 회옥사懷玉寺에서 지란智鑾을 의지해 출가하여 19세에 구족계를 받았다. 그 뒤 여산廬山 귀종사歸宗寺와 서현사栖賢寺 등지에서 수행하고, 운문종의 늑담 회징(泐潭懷澄, ?~?)에게 가르침을 받았다. 이어서 임제종 문열(文悅, 998~1062)의 권유로 형악

황룡 혜남 진영

衡岳 복엄사福嚴寺에 주석하고 있는 석상 초원(石霜楚圓, 986~1039) 문하에 들어갔다. 혜남이 초원에게 인사를 하자, 초원이 말했다.

"그대가 운문의 선을 배웠으니 반드시 그 뜻을 얻었을 것이다. 동산의 세 차례 몽둥이는 때려야 하느냐, 때리지 않아야 하느냐?"

"때려야 합니다."

"그렇다면 아침부터 저녁까지 까마귀 울고 까치가 울어도 모두 몽둥이를 맞아야겠구나. …… (잠시 침묵 후에) 조주 선사가 오대산의 노파를 이미 간파했다고 하는데, 조주는 무엇을 간파했는가?"

혜남은 초원의 질문에 쩔쩔매며 답을 못했다. 이튿날, 혜남이 스승에게 가르침을 청하자, 초원은 쉬지 않고 욕을 퍼부었다. 혜남이 말했다.

"사람에게 욕하는 것도 자비입니까?"

혜남의 말에 초원이 반문했다.

"너도 욕을 할 수 있느냐?"

혜남은 스승과의 법거량으로 깨닫고, 게송을 지어 바쳤다.

총림의 걸출한 조주여!
노파를 간파함은 유래가 없는 일이로다.
지금 사해가 거울처럼 맑거늘
행인은 길에서 원수 되지 말지니라.
傑出叢林是趙州 老婆勘破有來由 而今四海清如鏡 行人莫與路爲讎

(송대宋代 혜방慧方의 『송고頌古 38수』)

이후 혜남은 강서성 홍주洪州(현 南昌) 봉서사, 황벽산 적취암積翠庵 등에 머물다가, 1036년 34세에 황룡산 숭은원崇恩院에서 선풍을 진작했다. 이곳에서 조심·극문·상총 등 수많은 제자들을 길러냈다.

본성을 깨닫는 지점까지 몇 개의 관문을 통과하는 선풍이 있다. 삼관三關이라고 하는데, 스승이 선자를 접인할 때 제시하는 세 가지 관문으로서 학인의 공부를 점검하고 참구케 하는 것이다. 마치 관문을 지키고 서 있는 무서운 수문장처럼 이 문을 통과하라고 소리치는 것이다. 혜남도 선자를 지도할 때 삼관을 활용했는데, 이를 '황룡삼관黃龍三關'이라고 한다. 혜남은 찾아온 학인들을 만날 때마다 출신 고향과 출가한 연유를 물은 뒤, 다음 세 가지를 질문하였다.

① 사람마다 태어난 인연이 있는데, 그대가 태어난 인연은 무엇인가?
② 내 손이 어찌 부처님 손과 닮았다고 할 수 있는가?
③ 내 다리가 어째서 당나귀 다리와 닮았는가?

태어난 인연(生緣)·부처의 손(佛手)·나귀의 다리(驢脚), 이 세 가지를 학인들에게 제시했다. 또한 혜남은 제자들에게 '진여연기설眞如緣起說'을 강조하여 "아주 작은 것이 큰 것과 같아(極小同大) 하나의 털 끝에 부처의 세계가 나타나고(于一毫端現寶王刹), 아주 큰 것은 작은 것과 같아(極大同小) 겨자씨 속에 수미산을 넣을 수 있다(可納須彌山入芥子中)."는 법을 설하였다. 앞에서 언급했듯이 황룡파는 법맥이 끊겼으나 일본 임제종의 개조開祖인 에이사이(栄西, 1141~1215)에 의해

1191년 선법이 이어져 지금까지 이르고 있다.

혜남은 세납 68세로 입적했다. 저술로는『황룡혜남선사어록黃龍慧南禪師語錄』·『황룡혜남선사어요黃龍慧南禪師語要』·『서척집書尺集』 등이 전한다. 한편 그의 4대(황룡 → 조심 → 사심 오신死心悟新 → 조종 혜방趙宗惠方)에 걸친 어록집인『황룡사가록黃龍四家錄』(1141)이 전한다.

(3) 양기 방회

양기 방회(楊崎方會, 996~1049)는 냉冷씨로서 강서성 의춘宜春 사람이다. 원래 그는 지방의 말단 관리였으나, 세속의 일들을 하찮다고 여기는 성품이었다. 방회는 20세에 출가해 처음 황룡 혜남 문하에서 수행했다. 스승이었던 혜남은 방회에 대해 늘 이렇게 말했다.

양기 방회 진영

"기량이 두텁고 어떤 일에도 흔들리지 않으며 늘 성실한 사람이다. 주위 승려들에게 기뻐하거나 슬퍼하는 내색을 하지 않는 사람으로 늘 한결같은 사람이다." 또한 "방회는 과묵하며 부드럽고 이치에 맞는 사람이다."라는 평을 받았다.

얼마 후 방회는 혜남 문하에서 나와 석상 초원을 찾아갔다. 초원을 스승으로 섬기며 그에게 가르침을 구했다. 어느 날 방회가 스승 초원에게 도를 물으니, 초원이 말했다.

"절의 일이 많아 그대가 할 일이 많으니, 얼른 가보시게."

또 며칠 후 방회가 스승 초원에게 가르침을 구하자, 초원이 대답했다.

"훗날 자네 문하에 천하의 제자들이 모일 터인데, 왜 이리 급히 서두르는가?"

한 번은 초원이 출타했다가 돌아오는 길녘에 방회가 기다리고 있었다. 스승이 나타나자마자, 스승의 멱살을 잡고 말했다.

"이 늙은이야, 오늘은 내게 가르침을 주지 않으면 스승이고 뭐고 주먹으로 치겠다!"

"네가 이렇게 알고자 노력하면서 쉬지 않고 물으면 된다."

방회가 스승의 말에 깨닫고, 그 자리에서 스승에게 절을 올렸다. 방회는 오랫동안 초원 문하에 머물며 수행하였다. 이후 방회는 자신

강서성江西省 평향萍鄕 양기산楊岐山 보통사. 방회는 이곳에서 입적 때까지 머물렀다. 이 사진은 필자가 2008년에 찍은 것으로 지금은 불사가 되었을 수도 있다.

의 고향인 강서성 평향萍鄕 양기산楊崎山 보통사普通寺에서 개당설법을 하고, 선풍을 전개했다.

당시 방회 문하에 수많은 납자들이 모여 대중을 이루어 방사가 부족한데도 방회는 불사에 관심이 없었다. 대선사가 머무는 사찰인데도 비가 오면 새고, 눈이 오면 눈 피해가 컸다. 당시 폭설로 눈이 너무 많이 와서 당우 전체가 피해를 입었다. 한 제자가 '당우를 불사해야 한다'고 간곡히 청했으나 방회는 '불사 같은 일은 번거로운 것'이라며, 다음 시게를 읊었다.

양기산의 허름한 거처, 지붕과 벽이 엉성하니
방바닥 가득 뿌려진 눈 구슬들!
목 움츠리고 가만히 탄식하며 생각하네.
나무 밑에 거처하신 노숙老宿.

또 방회의 다른 모습을 알 수 있는 내용이 있다. "스승 초원의 기일날, 사람들을 모이게 했다. 방회는 초원의 진영 앞에서 두 손을 들어 일원상을 그렸다. 그리고 향을 사른 후에 뒤로 물러나 절하는 모습이 마치 아녀자 같았다(『古尊宿語要』)." 선사의 선비 같은 모습을 묘사한 것이라고 본다.

한편 혜남의 제자인 각범 혜홍과 도솔 종열이 활약하면서 황룡파는 매우 융성하였다. 특히 황룡파 선사들은 사대부들과 인연이 깊었다. 그런데 차츰 황룡파에서 양기파의 선풍으로 옮겨갔다. 방회의 법을 이은 제자로 백운 수단(白雲守端, 1025~1072)을 비롯해, 수단 이후 걸출한 선사들이 배출되었기 때문이다. 신자들 중에 관료 출신들이 많았는데, 양기파 승려들이 사회적인 활동에 무관하지 않았음을 알 수 있다. 한편 양기파 승려들 중에는 사천성四川省 출신과 절강성浙江省 출신들이 많았다. 양기파 선종은 사천 불교나 절강 방면으로부터 영향을 받았거나 영향을 주었을 것으로 미루어 짐작해볼 수 있다.

양기파 법맥은 곧 우리나라 조계종의 역사이다. 한국의 승려들은 화두를 참구하는 간화선이 주류인데, 이 간화선의 주창자가 바로 양기 방회의 5세손인 대혜 종고(1089~1163)이기 때문이다. 또한 고려 말기 태고 보우는 석옥 청공(石屋淸珙, 1272~1352)으로부터 법을 얻었는데, 청공은 양기 방회의 12세손에 해당한다(임제 의현 → 양기 방회 → 대혜 종고 → 석옥 청공 → 태고 보우).

앞의 혜남과 제자들의 어록집인 『황룡사가록』(1153)이 있듯이, 방회 문하에도 『자명사가록』이 전한다. 곧 자명 초원 → 양기 방회 → 백운 수단 → 오조 법연에 이르는 4대의 어록이다. 양 파에서 사가어록이 편집된 점을 볼 때, 이 무렵 선종마다 법계의식을 강조했음을 알 수 있다.

(1) 동파의 행적

송나라 때 소동파(蘇東坡, 1037~1101)는 이름이 식軾이며, 동파 거사 東坡居士라 불린다. 동생 소철蘇轍과 비교해 대소大蘇라고도 불리며, 부친 소순蘇洵 또한 뛰어난 문장가로 알려져 있다. 당송 8대 문장가 중 한 사람으로 정치가이자 뛰어난 문인이다. 동파는 시와 글씨, 그림 등 다수 작품을 남겼으며, 대표작으로「적벽부赤壁賦」가 불후의 명작으로 알려져 있으며, 당대 문단에서 '큰 별'이라 칭할 정도였다. 그는 좌담을 즐겨하며 친근한 성격으로 문인들과의 교류가 많았다.

동파는 22세에 진사 급제를 시작으로 정치인이 되었다. 이때 급진 정책인 신법新法을 주장한 왕안석(1069~1076)과는 반대파에 속했던 소동파는 지방으로 좌천되어 항주 지방관이 되었다. 이외에도 동파는 정치적 당쟁에 휘말려 여러 번 좌천을 당했는데, 10여 년간 지방에서 보내면서 문학적으로도 재능을 키울 수 있는 계기가 되었고, 불교를 접하며 진리에 심취했다. 특히 그는 거주하는 곳마다 선사들과 인연되어 선을 접했다.

동파 스스로도 "오월吳越 지역에는 명승名僧이 많은데, 전부가 나와 친한 이들이다."라고 할 정도로 선사들과 교류가 많았다. 또한 그

소동파

는 혜주惠州에 있을 때, 영가나한원
의 선사 혜성惠誠과 대화를 하면서
'자신에게 선승 10명의 벗이 있는
데, 도잠道潛, 유림維琳, 원조圓照, 수
주秀州, 본각사의 일장로一長老, 초
명楚明, 중수仲殊, 수흠守欽, 사의思
義, 문복聞復, 가구可久, 청순淸順, 법
영法穎 등'이라고 말했다. 동파는 10
명의 선승들에 대해 "행동은 준엄하
면서 화통하고 글은 곱고도 맑다. 지志와 행行이 수승하며, 교와 법
에 두루 통해 있다. 문장과 시·가사에 능하여 모두가 붓을 들면 즉
시 완성했는데, 한 글자도 다듬어 고치지 않을 정도였다. 문자와 언
어에도 깊이 깨달아 이젠 붓으로 불사佛事를 하며, 더불어 노니는 사
람은 모두 한때의 명인들이다."라고 하며 찬사를 늘어놓았다(『東坡志
林』권2 付僧惠誠遊吳中代書). 이외에도 동파가 가까이 지냈던 선사가 1
백 명이 넘었다.

소동파에 대해 중국 선사들 사이에 여담으로 내려오는 전설적인
이야기가 있다. 동파 거사는 운문종 오조 사계(五祖師戒, 운문 문언의
손자뻘 제자)의 후신後身이라고 한다(『春渚紀聞』권1). 진위 여부를 떠
나 소동파가 그만큼 선과 밀접했음을 엿볼 수 있다. 한편 동파는 신
심이 지극하여 영서嶺西로 여행할 때, 아미타불을 그려 극락왕생의
증표로 몸에 지니고 다녔다는 기록이 전한다(운서 주굉의『왕생집往生
集』권2). 또한 동파 스스로도 이런 말을 하였다.

"내가 고기를 먹고 독송을 하니, 어떤 이가 독송해서는 안 된다고
하였다. 내가 물로 양치질을 하자, 그는 다시 말했다. '어찌 물 한
사발로 씻어낼 수 있겠는가?' 그래서 내가 '부끄럽습니다. 바르게
신행해야 하는 것으로 알겠습니다(闍利會得)'라고 말했다."

(『동파지림東坡志林』 권2 「송경첩誦經帖」)

(2) 소동파와 당대 선지식들과의 법거량

동파가 인연된 선사들과의 법거량을 보자. 동파가 형남荊南 지방에
머물 때, 옥천玉泉 호 선사皓禪師의 기봉機鋒이 뛰어나다는 말을 들었
다. 동파는 일부러 허름한 옷차림으로 선사를 찾아갔다. 선사가 물
었다.

"그대는 성이 무엇입니까?"
"성은 칭稱(저울)이라 합니다. 천하의 장로들을 다는 저울입니다."
선사는 크게 할喝을 하고 말했다.
"이 할은 몇 근인가?" (『속전등록』 권20)

동파가 호 선사의 할에 한마디 대답도 못하고, 선사에게 예를 표했
다. 또 동파는 운문종 불인 요원(佛印了元, 1020~1086)과는 도와 시를
나누는 절친한 도반이었다. 동파가 황주黃州로 옮겨가 살면서 여산
盧山 귀종사歸宗寺에 머물던 불인 요원 선사를 만났다. 어느 날, 소동
파가 선사의 방에 들어가니 의자가 한 개만 있었다. 선사가 말했다.

"오늘은 의자가 한 개밖에 없으니, 미안하지만 아무데나 앉으시지요."

"의자가 없다면, 화상의 4대四大 육신을 선상禪床으로 빌려주시지요?"

"산승이 문제를 낼 터이니 알아맞히면 대관에게 선상(의자)이 되어 주고, 맞히지 못하면 대관께서 허리의 옥대를 끌러 주십시오."

그러면서 동파는 옥대를 풀어 탁자 위에 올려놓았다.

"네, 스님 그렇게 하지요."

"대관이 산승의 4대 육신을 빌려 앉겠다고 했는데, 그 4대란 본래 공空한 것이요, 5온이란 있는 것도 아니거늘(非有) 대관은 공과 비유, 어디에 앉겠습니까?"

결국 소동파가 한마디도 못하고, 선사에게 탁자 위의 옥대를 주면서 말했다.

"화상께서 자비를 베풀어 미혹한 제게 가르침을 주십시오."

"일체 사량분별을 쉬고 또 쉬십시오."(『오등회원』권16)

또 하루는 소동파가 요원 선사를 찾아갔다. 두 사람이 마주보고 좌선을 하는데, 동파가 문득 한 생각이 떠올라 선사에게 물었다.

"스님, 제가 좌선하는 자세가 어떻습니까?"

"부처님 같습니다."

소동파는 선사의 말에 의기양양해졌다. 이번에는 선사가 동파에게 물었다.

"그럼 그대가 보기에 내 자세는 어떠한가요?"

"스님께서 앉아 계신 자세는 마치 한 무더기 소의 똥 덩어리 같습니다."(『오등회원』권16)

선사는 미소를 지으며, 동파 거사에게 합장했다. 동파는 집에 돌아와 여동생에게 낮에 선사와 대화했던 내용을 들려주며 어깨까지 으쓱거렸다. 한술 더 떠서 그는 자기 자랑까지 늘어지게 하였다. 여동생이 가만히 다 듣고 나서 태연하게 말했다.

"오늘 오라버니는 선사에게 비참하게 패하신 겁니다. 선사는 마음속에 늘 부처 마음만 품고 있으니, 오빠 같은 중생을 보더라도 부처님처럼 보는 겁니다. 반대로 오빠는 늘 마음속에 탐욕스런 마음만 품고 있으니, 6근이 청정한 선사를 보더라도 똥 덩어리로 본 것이네요."

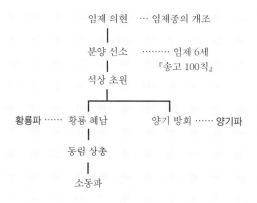

363

(3) 오도의 기연

소동파는 동림 상총(東林常總, 1025~1091)의 법맥을 받은 사람이다. 동림 상총은 임제종계 황룡파인 황룡 혜남(1002~1069)의 제자이다. 소동파와 상총과의 법거량을 보자. 소동파가 선사를 찾아와 물었다.

"제가 일대사인연一大事因緣을 해결하고자 스님을 찾아왔습니다. 스님께서 이 미혹한 중생을 제도해 주십시오."
"거사님은 이제까지 어느 스님을 만나셨습니까?"
"저는 여러 고을을 전전하며 스님들을 많이 만났지만, 아직도 공부가 되지 못했습니다."
한참 뜸을 들이던 상총이 말했다.
"거사님은 어찌 무정無情설법은 들으려 하지 않고, 유정有情설법만을 청하십니까?"(『속전등록』「동파거사전」)

소동파는 여러 선사들을 만났지만 '왜 무정설법은 들으려 하지 않느냐?'는 상총의 말을 처음 들었다. 무정이란 초목草木 등 정신세계가 없는 중생을 말한다. 『열반경』에서는 "초목국토인 무정물도 다 성불한다(草木國土 悉皆成佛)."라고 하였고, 『아미타경』에서는 "물새와 수목樹木은 설법에 익숙하다."라고 하였다. 선에서는 이렇게 말하지만, 실제로 초목이 깨닫는 것이 아니라 천지자연과 동화同和된 마음자리를 말한다. 동파는 의문을 품고 집으로 가는 길녘에 온 마음을 기울여 선사가 던진 말을 참구하다가, 마침 폭포 앞을 지났다. 이때 폭포수 떨어지는 소리를 듣고 크게 깨닫고, 다음 오도송을 읊었다.

사천성四川省 성도 두보초당에 있는 소동파 조각상

시냇물 소리가 곧 부처님의 설법이요,

산의 경치 그대로가 부처님의 법신이로다.

어젯밤 팔만사천 게偈 미묘한 법문을

후일에 어떻게 사람들에게 보일 수 있겠는가!?

溪聲便是長廣舌 山色豈非淸淨身

夜來八萬四千偈 他日如何擧似人 (『소식문집』 '贈東林總長老')

　　동파는 선사의 말(화두)과 씨름하던 중 시절인연이 도래한 것이다.
이후에도 동파는 "버들은 푸르고 꽃은 붉다." 등 있는 그대로의 선적
禪的 경지를 표현하였다. 깨달음의 경지는 신통을 부리거나 저 멀리
에 있는 뜬구름 잡는 것이 아니다. 바로 삶 속에서, 삶의 모습 그대
로를 여실히 보는 것이다. 『보등록普燈錄』에서는 "산과 시냇물과 대
지가 법왕의 몸을 그대로 드러낸다(山河及大地全露法王身)."라고 하였

다. 상총이 말한 것처럼 모든 만물이 우리에게 진리를 설해 주건만, 듣지 못하고 보지 못하는 것이다. 부처님의 깨달은 세계나 선사들의 깨달은 세계를 표현하는 문구를 '실상實相'이라고 하는데, 곧 연기설緣起說과 같은 의미이다.

하나를 잃으면 하나를 얻는 법이다. 동파는 인생에 있어 정치적인 불운을 겪었지만, 선사들과의 인연으로 수행의 높은 경지를 체득한 셈이다. 동파는 탐욕의 불길 속에서 연꽃을 키운 선지식이다. 동파의 쓸쓸함이 담긴 시(雨夜宿淨行院) 한 편을 소개한다.

짚신은 명리名利의 세계를 밟지 아니하고,
한 잎사귀 가벼운 배, 망망한 물에 띄우네.
침상 마주하고 듣는 숲속의 밤 빗소리
등불도 비치지 않는 고즈넉한 고요함.
芒鞋不踏利名場 一葉輕舟寄渺茫
林下對牀聽夜雨 靜無燈火照淒涼 (『소식시집』권42)

40 | 진흙 속에서 연꽃을 피우다(선사들의 보살행)

(1) 대승불교 경전에 나타난 대비심大悲心

당나라 때에 불교 안에 다양한 종파가 형성되었는데, 선종禪宗도 이 가운데 하나이다. 대체로 선종은 오롯이 자신의 수행에 집중하는 것으로 인식되어 있다. 그렇다면 선사들은 중생을 향해 보살행을 하지 않아도 되는 특권층이라는 말인가? 답을 직언하면, 그렇지는 않다. 어록에서는 선사들에게 더 적극적인 보살행을 강조하고 있다.

기원전 1세기 전후, 수행과 실천의 병행을 캐치프레이즈로 내세운 대승불교는 '어떻게 보살의 길을 지향하느냐?'를 고민하며 참 종교로 거듭났다. 초기불교에서 석존에게 국한했던 보살이란 용어가 대승불교로 오면서 '자리이타' 실천을 지향하는 일반 수행자의 호칭으로 변모되었다. 곧 대승의 보살은 재가자든 출가자든 구별 없이 위로는 보리를 구하고, 아래로는 모든 중생이 함께 해탈하도록 이타를 실천하는 수행자이다. 보살의 대표적인 보살행이 6바라밀이고, 이타의 구체적인 행이 서원·행원·발원·회향 사상 등으로 나타난다.

중국에서 최초로 선사상이 정립될 때, 선사들은 대승경전을 토대로 하였다(어록이 나오기 이전). 이를 감안해 대승불교 경전에 언급된 대승적 의미의 중생구제에 대해 살펴보자.

『반야경』에서 보살의 두 가지 공능을 설할 때 반드시 "불착不着"과 "수순隨順"을 들고 있다. 그런데 대승의 보살에게 불착보다 수순할 것을 더 강조하고 있다. 불착이란 '번뇌에 집착이 없어서 생사를 해탈하는 것'이니 견성성불見性成佛을 말함이요, 수순이란 '열반에 안주하지 않고 다시 중생세계로 돌아와 중생의 뜻에 따르는 것'이니 요익중생饒益衆生을 말한다. 이는 보살이 지혜와 자비를 함께 운용하되(悲智雙運) 자비 실천을 지혜의 발현보다 우선해야 함을 의미한다.

6바라밀도 보시가 제일 먼저 등장하고, 4홍서원에도 '중생을 제도한다'는 이타사상이 먼저 등장한다. 『열반경』에는 "나의 성불을 뒤로 미루고, 남을 먼저 제도한다."라고 하며, 『화엄경』에도 "중생제도를 먼저 하고, 나의 성불을 뒤로 미룬다(先度衆生後成佛)."라고 하였다. 또 『유마경』에서는 "선미禪味에 탐착해 있는 것은 보살의 속박이요, 방편으로 중생을 교화하는 것이 보살의 진정한 해탈이다."라고 하였다. 이는 석가모니부처님이 깨달음을 이룬 뒤 해탈의 기쁨을 누리며 열반을 선택하지 않고 중생의 권익을 선택했던 것(범천의 권청을 받아들임)처럼, 『유마경』에서 보살의 진정한 해탈은 바로 자리적自利的 선열禪悅이 아니라 중생교화를 우선으로 하는 것이다고 하였다. 보살사상을 극단적으로 표현하고 있는 『유마경』에 이런 구절이 있다.

만일 일체중생의 병이 없어진다면 내 병도 없어질 것이다.
왜냐하면 보살은 중생을 위하여 생사에 들어간다. ……
만일 중생이 병을 여의면, 보살도 병이 없어진다.

"若一切衆生病滅 則我病滅. 所以者何？菩薩爲衆生故入生死 … 若衆
生得離病者 則菩薩無復病"(「문수사리문질품」)

보살이 깨끗하지 못한 국토에 태어나는 것은

중생을 교화하기 위함이다.

어둠과는 더불어 섞이지 않나니,

다만 중생의 번뇌를 없애기 위해

청정치 못한 국토에 태어나는 것이다.

"菩薩如是 雖生不淨佛土 爲化衆生 故不與愚闇而共合也 但滅衆生煩
惱闇耳"(「아촉불품」)

곧 보살이 깨달았을지라도 중생의 해탈을 위해 중생 속으로 들어
가는 동체대비의 염원이라고 볼 수 있다. 이렇게 대승불교에 와서는
해탈의 경지에 안주하는 것이 아닌, 집착 없이 대비로 중생을 제도
한다고 하여 무주처열반無住處涅槃이라고 한다. 이런 사상을 기반으
로 선종에서 무심無心(無住心) 사상을 내세웠는데, 이는 깨달음을 향
한 실천적 과정이면서 목적지이다.

(2) 십우도에 드러난 보살사상

그러면 선 수행자의 자비사상이 어떻게 표현되었는가? 실은 선자의
자비가 강조된 것은 송나라에 들어서면서부터이다. 선자의 자비를
적극적으로 표현하고 있는 대표가 십우도十牛圖이다. 십우도는 선
의 구도과정을 그림으로 표현한 것인데, 목우도牧牛圖와 함께 여러

종류의 십우도가 등장했다. 십우도 가운데 대표적인 것이 곽암廓庵 선사의 그림과 게송이다. 우리나라에서도 이 곽암의 십우도가 발전되었고, 우리나라 법당 벽화로 이 십우도가 가장 많이 그려져 있다. 곽암의 법명은 사원師遠으로, 임제종 양기파 승려이며, 대수 원정(大隨元靜, 1065~1135)의 법맥을 받았다.

십우도 열 번째 그림인 입전수수入纏垂手이다. 이는 깨달음을 마친 수행자가 중생을 향해 나가는 것을 의미한다.

십우도는 자신의 마음(번뇌)을 소(牛)에 비유하여 번뇌를 조복 받고 길들여(牧牛), 소를 타고 집으로 돌아와서는(騎牛歸家), 결국 소도 잊고

자신도 모두 잊어버리는(忘牛存人) 과정을 지나 해탈의 경지에 이른 다음, 다시 중생세계로 되돌아가는 과정을 열 가지로 묘사해 놓은 그림이다.

아홉 번째가 완전한 깨달음의 경지인 반본환원返本還源이다. 여여부동如如不動한 제법실상諸法實相 그대로의 경지인 본 자리로 돌아온 것을 말한다. 다음 열 번째가 입전수수入纏垂手다. 마지막 그림인 입전수수는 포대 화상과 동자가 서로 마주보고 서 있는 모습이다. 후대에는 행각승이 마을로 들어가는 모습으로 묘사되었다. 이는 깨달은 뒤에 혼자 깊은 적정세계에 안주하는 것이 아니라 중생 속으로 들어가 중생과 더불어 함께한다는 의미다. 이 사상은 대승경전에 언

370

급된 4섭법四攝法 가운데 하나인 동사섭同事攝과 유사하다. 곽암은 입전수수 서문에서 이렇게 묘사하고 있다.

표주박을 들고 저자에 들어가며,
지팡이를 잡고 집으로 돌아간다.
술집도 가고, 고깃간도 들어가서
교화를 펼쳐 성불케 한다. (『십우도송十牛圖頌』)

여기서 눈여겨볼 부분은 술집이나 고깃집이라는 장소이다. 승려가 계율상 금기할 곳이 술집과 고깃간이다. 하지만 이곳도 중생이 사는 장소이다. 나쁜 업을 지은 지옥 중생도 보살이 구제해야 할 대상이다. 왕족이라고 구제받을 귀한 존재이고, 교도소의 수인이라고 천대해 구제하지 말라는 논리가 아니다. 중생을 섭수攝授코자 한다면 어느 곳, 어떤 장소든 분별하지 않고 가야 한다. 곧 수행자가 중생을 제도하는 데 있어 상대의 빈부귀천을 가리지 않고 무심無心히 행한다는 뜻이다.

이렇게 십우도의 입전수수를 기점으로 어록에 유사한 용어들이 많이 등장한다. 『벽암록』에도 '손을 드리우다(垂手)'는 단어가 있다. 스승이 제자나 신자를 이끌기 위한 자비의 표현으로 볼 수 있다. 입전수수의 동의어로 쓰이는 유명한 문구가 '화광동진(和光同塵; 중생과 함께함)'이다. 화광동진의 원 출처는 불교 경전이 아닌 『노자』 56장 「현덕玄德」이다.

'화광'이란 자신이 갖고 있는 인격적 품성이나 재능을 표면에 드러내지 않음이요, '동진'이란 오염된 티끌 세상에 들어가 그들과 동화되어 함께하는 것이다. 이 단어를 불교에서 차용해 부처와 보살이 중생 속으로 들어가 중생을 제도하는 의미로 쓰이게 되었다.

화광동진의 불교적 언어로는 '회두토면灰頭土面'이 있다. 회두토면은 '머리에 재를 쓰고 안면에 흙을 칠했다'는 뜻이다. 즉 수행자는 깨달은 후에 되돌려서 대비심을 내어 중생 속으로 들어가 중생을 구제하는데, 회두토면은 곧 중생과의 인연에 따라 그 중생이 원하는 모습으로 화현하는 것을 말한다. 『벽암록』에서는 세간이든 청정도량이든 본성을 깨닫는 데는 차별이 없다고 언급하고 있지만, 선사가 중생과 더불어 함께한다는 의미로 회두토면을 쓰고 있다.

또한 송나라 보제普濟가 지은 『오등회원五燈會元』 권20에서는 '회두토면 대수타니帶水拖泥'라고 하여 회두토면과 나란히 대수타니를 언급하고 있다. 「십우도송」의 저자 곽암은 열 번째 입전수수를 설명한 게송에서 '말토도회抹土塗灰'라고 언급하였다. 곧 "재투성이 흙투성이(얼굴)"라는 뜻인데, 앞의 대수타니와 동일한 의미다. 이 대수타니와 유사한 단어로 '입니입수入泥入水'라는 단어도 함께 쓰인다. 진흙에 들어가고 물속에 들어간다는 뜻으로 중생세계로 들어가 함께함을 말한다. 『서장』에서 대혜 종고(1089~1163)가 장 시랑에게 보낸 편지에 이런 내용이 전한다.

"그대가 스스로 얻은 해탈의 경지를 법칙으로 삼아 겨우 이치의 길에 들어서 진흙에 들어가고 물속에 들어가 자비로 사람들을 위하는 것을 보고, 곧 쓸어 없애고자 하며 종적을 소멸하게 합니다."

"左右以自所得瞥脫處 爲極則 纔見涉理路 入泥入水 爲人底 便欲掃除
使滅蹤跡"

한편 송대의 운문종 선사 자각 종색(慈覺宗賾, ?~?)은『좌선의坐禪
儀』서문에서 이렇게 언급하고 있다.

무릇 반야를 배우는 보살은
먼저 마땅히 대비심을 일으켜 큰 서원을 세우고,
정교하게 삼매를 닦되 중생을 제도해야 할 것이요,
자기 한 몸만을 위해 홀로 해탈을 구해서는 안 된다.
"學般若菩薩 先當起大悲心發弘誓願 精修三昧誓度衆生 不爲一身獨求
解脫"

지금까지 화광동진·회두토면·말토도회·대수타니·입니입수 등
다양한 보살행 문구가 선어록에 제시되어 있음을 보았다. 해인사 성
철 스님의 경우는 사뭇 다른데, 스님께서 오롯이 수행자의 면목을
보인 그 자체로 승려들이나 중생들에게 수행자의 정석을 보였으니,
큰 자비를 베푼 셈이다.

입전수수에 대한 화송和頌 마지막에 "미륵의 누각문이 활짝 열린
다."고 하였다. 곧 입전수수의 롤 모델로 포대 화상包袋和尙을 염두에
두었는데, 곽암의 십우도에는 행각승(목동)이 포대 화상과 마주하는
모습이 그려져 있다. 우리나라에서는 포대 화상이라고 부르지만, 중
국에서는 '미륵 부처'라고 한다. 포대 화상은 뚱뚱한 몸집에 큰 배를

내밀고 늘 웃음을 띠고 있으며 등에 포대를 짊어지고 있는데, 중생들이 원하는 모든 것을 다 주는 인물이다. 이 포대 화상은 당나라 말기, 절강성浙江省 봉화현奉化縣의 승려 계차(契此, ?~917)이다. 계차는 늘 길에서 생활하고, 길에서 잠을 청했으며, 중생들과 저자거리에서 함께했던 보살이다. 계차의 고향인 봉화현은 중국 미륵불교의 발상지이다. 계차 입멸 후 중국인들은 그를 미륵의 화신으로 받들어 '희망'의 아이콘으로 섬기고 있다.

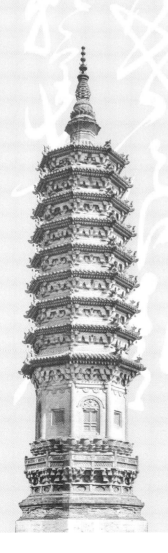

간화선이 발아되어 체계화되다

우리나라 선은 간화선이다. 하지만 이는 화두를 드는 방법상의 수행
법이요, 이론은 조사선이다. 곧 실천은 간화선이지만, 이론적인 근
간은 조사선이다. 그런데도 우리나라에서는 조사선 사상을 생략하
고 간화선만을 언급하는 경향이 있다. 이에 간화선을 언급하기 전에
이전부터의 사상인 조사선부터
보기로 하자.

조사선은 무엇인가? 조사선
은 대략 8~11세기에 발달했는
데, 대체로 이 당시의 선을 선
기禪機의 시대라고 한다. 본격
적인 동아시아 선의 태동으로
서, 이때 정립된 선이 현재까지
이르고 있다. 당대 선기의 시대
를 지나 문자선(송고문학)이 발
달했고, 이 문자선에서 공안선
으로, 다시 공안선에서 간화선
으로 발전된 것이다(조사선 →

조사선의 선사상인 즉심즉불. 위패 형식으로
해서 모셔놓기도 한다(절강성 영파寧波 천동사
대웅전 내부).

문자선 → 공안선 → 간화선). 한편 간화선이 태동하기 전, 기존의 선은 묵조선인데 이 또한 조사선의 연장이다. 이 점에 대해서는 뒤에 언급하기로 한다.

(1) 조사선의 정의와 개조

조사선은 인도 선에 중국의 문화·종교(특히 노장사상) 등이 결합하면서 중국적인 토양으로 변이된 선이다. 참고로, 초기불교·부파불교·대승불교라고 하면서 불교 역사를 시대별로 나눈 것은 후대 학자들이 정한 것에 불과하다. 즉 선종 역사에서 조사선에 관한 언급도 그러하다. 어느 시대부터 조사선이 시작되었고, 조사선이 무엇인가의 정의를 내리는 것 또한 칼로 자르듯이 정확한 것은 아니다. 일반적으로 중국에 인도 선이 전래된 후 중국화된 선으로 정립되기 전까지를 여래선이라고 하고, 이후 중국적인 견해와 사상이 가미된 선을 조사선이라고 한다.

그렇다면 조사선의 개조開祖를 누구로 볼 것인가? 보리달마·6조 혜능·마조 도일 등 누가 개조인가에 대해 학자들마다 약간의 견해 차이가 있다. 더 나아가 달마 이전인 금릉金陵 보지공(寶誌公, 418~514)이나 부대사(傅大士, 497~569)를 조사선의 선구자로 내세우는 경향도 있다. 한편 6조 혜능(六祖慧能, 638~713)을 조사선의 개조로 보는 견해가 있고, 마조와 쌍벽을 이루었던 석두 희천(石頭希遷, 700~791)까지 아울러 보는 견해가 있다. 하지만 전반적으로 마조 도일(馬祖 道一, 709~788)로 보는 견해가 보편적이다. 8세기 중기부터 9세기 중기에 이르는 약 100여 년간 마조를 기점으로 발달된 선을 조사선이라고 정의하는 것이다.

그런데 선종사에 조사선을 내세우면서 이전인 여래선을 폄하하는 경향이 있다. 이렇게 이분법적 관점에서 본다면, 마조의 할아버지뻘 되는 혜능을 여래선 쪽에 두어야 한다. 이렇게 보면, 한국 조계종의 종명宗名은 혜능을 의미하는데 한국선까지 폄훼하는 느낌이다. 이에 여래선이라고 하는 체계가 있었기에 조사선이 나올 수 있는, 선종사의 한 흐름일 뿐이라는 점을 밝혀둔다.

(2) 조사선이 형성된 동기 및 사회적 배경

첫째, 안사의 난(755~763)으로 당나라의 태평성대가 흔들리면서 정치·경제·군사·외교·사상·문화·종교까지도 변화되었다. 또한 종래의 문벌귀족을 중심으로 하는 전통문화 대신에 혁신적인 분위기가 확산되었다. 즉 피폐된 사회 분위기에서 서민적이고 인간적인 신뢰감을 회복시키는 사상이 필연적으로 요구된 것이다.

둘째, 선이 어느 정도 중국인들에게 인식되어질 무렵, 당시 학자나 문인들에 의해 선에 대한 관심이 고조되었다. 무엇보다도 출가 수행자들을 인도하기 위한 적합한 방편이 필요했다.

셋째, 선은 자연적으로 중국문화와의 결합이 이루어졌는데, 특히 도교와의 결합이 많았다. 불교가 중국에 유입되기 이전, 기원전 2세기에 형성된 도교는 중국인과 사회문화적으로 밀접한 관계에 있었다.

넷째, 마조가 활동하기 이전 무렵의 당나라는 중국 역사상 문화가 최고조로 번성했고, 불교학도 발달이 최고조였다. 그런데 이후 불교학이 쇠퇴하기 시작하면서 새로운 사상으로의 변이가 필요했던 것으로 추론된다. 이전의 장안과 낙양을 무대로 펼쳤던 기존의 법상종·화엄종·정토종에 비해, 조사선은 강남의 곡창지대를 무대로 전개되었다.

이 네 가지 요인 가운데, 조사선이 등장하게 된 배경에 첫째와 둘째가 간접적인 요인이라면, 셋째와 넷째는 직접적인 요인이라고 할 수 있다.

(3) 조사선의 특질 및 전개

그렇다면 이렇게 발전된 조사선은 어떤 특색을 갖고 있으며, 어떻게 전개되었는가?

첫째, 선의 사법자嗣法者가 많아졌다.

달마 이후 혜능에 이르기까지는 한 스승이 한 제자만을 선택한 일대일인一代一人의 부촉付囑이었다. 중국 초기 선종의 선사들에게서 많은 전등사서傳燈史書가 편찬되었는데, 두비의 『전법보기』, 정각의 『능가사자기』, 무주無住의 『역대법보기』 등 여러 전등사서에서 자신의 법 계보를 세우며 자파의 정통성을 주장했다. 그러다 마조와 석두 이후, 조사선 시대에는 한 스승이 여러 제자에게 법을 전하는 일대다인一代多人의 부촉 시대가 되었다. 수행자는 구도를 위해 깨달은 스승을 찾아다녔고, 스승도 자기 제자만이 아니라 자신을 찾은 구도자들을 깨우치는 데 분별이 없었다. 마조 문하에 수많은 제자들의 기록이 후대에 전하고 있다는 사실이 이를 증명한다. 한편 그 당시 선사들은 자신에게 찾아온 제자일지라도 자신과 인연이 닿지 않는다고 생각하면 서로 다른 선사들에게 보내 제자들의 심인을 깨우쳐 주었다. 이런 데서 5가7종의 선풍이 풍미하는 시대가 초래된 것이다.

둘째, 청규 확립으로 선종의 독립과 일상성의 종교화가 이루어졌다.

청규는 청정淸淨 대해중大海衆의 '청淸'자와 승려가 지켜야 할 규구준승規矩準繩의 '규規'자를 따서 청규라고 하였다. 즉 선종이 율원으로부터 독립하면서 선종교단 자체 내에서 필요했던 조직적인 규칙들을 체계화하여 성문화시킨 규칙이다.* 『전등록』에 실린 「선문규식」을 통해서 청규에 대해 몇 가지를 살펴보면 다음과 같다. "덕德 있는 스승을 장로長老로 삼아 방장方丈에 거주케 하고 유마거사의 방과 같이 할 것이요, 개인의 침실을 뜻하는 것이 아니다. 불전佛殿을 세우지 않고 법당法堂만을 세워, 생불生佛로 추대된 장로로 하여금 법당에서 법을 설하게 한다. 법당이라는 명칭은 인도에서부터 있었지만, 중국 선종에서 독특한 의미를 갖게 된 것이다. 또한 입당入堂하여 법랍의 차례에 따라 앉고, 긴 평상과 선방을 설치하여 도구를 걸어두며, 누울 때는 반드시 평상에 비스듬히 기댄다." 또한 그 외 모든 대중이 평등하게 노동에 참여하는 보청법普請法이나 재죽齋粥, 선원 특유의 생활양식의 모든 규범과 의식 절차를 제정하였다. 실은

---

* 백장이 처음 제정한 청규는 산실되어 원래 그대로는 아니다. 오늘날 『경덕전등록』 권6 「백장회해장」에 양문공(974~1020)이 정리한 「선문규식禪門規式」을 통해서 처음 제정했을 때의 청규의 의미를 알 수 있다. 또한 송대에 종색이 모은 『선원청규禪苑淸規』를 통해서도 고청규古淸規의 뜻을 미루어 짐작할 수 있다.

보청법으로 인해 노동과 선을 하나로 보는 일상성의 선이 확립되고, 자급자족의 생활에서 일상성의 종교로 변화한 것이 조사선의 가장 독특한 특징이다. 즉 형이상학적 신통방술의 선을 극복한 중국 선의 획기적인 발전이라고 하겠다.

셋째, 어록이 출현하고 발전되었다. 이 점에 대해서는 뒤에 자세히 서술할 예정이다.

넷째, 선기禪機의 시대가 열렸다.

조사선의 특징은 바로 선기이다. 조사선 시대의 선지식들은 어떤 특수한 문답이나 할喝·방棒 등을 사용함으로써 선기의 시대를 열었다. 즉 그때그때 상대방의 근기에 따라 자유자재한 대기대용大機大用의 방편이 활용되었다. 마조의 어떤 설법이나 행동은 제자들의 도를 깨우치기 위한 방편이었다. 이런 방편의 활용을 앙산(仰山, 807~883)은 잡화포雜貨鋪라고 하였다. 어떤 물건이든 다 파는 잡화포라는 말은 제자들의 근기에 맞추어 제자를 지도한다는 뜻이다. 마조의 다양한 접화 방법이 후대에 공안으로 형성되는 기원이 되었다.

(4) 대기대용大機大用·선기禪機의 활용

① 언어적 표현

1. 스승과 제자의 일상적인 대화(問答商量)에서 스승이 제자를 깨우치게 하고자 말했던 어구語句, 후대에 이를 선문답이라고 하였다.

2. 선사들이 오도송悟道頌·게송偈頌·열반송涅槃頌 등의 시구로 표현하였다.

3. 방장이나 사찰의 주지가 법상에 올라가 대중들에게 설한 상당

설법上堂說法이나 시중법문示衆法門한 강의식 표현이다.

　4. 양구良久인데, 제자의 질문에 아무 말도 하지 않는 것이다.

　5. 법을 설하기 이전이나 중간, 후에 큰소리를 지르는 할喝 등이다.

② 몸의 동작이나 행위에 의한 것

　1. 권拳(주먹을 쥐는 것)

　2. 타착打着(사람의 몸을 손으로 치는 것)

　3. 타괵打摑(후려갈기는 것)

　4. 파비把鼻(코를 잡는 것)

　5. 취이吹耳(귀에 대고 소곤대는 것)

　6. 전수展手(손바닥을 펴는 것)

　7. 박수拍手(손뼉 치는 것)

　8. 토설吐舌(혀를 내미는 것)

　9. 수지竪指(손가락을 세움)

　10. 단지斷指(손가락을 자르는 것)

　11. 탄지彈指(손가락을 튕기는 것)

　12. 의세擬勢(어떤 형태를 취하는 것)

　13. 작무作舞(춤을 추는 행위) 등이다.

③ 주변에 있는 사물·불상·경전·동물·주장자 등을 사용하거나 그 외 집기를 사용하는 것

　1. 방棒(몽둥이로 때리는 행위)

　2. 참묘斬猫(고양이를 베는 것)

3. 혼상掀牀(평상을 뒤집어엎는 것)

4. 고주敲柱(기둥을 두드리는 것)

5. 참사斬蛇(뱀을 베는 것)

6. 분경焚經(경전을 불사르는 것)

7. 분불焚佛(불상을 불사르는 것)

8. 불자拂子를 세우는 것 등이다.

불자拂子는 먼지를 털거나 모기, 파리를 잡는 일상적 도구(털이개)인 생활용품이었다.* 이러한 생활도구가 교화를 위한 방편으로 사용되다가, 오늘날 선종에서는 번뇌를 털어내는 상징적 의미를 지닌 법구法具가 되었다. 선사들이 불자를 가장 많이 사용했는데, 후대에는 종승宗乘의 상징적인 의미로 발전되었다.

이와 같은 선문답이나 할喝·방棒·불拂·권拳 등이 조사선 시대에 적극 활용되었다. 마조는 방망이를 휘두르거나 할을 했던 최초의 선사이다. 이후 방망이를 가장 많이 썼던 대표적인 선사가 덕산 선감(782~865)이며, 소리를 지른 선사에는 임제(?~867), 손가락을 들어 보였던 천용天龍과 구지俱胝 선사가 있다. 후대로 가면서 이런 행위나 할·방 등이 일반화되어 현재까지 사용되고 있다.

---

* 제자들을 제접할 때 拂子·如意·주장자 등으로 공간이나 대지에 일원상을 그리거나, 붓으로 일원상을 그린다. 이는 여여如如함과 절대 진리(佛心·佛性·眞如·大道 등의 근본 뜻)를 표시하는 것이다.

42 | 간화선의 근원을 찾아 ② : 선 문헌과 어록

(1) 선 문헌

① 선문답과 어록의 성립

중국 고유 분류법(經史子集)에 따르면, 선종의 어록은 '자子', 저술은 '집集'이라고 한다.

　'자'는『노자』·『장자』·『한비자』 등 사상적인 기록 문헌이며, '집' 은 시문집과 같은 문학적 범주에 속하는 문헌이다. 어록語錄은 '자' 에 속한다고 볼 수 있다. 선종의 기록 문헌인 어록이나『전등록』은 선문답의 집합이라고 할 수 있다.

　당대 조사선 시대에 선문답이 발전하면서 대승경전을 중심으로 정립했던 선사상이 송대로 들어서면서 어록 중심으로 옮겨갔다. 이 어록의 발달은 중국에서『논어』이래 중국적인 사유의 독특한 특색 이다. 어록은 선사 개인의 행록과 법어로 이루어진다.『조주록』·『마 조록』·『임제록』·『위앙록』·『조동록』등이 널리 알려져 있으며, 한 국에서 편찬된 어록으로는 한국 임제종의 시조인 보우의『태고화상 어록』·『나옹어록』·『백운어록』, 선시禪詩의 보고인 진각 혜심의『선 문염송집禪門拈頌集』등이 유명하다.

② 전등사

선종의 법계와 역사를 편찬한 대형 선종사서이다. 선사의 법어와 선문답이 열전체 어록의 형태로 정리되어 있다.『능가사자기楞伽師資記』·『전법보기傳法寶紀』·『보림전寶林傳』·『조당집祖堂集』·『전등록傳燈錄』·『오등회원五燈會元』·『지월록指月錄』등이다.

　선종에서 중시하는『전등록』에 대해 보자.『고승전』이 고승들의 전기를 기록한 책인 반면,『전등록』은 스승과 제자 또는 수행자 상호 간의 선문답이나 행록行錄·기연機緣·오도송·전법게 등을 기록한 것이다.

③ 공안집

선의 공안을 모아서 후대에 규범으로 편찬한 것이다.『벽암록』·『무문관無門關』·『종용록從容錄』·『선문염송집禪門拈頌集』등이다.

④ 청규

선사들의 수행과 선원의 생활 규칙을 담은 책으로는『백장청규百丈清規』(선원의 생활 규칙)·『종문십규론宗門十規論』[*]·『초발심자경문初發心自警文』등이 있다.

---

⑤ 좌선론

좌선의 방법을 언급한 책으로는 『좌선의坐禪儀』** · 『좌선잠坐禪箴』*** · 『휴휴암좌선문休休庵坐禪文』 등이 있다.

⑥ 수필

선문의 여러 가지 일화를 모은 선문 일화집이 있는데, 일종의 수필이라고 할 수 있다. 주로 송대에 많이 편찬되었으며, 11종의 선문 수필집이 있다. 『임간록林間錄』 · 『대혜종문무고大慧宗門武庫』 · 『설당습유록雪堂拾遺錄』 · 『나호야록羅湖野錄』 · 『운와기담雲臥記譚』 · 『선림보훈禪林寶訓』 · 『총림공론叢林公論』 · 『총림성사叢林盛事』 · 『인천보감人天寶鑑』 · 『고애만록枯崖漫錄』 · 『산암잡록山庵雜錄』 등이다.

(2) 어록

조사선의 특질 가운데 하나로 어록 발달을 언급했었다. 여기서는 어록에 대해 좀 더 자세히 살펴보겠다.

** 송대, 자각 종색의 저술이다. 선원에서 수행의 기준이 되는 책으로, 종밀의 『원각경도량수증의圓覺經道場修證儀』에서 영향을 받았다. 이 책에서 '좌선하는 방법은 선정을 얻고자 함인데, 선정 없이는 지혜를 얻지 못한다. 좌선으로 선정을 얻고 선정을 말미암아 지혜를 얻는다. 그런 연후에 생사를 초탈하는 것이니, 생사를 초탈하고 불과佛果를 얻는 지름길은 곧 좌선의 길'임을 천명하였다.
***조동종 굉지 정각의 저술이다. 『묵조명默照銘』이라고도 한다.

① 어록의 특징

어록이란 용어는 선종, 특히 조사선 시대에 선사들의 일상생활에서 대화나 행적을 기록한 것을 말한다. 후대에는 이 단어가 위인이나 유명인의 말을 모은 기록으로 광범위하게 쓰이고 있다. 그런데 어록이 발전하게 된 것도 시대와 맞물려 있다. 당나라 말기와 오대에 정치적인 혼란을 극복하고자 왕권 중심의 국가주의와 유교를 통치에 반영하고자 하였다(유교가 발전하는 시기). 불교계의 선종도 어록과 공안을 편집하고 총림 제도의 완비를 통해 당대에 완성된 선종의 계승·정리가 요구되었다. 이는 곧 송대에 들어 점점 퇴색해 가는 당대의 선을 계승코자 하는 선사들의 노력이기도 하다.

이에 선자들은 달마 이후 선종의 법계를 정리한 『조당집』과 『전등록』을 완성하고, 어록에 수록된 선사들의 언어와 행동을 사상적인 판례로 삼기 시작했다. 이것이 공안선 출현의 배경이 된다.

어록은 조사선의 특질 가운데 큰 위치를 차지한다. 당나라 때까지만 해도 선사들이 대승경전에서 수행의 근거를 찾았다. 그러다 후대로 가면서 경전 인용이 점차 줄어들었다. 경론을 중시하는 인도적인 색채를 벗어나 중국 특유의 선종이 탄생되었다. 즉 어록이 등장하면서부터 중국에서는 위경僞經이 사라지는 현상이 나타났다. 어록은 상당설법上堂說法뿐만 아니라 스승과 제자 간의 일상적인 대화와 행동을 단편적으로 모아 수록한 것으로, 선을 일상의 종교화로 만든 중요 요인이 되었다.

직접적으로 인간의 말이 존중되고, 경전의 권위보다는 사람의 생활을 문제 삼았다. 어록의 편집은 본인이 기록하는 것이 아니라 제3

자가 기록하는 것이 특징이지만, 선사 생전에 그의 감독 하에 행해져 해당 선사가 입적하면 곧 간행되기도 하였고, 경우에 따라서는 선사 생전에 간행되기도 하였다.* 입적 후에 편집되는 경우에도 완성된 원고를 다른 선배들에게 보여 첨삭을 부탁한 후에 그들의 서문과 발문을 받아 간행하는 것이 일반적이었다.

② 어록의 구성

선사가 생전에 주석했던 사찰의 순서대로 편집하는 방식이 있고, 대체로 선사의 전기·법어·선문답·선시로 구성된다. 법어에는 상당(上堂: 선사가 법상에 올라 제자들에게 법을 설하는 것)·보설普說·시중(示衆: 선사가 제자에게 조참朝參이나 만참晚參을 하는 것)·대기對機·송고頌古·감변(勘辨: 선사가 문답을 통해 상대방의 경지를 탐색해서 지도하는 것) 등으로 분류하여 편집하는 방식이 있다.

어록은 특히 한 선사의 전기(행록)로 이루어진 부분이 많다. 선사의 행록에서 선사와 제자의 관계를 축으로 선종사가 발전하게 된다. 개인과 개인의 체험, 선사들 간의 대화가 엮어져 선종의 역사를 이루었다. 여기에 편지나 선사의 저작을 모두 함께 넣어서 편집한 문헌을 광록廣錄이라고 한다. 대표적인 광록으로는 『굉지선사광록宏智禪師廣錄』·『천목중봉화상광록天目中峰和尚廣錄』 등이 있다.

또한 한 일파의 (법맥으로) 네 선사들의 기록을 모은 것을 사가어

---

* 생전에 간행된 예는 1269년 남송시대에 편찬된 허당 지우(虛堂智愚, 1185~1269)의 『허당록』이 있다.

록四家語錄이라고 한다. 사가어록의 대표로는 송나라 초기인 1085년 황룡 혜남에 의해 편집된 마조계 어록, 즉 마조 – 백장 – 황벽 – 임제의 어록을 모은『마조사가어록』이 있다. 또한『황룡사가록』(1153)이 전하는데, 황룡 – 회당 조심 – 사심 오신 – 조종 혜방의 어록 모음이다. 운문종에서도 덕산 – 암두 전활 – 설봉 의존 – 현사 사비의 어록을 모은『덕산사가록』이 전한다(『덕산사가록』은 각범 혜홍의『林間錄』에 이름만 전함). 또한『자명사가록』이 전하는데, 자명 초원 – 양기 방회 – 백운 수단 – 오조 법연의 어록을 모은 것이다.

③ 어록이 후대에 끼친 영향

당대에 발전한 어록 문학의 장르는 점차 후대로 가면서 다른 양상을 띠게 되었다.

첫째, 송나라 시대로 접어들어 어록의 내용 중 일부가 공안으로 변형되어 간화선이 형성되는 근원이 되었다.

둘째, 송대에 이르러 유가儒家의 어록 형성에도 영향을 주었다. 뿐만 아니라 일반인들에게도 영향을 미쳐 오늘날까지 보편적으로 쓰여 오고 있다. 그 대표적인 예로 현대 마오쩌뚱의 말을 모아놓은 '마오쩌뚱 어록'이 중국인들에게 널리 읽히고 있다.

43 | 간화선의 근원을 찾아 ③:
공안이 화두가 된 대표 기연

당나라 시대에 선이 활발히 발달하면서 스승과 제자들은 단순히 선방에 앉아 좌선하는 것만으로 깨달음을 구하지 않았다. 스승과 제자가 함께 생활하는 속에서 선이 발달했던 것이다. 곧 스승과 제자들은 농사짓고, 밥 먹으며, 차를 마시고, 산책하는 등 일상에서 자연스럽게 선문답이 이루어졌다. 이것이 후대 공안으로 만들어졌는데, 그 기원을 마조 도일(馬祖道一, 709~788, 조사선의 開祖)에 두고 있다. '할'의 기원으로는 '삼일이롱'과 '황벽토설', 행위의 기원으로는 '백장야압'을 들 수 있다.

① 할喝의 기원 – 삼일이롱과 황벽토설

백장 회해(百丈懷海, 749~814)가 마조 선사를 모시고 있을 때의 일이다. 백장은 법상 모서리에 있는 불자拂子를 보고 마조 선사에게 물었다.

"이 불자에 즉卽해서 작용합니까, 아니면 이 불자를 여의고(離) 작용합니까?"

"그대가 훗날 법을 설하게 되면 무엇을 가지고 대중을 위해 제접할 것인가?"

백장이 대답을 하지 않고, 그 대신 불자를 잡아 세웠다.

마조가 이를 보고 물었다.

"이것(拂子)에 즉해서 작용하느냐, 아니면 이것을 여의고 작용하느냐?"

백장이 불자를 다시 제자리에 갖다 놓았다.

마조가 순간, '악!' 하고 고함을 질렀다.

백장은 사흘 동안 귀가 먹었다.(『백장록』)

이 이야기는 스승 마조의 고함소리에 제자 백장이 3일 동안이나 귀가 먹었다는 삼일이롱三日耳聾의 공안이다. 훗날 백장의 제자인 황벽 희운(黃檗希運, ?~856)이 백장에게 말한다.

"마조 선사를 친견하고 싶습니다."

백장이 '마조 선사는 이미 돌아가셨다'고 답한다.

이에 황벽이 '그렇다면 마조 스님이 어떤 법문을 남겼느냐?'고 질문한다. 백장은 제자 황벽에게 이렇게 말한다.

"불법은 예사로운 일이 아니다. 내가 지난날 마조의 두 번째 할을 듣고, 3일 동안 귀가 먹고 눈이 멀었느니라."

이 말을 듣고 황벽이 그 자리에서 깨닫고 혀를 내밀었다는 이야기가 전한다. 이를 '황벽토설黃檗吐舌' 공안이라고 한다. 이 공안도 『백장록』에 전한다.

② 행위行爲의 기원 - 백장야압百丈野鴨

마조와 백장이 들판을 지나는 중이었다.

이때 들오리 떼들이 날아가는 것을 보고, 마조가 백장에게 물었다.

"저것이 무슨 물건인고?"

"들오리입니다."

"어디로 갔는가?"

"이미 날아갔습니다."

마조 선사가 머리를 돌려 백장의 코를 한번 비틀었다.

백장은 아픔을 참느라고 소리를 질렀다.

마조가 말했다.

"다시 한번 날아갔다고 말해 봐라."

백장은 마조의 말끝에 깨달은 바가 있었다.(『백장록』)

그런데 여기서 한 가지 짚고 넘어가야 할 것이 있다. 고함소리에 3일이나 귀가 먹는다는 것은 약간 비정상적이다. 스승의 가르침에 대한 강한 의미를 상징한다. 이 점은 후대 임제계 양기파에서 선종이 발달하면서 마조 → 백장 → 황벽 → 임제 등으로 법맥이 흘러온 것을 정립하기 위한 것이다. 곧 사자상승의 상징적인 의미를 덧붙여 선의 법맥을 강조한 측면으로 보인다.

③ 소염 시

소염小艷 시〔소염은 꽃 봉오리인데, 양귀비를 말함. 소염시란 깊은 여인네 방에서 정인에 대해 애 태우는 여인의 마음을 노래한 것)는 공안 형성의 기연機緣이라기보다는 간화선 수행체계의 구조적인 면을 드러낸다고 볼 수 있다.

한 폭의 아리따운 모습 그려내지 못하는데

골방 깊은 곳에서 사모의 정에 애가 타네.

소옥아! 소옥아! 소옥을 자주 부르지만, 소옥에게는 일이 없네.

단지 낭군에게 제 목소리 알리기 위한 소리일 뿐.

一段風光畵不成 洞房深處陳愁情 頻呼小玉元無事 只要檀郎認得聲

(『보등록普燈錄』28권)

좌선할 때 드는 '무'라는 화두는 본래심으로 돌아가기 위한 하나의 방편일 뿐이다. 양귀비가 '소옥'이라고 소리 내어 부르는 것도 낭군에게 자신의 존재를 알리기 위한 하나의 방편에 불과하다. 이처럼 '무'자 화두는 본각으로 돌아가기 위한 방편이다. 집 내부에 있는 주인에게 자신의 존재를 알리기 위해서는 방편으로 소리를 낼 수 있는 기와조각이 필요해 사용할 뿐이다. 곧 화두는 본래심의 집으로 들어가기 위한 수단인 것이다.

44 | 간화선의 근원을 찾아 ④ :
송고문학과 호국불교

당나라 때는 수많은 선자들이 등장했고, 활발하게 수행했다. 이러던 선이 송나라에 들어서면서부터 분위기가 달라졌다. 두 가지인데, 송고문학의 발달과 선종 사찰이 국가 불교화되었다는 점이다. 먼저 송고문학에 등장한 용어부터 살펴보자.

'고칙古則'이란 옛 조사의 선문답이 보편적인 평가를 받은 것이므로, 고인의 가르침이라는 뜻이다.

'공안公案'이란 단어는 '재판에서 판례에 견준다'고 하여 붙여진 이름이다.

'송고頌古'는 당대 선승들의 언행과 선문답의 취지趣旨나 어기語氣에 대하여 게송이나 송으로 간결하게 독자적인 해석을 하여 선종의 의미를 표방해 널리 알리는 것이다. 송고는 선문학의 내면성을 깊이 표현한 것으로, 훌륭한 문학이 선에 연결되고 선 수행이 훌륭한 문학을 탄생시킬 수 있다는 것을 작품으로 보여주었다.

'염고拈古'는 고칙 공안을 염롱拈弄한 것으로, 간명 직절하게 비평한 것이다. '대어代語'는 옛 사람의 문답 대신에 제2인칭에 자기의 해답을 부여하는 것이며, '별어別語'는 또 다른 대답을 붙이는 것이다.

(1) 송고문학의 발달

먼저 문자선의 발달을 보자. 당대에는 선이 선자들의 활발발한 실참이었던 반면, 송나라 선자들은 고칙 공안에 대해 해석하고, 감상하고 즐기며, 전승하는 일에 안주했다. 당대의 시퍼렇게 살아 숨 쉬던 선이 퇴보하는 측면이라고 보면 정확할 듯하다. 석가모니부처님께서 열반하고 백여 년이 지나 부파불교(아비달마)가 발달했는데, 이는 불법이 이론적으로 정교하게 정립되는 것이었지 실천적인 면이 발달한 것은 아니었다. 이처럼 송대의 송고문학은 당대의 선을 학문적으로 정립한 것이라고 보면 맞을 듯하다. 하지만 긍정적인 측면도 있다. 선이 예술과 더불어 다양하게 발달하고, 사대부들에게도 널리 보편화된 것이다. 또한 송고문학의 발달은 곧 간화선으로 이어지는 결정적인 역할을 한다. 이 송고문학의 발달사를 간략히 보도록 하자.

① 도원의 『경덕전등록』

법안종의 승천 도원承天道原 선사가 1004년에 『경덕전등록』 30권을 완성시켰다. 『경덕전등록』에는 과거 7불로부터 서천西天 28대, 동토 6조를 거쳐 법안 문익(法眼文益, 885~958)에 이르기까지 1,701명 선사(원래는 951명만 전함)들의 기연과 문답이 언급되어 있다. 즉 선시와 오도송悟道頌·선문규식禪門規式·법계法系 등 선사상과 선종 교단의 다양한 기록이 전하고 있다. 한편 우리나라에도 영향을 미쳐 고려 진각국사眞覺國師 혜심(慧諶, 1178~1234)이 『선문염송禪門拈頌』을 찬술할 때 저본이 되었고, 우리나라 승과僧科 및 선종선禪宗選의 시험과목으로도 채택되었다.

② 분양 선소의『송고 100칙』

『경덕전등록』이후 바로 이어서 분양 선소(汾陽善昭, 947~1024)의
『선현일백칙先賢一百則』이 등장하였다. 선소는 도원의『경덕전등록』
에서 100칙의 기연을 뽑아내어 여기에 송과 염을 가한『선현일백
칙』과『대별일백칙代別一百則』및 스스로 지은 공안 100칙을 모아
『송고대별삼백칙頌古代別三百則』을 편찬하였다. 이것이『송고 100
칙』의 효시가 되었다.

③ 설두 중현의『송고 100칙』

이어서 설두 중현(雪竇重顯, 980~1052)이『송고 100칙』을 완성시켰
다. 중현의『송고 100칙』은 선종의 대표적인 오도悟道 기연機緣 100
가지를 집대성하여 공안을 제시하는 본칙本則과 공안의 대의를 게송
으로 정리한 중현의 송頌으로 이루어져 있다. 중현의『송고 100칙』
은 앞의 선소에 비해 매우 뛰어난 문장으로 시적인 아름다움까지 추
구했다는 평을 받고 있다. 중현의『송고 100칙』은 도원의『경덕전등
록』에서 한층 발전되었으며, 송대 문자선의 개막을 알린 것이라고
볼 수 있다. 중현의 송고는 시 문학적인 가치로도 훌륭해『벽암록』이
나오기 전까지 사대부들에게 애독되었다.
한편 조동종계에서도 투자 의청(投子義靑, 1032~1083)과 단하 자순
(丹霞子淳, 1064~1117)의『송고 100칙』이 나왔다.

④ 원오 극근의 『벽암록』

이렇게 점차 독자적인 해석을 붙이자, 수행자들을 지도하는 이른바 평창(評唱; 해석)이라는 강의 형태가 생겼다. 원오 극근은 설두 중현

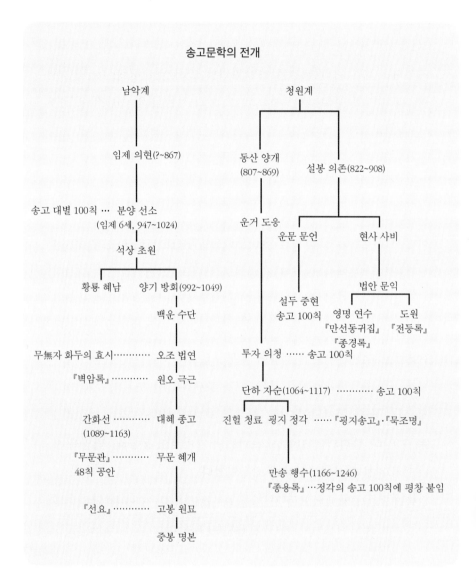

송고문학의 전개

남악계

임제 의현(?~867)

송고 대별 100칙 … 분양 선소
(임제 6세, 947~1024)

석상 초원

황룡 혜남   양기 방회(992~1049)

백운 수단

무無자 화두의 효시 ………… 오조 법연

『벽암록』 ………… 원오 극근

간화선 ………… 대혜 종고
(1089~1163)

『무문관』 ………… 무문 혜개
48칙 공안

『선요』 ………… 고봉 원묘

중봉 명본

청원계

동산 양개
(807~869)   설봉 의존(822~908)

운거 도응

운문 문언   현사 사비

법안 문익

설두 중현
송고 100칙   영명 연수   도원
『만선동귀집』 『전등록』
『종경록』

투자 의청 …… 송고 100칙

단하 자순(1064~1117) ………… 송고 100칙

진헐 청료 굉지 정각 ……『굉지송고』·『묵조명』

만송 행수(1166~1246)
『종용록』…정각의 송고 100칙에 평창 붙임

398

의『송고 100칙』을 높이 평가하고 이를 텍스트로 하여 강의하였다. 그런 뒤에 수시(垂示; 서언)·착어(著語; 짧은 비평, 코멘트)·평창(評唱; 講評과 같은 성격의 해석)을 첨부하여『벽암록』을 저술하였다.『벽암록』은 '종문의 제일서宗門第一書'라고 칭할 만큼 선종의 대의를 표방하고 있는 대표적인 공안집이다. 이『벽암록』에 영향을 받아 조동종에서도『종용록』·『공곡집』·『허당집』등 비슷한 형태의 공안집이 출현하였다.* 이 가운데『종용록』은 굉지 정각의 송고에 만송 행수(1166~1246)가 평창한 것이다. 이와 같이 '송고문학'이라는 일련의 과정을 거쳐 탄생한 것이 대혜 종고의 간화선이다.

(2) 선종 사찰의 국가 불교화

선종 사찰이 5산 10찰제로 국가 불교화되면서, 당나라 때의 자유롭고 활발발하게 빛나던 선사상과 선이 국가주의적인 형태를 띠게 된다. 5산 10찰제란 사찰에 등급을 매기고 산의 이름이나 사찰의 호를 더하여 국가 기도도량으로 삼은 것이다. 물론 그만한 이유가 있었다. 당나라 말기부터 나라가 분산되기 시작하면서 황족을 중심으로 하는 중앙이 힘을 잃었고, 송대로 들어서면서 주변 여러 이민족의 압박과 침입을 끊임없이 받고 있던 터라 중국 한족의 긍지가 상실되었다. 자연스럽게 당나라 때와는 다른 국수주의적인 형태를 띠면서

---

* 『공곡집』은 투자 의청(1032~1083)의 송고에 단하 자순이 착어를 하였고, 임천 종륜(林泉從倫, 만송 행수의 제자)이 평창하였다.『허당집』은 단하 자순이 송고를 하였고, 임천 종륜이 평창하였다.

사찰의 힘을 이용해 국가 의식을 고취시키고자 하였다.

물론 남북조시대나 당대에도 황족의 복을 빌어주는 사찰이 없는 것은 아니었다. 선사로서 대통 신수(大通神秀, 606~706)는 측천무후·중종·예종 등 3대 황제의 예경을 받고, 당시 서안과 낙양의 불사를 총괄하기도 했다. 또한 혜능을 위대한 인물로 만든 하택 신회(荷澤神會, 670~762)는 향수전(香水錢: 승려에게 도첩을 판매)을 팔아 황제에게 군자금을 대어 주었다.

북송의 수도가 개봉開封이었고 남송의 수도가 남경南京이었음을 감안할 때, 송나라(특히 南宋)의 선은 절강성·안휘성·복건성* 등 남방을 중심으로 발전하였다. 주지가 개당설법에서 황제의 성수聖壽를 기원하는 도량이 되었고, 왕과 왕실 사람들의 복을 빌어주었다.

5산 10찰에 역임한 주지들의 어록에는 반드시 축성화祝聖華가 있고 난 다음에 그의 법문이 있다. 이는 선종어록의 형식이 되었다. 이 점은 점차 관례화되어 연중행사로 정착되어 갔다. 원대에 이르러 선원의 생활규율과 국가주의적인 색깔이 짙은 『칙수백장청규勅修百丈

---

* 5산五山은 항주杭州 경산사徑山寺·항주 영은사靈隱寺·항주 정자사淨慈寺·영파寧波 천동사天童寺·영파 아육왕사阿育王寺이다.

  10찰十刹은 ㈠중천축사中天竺山 천영만수영조사天寧萬壽永祚寺(浙江 杭縣), ㈡도량산道場山 호성만수사護聖萬壽寺(浙江 吳興), ㈢장산蔣山 태평흥국사太平興國寺(江蘇 江寧), ㈣만수산萬壽山 보은광효사報恩光孝寺(江蘇 吳縣), ㈤설두산雪竇山 자성사資聖寺(浙江 鄞縣), ㈥강심산江心山 용상사龍翔寺(浙江 永嘉), ㈦설봉산雪峰山 숭성사崇聖寺(福建 閩侯), ㈧운황산雲黃山 보림사寶林寺(浙江 金華), ㈨호구산虎丘山 영암사靈巖寺(江蘇 吳縣), ㈩천태산天台山 경충사敬忠寺(浙江 臨海)이다.

清規』에는 공식적으로 성문화될 정도였다. 그런데 이 무렵, 교종에서도『교원청규敎院淸規』가 만들어졌고, 율종에서도『율원청규律院淸規』가 등장하였다. 교종과 율종도 국가와 밀접한 관계를 맺었다. 대혜 종고의 간화선이 발전할 수 있었던 것도 국가 불교화된 영향이 있었기 때문이다.

무자 화두의 효시자 : 오조 법연

(1) 법연의 행적

오조 법연(五祖法演, 1024~1104)은 사천성四川省 면주綿州 파서巴西 사
람으로, 속성은 등鄧씨이다. 법연은 소년 시절에 출가해 35세에 수계
를 받았다. 성도成都에 머물며 『백법百法』 및 유식을 공부하였다. 이
후 십여 년간 여러 지역을 유력하며 발초첨풍撥草瞻風하였다. 그러다
법연이 백운 수단(白雲守端, 1025~1072)을 만나 수단에게서 마니주
화두로 대오하고, 다음 오도송을 지었다.

> 산기슭 한 뙈기 쓸모없는 밭
> 두 손 모으고 공손하게 노인에게 물으니,
> 몇 번이나 팔았다가 다시 사들인 것은
> 송죽의 맑은 바람이 좋아서란다.
> 山前一片閑田地 叉手叮嚀問祖翁 幾度賣來還自買 爲憐松竹引淸風
> (『오등회원五燈會元』)

법연은 수단에게서 법을 얻어 임제종 양기파 법맥을 이었다. 법연
이 수단 문하에 머물렀을 당시 그의 인품과 수행력을 알 수 있는 일

화가 있다. 법연이 방앗간 소임을 보
았는데, 쌀과 보리를 찧어 팔아 돈이
들어왔다. 법연은 보시금을 자신의 호
주머니에 넣고, 대중에 공개하지 않
았다. 한 승려가 수단에게 이렇게 말
했다.

"법연이 돈을 축적해서 매일 술 먹
고, 여자까지 숨겨 두었습니다."

오조 법연 진영

점차 절 안에 나쁜 소문이 퍼졌다.
법연은 일부러 조심하기는커녕 보란 듯이 돈을 감추고, 여자를 희롱
했다. 이에 스승이 법연을 불러 놓고, '산을 떠나라'고 했다. 그러자
법연은 '소임을 인계해야 하니, 2~3일 말미를 달라'고 했다. 며칠이
지나 법연이 산을 떠나며 스승에게 자신이 소임을 살며 모은 돈 3천
냥을 내놓으며, 훗날 불사에 쓰라고 하였다. 당시 3천 냥이면 매우
큰돈이었다. 시기 질투한 이들의 소행임이 밝혀져 법연은 누명을 벗
었다(『宗門武庫』下).

법연은 스승 곁을 떠나 여러 곳을 다니며 선지식을 찾았다. 법연은
당시 임제종 선사인 부산 법원(浮山法遠, ?~?) 문하에 머물며 공부하
였다. 이후 법연은 안휘성安徽省 서주舒州 백운산白云山에 머물다 호
북성湖北省 기춘蘄春 오조사五祖寺로 옮겨 갔다. 법연은 오조산에 처
음 들어서며 5조 홍인(601~675)의 조탑祖塔(大滿寶塔)을 찾았다. 법연
은 5조 홍인의 조탑에 예를 올리며, 이런 시게를 읊었다.

옛적에 이렇게 온몸으로 갔다가

오늘에 다시 오니, 기억하는가!?

무엇으로 증거를 삼으랴! 이로써 증거 삼노라.

곧 500년 전에 열반한 홍인이 다시 돌아왔음을 의미한다. 이런 시게 이후로 선종사에서 법연을 '홍인의 후신'이라고 하였다. 법연은 이곳에 오래 머물며 선풍을 진작해 선종사에서 그를 '오조 법연'이라 한다. 법연 문하에 훌륭한 세 제자가 나왔는데, 불과 극근佛果克勤・불감 혜근佛鑑慧懃・불안 청원佛眼淸遠으로 이들을 '3불' 혹은 '법연삼걸法演三傑'이라고 칭했다. 그의 저서로『오조법연선사어록』이 있다.

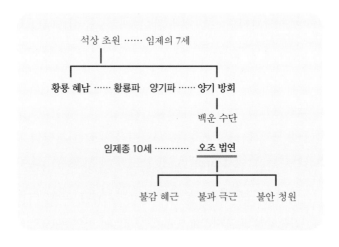

(2) 법연의 선사상

① 무자 화두의 효시

선종사에서는 무자無字 화두를 법연이 주목하였고, 이 화두가 법연에게서 비롯되었다고 본다. 다음『법연어록』을 보자.

> 여러분, 그대들은 도대체 평소에 어떻게 공부를 해나가고 있는가?
>
> 언제나 오롯이 '무無'자를 궁구하라.
>
> 그대들 가운데 그것을 일삼아 공부하는 이가 몇이나 되는가?
>
> 있다면, 누구 하나 여기 나와서 대답해 보라.
>
> 나는 그대들이 '있다(有)'고 말하는 것도, '없다(無)'고 말하는 것도 바라지 않는다.
>
> 또한 그대들이 '있는 것도 아니요(非有)', '없는 것도 아니다(非無)'라고 말하는 것도 바라지 않는다.
>
> 그대들은 무어라고 대답할 것인가? 자! 이것뿐이다.

법연은 화두 가운데 조주 무자를 수행의 근본으로 삼았다. 무자 화두는 개에게 불성이 있느냐 없느냐를 떠나 불성의 유무有無에 집착하는 마음을 없애고, 자신의 본래면목을 깨닫는 데 중점을 둔 화두이다. 실은 무자에 관해서는 당대에도 선사들의 어록에 나오는 예가 있다. 마조의 제자 홍선 유관(755~817)*이 개의 불성에 대해서 문답

---

* 마조의 탑비명(洪州開元寺石門道一禪師塔碑銘)에 10대 제자 가운데 유관이 포함되

한 예가 있는데, 홍선은 '개에게 불성이 있느냐?'는 질문에 '있다'라고 답했다. 조주는 스스로 '없다'고 답했는데, "그에게는 업에 의한 분별이 있기 때문이다."라고 하였다.

하지만 무자 화두를 주장하며, 공안으로서 체계를 세운 이는 법연이다. 이후 법연의 손자인 대혜 종고(1089~1163)도 주목하였다. 또한 종고 이후 100년이 지나 활동한 무문 혜개(無門慧開, 1183~1260)도 주목하였다. 혜개는 저서『무문관』1칙으로 무자를 제시했는데, 선사는 "3백6십 골절 8만4천 털구멍 온몸이 의단疑團이 되어 무자 공안을 참구해야 한다."라고 하였다. 몽산 덕이(1231~1308)도 "조주의 무자 한 마디가 종문宗門의 한 문이니, 유심有心으로 뚫을 수 없고, 무심無心으로도 뚫을 수 없다(只者箇無字 是宗門一關 有心透不得 無心透不得)."라고 하였다. 어찌되었든 법연이 화두로 삼은 이래로 무자는 현재에 이르기까지 선객들이 가장 많이 들고 있는 독보적인 화두이다.

② 선은 로고스나 이성적 논리로 판단할 수 없다

제자들이 법연에게 수행하는 방법을 자주 물었다. 이에 대해 어느 날, 법연이 상당설법을 하였는데, 다음 내용이다.

어 있다. 또한 규봉 종밀의『선문사자승습도』에 마조의 제자를 열거했는데, 장경章敬의 휘휘暉·홍선興善의 관관寬·백장百丈의 해海·서당西堂의 장藏, 4인人 이름 속에 유관이 포함되어 있다. 서당 지장이 당시 마조의 대표 제자인데, '유관은 북쪽의 종장宗匠이며, 서당은 남쪽의 종장'이라고 하였다.

나의 선이 어떤 것인지, 비유를 들어 이야기하겠다. 밤도둑인 아버지가 점점 나이가 들어가자, 아들이 아버지에게 가업을 이을 수 있도록 기술을 전수해 달라고 부탁하였다. 아버지는 "도둑질도 타고나는 법이다. 가르칠 것은 없지만, 배워보도록 해라. 오늘 밤에 나를 따르라."

그날 밤, 아버지는 아들을 데리고 부잣집에 물건을 훔치러 갔다. 아버지가 옷장 안에 있는 옷을 담으라고 하면서 옷장 안으로 들어가라고 한다. 아들이 무심결에 옷장 안에 들어가자, 아버지는 옷장 문을 걸어 잠그고 "도둑이야." 하고 외치더니 도망을 가버렸다. 마침 그 집의 식구들이 몰려와 집안을 둘러보았다. 아들은 옷장 안에서 빠져 나가기 위해 쥐가 상자를 갉아먹는 소리를 내었다. 그러자 주인이 하인을 불러 옷장 문을 열어보라고 하였다. 하인이 옷장을 열고 등불을 들이대자, 아들은 하인이 들고 있는 등불을 순식간에 끄고 밖으로 도망쳤다. 사람들이 뒤쫓아오자, 아들은 도망치면서 우물에 돌을 던졌다. 사람들은 도둑이 우물에 빠졌다고 생각하고 우물 안을 들여다보았다. 아들은 이 틈을 타 집으로 도망쳐 왔다.

아들이 집에 돌아와 아버지에게 투덜거리자, 아버지는 태연스럽게 말했다. "너의 기지를 훈련시킨 것이다. 물건 훔치는 재주는 스스로 터득해야 하는 법이지, 배워서 되는 것이 아니다. 또한 다른 사람이 대신해줄 수도 없는 법이다."

도둑질은 로고스(logos)나 이성적인 판단에 의해 배울 수 없다. 아

버지는 의도적으로 자식을 사지로 내몰아 스스로 방법을 터득토록
한 것이다. 법연이 말하는 선도 이와 같음을 시사한다. 석가모니부
처님 이래 수많은 불조들이 출현해 얼마나 많은 해탈 수행법을 제시
했던가? 그렇게 제시된 길을 토대로 자신의 본각에 입각해 직관으
로 나아가야 하리라. 밥상 차려놓았으면 숟가락을 잡고 스스로 먹어
야지, 너무 많은 것을 타인에게 요구하는 것은 아닌가?!

(3) 법연사계

> 세력을 다 부리지 말라. 복을 지나치게 추구하지 말라.
> 좋은 말도 다 하지 말라. 규율을 다 지키지 말라.
> 勢不可使盡 福不可受盡 好語不可說盡 規矩不可行盡
>
> (『선원몽구禪苑蒙求』卷下)

'법연사계法演四戒'라고 하여 오래전부터 많은 이들이 애용해 오는
글이다. 어느 해, 법연이 다른 사찰의 조실로 초대되어 도량을 떠나
게 되었다. 제자들이 법연을 찾아와 '스님께서 이번에 떠나시면 언
제 또 뵙겠습니까? 저희들이 일상에서 살아갈 만한 지침을 내려주
십시오'라고 간청하자, 위의 네 가지를 말씀하셨다.

세력을 지나치게 부리면 후회할 일이 생기고, 복을 과하게 추구하
면 재앙으로 변한다. 규율을 다 지키려고 하다 보면 집착이 생겨 사
람들과 다툼이 생기고, 좋은 말도 넘치면 반드시 허물이 되는 법이
다. 권불십년權不十年 화무십일홍花無十日紅이라. 꽃은 10일 이상 아

름답게 꽃피울 수 없고, 큰 세력을 갖고 있다고 해도 10년을 넘기지 못한다고 했다. 자신이 어느 위치에 있을 때 덕으로 베풀고, 아랫사람들이 스스로 감화되어 자신에게 고개를 숙이도록 해야 한다. 세력 있다고 지나치게 그 세력을 부리면 언젠가는 보복을 당하게 되어 있다. 또 자신이 복이 많다고 그 복을 함부로 해서는 안 될 것이다. 복은 있을 때 아껴두어야 하는 법, 더 많은 복을 지어야지 훗날 대접을 받게 되어 있다. 말이라는 것도 그렇다. 나이가 들어갈수록 아랫사람에게 노파심에 말을 하지만, 오히려 역효과가 날 때가 많다. 그래서 흔한 말로 '나이 들수록 입은 닫고, 지갑은 열라'고 하지 않던가? 또 마지막으로 규율도 그러하다. 계율을 함부로 어기라는 것이 아니라, 법보다 사람을 소중히 여기고 융통성을 가져야 한다.

46 | 『벽암록』, 그리고 다선일미의 주창자 : 원오 극근

(1) 발밑을 살펴라

조계종 총무원 청사 들어가는 계단에 '조고각하照顧脚下'가 새겨져 있다. 오를 때마다 그 글귀를 새겨본다. 이 글귀를 처음 언급한 선사는 『벽암록』의 저자 원오 극근이다. 극근은 앞에 언급한 법연의 세 제자인 법연삼걸法演三傑 가운데 한 명이다. 오조 법연이 세 제자들과 함께 출타했다가 밤늦게 길을 걷게 되었다. 그런데 갑자기 바람이 불어와 초롱불이 꺼져 앞을 전혀 볼 수 없었다. 법연이 제자들에게 물었다.

"이럴 때는 어떻게 해야 하느냐? 각자 생각나는 대로 말해 보아라."

스승의 질문에 당황한 두 제자는 어물거리며 답변을 했고, 마지막으로 극근이 대답했다.

"조고각하照顧脚下, 발밑을 살펴보아야 합니다."

『유교경』에서 부처님께서는 "인간의 감각기관인 6근六根(눈·귀·코·혀·몸·생각)을 잘 제어해야 한다."라고 말씀하셨다. 여기서 6근을 조종하는 존재, 마음이란 무엇인가? 인생길에 이것만 잘 다스려도 삶에 고난이 없을 것이다.

410

(2) 극근이 활동하던 당시 사회적·불교사적 배경

원오 극근과 대혜 종고가 활동하던 당시 국제정세를 보자. 중국 내륙은 907년에 당나라가 망한 후 960년까지 오대십국五代十國이 일어나 50여 년간 혼란이 지속되다, 송나라(北宋)가 건국된다. 거란은 907년에 건국되어 947년 요나라로 국호를 개칭했다. 만주에서는 여진족(만주족)이 점차 세력을 키워 나가고 있었다(훗날 금나라). 당연히 11세기 중반~12세기 중반은 거란과 여진족 등 이민족의 침탈과 내정의 실패로 송나라가 위기에 처했다. 왕안석(王安石, 1021~1086)이 송나라의 위기를 모면코자 신법新法을 내세웠으나 구당 세력의 반발로 실패하였다. 이후 진전이 없이 신당과 구당 세력의 싸움이 거듭되었다. 그리고 불교는 국가 권력의 보호 아래 어느 정도 특권을 누리며 보호받고 있었다. 1126년 송나라는 금나라에게 치욕스런 일을 겪는다. 휘종과 흠종이 금나라에 사로잡힌 '정강靖康의 변變'이 일어난 것이다. 이후 난을 피해 남쪽으로 도망한 흠종의 동생 고종(1127~1162 재위)이 임안臨安(현 抗州)에 도읍하여 남송을 재건했다. 모든 정치 무대가 남방으로 옮겨간 것이다.

한편 사상적으로는 유학이 거듭 발전되어 정명도·정이천의 이정二程 등 대유학자들이 배출되어 중국 사상이 성리학으로의 발전을 시작하고 있었다. 불교는 선이 당대부터 강남에서 발전되어 왔는데 이때부터 점차 항주를 중심으로 발전하였다. 불교 종파는 선·정토·천태가 주된 흐름을 이루었다. 이때 사천 출신 고위 관료(장상영·소식 등)들의 귀의를 받아 극근이 속한 양기파의 선이 강남에서 중심으로 떠오른다.

(3) 극근의 행적

원오 극근(圓悟克勤, 1063~1135)은 사천성 팽주彭州 숭녕崇寧(현 성도)에서 태어났다. 자字는 무착無着, 속성은 락駱씨이다. 유학자 집안에서 자랐고, 어린 시절 사찰에 놀러갔다가 불교와 인연되어 묘적원妙寂院에 출가하였다. 처음에 『능엄경』 등 경론을 공부하다가 중병을 크게 앓은 뒤, 해탈이 문자에 있지 않음을 자각하고 사교입선한다. 극근은 여러 선지식을 찾아다녔는데, 옥천 승호(1012~1092)·대위 모철(?~1095)·황룡 조심(1025~1100)·동림 상총(1025~1091) 등에게 가르침을 받았다. 이어 황벽산의 유승惟勝(황룡 혜남 법사)의 문하에 들어갔다. 하루는 유승이 극근에게 자기 팔을 찔러 피를 보여주며 "이것은 조계의 일적一滴이다."라고 하였다.

이후 극근은 유승 문하를 나와 태평산太平山 오조 법연(五祖法演, ?~1104) 문하에 들어갔다. 그런데 법연은 제자에게 공부는 가르치지 않고 하루 종일 일만 시켰다. 간혹 극근이 법에 대해 물으면, 스승 법연은 몽둥이로 때리기가 일쑤였다. 참다못한 극근은 결국 스승을 하직하고 나와서는 10년 가량 병을 앓으며 고생하였다. 힘들었던 10년간의 병고와 고생이 결국 자신을 위한 방편이었음을 깨닫고, 다시 스승 법연에게 돌아갔다. 그 깨닫게 된 기연이 흥미롭다.

법연의 옛 친구 진 씨가 벼슬을 그만두고, 고향인 사천성으로 가는 도중 태평산에 들렀다. 법연은 친구에게 다음의 소염시小艷詩를 들려주었다.

한 폭의 아리따운 모습 그려내지 못하는데

412

골방 깊은 곳에서 사모의 정에 애가 타네.

소옥아! 소옥아!

소옥을 자주 부르지만,

소옥에게는 일이 없네.

단지 낭군에게

제 목소리 알리기 위한 소리일 뿐.

一段風光畵不成 洞房深處陳愁情 頻呼小玉

元無事 只要檀郞認得聲 (『普燈錄』 28권)

원오 극근 진영

이 시는 당나라 현종이 총애하던 애첩 양귀비를 소재로 한다. 양귀비는 안록산과 정을 나누는 사이였다. 안록산이 그리워도 불러올 상황이 아닌지라, 몸종 소옥이를 불러 담 밖에 있는 안록산에게 자기 목소리를 들려줌으로써 자신의 존재를 알리고자 한 것이다. 여기서 '소옥아! 소옥아!' 하고 부를 때 낭군이 알아듣는 것은 '소옥'이라는 관념이 아니라, 그 목소리의 주인공이라는 것이다. 즉 말을 듣고 그 말의 의미나 관념을 따르지 말고, 말의 근원을 파악하라는 법연의 가르침이다. 선에 들어 '무'라는 화두는 본래심으로 돌아가기 위한 하나의 방편일 뿐이다. 양귀비가 '소옥'이라고 소리 내어 부르는 것도 낭군에게 자신의 존재를 알리기 위한 하나의 방편에 불과하다. 이처럼 '무'자 화두는 본각本覺으로 돌아가기 위한 방편이다. 집 내부에 있는 주인에게 자신의 존재를 알리기 위해 방편으로 소리를 낼 수 있는 기와조각(→ 화두)이 필요해 사용할 뿐이다. 곧 화두는 본래심의 집으로 들어가기 위한 수단인 것이다. 그런데 이 시를 들은 진

씨는 깨닫지 못하고 옆에서 듣고 있던 극근이 듣고 깨달았던 것이다. 진 씨가 물러나고 극근이 법연에게 물었다.

"스님께서 소염의 시를 들려줄 때, 친구 분께서 선의 참뜻을 알았을까요?"

"그 사람은 다만 소리만 들었을 뿐이다."

"그러면 그가 낭군 부르는 소리를 들었더라면 더 좋았을 텐데, 왜 안 하셨습니까?"

법연은 갑자기 소리를 높여 이렇게 자문자답했다.

"어떤 것이 조사가 서쪽에서 온 뜻인가? 뜰 앞의 잣나무니라."

극근이 스승의 말을 듣고 문 밖으로 나왔는데, 마침 난간에 수탉한 마리가 날개를 치며 길게 우는 소리를 내었다. 극근은 이 소리를 듣고 깨달았다.

40세인 1102년, 극근은 자신의 고향인 사천성 성도成都 소각사昭覺寺에 머물렀다. 당시 정치인 장상영(張商英, 1043~1122)과 장준(張俊, 1086~1154)의 귀의를 받았다.

62세인 1124년에 극근은 하남성 개봉開封 천녕天寧 만수사萬壽寺에 주석하였다. 이후 호남성 협산사夾山寺 영천선원靈泉禪院과 도림사道林寺 등지에 머물렀다. 영천선원에서 극근은 제자를 지도하면서 『벽암록』을 완성하였다(1125년). 극근이 머물던 당우 '벽암碧巖'이라는 편액을 따서 『벽암록』이라고 하였다. 만년에 극근은 자신의 고향인 성도 소각사에 머물다 세수 73세, 법랍 55세로 입적하였다. 남송의 고종이 진각선사眞覺禪師라는 호를 내렸다. 저서에 『원오심요圓悟心要』가 있다. 극근이 머무는 곳에는 늘 천여 명의 제자와 재가자들

원오 극근의 묘. 사천성 성도 소각사 옆 동물원 내에 모셔져 있다. 원래 동물원도 소각사 도량이었으나, 중국 정부에서 도량을 축소하고 동물원으로 활용하였다.

이 있었는데, 대표 제자로는 대혜 종고(1089~1163)와 호구 소융(虎丘 紹隆, 1077~1136)이 있다.

(4) 극근의 선사상 및 불교사적 위치

①『원오심요』의 사상 및 특징

이 책의 원명은『불과원오진각선사심요佛果圜悟真覺禪師心要』로서 상·하권 합쳐 143편의 글이 실려 있다. 법을 묻는 제자들 및 사대부들과의 서간문(편지글)이다. 당시 재가자들의 선이 유행하여, 이 가운데 사대부들과 나눈 편지가 42편이다. 극근은 선자의 본분 자세나 선지식으로서 갖춰야 할 자세 등을 편지 받는 사람의 근기에 맞춰 자세하게 제시해 주고 있다. 특히 이 『심요』에서 재가자나 출가자 모두에게 화두 참선을 권하고 있으며, 여러 개의 공안들을 제시하는 가운데 무자 참구를 강조하고 있다. 이 책에서 극근은 조사들의 공안과 기연 언구들을 제시해 주고, 이를 지표 삼아 구경究竟을 직하直下에 깨닫도록 강조하였다. 이 책은 대혜가 간화선을 성립할 수 있도록 교량 역할을 해주었다. 극근이 이 책자를 통해 임제종의 중흥을 위해 노력하면서 동시에 공안 참구에 조직적인 체계를 세우는 작업을 시도했다는 점에서 그 의의가 크다. 몇 편의 서간문을 소개하기로 한다.

<신 시자에게 주는 글>
움직임과 고요함, 가고 옴이 밖에서 오는 것이 아니니, 자유자재토록 놓아버려라. 법에 얽매일 것도 없고, 법에서 벗어나려 할 것도 없다. 처음부터 끝까지 한 덩어리를 이루었거늘 어느 곳에 불법을 여의고서 세간법이 따로 있을 것이며, 세간법을 저버리고 어찌 별도로 불법이 따로 있겠는가?! 이에 조사께서 곧바로 사람의 마음을 가리켰던 것이다.

<인 선인印禪人에게 주는 글>
병고가 몸에 있으면 마음을 잘 거두고 바깥의 경계에 흔들리지 말아야 한다. 마음속에서도 생각을 일으키지 말라. 생사의 일은 매우 크며, 죽음은 신속함(無常)을 늘 염두에 두어 잠시도 게으름을

피워서는 안 된다. 화(嗔心) 한 번 내더라도 삼업의 큰 허물이니, 혹시 좋거나 싫음이 있더라도 절대로 마음을 내지 말아야 한다. 항상 자기를 비우고, 마음을 바르게 해서 외부로부터 동요되는 것을 마치 빈 배처럼 여기고 뒹구는 기왓장처럼 보라. 그러면 바깥 물건과 내가 모두 고요하여 여여如如한 경지에 도달할 것이다.

<엄・수, 두 도인道人에게 주는 글>
참구하려면 모름지기 실답게 참구해야 하고, 보려면 반드시 실답게 보아야 하며, 작용하려면 꼭 실답게 작용해야 하고, 깨달으려면 반드시 실답게 깨달아야 한다. 만약 가는 털만큼이라도 실답지 못하면, 바로 헛된 데에 떨어진다.

②『벽암록』의 특징 및 사상

수행자들을 지도하는 이른바 평창(評唱; 해석)이라는 강의 형태가 생겼다. 설두 중현이『경덕전등록』에서 뽑은 공안『송고 100칙』을 극근이 매우 높이 평가하며, 제자들에게 강의했던 내용이『벽암록』이다. 즉 각 칙마다 수시(垂示; 서언)・착어(著語; 짧은 비평, 코멘트)・평창(評唱; 講評과 같은 성격의 해석)을 첨부해『벽암록』을 저술하였다. 이『벽암록』이 선종사에 끼친 영향을 살펴보자.

『벽암록』은 극근의 제자에 의해 편찬되었는데, 세상에 나오자마자 널리 알려졌다. 간화선의 선구자인 대혜는 참선자들과 대화를 하는 도중, 그 수행자가 유창하게 말을 잘해서 정말로 깨달은 줄 알고 시험해 보면 그것이 실제 참선해서 깨달은 것이 아니라『벽암록』내용을 반복 암기한 것임을 알고 탄식하였다. 그래서 대혜는 '이렇게『벽암록』의 글귀만을 외우고 암기한다면 공안선이 아니라 구두선(口頭禪; 입으로만 선을 아는 것)에 떨어지고 말겠구나'라고 탄식하고『벽암록』판목을 모아 불태웠다고 한다. 그러나『벽암록』은 결코 과소평가될 선종서가 아니다.『벽암록』이후 조동종계에서『종용록』*·『공곡집』·『허당집』등 비슷한 공안집이 출현했다. 또한 송대 이후 현재에 이르기까지 동아시아 선자들에게 '종문宗門 제일서第一書'로 불린다.

스승 오조 법연의 무자 공안 제시에 이어 극근이 체계를 세웠고, 다시 제자 대혜 종고에 의해 간화선이 완성되었다. 이런 데서 극근의 대표 저술인『벽암록』은 선 수행의 조직적인 설명 체계를 세움으로서 간화선이 태동하는 교량 역할을 했다고 볼 수 있다.『벽암록』의 글을 하나 새겨보자.

내 인생에서 가장 행복한 날은 바로 오늘이요.
내 삶의 가장 절정의 날도 바로 오늘이며,
내 생에 가장 소중한 날도 바로 오늘, 지금 이 순간이다.
어제는 지나간 오늘이요, 내일은 다가오는 오늘이다.
그러므로 오늘 하루하루를 삶의 전부로 느끼면서 살아야 한다.

---

* 묵조선의 대표 선사인 굉지 정각(1091~1157)의『백칙송고』에 만송 행수(1166~1246)가 평창을 한 것이다. 조동종의 핵심 사상이 담긴 공안집이다.『종용록』은『벽암록』·『무문관』과 더불어 3대 선어록으로, 참선의 대표적인 교본이다.

③ 다선일미

극근이 남긴 또 하나의 사상이 '다선일미茶禪一味'이다. 육우(陸羽, 727~808?)는 『다경茶經』에서 '덕이 있는 사람이 마시기에 가장 적당한 것이 차이다'라고 할 정도로 차 마시는 것 자체를 수행과 결부시켰다. 귀로 찻물 끓이는 소리를 듣고, 코로 향기를 맡으며, 눈으로 다구와 차를 보고, 입으로 차를 맛보며, 손으로 찻잔의 감촉을 즐기기 때문이다. 다선일미는 찻물을 끓이고 차를 마시는 모든 행동 하나하나가 마치 참선하는 마음상태와 같다는 데서 유래되었다. 물론 극근 이전부터 차와 관련된 공안(茶飯事·喫茶去)이 많았지만, 극근에 의해 차를 마시는 행위와 수행(禪)을 하나라고 보는 다선일미가 저변화되었다고 볼 수 있다.

'다선일미' 편액. 사천성 성도 문수원 도량에 있는 찻집(중국 사찰에는 대부분 노천찻집이 있다)

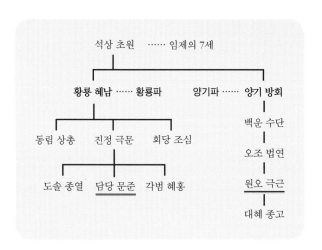

(1) 종고의 행적

간화선의 제창자 대혜 종고(大慧宗杲, 1089~1163)는 어려서 유학을 공부했다. 12세에 출가해 17세에 구족계를 받았다. 대혜는 처음 운문종에서 공부한 후 조동종에서 참구하였다. 이후 다시 임제종 황룡파 담당 문준(1061~1115)의 제자가 되었다.

문준이 병으로 입적하기 전에 대혜를 원오 극근에게 천거하며 그를 찾아가라고 하였다. 대혜는 스승 문준의 어록을 만들고, 탑명塔銘 원고를 청탁하기 위해 만난 장상영(1043~1121, 無盡居士)과 도반이

절강성浙江省 항주杭州 경산사 객당客堂에 모셔진 대혜 종고 진영이다. 대체로 두 개의 향판을 세워놓는다. 왼쪽 향판은 승치僧值(한국으로는 입승), 오른쪽은 지객知客 한자가 쓰여 있다.

되었다(1120년). 대혜는 몇 년간 여러 지역을 유행하며 수행하면서도 극근과 인연이 닿지 않았다. 그러다 1125년 개봉開封 천녕사에서 극근을 처음 만나 가르침을 받고, 42일 만에 깨달음을 얻었다.

대혜가 스승에게서 법을 받고 활동하려던 시기는 북송에서 남송으로 넘어가는 시기다. 여진족이 세운 금나라의 침략으로 송은 강남으로 천도해 남송(南宋, 1127~1187)을 세웠고, 송나라 조정은 금나라와의 주화파主和派와 주전파主戰派로 나뉘어 대립하였다. 당시 주전파에 속해 있던 대혜는 항주(남송의 수도) 경산사徑山寺에서 간화선을 보급하며 사대부들과 교류하고 있었다(대혜를 따르는 사대부들은 대부분 주전파 인물).

이 무렵 조정은 '금과 화해하자'는 주화파로 분위기가 흘러갔다. 1141년 고종의 신임을 받던 재상 진회(秦檜, 1090~1155)는 주전파인 장준·한세충·악비(岳飛, 1103~1142)의 병권을 빼앗고, 악비를 모함해 죽였다. 53세 무렵에 대혜는 장구성(張九成, 1092~1159) 등과 반역을 모의했다는 혐의를 받고, 승복과 도첩을 박탈당한 뒤 형주衡州(현 湖南省 衡陽)로 유배당했다. 다시 매주梅州(현 廣東省 梅縣)로 유배되어 총 16년간 귀양살이를 했다.

1155년 사면되어 항주로 돌아온 대혜는 영은사에 머물다가, 1157년 장준의 천거로 다시 경산사 주지가 되었다. 이 무렵 조동종의 굉지 정각과 선법禪法 논쟁을 하며, '화두선'이라고 하는 간화선을 제창하였다. 4년 후 다시 절강성 사명산四明山의 아육왕사로 거처를 옮겼지만, 조정의 요청으로 다시 경산으로 돌아와 74세로 입적하였다. 저서에는 편지글을 모은 『서장書狀』*, 스승 극근의 어록을 모은 『정법안장正法眼藏』, 그리고 『대혜무고大慧武庫』·『대혜어록大慧語錄』 등이 있다. 대혜는 '보각 선사普覺禪師'라는 시호를 받았으며, 묘탑 이름은 보광寶光이다.

---

* 『서장』은 간화선의 수행법을 설명하는 요긴한 책이며, 사찰 승가대학에서 교재로 사용되고 있다. 『서장』은 초학자와 사대부들을 상대로 간화선을 지도했던 대혜의 서간문을 모은 참선 지도서이다. 선문의 요지가 간략하고 철저하게 설명되어 있는 『서장』에는 대혜의 수행 과정과 깨달음, 그리고 사대부를 비롯하여 다양한 계층의 사람들을 지도한 방식이 담겨 있다.

(2) 묵조선과 간화선의 논쟁

대혜는 당시에 참선하는 수행법을 비판하였는데, 비판 대상이 조동
종의 굉지 정각(1091~1157)이다. 이 비판한 내용을 살펴보고, 묵조
선과 간화선을 비교해 보면 간화선의 사상을 쉽게 이해할 수 있을
거라고 본다. 대혜와 정각이 첨예하게 대립했는데, 이를 '묵조와 간
화의 대논쟁'이라고 한다. 논쟁의 원인에는 당시 대혜가 살았던 시
대적인 상황도 배제할 수 없다. 대혜는 나라가 어려울 때 조동종 계
열 스님들이 침묵하고 있던 점에 반감을 가지면서 형식적인 선정과
의식에 집중하는 조동종의 선풍을 '(다만 앉아 있는) 고목무심枯木無心
의 묵조사선黙照邪禪'이라고 비판하였다. 즉 일체중생이 본래 부처라
는 사실을 제대로 인식하지 못하고, 단지 안일함에 안주해 있는 승
려들에 대한 비판이다. 한편 조동종의 정각은 '결코 대혜의 간화선
이 제일의선第一義禪이 아니다'라고 응수하고 나섰다.

간화선과 묵조선의 차이점

	간 화 선	묵 조 선
주창자	대혜 종고(1089~1163)	진헐 청료(1088~1151) · 굉지 정각(1091~1157)
수행	깨달음으로 향해 가는 수행의 입장	깨달은 상태에서 수행
출발점	본각本覺에 근거한 불각不覺이라는 중생의 입장에서부터 전개 / 시각始覺에서 본각으로 되돌아가는 수행이기에 시각문적始覺門的 수행 구조라고 함	근원적인 본래불의 입장, 곧 본각으로부터 출발하여 그에 대한 자각을 통한 본래인의 삶으로 회귀하는 것이다. 깨침이 그대로 현전에 성취되어 있음을 자각하는 현성공안現成公案에 근거하는 본각문적本覺門的 수행 구조라고 함
양자 모두 本覺, 本來成佛		

수행 방식	공안 참구·경험주의	묵조좌선默照坐禪·지관타좌只管打坐 묵默은 묵묵히 좌선하는 것. 조照는 조용 照用으로 심성의 영묘한 깨달음의 작용 ☞ 도오겐(道元, 일본 조동종의 開祖)은 지 관타좌(그저 앉아 있어라)를 주장함.
수행 방편 (大疑心)	화두는 산란과 혼침을 제 거하기 위한 하나의 방편 이요, 공안에 대해 대의단 大疑團을 일으키는 것이다. * 대혜가 굉지 정각의 선을 묵조사선이라고 비판한 것 은 의심이 결여되었기 때 문이다.	당시 정각과 청료 입장에서 어떤 것이 공겁이전空劫以前의 자기인가? * 겁외劫外와 공겁이전이란 분별심이 일 어나기 이전의 근원적인 본래심(불성)
역사적인 관점	외적이고 대세적이며 사회 성이 있음	내적이며, 개인의 완성을 목표로 하는 데 주력
	간화와 묵조가 서로 우열을 다투었다는 것은, 결국 시대가 그만큼 선 에 대하여 어떻게 대처하는 것이 보다 현실적·효과적으로 그 시대를 떠맡아 갈 수 있겠는가라는 과제를 요구하고 있었다고도 볼 수 있다. 즉 간화와 묵조는 본각本覺에 있어서는 동일하지만, 선의 방법상에 있 어 역사적인 차이점이 있다.

(3) 공안公案·화두話頭란 무엇인가?

'간看'은 선을 위해 참구參究한다는 뜻이며, '화話'는 근원 세계를 드러내는 표현으로 어떠한 법칙(고칙·공안)을 말한다. 간화看話란 조사가 보인 말씀과 행동을 깨달음의 직접적인 수단이자 과제, 다시 말해 화두로 삼고 그것을 참구하는 것이다. 화두의 역할은 바로 자기의 근원적인 마음을 조고照顧해 보는 도구에 불과하다. 즉 의심을 일으키도록 하는 강한 방편이라는 것이다.

화두에 대한 정의를 몇몇 선 문헌에서 보면 이러하다.

① 원오 극근은 『벽암록』 「삼교노인서三教老人序」에서 "조교祖教의 서書"라고 정의하였다. 조사들이 가르쳐 보이신 바를 공안이라고 명시하고 있다. 또한 극근은 화두를 "남의 집 대문을 두드리는 기와조각(敲門瓦子)"에 비유하였다.

② 『선림보훈음의禪林寶訓音義』(1635년 운서사의 대건大建)에 의하면, "공부公府의 안독案牘"이라고 공안을 정의하였다. 마치 노련한 관리가 범인의 죄상을 헤아려(전례에 비추어) 벌을 부과하는 것처럼, 공안은 이것에 비추어 자기의 마음바탕을 돌아보는 도구이다. 즉 진리 체험의 선례로 삼는 것이다.

③ 중봉 명본은 『산방야화山房夜話』에서, '공公'이란 성현들의 깨달은 그 길(轍)을 하나로 하여 천하의 모든 사람들이 그 길로 함께 갈 수 있도록 하는 지극한 가르침이며, '안案'이란 성현들께서 그 깨달은 이치인 도에 나아가는 올바른 방법을 기록한 것이라고 명시하고 있다. 또한 '공'이란 개개인의 주관적인 주장을 개입시키지 않는다는 의미이며, '안'이란 반드시 불조와 똑같이 깨달음을 만들겠다는 뜻이다. 따라서 공안이 풀리면 번뇌의 알음알이가 사라지고, 번뇌의 알음알이가 사라지면 생사의 굴레가 공空해지며, 생사의 굴레가 공해지면 불도를 이룰 수 있다고 하였다.

(4) 『대혜어록』에서 제시하는 대표적인 공안

① 조주趙州 정전백수자庭前栢樹子

어느 승려가 조주에게 물었다.

"조사께서 서쪽에서 오신 뜻이 무엇입니까?"

"뜰 앞의 잣나무니라."

② 조주趙州 구자무불성狗子無佛性

어느 승려가 조주에게 물었다.

"개는 불성이 있습니까, 없습니까?"

"없다."

③ 동산東山 수상행水上行

어떤 승려가 운문에게 물었다.

"어떤 것이 부처님께서 나오신 것입니까?"

"동산이 물 위로 간다."

④ 운문雲門 간시궐乾屎厥

어느 승려가 운문에게 물었다.

"부처란 무엇입니까?"

"똥 닦는 막대기이다."

⑤ 동산洞山 마삼근麻三斤

어느 승려가 동산 수초에게 물었다.

"부처란 무엇입니까?"

"마삼근이다."

⑥ 마조馬祖의 대여일구흡진서강수즉향여도待汝一口吸盡西江水卽向
汝道

방거사가 마조에게 물었다.

"만법과 더불어 짝하지 않는 것은 무엇입니까?"

"그대가 서강의 물을 다 마시면 그때를 기다려 말해 주리라."

이렇게 여섯 가지가 있는데, 이 여섯 화두는 현재까지도 스님네들
이 수행할 때 많이 들고 있는 화두이다. 이 가운데 가장 중시하는 것
은 두 번째인 무자 화두이다.

(5) 대혜 사상의 특징 및 불교사적 의의

① 종고에 와서 오직 '무'자 공안 하나만을 끝까지 참구하여 안신입
명처를 찾도록 강조하였다. '간시궐幹屎厥' 등 다른 몇 개의 공안들
을 동시에 제시하면서 하나의 공안으로 결판내라는 간화선이 확립
된 것은 대혜에 의해서이다.『서장』에 의하면, "바깥쪽을 향하여 달
리 의심을 일으키지 말라. '간시궐' 위에서 의심이 부서지면 항하사
수 의심이 한꺼번에 부서지리라."라고 하였다. 이렇게 법연 → 극근
→ 종고의 3대에 걸쳐 이어오던 공안선이 종고에 의해 간화선으로
확립되었다.

② 구자무불성狗子無佛性은 대혜의 할아버지인 오조 법연에게서
비롯되어 대혜에 의해 강화되었다. 대혜도 화두 가운데 무자 화두를
강조하셨으며, 후대 무문 혜개의『무문관』도 무자 화두를 중심으로

한다. "360 뼈마디의 8만4천 털구멍으로 전신全身에 이 의단을 일으켜 '무'자를 참구하라."고 하면서 사량분별심을 경계하기 위한 것으로 무자 화두를 강조하였다. 『서장』에서 재가자들에게 편지로 답한 내용이다.

<부추밀에게 답함>
"그대가 만일 산승을 믿을 수 있을진댄 시험 삼아 시끄러운 곳을 향하여 구자무불성화拘子無佛性話를 볼지언정 깨닫고 깨닫지 못함을 말하지 말지니, 바로 마음이 시끄러울 때를 당하여 아무렇게나 잡아들어서 깨달아 보라. 도리어 고요함을 깨닫느냐? 도리어 힘 얻음을 깨닫느냐? 만일 힘 얻음을 깨달을진댄, 곧 모름지기 놓아버리지 말라. 요컨대 고요히 앉을 때엔 다만 한 대 향을 사루고 고요히 앉되 앉을 때 혼침昏沈에 들지 말며, 또한 도거掉擧하지도 말지니, 혼침과 도거는 선성先聖의 꾸짖는 바니라. 고요히 앉을 때에 이 두 가지 병이 현전함을 깨닫자마자 다만 구자무불성화를 들면 두 가지 병은 애써 물리쳐 보내려 하지 않아도 당장에 고요해지리라."

<여사인 거인에게 답함>
"들어 일으키는 곳에서 알아차리려 하지 말며 또 사량으로 헤아리지 말고, 다만 뜻을 붙여 가히 사량치 못하는 곳으로 나아가 사량하면, 마음이 갈 바가 없어서 늙은 쥐가 소뿔 속으로 들어가 문득 거꾸러짐을 보리라. 또 마음이 시끄럽거든 다만 '구자무불성

428

화'를 들지니, 부처님 말씀·조사의 말씀·제방 노숙의 말씀의 천차만별을 '무'자만 뚫으면 한꺼번에 뚫어 지나서 사람에게 물을 필요가 없으려니와, 만일 한결같이 사람에게 묻되 부처님 말씀은 어떻고, 조사의 말씀은 어떻고, 제방 노숙의 말씀은 어떻고 하면 영겁토록 깨달을 때가 없으리라."

③ 오롯이 의심하라

화두는 산란과 혼침을 제거하기 위한 하나의 방편이요, 공안에 대해 대의단大疑團을 일으키는 것이다. 대혜가 굉지 정각의 선을 묵조사선이라고 비판한 것은 의심이 결여되었기 때문이다. 『서장』의 내용을 보자.

<여사인 거인에게 답함>
"천 의심·만 의심이 다만 한 의심이니, 화두 위에서 의심이 부서지면 천 의심·만 의심이 한꺼번에 부서지리라. 화두를 부수지 못하면 다시 화두 위로 나아가서 더불어 겨룰지니, 만일 화두를 버리고 도리어 다른 문자 위에서 의심을 일으키거나, 경교 위에서 의심을 일으키거나, 고인의 공안 위에서 의심을 일으키거나, 일용 진로塵勞 가운데서 의심을 일으키면 다 사마의 권속이다."

④ 우리나라는 주된 선이 간화선이다. 고려 보조국사 지눌이 대혜의 사상을 받아들이면서부터 현재까지 이어지고 있다. 지눌은 세 차례에 걸쳐 깨닫는데,* 마지막 세 번째에 이르러 견성의 경지에 이른

것으로 보인다. 이렇게 지눌 이후로 송광사 16국사를 배출하면서 간화선이 꾸준히 발전하였고, 고려 말기 몽산 덕이의 간화선풍이 풍미를 이루면서 간화선은 곧 한국선으로 자리매김되었다. 특히 대혜의 무자 화두 참구법은 지눌의 『간화결의론』 → 진각 혜심의 『구자무불성화간병론』 → 서산 휴정의 『선가귀감』으로 흘러왔으며, 현 우리나라 선자들이 가장 많이 들고 있는 화두이다.

---

* 지눌은 25세에 『육조단경』 「정혜품」을 읽다가 홀연히 깨달았다. 2차는 28세에 경북 예천 하가산 보문사에서 대장경을 열람하다가 이통현(李通玄, 634?~730?) 장자의 『신화엄경론』에서 큰 영감을 얻었다. 3차는 지리산 상무주암에 머물 때이다. 지눌은 어떤 막중한 물건이 가슴에 걸리는 듯했는데, "선은 고요한 곳에 있지 않고, 시끄러운 곳에도 있지 아니하다. 또한 일용응연처에도 있지 않고, 사량 분별하는 곳에도 있지 아니하다. 하지만 참으로 고요한 곳이든 시끄러운 곳이든, 일용응연처이든 사량 분별하는 곳이든 그 어떤 것도 여의지 말고 참구하라. 홀연히 눈이 열리면 이 집안의 일을 알 것이다."라는 부분에서 큰 깨달음을 얻는다.

48 | 송대 사대부 간화선 수행자들 :
장상영 · 장구성

중국이나 우리나라는 대승불교 국가로서 시대를 막론하고 재가자 활동이 활발하다. 당나라 때도 재가 선자가 있었지만 송대로 들어서는 재가 수행자들이 더 많아졌다. 비슷한 시대인 고려시대에도 청평거사 이자현(李資玄, 1061~1125) · 백운거사 이규보(1168~1241) · 이승휴(1224~1300) 등이 있었다. 북송대에는 임제종 황룡파에 소동파 · 황산곡 · 장무진張無盡 등 재가자가 많았는데, 점차 양기파로 옮겨졌다. 특히 간화선의 제창자 대혜 종고에 의해 배출된 사대부들은 그 수를 헤아리기 어려울 정도이다. 여기서는 대혜의 재가 제자들과 송대의 대표 거사인 장상영에 대해서 보기로 하자.

(1) 무진거사 장상영

① 장상영의 행적

장상영(張商英, 1043~1121, 無盡居士)에 대해서는 기록마다 다른데, 팽제청(彭際淸, 1740~1796)의 『거사전居士傳』 28권에 의하면 다음과 같이 전한다.

장상영은 과거 급제 후 통주 주부를 임명받았다. 곧 서적과 관련된 일이다. 하루는 사찰을 방문해 방대한 대장경 목록을 보며, '나의 공자 성인의 책들이 오랑캐 책보다 못하구나'라고 자신도 모르게 탄식하였다. 그날 집으로 돌아와 낮에 보았던 대장경의 정교한 목록을 생각하며 잠을 이루지 못했다. 이때 부인 상 씨가 '왜 잠을 이루지 못하느냐?'고 묻자, 그는 낮에 있었던 일을 설명하며, 이런 말을 하였다.

"아무래도 무불론無佛論을 지어야겠소."

"아니, 당신이 이미 부처가 없다고 해놓고, 무슨 논이 필요합니까?"

장상영은 부인의 말을 그냥 넘겼다. 그러던 어느 날 우연히 그가 친구 집에 방문했다가 책상 위에 놓인『유마경』을 읽게 되었다. 그는 '유마거사의 병은 지대地大로부터 온 것이 아니고, 또한 지대를 여읜 것도 아니다(此病非地大 亦不離地大)'라는 구절에 탄식하고, 경전을 빌려 집으로 돌아왔다. 부인 상 씨가 이를 보고 또 말했다.

"이『유마경』을 숙독한 후에 무불론을 써보시지요."

장상영은 이렇게 인연되어 돈독한 불자가 되었고, 훗날 무불론이 아닌『호법론護法論』을 저술하였다. 이 부분에 대해서는 뒤에서 자세히 서술하겠다.『인천보감』에 그는 "불교에 귀의해 불학을 공부한 연후에 비로소 유학을 알게 되었다."라는 내용이 전한다. 장상영의 학문적 깊이를 알 수 있는 대목이다.

장상영은 사천성四川省 신진新津 사람으로 자는 천각天覺, 호는 무진 거사無盡居士이다. 1066년 23세에 진사가 되었는데 왕안석의 추천으로 중앙관직에 올랐고, 1072년 29세에 감찰어사監察御史에 임명되었다.

432

거사는 북송대에 대 선지식인 동림 상총(東林常總, 1025~1091)·회당 조심(晦堂祖心, 1025~1100)·대혜 종고(大慧宗杲, 1089~1163) 등과 교류하였고, 진정 극문(眞淨克文, 1025~1102)에게서 깨달음을 얻었다. 장상영은 원오 극근과 대혜의 사제師弟 인연을 매듭지어준 인물이기도 하다.

장상영의 고향인 사천성四川省 성도成都 신진新津에 모셔진 장상영 동상

② 『호법론』의 불교사적 의의

'호법護法'이란 법을 보호하고 불교를 선양하는 것인데, 그 내용에 있어서 두 가지 차원이 있다. 하나는 선사가 자체적으로 공부가 되어 유불을 일치시키는 경우인데, 운문종은 선+유교의 일치이고 황룡파는 선+도교적인 측면이다. 다음은 국가에서 불교를 핍박하는 데에 반발해 유불도 삼교를 회통하는 경우이다. 역사적으로는 대부분 후자에 속한다. 장상영 이전에도 불일 계숭(佛日契嵩, 1007~1072)은 한유(韓愈, 768~824년)의 배불에 항거해 『보교편輔敎篇』을 지었다. 조선시대 함허 득통은 『현정론』, 청허 휴정은 『삼가귀감』을 통해 유불도 일치 및 배불에 대응하였다. 그렇다면 장상영의 『호법론』은 어떤 면을 띠고 있는가? 전·후자 모두를 아우르고 있다고 본다.

송나라가 국제적으로 위기에 처한 데다 유교를 국교로 했지만 사찰은 점차 비대해지는 면이 있었다. 상업이 발달하고 화폐경제로 전환되면서 사찰에 재산 축재를 하는 이들이 있었다. 이러다 보니 몇몇 승려들이 타락하였고, 도첩 판매까지 늘었다. 물론 당나라 말기부터 불교계가 비판을 받았지만 송대로 들어 유교를 숭상한 탓인지 사대부들에 의해 불교가 비판받는 일이 빈번했다. 이런 시대적인 배경을 바탕으로 장상영이 불교를 옹호하기 위해 유교·도교를 아우르는 논을 저술했는데, 이것이『호법론』이다.『호법론』에서 장상영은 "유가에도 다 군자가 있는 것이 아니라 소인배가 있듯이 불교에도 범성凡聖이 함께 있다."라고 하며 불교를 옹호했다.

　『호법론』은 대장경에 입장入藏되었고(大正藏 52권 수록), 유·불·도 삼교합일을 토대로 불교를 변호한 논으로 오늘날까지 높은 평가를 받고 있다. 우리나라에서는 고려 말기, 환암 혼수(幻庵混修, 1320~1392)가 승준과 만회에게 명하여 청룡사본(충북 충주)으로『호법론』을 간행하였다.

(2) 무구거사 장구성

① 장구성의 생애

대혜 종고의 가르침에는 승려 제자보다 재가 제자를 위한 법문이 더 많다. 대혜 문하에서 승려는 84인이 법을 받았으며, 재가자는 수를 헤아릴 수 없을 만큼 많다. 대혜는 어록에서 "크게 한번 깨달으면 유학이 곧 불교요, 불교가 곧 유학이다. 승僧이 곧 속俗이요 속이 승이며, 범凡이 곧 성聖이요 성이 곧 범이다."라고 하면서 삶과 수행의 길이 곧 하나임을 밝힌 데서도 재가자에 대한 태도를 알 수 있다. 선사의 어록 30권 중에도 사대부들과의 법문과 편지가 많은 비중을 차지

한다.* 그 가운데 장구성에 대해서 살펴보기로 하겠다.

장구성(張九成, 1092~1159)은 절강성浙江省 전당錢塘(현 杭州) 출신으로 자는 자소子韶, 자호自號가 무구거사無垢居士이다. 그는 남송으로 천도 후 첫 과거 시험에서 장원을 하였고, 그의 제자 또한 다음해에 장원을 하였다. 주희는 장구성에 대해 칭찬을 하면서도 '선만 하여 뼛속 깊이 대혜의 영향을 받았다'라며 그를 배척하였다. 장구성은 '선학이 정묘해 유학 사상과 일치되기 때문에 당연히 국가에 유익하다'는 사고를 갖고 있었다. 또한 장구성은 "지금의 학자는 헛되이 자신만을 지키고 있다. 물속이나 불속에 들어갈 정도로 실천적인 것을 만들지 않으면 안 된다. 산속에 들어가 가만히 수행하는 것은 옳지 못하다(『宋元學案』)."라고 하였다. 이런 사상을 갖고 있기 때문에 장구성이 대혜를 따르며 참선하였을 것으로 추론된다. 장구성은 1141년 진회秦檜와 대립했는데, 진회는 '장구성을 수령으로 한 대혜 종고 문하의 2천여 명을 해산하라'고 배척하면서 유배를 종용하였다. 바로 대혜가 장구성과 가깝다는 이유로 대혜도 유배된 것이다. 장구성은 1156년 진회가 죽자 복권되어 다시 정치계로 돌아왔다.

② 무구거사의 수행 구도

장구성이 어떻게 불교 공부를 하였는지 보자. 『인천보감』에 시랑侍

---

* 『대혜어록』은 30권이다. 9권까지는 상당설법, 10~12권은 선사의 시와 게송, 13~18권은 보설, 19~24권은 법어, 25~30권은 서신이다. 대부분이 사대부들과의 서신이나 사대부들을 위한 법문이다.

郎 장구성 거사에 대해 다음과 같은 내용이 있다.

장구성이 영은사의 오명悟明 선사를 뵙고 종지를 물어보니 오명 선사가 이렇게 답했다.

"그대는 지금 한창 열심히 공부해서 이름을 날릴 때인데, 어찌 생사 문제를 참구하고 있는가?"

장구성이 말했다.

"옛 어른(先儒)이 말하기를, 아침에 도를 깨달으면 저녁에 죽어도 좋다 하였습니다. 그러나 세간과 출세간의 법이 처음부터 다르지 않아 옛날 훌륭한 신하 중에도 선문禪門에서 도를 얻은 사람이 부지기수이거늘 유교와 불교가 무엇이 다르겠습니까? 불교계의 큰스님인 선사께서 어찌 말로 저를 막으려 하십니까?"

오명 선사는 그 정성이 갸륵해서 그를 받아주며 말했다.

"이 일은 생각 생각에 놓아서는 안 된다. 시절인연이 무르익어 때가 되면 저절로 깨치게 되어 있다. 조주에게 한 승려가 묻기를 '조사가 서쪽에서 오신 뜻이 무엇입니까?'라고 하자, 조주가 '뜰 앞의 잣나무니라'라고 답했다. 이 화두를 들어 보아라."

그러나 장구성은 오랜 시간이 지나도 깨닫지 못했다. 그러다 우연히 호문정공(胡文定公; 胡安國)을 뵙고 마음 쓰는 법에 대해 자세히 물었다. 호안국은 '논어·맹자의 인의仁義를 유추해 보면, 그 속에 요점이 있을 것이다'라고 하였다. 공은 그 말을 염두에 두었다. 어느 날 밤에 화장실에서 볼일을 보면서 '측은지심은 인이 비롯되는 곳이다(惻隱之心仁之端)'라는 구절을 깊이 궁구했다. 그러다 장구성은 개구리 울음소리를 듣고 홀연히 뜰 앞 잣나무 화두가 들리며(擧) 갑자기

436

깨달은 바가 있어 게송을 지었다.

봄 하늘 달밤에 한 마디 개구리 소리가
허공을 때려 깨서 한 집을 만들도다.
바로 이런 때를 뉘라서 알겠는가?!
산꼭대기 곤한 다리에 현묘한 도리 있도다.
春天夜月一聲蛙 撞破虛空共一家 正恁麼時誰會得 嶺頭脚痛有玄妙

(『지월록』)

1137년 무렵, 장구성은 대혜가 불상에 붙인 이런 글을 보았다. '까맣게 옻칠한 커다란 죽비에 부처가 온다면 한 방 치리라.' 장구성은 대혜를 한번 뵙기를 바라던 터에 대혜로부터 내왕하라는 전갈을 받았다. 그는 선사를 방문해 여러 벗들과 함께 날씨에 관한 이야기만 하고 헤어졌다. 그런데 다음 날 대혜가 제자들에게 '장시랑이 깨달음이 있더라'는 말을 하였다.

얼마 후 장구성이 대혜를 찾아와 『대학大學』에 나오는 격물의 뜻(格物致知)를 물으니, 대혜가 답했다.

"공은 격물格物만 알았지, 물격物格은 모르는군요."

"거기에도 어떤 방편이 있나요?"

"이런 이야기가 있지 않습니까? 안록산이 반란을 일으켰는데, 그 사람은 난이 일어나기 전 낭주 태수로 있을 때 초상화를 그려 초상화가 걸려 있었습니다. 당 현종이 촉 땅에 행차했을 때 그 그림을 보고 격노해 신하에게 그의 목을 칼로 치라고 하였습니다. 마침 안록산은 섬서성에 있었는데 갑자기 목이 땅에 떨어졌다는 이야기 말입니다."

모두들 어리둥절했지만, 장구성만 이 말을 듣고 홀연히 깨닫고 게송을 읊었다.

자소子韶는 격물格物이요,
묘희妙喜는 물격物格이로다.
한 관貫이 얼마인지를 알고자 하는가?
오백 돈이 둘이로다.
子韶格物 妙喜物格 欲識一貫 兩箇五百 (『오등회원』)

장구성은 참 자유를 얻었고, 마음이 텅 비어 의혹이 없어졌다. 이후 장구성은 경산사에 머물고 있는 대혜를 자주 찾아갔다. 1년 후인 1141년에 장구성과 대혜가 유배를 갔다. 『서장』에 보면, 대혜와 장구성 사이에 오고 간 편지가 있다. 장구성은 남안南安에서 유배생활을 보내는 14년 동안 불교 경전과 유가 서적들을 공부하였다. 혹 지나가는 선객이 있으면 반드시 경계를 확인해 보고 선열禪悅의 즐거움을 맛보았으나, 한 번도 득실得失을 마음에 두지 않았다. 장구성을 아는 지인들은 그의 풍모를 높이 평가하며 존경하였다. 장구성과 대혜가 유배생활을 마치고 돌아온 1156년, 두 사람은 서로 만나 오롯이 선리만을 논하였다.

49 | 송대 비구니와 여성 수행자

인류사에 여성과 남성의 대결 구도가 있듯이 불교사도 이런 면을 배제할 수 없다. 고대 인도에서는 여인의 존재감이 매우 낮았다. 여자들은 아이 낳는 존재로 여겼으며, 이 관념이 여성의 남성에 대한 본질적인 열등성을 강조하여 인도인들은 여인을 남성과 동물 중간 정도의 존재감으로 보았다. 그런데 부처님 법에서는 여인이 하열한 존재가 아니었다. 비구 '10대 제일'이 있듯이 『증일아함』「비구니품」에는 붓다의 뛰어난 비구니 제자를 언급하고 있다. 그런데 여인오장설 女人五障說 · 변성성불變性成佛 · 비구니 팔경계八敬戒 등은 왜 여인성불에 부정적인가? 이는 후대에 경전과 율장이 편집될 때 그 시대적인 요청이 가미된 것으로 생각한다.

여하튼 중국에서 선이 발전하면서 비구니와 여인 선자들이 꾸준히 배출되었다. 송나라 때로 접어들어 비구니 활동이 두드러졌다. 비구니가 비구니에게 법맥을 전하는 일이 있었고, 대혜 종고(1089~1163) 문하에 정각을 이룬 비구니 및 재가 여성 제자들이 많았다.

먼저 대혜에게 법을 받은 비구니와 진국태 부인을 보자. 진국태 부인에 관해서는 『서장書狀』 '답진국태부인答秦國太夫人'이라는 제목으로 수록되어 있다.

(1) 진국태 부인

송나라 수도 개봉에 허씨 성을 가진 노부인이 살고 있었다. 그녀의 법명은 '법진法眞'으로, 장태사張太師와 결혼하였다. 그녀 나이 삼십에 남편이 세상을 하직했고, 홀로 자식 둘을 키웠다. 이런 역경 속에서도 그녀는 불교를 믿으며 두 아들을 훌륭히 키웠다. 모친의 정성에 큰아들 소원昭遠은 자사刺使에 올랐고, 작은아들 덕원德遠은 승상 지위에 올랐다.

그녀는 나이 칠십에 이르러 여생을 조용히 보내며, 마음속으로 대혜 선사를 친견해 가르침 받기를 서원했다. 하지만 나이가 들어 수만 리 떨어진 항주의 경산사까지 가는 일이 쉽지 않았다. 그러던 어느 날, 대혜 선사의 제자인 도겸이 집으로 찾아왔다. 그래서 노부인은 도겸에게 정중히 법문을 청하며 말했다.

"스님, 저는 대혜 큰스님의 법문 듣는 것이 평생의 소원입니다. 그런데 몸이 늙어 멀리까지 갈 수가 없습니다. 부디 스님께서 대신 법문을 들려주십시오. 대혜 선사께서는 우리 같은 늙은이를 만나면 어떤 법문을 해주십니까?"

"스님께서는 남녀노소를 불문하고 누구에게든 '마음이 있는 자는 부처가 될 수 있다'는 법문을 들려주시고, 도 닦아 부처가 되기를 원하는 자에게 무자無字 화두를 참구하라고 하십니다."

"어떻게 무자 화두를 참구하라고 지도하십니까?"

"한 승려가 '개에게도 불성佛性이 있는가, 없는가?'를 물었을 때 조주 스님께서 '무'라고 하셨습니다. 바로 조주 선사께서 답하신 '무'의 참뜻을 깨치면 부처가 될 수 있습니다. 왜 '무'라고 했는가를 간절히 의심하면 해답을 얻을 수 있습니다. 이 의심을 놓지 말고 앞으로 밀어붙일 뿐 왼쪽도 오른쪽도 보지 말아야 합니다."

"잘 알겠습니다. 오늘 도겸 스님을 뵙고 가르침을 받았으니, 대혜 선사를 친견한 것과 다름이 없습니다. 열심히 공부하겠습니다."

그날부터 노부인은 용맹정진에 들었다. 오로지 한 생각, "왜 '무'라고 했는가?"를 묻고 되물으면서 7일 밤낮을 정진하다가 한순간 깜빡 잠이 들었다. 그때 오색이 찬란한 봉황새 한 마리가 집 정원 뜰에 내려앉았다.

'아, 저 새 위에 올라앉으면 편안하겠구나.'

이 생각과 동시에 그녀는 새 등에 올라탔다. 그러자 봉황이 허공을 향해 날아올랐고, 잠깐 사이에 구만 리 장천에 이르렀다. 아래를 내려다보니 집들은 조그마한 점이 되어 오글거리고, 큰 강은 줄 하나 그려놓은 것에 지나지 않았다.

'조그만 점과 같은 저 집들 속에서 서로 살겠다고 욕심을 내고 성을 내며 치고 박고 살고 있으니, …… 참으로 기가 막힌 노릇이다.'

그녀는 인생살이의 참 면모를 깨달았다. 그리고 봉황새가 날아가는 대로 몸을 맡긴 채 세상의 이곳저곳을 모두 구경한 다음, 집으로 돌아왔다. 봉황새가 사뿐히 정원에 내려앉는 순간 그녀는 꿈에서 깨어남과 동시에 무자 화두를 깨쳤다. 그녀는 기쁨에 못 이겨 덩실덩실 춤을 추다가 시를 지어 깨달음의 게송을 읊었다.

꿈속에서 봉황을 타고 푸른 하늘에 올라보니,

비로소 인생살이가 하룻밤 여인숙에서 보낸 것임을 알았네.

돌아와 보니 한바탕 행복한 꿈길이네.

산새의 한 울음소리, 봄비 온 뒤 해맑더라.

夢跨飛鸞上碧處 始知身世一據廬 歸來錯認邯鄲道 山鳥一聲春雨餘

날마다 경전을 읽으니,

옛적의 지인을 만나는 것과 같구나.

수여 곳에 걸림이 있다고 말하지 말라.

한 번 보니, 다시 한 번 새롭구나.

逐日看經文 如逢舊識人 莫言頻有碍 一擧一回新

　그 뒤 도겸 스님이 다시 노부인을 방문했는데, 부인은 이 두 수의 시를 주면서 대혜 선사에게 증명해 달라고 부탁했다. 시를 본 대혜는 노부인의 정각을 인가한다는 답장을 보내었다.

　일타 스님께서도 말씀하셨듯이 수행에는 '간절한 의심'이 있어야 한다. 법(dharma)에 문제가 있는 것이 아니라 사람이 문제이듯이, 화두에는 좋고 나쁜 것이 따로 없다. 자신이 어떤 화두를 잡았으면, 그 한 화두를 간절하게 꾸준히 밀어붙이는 자세가 필요하다.

(2) 대혜 문하의 비구니 스님들

이어서 대혜의 비구니 제자 여섯 분을 만나보자. 그 제자들은 무제無際, 초종超宗, 자명慈明, 묘도妙道, 무착無著, 진여眞如 등이다.

「속비구니전」에 의하면, 대혜의 대표 제자로 혜조 무제無際, 무착無著 묘총妙總이 있다. 무제와 무착은 제자와 스승 관계. 무제는 무착에게서 삭발했는데, 아무리 정진해도 깨달음에 진척이 없었다. 그러던 중 스승인 무착을 따라 경산의 대혜 문하에 입실해 깨달음을 얻었다. 무착은 제자 무제에게 '대중을 지도하라'고 했는데, 당시 많은 사람들이 무제 비구니를 따랐다는 기록이 전한다.

한편 「조동종니승사」에는 무제와 초종 비구니를 함께 소개하고 있다. 또 『운와기담雲臥紀談』에 의하면, '두 비구니는 모두 대혜 종고의 제자이다'라고 소개하면서 이들의 법거량을 기록하고 있다. 이 문헌에서 이들에게 '도인道人'이라는 호칭을 쓰고 있다. 무제 도인이 탑 주변을 청소하면서 게송을 읊자, 초종 도인이 다음 화답을 하였다.

탑은 본래 먼지가 없는 데, 무엇을 쓸어 없애려는가?
쓸어 없애는 즉 곧 바로 먼지가 생기거니, 이렇게 해서는 도달하
지 못한다네.
塔本無塵 何用去掃 掃即塵生 所以不到

다음으로 비구니 자명을 보자. 『대혜보각선사보설』에 '니자명대사尼慈明大師'라는 이름이 등장한다. 여기서도 자명에게 '대사大師'라는 호칭을 쓰고 있다. 「조동종니승사」에 '자명이 대혜의 제자'라고 언급하고 있다.

이외 대혜에게 비구니 제자로 묘도와 진여 두 사람이 전한다. 묘도 비구니는 정거사에 오래 머물러 살았다. 묘도는 정거사에서 개당

비구니 도량인 절강성 항주杭州 천축법경강사天竺法鏡講寺 스님들이 공양을
마치고 밖으로 나가는 모습

설법을 하였고, 모 비구니와의 법거량이 「속비구니전」에 전한다. 또
「속비구니전」에 의하면, 진여는 출가 전에 황궁에 살았다. 황궁에서
교귀비의 신하였는데, 귀비가 진여의 출가를 허락해 주었다. 진여는
여러 지역을 행각하며 선지식을 찾다가, 민閩(현 福建省)에서 대혜를
만나 법을 받았다. 『속전등록』제29에는 진여와 제천濟川 거사의 문
답이 전할 정도로 깨달음이 높은 경지에 이른 듯하다.

(3) 비구니 법등法燈

송나라 시대 선종에 한 가지 특기한 점이 있다. 송나라 초기까지
이런 기록이 없었는데, 이후 비구니가 비구니에게 법맥을 전한 것
이다.

　『속전등록續傳燈錄』과 『선등세보禪燈世譜』에 "정거사淨居寺에 사

는 비구니 혜온慧溫*이 온주溫州 정거사 비구니 무상 법등無相法燈에게 법을 전했다(淨居尼溫禪師 法嗣 溫州淨居尼無相法燈禪師)."라는 구절이 전한다. 이는 임제종 법계에서 유일한 기록으로 평가된다(『曹洞宗尼僧史』).

「속비구니전」'정거사 법등전'에 의하면 혜온 비구니를 정거사의 대선지식으로 소개하고 있다. 혜온은 온주의 정거사에 출가해 용문 청원(龍門淸遠, 1067~1120, 오조 법연의 제자)** 문하에 입실해 깨달음을 얻었다. 『운와기담』 하권에는 궁중의 승좌문답陞座問答에서 혜온이 보여준 법거량이 전한다. 법등이 혜온 선사를 모시고 대중들과 함께 수행하다가 깨달음을 얻었으며, 법등은 혜온의 허락을 받아 법석에서 설법했다는 기록이 전한다.

혜온이 상주한 온주 정거사는 절강성浙江省에 위치하는데, 이 절은 당나라 때에도 비구니 사찰이었다. '정거사 비구니 현기玄機'라는 기

---

* 정거사는 7세기 이후 선종 비구니 사찰로 알려졌다. 혜능 법맥에 '정거사 니 현기玄機'라는 기록이 전한다. ……. 또한 당시 북종선의 법완(法玩, 715~790) 아래 적연寂然 비구니가 있었다는 기록이 전한다. 적연에 대해서는 「보리달마숭산사적대관菩提達磨嵩山史蹟大觀」에 인용되어 있으며, 법완의 탑명에 제자로 기록되어 있다. 이로 미루어 적연이 북종선 수행자였음을 짐작할 수 있다. 적연 외에 법완 선사의 비에는 명전明詮·임단 계일臨壇契一·지원志元·혜응惠凝 등 비구니 이름이 기록되어 있다. 이들 전부가 법완의 제자라고 밝힌 것은 아니지만 감화를 받은 것으로 보인다. 따라서 북종선 비구니는 적연·명전·계일·지원·혜응 등 5인이라고 할 수 있다.
** 용문 청원은 불안 청원佛眼淸遠인데, 원오 극근·불감 혜근佛鑑慧懃과 함께 5조 법연의 제자 '3불三佛' 가운데 한 사람이다.

록이 전하는데, 이 현기 비구니가 설봉 의존(雪峰義存, 822~908)과 문답하고 깨달음을 얻었다는 내용이 『오등회원五燈會元』에 전한다.* 이 현기는 당나라 때 6조 혜능의 법을 받았으니, 곧 현기는 청원 행사·남악 회양 등과 사형사제인 셈이다. 이와 같이 현기 비구니가 머문 정거사에 당나라~송나라 때까지 비구니가 상주했던 것으로 추측해볼 수 있다. 이런 점으로 미루어 볼 때, 당대를 거쳐 송대에 이르기까지 비구니 전문 도량인 선종 사찰에서 비구니만의 선풍이 이어지고 있음을 추론해볼 수 있다.

---

* 옛날 당나라 때 현기玄機 비구니가 있었다. 어느 날 홀연히 스스로 깨쳤다고 생각하여 설봉산雪峰山에 주석하고 있는 설봉 의존(雪峰義存, 822~908)을 찾아갔다.

"어디서 왔느냐?"

"대일산大日山에서 왔습니다."

"해가 아직 뜨지 않았느냐?"

"만약 해가 뜨면 설봉의 눈을 다 녹일 것입니다."

"네 이름이 무엇이냐?"

"현기玄機라고 합니다."

"그렇다면 현묘한 베틀에서는 하루에 베를 얼마나 짜느냐?"

"실오라기 하나도 걸치지 않은 알몸뚱이입니다."

현기는 설봉의 물음에 완벽한 답을 했다고 생각하고, 절을 하고 자리에서 일어났다. 현기가 방에서 나가 세 발짝쯤 걸어갔을 때 설봉이 큰소리로 말했다.

"현기 스님! 자네가 걸치고 있는 가사가 땅바닥에 떨어졌군."

그러자 현기는 허겁지겁 고개를 돌려 가사가 땅바닥에 떨어졌는지를 살폈다. 설봉은 즉시 일격을 가했다.

"그래, 꼴좋구나! 뭐 실오라기 하나 걸치지 않았다면서, 고작 그 모양이군."(『五燈會元』卷二「溫州淨居玄機」)

446

조동선풍과 간화선풍이 전개되다

(1) 야율초재에 대한 역사적 평가

전 세계 역사상 가장 많은 땅을 정복한 사람이 몽골의 칭기즈칸이다. 고려도 몽골 침입으로 피해가 매우 심했다. 초조대장경이 소실되었고, 이후 팔만대장경이 완성되기도 하였다. 이 몽골족이 지나간 자리에는 개미 새끼 한 마리 남지 않을 만큼 매우 '잔인한 민족'으로 세계사에 기록되어 있다. 그나마 이런 몽골인들의 잔인성과 야만성

을 잠재운 사람이 있다. 바로 야율초재(耶律楚材, 1190~1244)이다. 역사적으로 야율초재는 칭기즈칸의 책사요, 불교적으로는 조동종 만송행수(萬松行秀, 1166~1246)의 제자이다.

상하이대학 역사학자이자 세계적인 문화평론가인 위치우이(余秋雨, 1946~)는 야율초재에 대해 '이민족 사람으로서 한족 학자보다 더 뛰어난 문장가요 학문적 소양을 지닌 사

요녕성遼寧省 지급地級 금주錦州 고탑공원에 모셔진 야율초재 상

람이었다'고 높이 평가하고 있다. 또 중국 역사가들은 '야율초재가 없었다면 중국 역사가 바뀌었을지도 모른다'고 할 정도로 그를 높이 평가한다. 현 중국에서는 초재에 관한 평전도 많고, 그의 동상이 중국 전역 여러 곳에 세워져 있다.

야율초재가 살았을 당시 국제정세를 보자. 야율초재는 거란족 요나라 사람이다. 여진족 금나라가 요나라를 멸망시킨 후 요나라는 금나라에 복속되었다. 이후 금나라는 점차 세력을 키워 송나라와 끊임없는 전쟁을 하고 있었다. 이 무렵 몽골에서는 칭기즈칸이 부족을 통일하고 세계를 정복하기 위해 세력을 키우는 중이었다. 송나라는 금나라와의 전쟁에서 패배해 남경으로 수도를 옮기고 '남송'이라고 칭했다. 이후 금나라와 남송은 모두 몽골의 지배를 받게 되었고, 금나라는 몽골에 의해 완전히 패망하였다. 몽골은 제3대 황제인 쿠빌라이 칸이 중국 한족을 정복해 '원元'이라 이름하고, 96년 동안 지배하였다.

(2) 야율초재의 선 수행

야율초재는 요나라 황족 출신으로 어려서부터 학문을 닦아 천문·지리·수학·불교·도교·유학 등 여러 학문에 능통했다. 초재는 송나라 과거 시험에 합격해 선비의 길을 걸었으나 부친이 금나라 관리였기 때문에 전란으로 우여곡절이 많았다(앞에서 언급한 대로 야율초재가 젊었을 시절에는 금나라·남송·몽골이 서로 대치하고 있었다). 야율초재는 성안사聖安寺 징공澄公 선사에게 사사했다. 초재는 징공의 추천으로 27세 무렵, 조동종을 중흥시킨 만송 행수의 제자로 입문해 참선을 시작했다. 만송은 초재의 문집인 『담연거사문집』 서문에 이렇게 서술하고 있다.

담연 거사는 27세 때부터 나의 지도를 받았다. 그는 법을 위하여 몸과 마음을 모두 잊었으며, 세간의 명리에 착着하지 않았다. 담연은 마음의 도리를 크게 구하여 신묘한 경지를 정밀하게 추구하였다. 추위와 더위, 밤과 낮을 구분하지 않고 참구하기를 3년 만에 도를 얻었다. 이에 나 만송은 그에게 게송을 내리고, 담연湛然이라는 법호를 주었다.

한편 야율초재는 만송 행수의 『종용록從容錄』 서문에 자신의 선 수행 과정을 서술하기도 하였다. 선종 법맥도에 만송 행수의 법맥으로 야율초재가 기재되어 있다. 선종사에서는 야율초재를 '담연거사'라고 한다.

(3) 야율초재의 스승인 만송 행수는 어떤 인물인가?!

만송 행수(萬松行秀, 1166~1246)는 속성은 채蔡씨, 하남성 하내현河內縣(현 懷慶) 출신이다. 조동종 14대 선사로 자는 보은報恩이며, 호는 만송노인萬松老人이다. 만송은 15세에 하북성 형주邢州 정토사 찬윤贊允에게서 삭발하였다. 만송은 경수사 승묵광勝默光에게서 수학하였고, 이어서 자주磁州(현 河南省) 대명사大明寺 설암만雪巖滿 문하에 들어가 공부한 후 깨달음을 얻었다. 이후 만송은 자신의 삭발 본사인 정토사로 돌아와 '만송헌萬松軒' 토굴을 짓고 살았다. 1193년 27

세 때, 금나라 장종(章宗, 1168~1208 재위) 황제의 부름을 받아 궁에 들어가 법을 설하고, 금란가사를 받았다. 이후부터 북경 앙산 서은사와 보은 홍제사(洪濟寺, 현 북경 광제사) 등 여러 지역에 머물며 제자들을 제접하였다. 장종이 그를 존경하여 선사가 설법을 할 때 "장종 황제는 몸을 굽혀서 예를 올렸다(于內殿說法, 章宗躬身迎)."는 기록이 전한다.

1234년 금나라가 멸망하고 원나라가 들어섰다. 만송은 금에 이어서 몽골 조정으로부터 예우를 받았다. 97년간의 원나라 역사에 국사가 아홉인데, 만송이 이 가운데 한 분으로 포함된다.

원나라 쿠빌라이 칸(太宗, 1234~1241) 재위 무렵, 만송은 북경 보은사報恩寺 도량의 종용암從容庵에 주석하며 『종용록從容錄』을 저술하였다. 『종용록』은 굉지 정각(宏智正覺, 1091~1157)이 공안 100칙을 뽑아 제자들에게 설한 것을 만송이 정리한 것이다. 야율초재가 7번이나 찾아가 권유해 어록을 저술했다고 한다. 특히 『종용록』 서문에서 야율초재는 만송에 대해 "조동의 혈맥을 이었고, 운문의 선교善巧를 갖추었으며, 임제의 기봉機鋒을 구족했다."고 서술하였다. 만송은 『벽암록』과 같은 체제로 정리했으며, 갖춘 이름은 『만송노인평창천동각화상송고종용암록萬松老人評唱天童覺和尙頌古從容庵錄』이다. 이외에도 만송의 저작으로 『청익록請益錄』·『조등록祖燈錄』·『석씨신문釋氏新聞』·『명도집鳴道集』·『사회어록四會語錄』 등이 있다. 이 가운데 『종용록』과 『청익록』*은 조동종의 대표 저작이다.

---

* 굉지 정각의 어록 제3권의 굉지염고 99칙에 착어·평창을 붙여 『만송노인평

만송은 유교와 도교에도 조예가 깊었으며, 팔만대장경을 세 번이나 간경하였다. 당시 강남의 천동 여정(天童如淨, 1163~1228)과 함께 '조동종의 양대 산맥'으로 불리었다. 만송은 선사지만 화엄에도 정통했으며, 정토를 추종해 금나라 정토종의 5대에 해당한다. 송·원대 이후로 선정쌍수禪淨雙修가 매우 성행했는데, 그도 역시 선정쌍수를 중시하였다. 이외에도 그는 선종 제 종파의 사상에도 해박했으며, 유가 사상도 계승 발전시켰다. 당시 세인들은 그를 "유석儒釋을 겸비했고, 종설宗說에 정통했으며, 변재에 걸림이 없다."라고 평했다.

만송은 1246년, 세납 81세로 종용암에서 입적했다. 다음은 만송의 열반송이다.

팔십일 년 동안
이 한 마디뿐,
그대들에게 간절히 부탁하노니,
부디 그릇되게 제시하지 말라.
八十一年 只此一語 珍重諸人 切莫錯擧

입적 후에 사리탑을 두 곳에 나누어 세웠으나 북경에만 그의 탑이 현존한다.

창천동각화상염고萬松老人評唱天童覺和尙拈古』라는 이름으로 간행한 것을, 명대 1607년에 각허 성일이 교정하고 생생도인 서림이 상재하여 『청익록請益錄』이라는 이름으로 간행하였다.

야율초재의 스승인 만송노인탑이다. 북경北京 서성구西城區 종용암(현존하지
않는다) 경내에 있다. 원나라 전탑 형식을 알 수 있는 문화재급 탑이다.

만송 문하에 수많은 제자들이 있었는데, 법을 얻은 제자들만 120
인이고, 특히 야율초재를 비롯해 뛰어난 제자에 다섯 명이 있다(五
傑). 혹 어떤 이는 "조동종 아래에 만송 한 가지에서 제방을 덮고, 천
하를 그늘지게 하며, 세상을 모두 들어서 조도를 중흥하고, 법해에
서 용이 논다(洞山之下 萬松一枝 布列諸方 蔭複天下 世鹹謂中興祖道 法海之
遊龍也)."라고 하였다. 만송은 금나라 · 원나라의 조정대신은 물론이
거니와 사대부 문인들과도 밀접한 관계를 유지했다. 그는 선종의 종
장으로서 당시 종교계 · 정치계뿐만 아니라 사회적으로도 중대한 영
향을 끼쳤으며, 이에 그의 사상은 오늘날까지 이르고 있다.

(4) 야율초재와 칭기즈칸

몽골의 칭기즈칸은 끊임없는 전쟁을 하면서 뭔
가 허전함을 느꼈다. 칸은 자신에게 정신적 지
주가 될 인물을 백방으로 찾았는데, 요나라의
야율초재가 적격 인물이었다. 결국 칭기즈칸은
당시 금나라 지배를 받고 있던 요나라의 야율
초재를 책사로 모셨다.

야율초재 진영

야율초재는 '우주만유 도리를 탐구하고, 성
품을 닦는 일에는 불교의 가르침보다 더한 것이 없으며, 세간을 다
스리고 백성을 편안케 하는 데는 공자의 가르침이 마땅하다. 나라
일을 하는 데는 공자의 가르침을 따를 것이며, 나(我)를 버리는 일에
는 불교의 진여를 따르겠다'는 마음으로 칭기즈칸의 책사 임무를 시
작했다. 즉 그는 유교로써 나라에 봉사하고, 불교로써 마음을 다스
린다(以儒治國 以佛治心)는 취지였다고 볼 수 있다. 칭기즈칸은 주위
신하들에게 야율초재에 대해 이렇게 말했다.

"이 사람의 말을 존중해야 한다. 앞으로 야율초재를 내 곁에 두어
언제든지 자문을 구할 것이다."

초재는 칭기즈칸 곁에서 보필하였고, 칭기즈칸 또한 초재를 절대
적으로 신뢰하였다. 초재는 도교의 도사를 초빙해 칭기즈칸의 마음
공부를 도왔고, 살생의 부도덕성과 생명의 존중성을 일깨워 주었다.
칸이 죽기 한 달 전, 군신들에게 '정복을 해도 사람을 살상하지 말고,
노략질하지 말라'는 포고를 내렸다. 또 칸은 자손들에게 이런 유언
을 남겼다.

"야율초재는 하늘이 우리 가문에 준 인물이니 그의 뜻에 따라 국정을 행하라."

야율초재는 칭기즈칸이 죽고 나서 2대 오고타이 시대까지 책사를 지냈다. 한번은 초재가 전쟁 중에 오고타이 칸을 찾아가 이런 진언을 하였다. "우리가 숱한 어려움을 겪으면서 전쟁을 벌이는 것도 모두 땅과 백성을 얻기 위함입니다. 그런데 땅을 얻어도 만약 백성이 없다면 무슨 의미가 있겠습니까. 재물은 풍족함을 줄 수 있지만, 그것을 만들어내는 것 또한 사람입니다."

또 한번은 오고타이 칸이 잡혀온 송나라의 전쟁 포로들에게 사형 집행을 내리려고 하였다. 초재는 오고타이에게 이렇게 말했다. "풍성한 것을 만드는 기술자들과 재화 늘려주는 부자들이 모두 여기에 모여 있습니다. 이들을 모조리 죽이면 전쟁에서 얻는 것도 없습니다."

그런데 2대 오고타이 왕이 일찍 죽자, 왕비가 섭정을 시작했다. 초재는 왕비와 왕비를 따르는 신하들에게 미움을 받아 정치적으로 숙적 관계였다. 결국 그는 정치적인 상황을 견뎌내지 못하고, 55세에 화병으로 죽었다. 초재가 죽자, 정적들은 그의 가산을 몰수해야 한다며 팔을 걷어붙이고 나섰다. 그런데 막상 조사해 보니, 그의 재산은 거문고와 악기 10여 개, 그림 몇 점과 수천 권의 책뿐이었다.

야율초재의 업적과 후대에게 주는 교훈이 무엇인지 살펴보자.

첫째, 야율초재는 불교신자로서 참선을 하였던 인물이다. 이런 종교관이 있었기에 몽골인들에게 생명 살상에 대한 죄의식을 갖게 하였고, 생명 중시를 일깨워 주었다.

둘째, 초재는 몽골이 중국 전토를 통일하고 나라를 다스리는 데 있어 법률이나 국가 운영방식, 관리제도 등 국가 초석을 다지는 데 일조를 하였다. 그가 제안한 법률이 원나라가 존립할 때까지 실행되었다.

셋째, 초재의 인생관이 담긴 "하나의 이익을 얻는 것이 하나의 해를 제거함만 못하고, 하나의 일을 만드는 것이 하나의 일을 없애는 것만 못하다(與一利不若除一害, 生一事不若滅一事)."라는 말이 있다. 동서양을 떠나 역사적으로 정치인들은 명리를 좇다가 과욕으로 추락하는 이들이 대부분이다. 야율초재도 정치인이었지만, 그의 청빈한 수행자적 삶과 소탈함이 중국 역사뿐만 아니라 동아시아 역사까지 바꿔놓았다.

51 | '무자 화두'에 꽃을 입히다 : 무문 혜개

봄에는 꽃이 있고, 여름에는 시원한 바람이 있네.

가을에는 달이 있고, 겨울에는 눈이 있네.

망상에 사로잡히지만 않는다면 모두가 좋은 계절이다.

春有百花秋有月 夏有涼風冬有雪 若無閑事掛心頭 便是人間好時節

(『무문관』)

무문 혜개(無門慧開, 1183~1260)의 선시이다. 어느 선사가 '꽃잎은 져도 꽃은 지지 않는다'고 하였다. 꽃잎은 떨어져도 꽃이라는 존재는 영원히 존재한다. 피고 지고 생멸하는 현상 속에 변치 않는 영원한 실재가 있다. 그 실재란 실상實相이요, 무아無我이며, 공空을 말한다.

우리 눈에 보이는 모든 것들은 생겨나 잠시 존재하다가 파괴되어 사라지게 되어 있다(生住異滅). 현실적으로 보이는 이 현상은 파괴되어 사라지지만 그 밑바닥에는 변치 않는 실재가 존재한다는 사실이다. 참된 실재를 있는 그대로의 모습으로 보는 것, 분별심이 없이 실상을 관함이 깨달음의 경지이다. 혜개의 말대로 망상(생각)에 빠져 있지 않으면, 본질의 세계를 그대로 본다. 이에 소동파(1037~1101)

도 "버들은 푸르고 꽃은 붉다."라고 하였고, 도오겐(道元, 1200~1253)
은 "눈은 옆으로, 코는 세로로 달려 있다(眼橫鼻直)는 사실을 알았
다."라고 읊었다.

(1) 혜개의 행적

무문 혜개는 『무문관』을 통해 무자 화두를 체계화한 대표 선사이다.
무자 화두는 자주 거론되지만, 정작 혜개에 대해서는 알려져 있지
않다. 혜개는 남송시대 절강성浙江省 전당錢塘(현 杭州) 양저良渚 출신
이다. 처음에는 천용광天龍曠에게 출가해 가르침을 받고, 선지식을
찾아다녔다. 이후 양기파 강소성 만수사萬壽寺 월림 사관(月林師觀,
1143~1217)의 제자가 되었다. 사관은 혜개에게 무자 화두를 참구하
라고 하였다.

혜개는 스승 문하에서 무자를 6년간 참구하면서 '만약 수면에 빠
지면 내 몸을 태워버리리라!'고 맹세하였다. 혜개는 수면에서 헤어
나지 못하면 선방 기둥에 머리를 부딪쳐 가며 정진하였다. 신라 때
자장 율사(590~658)도 깊은 산골에서 홀로 백골관을 닦으며, 작은
토굴을 지어 가시덤불로 둘러막고 벗은 몸으로 그 속에 앉아 수행
했다. 조금이라도 움직이면 가시에 찔리도록 가시를 둘러친 것이다.
혜개는 또 끈으로 머리를 천장에 매달고 수행했는데, 조금이라도 졸
면 머리카락이 당겨져 바로 깰 수 있도록 자신을 경책하였다. 그러
던 어느 날, 혜개는 점심공양을 알리는 북소리를 듣고 깨달았다(聞聲
悟道).

청천백일에 천지를 진동하는 우레 소리

대지 위 삼라만상의 눈을 활짝 열어 주네.

모든 만물이 다 머리를 숙이니

수미산이 뛰어올라 어깨춤(三臺)을 추는구나.

靑天白日一聲雷 大地群生眼豁開 萬家森羅齊稽首 須彌勃跳舞三臺

혜개의 오도송 첫머리에 "청천백일에 천지를 진동하는 뇌성이 울렸다."라고 표현하고 있다. 혜개의 정진이 북소리와 닿아 시절인연이 맞은 것이다. 혜개는 사관에게 오도송을 보였으나 스승은 '허튼소리 하지 말라'며 내쫓았다. 혜개가 오히려 크게 '할'을 하자, 스승도 '할'을 하였다. 두 선사의 법거량은 스승과 제자가 정각의 도반이 된 순간이었다. 혜개는 사관에게 인가를 받고 법을 받았다.

혜개는 스승이 입적한 다음해인 1218년 35세 때 호주湖州 안길산安吉山 보국사報國寺에 머물며 개당설법을 하였다. 이후 혜개는 강서성江西省 천녕사天寧寺·황룡사黃龍寺·취암사翠巖寺, 강소성江蘇省 초산보제사焦山普濟寺·평강平江 개원사開元寺·건강建康 보령사保寧寺 등지에 머물며 선풍을 전개했다. 혜개가 머무는 곳마다 승려들은 물로이고 재가자들까지 찾아왔다.

혜개는 1245년 64세에 황제의 명에 의해 절강성 항주 호국인왕사護國仁王寺를 개산하고, 이곳에서 선풍을 진작했다. 그런데 선객들이 너무 많이 찾아와, 선사가 이를 피해 서호西湖 언덕에 은거했으나 학인들이 여기까지 찾아왔다. 어느 해 이종理宗 황제가 선사를 초청했는데, 마침 가뭄이 들어 있던 때에 법을 설해 마친 뒤 비가 내리는 상서로운 일이 있었다. 황제는 혜개에게 금란가사를 하사하며 '불안 선사佛眼禪師'라는 시호를 내렸다. 혜개는 1260년 78세에 탑을 세우게 하고, 감실을 완성한 뒤에 스스로 찬탄하며 말했다.

무문 혜개가 개산開山해서 선풍을 전개한 절강성浙江省 항주杭州 호국인왕사 유적지

"허공은 생生도 없고, 멸滅도 없다. 이런 허공의 이치를 체득하면, 허공은 별 것이 아니다."

선사는 '지수화풍 4대가 꿈·환상·물거품·그림자와 같아서 78년 세월이 손가락 한번 튕기는 사이와 같다'고 하였다. 이렇게 게를 설해 마치고 좌탈입망하였다.

(2) 『무문관』은 어떤 공안집인가?

1228년 남송 이종 황제의 즉위를 기념해 『무문관』을 상진하였다. 『무문관』은 '선종무문관禪宗無門關'이라고도 한다. '무문관'이란 '무無'자의 정확한 탐구만이 선문禪門의 종지宗旨로 들어서는 제일의 관문이라는 뜻이다. 이 책의 총론에 해당하는 제1칙에 '오로지 이 하나의 무無자가 종문의 일관一關'이라고 하였다. 『무문관』은 조주 무자를 드러내기 위함이고, 1칙 이외 47칙은 조주 무자를 철저히 투과했는지를 다시 점검하기 위한 것이라고 보아도 다름없다.

혜개는 제자를 제접할 때 제자들의 근기에 맞는 공안을 3~4개씩

부여했다. 그런 뒤에 제자의 수행을 점검해 주었다. 이런 체험을 바탕으로 혜개가 46세(1228년) 때 동가東嘉의 용상사龍翔寺에서 선객들에게 강의하고 집성해 모은 것이 『무문관』이다. 선사는 옛 선인의 공안 48칙을 선별해서 본칙을, 혜개 자신의 수행 체험을 바탕으로 48개 화두에 평창評唱과 송을 붙였다.

선사는 『무문관』 서문에서 "납자들이 내게 찾아오면, 고인古人의 공안으로 진리의 문을 두드리는 기와조각과 같은 수행의 방편으로 삼도록 했으며 근기에 따라 학인들을 지도하였다."라고 하였다. 편자는 혜개의 제자인 미연 종소彌衍宗紹라고 하는데, 그에 대해 알려진 기록이 없다. 이 책은 1245년에 맹공孟珙이 다시 간행하여 남송 때 널리 유포되었다. 『무문관』은 『벽암록』·『종용록』과 함께 선종의 3대 저서요, 우리나라 선객들도 애독하는 선서이다. 『무문관』 48칙은 다음과 같다.

1칙. 조주의 구자〔趙州狗子〕

2칙. 백장야호〔百丈野狐〕

3칙. 구지, 손가락을 세우다〔俱胝竪指〕

4칙. 오랑캐는 수염이 없다〔胡子無鬚〕

5칙. 향엄, 나무에 오르다〔香嚴上樹〕

6칙. 세존이 꽃을 드시다〔世尊拈花〕

7칙. 조주, 발우를 씻다〔趙州洗鉢〕

8칙. 해중이 수레를 만들다〔奚仲造車〕

9칙. 대통지승불〔大通智勝〕

10칙. 청세의 외롭고 가난함〔清稅孤貧〕

11칙. 조주, 암주를 시험하다〔州勘庵主〕

12칙. 서암, 주인공을 부르다〔巖喚主人〕

13칙. 덕산탁발〔德山托鉢〕

14칙. 남전이 고양이를 베다〔南泉斬猫〕

15칙. 동산의 삼돈방〔洞山三頓〕

16칙. 종소리와 칠조〔鐘聲七條〕

17칙. 국사, 세 번 부르다〔國師三喚〕

18칙. 동산의 삼 세근〔洞山三斤〕

19칙. 평상심이 도이다〔平常是道〕

20칙. 큰 역량이 있는 사람〔大力量人〕

21칙. 운문의 똥막대기〔雲門屎橛〕

22칙. 가섭의 찰간〔迦葉刹竿〕

(3)『무문관』1칙 조주무자, 31칙 조주감파

1칙 조주무자

(무문이 평하다) : 참선은 모름지기 조사의 관문을 뚫어야 한다. 절묘한 깨달음을 얻기 위해서는 심의식心意識 마음 길이 끊어져야 한다. 만약 조사관을 뚫지 못하고, 마음 길도 끊지 못해 놓고, 이러니저러니 평하는 사람은 마치 초목에 의지해 사는 허깨비와 같다. 자! 일러 봐라. 어떤 것이 조사의 관문인가? 단지 이 한 개의 무자, 즉 이것이 종문의 첫째 관문이다. 나는 이를 '선종무문관'이라 부른다. 만약 이 관문을 뚫고 지나간 자는 다만 친히 조주를 볼 뿐만 아니라, 곧 역대 조사와 더불어 손을 잡고 같이 가고 눈썹을 함께하여 같은 눈으로

보고, 같은 귀로 들을 것이니, 이 어찌 기쁘고 시원스런 일이 아니겠는가! 다들 이 관문을 뚫어 보지 않으려는가?! 그러기 위해서는 360의 뼈마디, 8만4천의 털구멍, 온몸, 온 정신에 똘똘 뭉쳐 하나의 의문 덩어리를 만들어 이 무자 화두를 참구하라. 밤낮을 가리지 말고 이 문제와 부딪혀라. 단순히 무를 노장老莊에서 설하는 허무로 이해하고 '있느니, 없느니' 하지 말라. 마치 한 개의 뜨거운 철환을 삼키어 뱉지도 못하고 삼키지도 못하는 것처럼 지금까지 알고 있는 모든 식견을 모두 탕진해 버리고 오래오래 순숙純熟시켜 나가면 저절로 내외(內外; 의식과 바깥 대상 경계)가 한 조각이 될 것이다. 이때는 벙어리가 꿈을 꾸는 것처럼 자신만 자각할 뿐이지 남에게 깨달음의 경계를 말할 수 없을 것이다. 이때에 갑자기 경지를 타파하여 나아가면 하늘이 놀라고 땅이 진동한다. 이때는 관우 장군의 큰 칼을 빼앗아 손에 잡아 휘두르는 것처럼, 부처를 만나면 부처를 죽이고 조사를 만나면 조사를 죽이며, 생사 마당에서 대자재를 얻어 6도 4생 속에서 자유로이 노닐 것이다. 그렇다면 어떻게 이 무자 공안을 공부해 갈 것인가? 오직 평생의 기력을 다 바쳐 이 무자 공안을 참구해야 한다. 이렇게 끊임없이 지어 가면 여러분의 심중에 법의 촛불이 켜져 단번에 밝아지는 경지에 이를 것이다.

(송頌으로 이른다)

개와 불성, 이 한마디에

불조佛祖 법의 바른 법령은 온전히 반포되었다.

이에 대하여 조금이라도

유무有無의 견해를 가지고 해석하거나 들이댄다면

이 사람은 당장에 신명을 잃으리라.

31칙 조주감파趙州勘婆

공안의 내용은 이러하다. 오대산 가는 초입에 한 노파가 있었는데, 스님들이 오대산 가는 길을 물으면 "똑바로 가시오."라고 하였다. 그 대답을 듣고 몇 걸음 걸어가면 "저만한 스님이 또 저렇게 가네."라고 하였다. 어느 승려가 이 이야기를 조주에게 하였더니, "그러면 내가 가서 그 늙은이를 살펴봐야겠다."라고 하였다. 다음날 조주가 가서 그 노파에게 길을 물으니, 노파는 똑같은 대답을 하였다. 조주가 사찰로 돌아와 "내가 그 늙은이를 감파勘婆하고 왔다."라고 하였다.

(4) 무자 공안의 선종사적 의의

무자는 간화선 선자들이 가장 많이 들고 있는 화두이며, 요긴한 화두이다.

오조 법연은 『법연어록』에서 이렇게 말하고 있다(앞 법연 항목에서 언급함). "그대들은 오롯이 '무'자를 생각하라. 그대들 가운데 이를 일삼아 공부하는 이가 몇이나 되는가? 있다면 누구 하나 여기 나와서 대답해 보라. 나는 그대들이 '있다(有)'고 말하는 것도, '없다(無)'고 말하는 것도 바라지 않는다. 또한 그대들이 '있는 것도 아니요(非有)', '없는 것도 아니다(非無)'라고 말하는 것도 바라지 않는다."

또한 대혜 종고도 『서장』의 '강급사江給事에게 답하는 글'에서 이렇게 말하고 있다. "'무' 한 글자야말로 분별을 타파하는 몽둥이다.

그것에 '있다', '없다'라는 판단을 하지 말라. 또한 이론적인 해석을 해서도 안 된다. …… 오직 일편단심으로 걸을 때도 멈춰 있을 때도 누워 있을 때도 앉아 있을 때도 모든 정신을 집중하라."

혜개도 『무문관』에서 "360 뼈마디, 8만4천 털구멍, 온몸, 온 정신에 똘똘 뭉쳐 하나의 의문 덩어리를 만들어 이 무자 화두를 참구하라."고 하면서 해탈의 대자재를 얻으라고 하였다. 혜개는 사량분별심을 경계하기 위한 것으로 무자 화두를 강조하였다. 또한 "참선하는 데는 모든 조사들이 경험한 바를 그대로 하는 것이 좋다. …… 무엇이 조사의 관문인가? 하면 '오직 무자'뿐이다. …… 이렇게 하면 역대의 조사들과 손을 잡고 듣거나 볼 수가 있게 된다. 이보다 유쾌한 일이 어디 있는가?"라고 하였다. 곧 혜개는 대의大疑의 응결凝結과 이 의단疑團을 타파하는 두 단계의 수행구조를 강조하고 있다.

다음 고봉 원묘는 『선요』에서 "의심은 믿음을 본체로 삼고, 깨달음은 의심을 작용으로 삼는다. 믿음이 충분하다면 의심도 충분하다. …… 참선하려면 세 가지를 갖춰야 한다. 대신근大信根·대분지大憤志·대의大疑이다."라고 하였다.

대체로 무자 화두에 대한 선사들의 공통된 점은 무자에 큰 의심을 하고, 타파하는 2단계로 통일된다고 볼 수 있다. 이렇게 오조 법연에게서 무자 공안이 비롯된 이래 손자뻘 제자인 종고에서 발전되었고, 다시 혜개에 의해 완성되었다. 무자 화두는 인도 선이 중국으로 유입된 이래 최고의 경지에 이른 것이라고 볼 수 있다.

(5) 무자 화두로 정각을 이룬 우리나라 선사들

우리나라 선사들도 무자 화두로 정각을 이룬 분들이 많다. 고려 말기로 접어들면서 강화도 선원사를 중심으로 몽산 덕이(蒙山德異, 1231~1308)의 선풍이 수입되어 간화선이 토착화되었다. 덕이는 무자 화두 위주의 간화선 수행법과 깨달은 후에 선지식을 찾아 인가받는 전통을 강조하였다. 이 점이 우리나라 조계 선풍의 큰 골격인데, 이는 덕이의 선풍에 영향을 받은 것이다.

고려 말기에 태고 보우(太古普愚, 1301~1382)는 무자 화두가 간화선 수행 중에 최고이며, 이 무자 화두가 간화선의 출신활로이며, 선이 지향하는 유일한 길이자 최고의 경지라고 강조했다. 보우와 같은 시대 인물인 나옹 혜근(懶翁慧勤, 1320~1376)도 네 가지(萬法歸一 一歸何處·父母未生前本來面目·是什麼·無字) 화두를 강조했는데, 이 가운데 무자 화두가 포함되어 있다.

서산 휴정(西山休靜, 1520~1604)도 『선가귀감』에서 '조주 무자'를 중시하였다. 휴정과 사형사제 간인 부휴 선수(浮休善修, 1543~1615)도 "조주 무자에 의단을 일으켜 12시 중에 오롯하여라. 물이 다하고 구름이 다한 자리에 이르면 곧바로 조사의 관문을 파하리라."라고 하였다. 『선문수경禪文手鏡』의 저자 백파 긍선(白坡亘璇, 1767~1852)도 임제의 3구에 입각해 선문禪文을 판석했는데, 마지막에 무자 화두 드는 방법을 제시하였다.

또한 경허의 제자인 만공(滿空, 1388~1463)은 무자로 정각을 이루었다. 만공은 공주 마곡사 토굴로 옮겨와 2년간 보림을 한 뒤에 스승 경허 선사를 만났다. 만공이 자신의 수행 경지를 말하자, 경허 선사가 말했다. "아직 너는 완전한 깨달음을 이루지 못했다. '만법귀일' 화두로는 진전이 없는 것 같으니, '조주 무자'를 들어라. 무문관을 통하여 다시 정각을 얻도록 하여라. 반드시 원돈문圓頓門을 짓지 말고 경절문徑截門을 다시 지어보도록 하여라." 이렇게 스승이 다시 준 무자 화두를 붙잡고 씨름하던 중에 새벽 종소리를 듣고 홀연히 깨달아 경허 선사로부터 '만공'이라는 법호와 전법게를 받았다.

이처럼 송나라 때의 오조 법연으로부터 대혜 종고 → 무문 혜개 → 몽산 덕이 → 고려 → 현대에 이르기까지 깨달음을 위한 최고의 기와조각이 무자 화두였다. 바로 이런 점에서 '무'자를 종문宗門의 일관一關이라 부른다.

(6) 『무문관』과 『벽암록』

	『무문관』	『벽암록』
저자	원나라, 무문 혜개	송나라, 원오 극근
특징	직설적·제창적·참구적인 요소가 강하다. 운수납자들로 하여금 실천적인 수행을 할 수 있도록 인도하는 책이다.	영탄詠嘆적·경애境涯적으로 문학성이 풍부하다. 유현고아幽玄高雅한 선의 경지를 나타낸 것이 문학적으로 세련된 선서이다.

우리나라에서는 임제종계의 선풍이 주류를 이루어 조동종이 쇠퇴한 것으로 생각할 수 있으나, 송원대宋元代의 조동종 선풍은 결코 적지 아니하였다. 원나라는 중국 북방 민족인 몽골족이 세운 나라다. 원나라의 황제들은 대부분 라마교(티베트 불교)를 신봉했다. 원나라 초기에는 도교와 선종(조동종)이 격렬하게 논쟁을 하였다.

원나라 말기인 1338년, 강남 금릉에 설치된 불교통제 총사령부인 대용상집경사大龍翔集慶寺에서 동양 덕휘(東陽德輝, 백장 회해의 18세 손)가 『칙수백장청규』를 편찬하였다. 이처럼 원대元代 들어 여러 교단에서 다양한 청규가 만들어졌다.

거란족인 요나라(遼, 916~1125) 때는 화엄·법상·밀교가 주류였다. 그러다 금나라(金, 1115~1234)가 지배하면서 선종의 위세가 드러났다. 금나라 말기 만송 행수·임천 종륜·설정 복유·이병산 등이 활동했다.

원나라는 라마교를 숭상했지만,* 일반인에게는 종교 자유를 주었

---

* 원나라 황제들은 라마 승려가 금, 은, 동 등 값나가는 보시를 요구하면 그대로 다 들어주었다. 왕궁에서는 매일 예불을 행했으며, 인종 때는 매일 제물로 바

다. 그래도 선종의 발전은 저조했지만 조동종의 융성함이 있었다.

원대에 이르러 원나라가 티베트 불교를 믿으면서 선종은 침체되었다. 하지만 북방에서는 조동종의 만송 행수를 필두로 번창했고, 남방에서는 임제종 양기파 선이 유행했다. 그렇다고 북방에서 임제종의 활동이 전혀 없는 것은 아니었다. 이후 얼마 지나지 않아서 교종(천태·화엄·법상)과 선종이 충돌했다. 논쟁의 초점은 선과 교 가운데 어떤 것이 우위인가라는 것이었다. 한편 선·교·율 3가三家가 원나라 세조 쿠빌라이 칸(1215~1294) 앞에서 자기들의 의견을 발표하였다. 결과는 교종이 선종에게 승리하였다. 그렇다고 해서 선종의 영향력이 줄어든 것은 아니다. 원래 선이 남방에서 발전했듯이 남방에서는 여전히 선종이 우세하였다. 한편 북방에도 한족 계열의 선종 선사들이 운집해 있었다.

송말 원초元初에 선종의 오엽五葉 가운데서 임제종과 조동종이 크게 흥성하였다. 때문에 당시에 세인들은 "임천하臨天下, 조일각曹一角"이라고도 하였다. 즉 "임제종풍이 미치지 않는 곳이 없고 광대하

치는 羊만 해도 1만 마리에 달했다. 제사용 기름과 밀초도 각각 수만 근이 필요했다. 또 라마교 승려가 길을 다닐 때는 물질적인 숙식이 제공되었을 정도이다. 이를 거절하거나 승려를 구타하는 자는 법으로 손이 잘리고, 승려와 언쟁을 하는 자는 그 혀를 자를 만큼 라마승에 대한 예우가 좋았다고 중국사에 전한다. 원나라가 97년 만에 멸망한 데는 여러 원인이 있지만, 지나친 라마교 숭배로 인한 퇴폐적인 악습으로 국력이 소모된 점도 들 수 있을 정도이다. 또한 청나라 때도 라마교가 중국 조정과 몽골, 티베트의 봉산封臣들을 연결시켜 주는 중요한 요소였고, 라마승들에 대한 지원을 아끼지 않았다.

게 뒤덮고 있지만, 조동종의 위엄 또한 동남에 떨쳐서 영향이 매우 깊다."고 하였다. 이렇게 조동종이 성행하게 된 데는 만송 행수(萬松行秀, 1166~1246)의 선풍이 드날렸기 때문이다.

조동종은 금나라와 원나라 때 만송 행수 계파의 제자들의 활동이 매우 활발했다. 원나라 때인 1236년 조정은 승려들에게 고시 제도를 시행하였다. 불합격자는 귀족이라도 모두 환속을 시켰다. 원나라 조정은 이런 중책을 조동종의 만송에게 맡겼다. 만송은 가능한 방편을 잘 활용해 낙방시키지 않았다고 한다. 행수의 대표적인 제자로는 Ⓐ 임천 종륜(林泉從倫, 1223~1281)·Ⓑ설정 복유(雪庭福裕, 1203~1275)· Ⓒ화엄 지온(華嚴至溫, 1217~1267)·Ⓓ천송 명덕(千松明德)·야율초재 등이 있다.

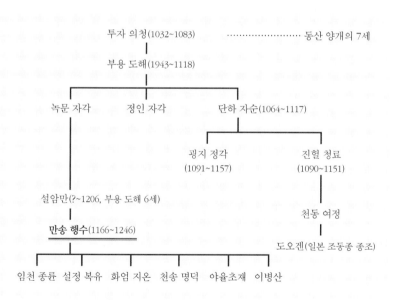

ⓐ 임천 종륜林泉從倫은 베이징(北京)의 만수사萬壽寺와 보은사報恩寺의 주지를 역임했다. 원나라 3대 황제인 세조(쿠빌라이 칸)는 선을 공부하면서 만송 행수의『종용록』을 읽고 감동받은 터였다. 마침 쿠빌라이는 만송의 제자인 종륜을 황궁에 초대하였다. 종륜은 황궁에서 황제를 위해 선과 선사상을 강의해 주었는데, 매우 기뻐하였다는 기록이 전한다. 종륜은『열반경』의 '일체중생실유불성一切衆生悉有佛性'이나『화엄경』의 '성기性起' 사상,『법화경』의 '일체개성불一切皆成佛' 등을 인용하며 선의 유용성을 강의해 주었다. 또한 "달마 이래로 선은 선사들에 의해 이심전심以心傳心으로 전하고 있다."고 역설하였다.

그는 '선은 곧 불교의 정종正宗'이라고 하면서 선교일치를 주장하였다. 종륜은 원나라 초엽 베이징의 민충사憫忠寺(현 法源寺)*의 주지를 역임했는데, 원대의 불교를 대표할 정도였다. 도교·불교가 황궁에서 서로 논쟁했는데, 이때 종륜은 불교의 대표자였다. 이후 종륜은 카라코룸의 궁정에서 불교와 도교(全眞敎)와의 변론이 재차 있었는데, 전진교의 이지상李志常을 굴복시켰다. 이후 도교 경전을 불태우는 일에 주도적인 역할을 하였다.

종륜이 편집한『공곡집空谷集』**·『허당집虛堂集』*** 등이 있다. 이

---

* 법원사는 베이징 중심지인 선무구宣武區 우가牛街에 위치한다. 현재도 사찰 내에 승가대학이 있으며, 200여 명의 승려들이 상주한다. 청나라 말기, 대총림으로서 규모가 매우 큰 도량이다.
**『공곡집』은 종륜 개인의 저서는 아니다. 본래 명칭은『임천노인평창투자청화상송고공곡집林泉老人評唱投子靑和尙頌古空谷集』으로, 원나라 1285년에 간행되었

렇게 종륜이 송고頌古에 관련된 어록을 편집함으
로써 원대에 조동종이 크게 발전하는 계기가 되
었다.

설정 복유 진영

ⓑ 설정 복유雪庭福裕도 역시 10여 년을 만송
문하에서 공부했다. 금나라와 원나라가 서로 다
투고 있을 때, 숭산 소림사를 복원 불사하였다.
후에 헌종憲宗을 알현하고, '총령석교總領釋敎'라는 임명을 받고, 각
지의 훼손된 사찰 236군데의 도량을 중건하였다. 복유는 소림사를
불사했을 뿐만 아니라 이곳에 머물며 만송 계통의 조동종 선풍을 전
개하였다. 이것이 계기가 되어 현재까지 소림사는 조동종의 본찰 역
할을 하고 있다. 설정도 불교와 도교 논쟁이 있을 때 참가한 중요한
인물로서, 쿠빌라이로부터 '광종정변光宗正辨'이라는 시호를 받았다.

다. 동산 양개 7대손인 투자 의청(投子義靑, 1032~1083)이 선문답 100칙을 선별
해 송頌을 붙였는데, 의청의 손자뻘 제자인 단하 자순(丹霞子淳, 1064~1117)이
시중示衆(아침·저녁에 제자들에게 설법)과 착어著語(짧은 비평이나 코멘트)를 하였
다. 이후 후대에 종륜이 자세한 설명(評唱)을 곁들여 찬술한 뒤에『공곡집』이라
고 하였다.

***『허당집』의 본래 명칭은『임천노인평창단하순선사송고허당집林泉老人評唱丹霞
淳禪師頌古虛堂集』으로 원나라 1295년에 간행하였다. 단하 자순(1064~1117)의
송고頌古 100칙에 종륜이 시중·평창·착어를 붙인 것이다. 이 문헌은 각 칙에
대한 인물별 주제가 부여되고, 다시 내용에 따른 부제가 붙은 모습으로 유통되
었다.『허당집』은 조동종 계열의 선자禪者만을 법맥 순서대로 정립하였다.

ⓒ 화엄 지온華嚴至溫도 만송을 15년간 모셨다. 지온은 당시 유명한 정치가 유병충(劉秉忠, 원대 황제인 세조 쿠빌라이의 책사)과 유년 시절부터 교류가 있던 인물이다. 그런 인연으로 그는 당시 관서오로關西五路를 통섭하기도 했다. 이런 점으로 그는 이 지역의 불교를 보호하고 발전시키는 역할을 하였다.

한편, 이병산이 지은 『명도집설鳴道集說』은 송대 유학자들의 불교 비판을 반박한 것이다.*

---

* 송대 유가의 설을 열거하고 하나하나에 관해서 자기의 견해를 밝혔으며, 책 끝에 자신이 쓴 「잡설심설雜說心說」을 첨가했다. 북송北宋 이래의 유불도 삼교를 서술했다. 물론 불교적인 입장에서 유교와 도교를 논하고 있다. 그의 학설을 따른 일파가 명도학파鳴道學派라고 불린 것은 이 책의 이름에서 기인된다.

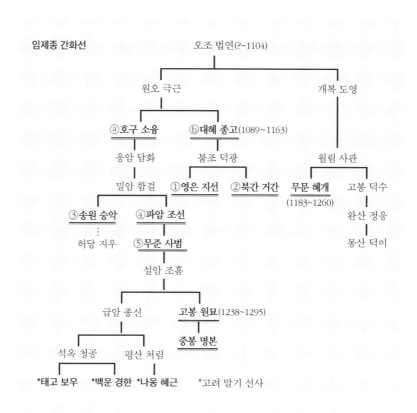

임제종 간화선

오조 법연(?~1104)

원오 극근 · 개복 도영

ⓐ호구 소융 · ⓑ대혜 종고(1089~1163)

응암 담화 · 불조 덕광 · 월림 사관

밀암 함걸 · ①영은 지선 · ②북간 거간 · 무문 혜개(1183~1260) · 고봉 덕수

③송원 숭악 · ④파암 조선 · 완산 정응

허당 지우 · ⑤무준 사범 · 몽산 덕이

설암 조흠

급암 종신 · 고봉 원묘(1238~1295)

중봉 명본

석옥 청공 · 평산 처림

*태고 보우 · *백운 경한 · *나옹 혜근 · *고려 말기 선사

남방에서는 임제종 세력이 가장 강했는데, ⓐ호구 소륭(虎丘紹隆, 1077~1136)와 ⓑ대혜 종고(1089~1163) 등 양대 파가 두드러졌다. ⓑ 종고 문하에 속하는 ①영은 지선(靈隱之善, 1152~1235)과 ②북간 거

간(北礀居簡, 1164~1246) 등 두 지파와 ⓐ호구 소륭 문하에 속하는 ③ 송원 숭악(松源崇嶽, 1132~1202)과 ④ 파암 조선(破庵祖先, 1136~1211) 지파의 선풍이 발전하였다.

① 영은 지선靈隱之善의 제자 원수 행단(元叟行端, 1255~1341)은 경산徑山을 거점으로 대혜의 선풍인 활살선活殺禪을 주장하며 겨우 명맥을 유지하였다. 그의 『행단탑명行端塔銘』에 보면 "그 법을 이은 제자로 오·초·민·오·촉·한 등지에서 동시에 선풍을 전개한 이들이 약 천 인千人이었다."라고 기록하고 있다. 이러한 기록으로 볼 때 영은 지선 계통의 선풍이 남방에 풍미했던 것으로 생각된다. 이 파는 당시 4파 가운데 가장 우세했던 것으로 본다.

② 북간 거간北礀居簡 계통의 선사들은 비교적 문학적 소양이 뛰어난 이들이 많았다. 그중 거간의 손상좌인 소은 대흔(笑隱大欣, 1268~1344)과 소은 대소(笑隱大訴, 1284~1344)가 뛰어난 선사였다. 대소는 총림의 청규와 제자 교육을 중시했다. 이에 후대 승려인 덕휘德輝가 대소의 청규에 영향을 받아 『칙수백장청규勅修百丈清規』를 수정하였다. 이 덕휘가 편집한 『칙수백장청규』는 백장의 청규 이래 후대에 총림에서 사용되었다. 덕휘의 『청규』는 선종 사찰과 규율 문제에 있어 수많은 공헌을 했는데, 사료적으로도 중요한 가치를 지닌다. 이 밖에 각안覺岸은 『석씨계고략釋氏稽古略』 4권을 지었고, 상념常念은 『불조역대통재佛祖歷代通載』 22권을 지었다. 『불조역대통재』의 전반적인 내용은 『경덕전등록』과 남송 때 조수祖琇가 편찬한 『융

흥불교편년론隆興佛教編年論』 및 남송·금·원대의 불교사가 포함되어 있다. 이처럼 거간파에서는 걸출한 선사들이 많이 배출되었다.

ⓐ호구 소륭虎丘紹隆의 두 지파 가운데 하나인 ③송원 숭악(松源崇嶽, 1132~1202)의 계파인 숭악파崇嶽派의 중요한 인물은 고림 청무(古林淸茂, 1262~1329)와 담방 수충(曇芳守忠, 1275~1348) 등이 있다. 이들의 주요 활동 무대는 강소성江蘇省 금릉(현 南京)이었다.

④ 파암 조선(破庵祖先, 1136~1211)의 계파인 조선파祖先派는 원나라 때 남방에서 선풍을 크게 드날린 문중이다. 조선의 제자 ⑤무준 사범(無準師範, ?~1249)은 사천성四川省 재동梓潼 출신이다. 9세에 출가해 여러 지역을 다니며 발초첨풍하였다. 영은사靈隱寺에서 파암의 법을 계승한 뒤에 청량산·초산焦山·설두雪竇·아육왕산 등 여러 지역에서 정진하였다. 이후 항주杭州 경산徑山에서 중생 교화에 힘썼다. 사범은 1233년 이종제理宗帝의 부름을 받고 입궁해 법을 설하고, 불감선사佛鑑禪師라는 호를 받았다. 사범은 평생을 중생 교화에 힘썼다. 그는 선정禪淨일치보다 유불도 삼교융합을 주장하였고, '선유禪儒 일치'를 강조하였다. 그의 문하에서 조원祖元·보령普寧 등이 배출되었다. ④⑤조선파는 원대 이후 선종에서 가장 큰 영향을 끼쳤다. 이 파는 민중의 염불 정토와 합일하려는 움직임을 시작하였다. 그 중심인물이 고봉 원묘의 제자인 중봉 명본과 천여 유칙이다. 명나라 말기에 이르면 선정일치가 두드러지게 나타나는데, 이는 운서 주굉(雲棲株宏, 1535~1615)에 의해서이다. 이 점에 대해서는 뒤에서 자세

히 서술하겠다.

이들은 수년간 산림에 거주하며 수행했지만, 반원反元적인 행동을 하지는 않았다. 대체로 민중들의 시주를 의지하거나 자급자족의 형태를 띠었다. 이들은 대혜의 간화선을 강조하면서 널리 간화선을 선양하였다. 그리하여 남방 선종의 대표가 되며, 원나라 선의 중심이 된다. 이런 선풍을 기반으로 나온 선사가 고봉 원묘와 중봉 명본이다.

원대에는 ①②③④네 선사들 지파의 선이 골고루 발달하였다. ①지선계와 ②거간계는 도시에서 중앙 권력과 가깝고, ③숭악계와 ④조선계는 산림에 거주하며 조용히 수행하는 면에 가깝다. 오산십찰五山十刹은 대체로 ①지선계와 ②거간계에서 주지를 맡았다.

또 원나라 선사 가운데 임제종의 해운 인간(海雲印簡, 1201~1256)이 있다. 해운은 스승 중관中觀 선사를 보필하며 전쟁 중에도 도망가지 않고 스승을 모셨다. 해운의 여법한 모습에 감동 받은 몽골의 장군들(史天祥·李七哥)이 스승인 중관 선사를 만나고자 하였다. 중관을 만난 장군들은 중관의 설법에 감동을 받고 칭기즈칸에게 서면으로 보고를 올렸다. 칸은 '이들을 자유민으로 잘 모시라'는 답변을 하였다. 쿠빌라이 칸(세조)은 해운에게 종교적인 질문을 하며 조언을 구했다.

해운은 원나라 칭기즈칸·오고타이 칸·쿠빌라이 칸 등 황제들에게 왕사로서 예우를 받았다. 2대 황제인 오고타이는 해운에게 황제의 칙명으로 불교계 승통僧統이 되게 하였고, 몽골 제국의 수도 카라코룸에 머물도록 하였다. 해운은 승가고시를 담당하였고, 오고타이에게 보살심계菩薩心戒를 주었다. 3대 황제인 쿠빌라이 칸(세조, 1260~1294 재위. 원나라 초대 황제)은 자신의 큰아들 이름을 부탁하기도 했다. 해운이 열반한 후에는 제자 복유福裕가 있었다. 그러면서 '임제정종臨濟正宗'이라고 하였다. 따라서 북방의 임제종은 왕권의 보호 아래 발전하였다. 북경 쌍탑雙塔 경수사慶壽寺 해운탑기海雲塔基에서 해운의 법상法相이 출토되어 북경박물관에 모셔져 있다.

해운의 또 다른 제자인 자총子聰을 쿠빌라이가 책사로 삼았는데, 자총은 관직을 받고 환속해 유병충劉秉忠이라고 하였다. 그는 지략과 관용에 매우 뛰어났다. 유병충은 원의 수도인 북경을 새롭게 구성하고, 관료체제 및 간선도로 건설 등 중요 직책을 맡았다.

이 시기에 활동했던 선사로는 고봉 원묘(高峰原妙, 1219~1293), 중봉 명본(中峰明本, 1263~1323) 등이 있다. 고려 말기 태고 보우가 법을 받은 석옥 청공(石屋淸珙, 1272~1352)은 일찍이 고봉 원묘에게서 3년간 수학했던 인물이다.

우리나라는 간화선 선풍을 근간으로 한다. 간화선의 교과서 역할을 하는 어록이 몇 있다. 그 가운데 간화선의 나침반 역할을 하는 중요 어록이 『선요禪要』이다. 이 『선요』의 저자는 송나라 말 원나라 초기에 활동한 고봉 원묘高峯原妙 선사이다. 조선 초 벽송 지엄(碧松智嚴, 1464~1534)은 『대혜어록』을 보면서 '구자무불성'을 참구해 의심을 타파했고, 원묘의 『선요』를 통해 알음알이(解)를 내려놓았다. 벽송은 평생 원묘의 선사상을 기반으로 선풍을 전개했는데, 『선요』는 벽송 이후부터 우리나라 사찰 승가대학의 교과목 가운데 하나가 되었다. 원묘의 수행 체험과 과정이 담겨 있어 중하근기 선객들에게 귀감이 되기 때문이다.

(1) 원묘의 행적

① 출가 및 수행

고봉 원묘(高峯原妙, 1238~1295) 선사는 송나라 말, 원나라 초기에 활동했다. 강소성江蘇省 소주蘇州 오강吳江 사람이며, 호가 고봉高峰이다. 원묘는 15세에 가화嘉禾 밀인사密印寺 법주法住 선사에게 출가했다. 일찍이 천태학을 배웠으나 교의 무익함을 깨닫고, '생멸심을 끊고 중생심을 벗어나 부처의 길로 들어갈 수 있는 길은 선에 있다'는 확신을 갖고 선으로 돌아섰다. 그는 항주杭州 정자사淨慈寺에서 단교 묘륜(斷橋妙倫, ?~?)과 설암 조흠(雪岩祖欽, ?~1287)에게 가르침을 받았다. 이후 설암 선사를 따라 천녕사天寧寺에 머물렀다.

고봉 원묘 진영

원묘는 화두를 처음 받고 수행이 순조롭지 않아 3~4번 화두를 바꾸었다. 그가 깨달음을 이루기까지의 과정을『선요』28장에 "20대 초반, 처음 단교 선사에게 참문하고, '태어날 때 어디서 왔으며 죽으면 어디로 가는가(生何處來 死何處去)?'라는 화두를 받았다."라고 서술하고 있다.

원묘는 이 화두를 붙잡고 있어도 화두가 순일하지 않았다. 다시 설암 조흠을 찾았다. 설암은 쉽게 그를 받아들이지 않고, 보자마자 원묘의 멱살을 잡고 방망이질을 했다.

이렇게 인연된 설암 선사는 원묘에게 무자 화두를 참구토록 하면서 이렇게 말했다.

"사람이 길을 갈 때 하루의 갈 길을 반드시 알아야 하는 것처럼 너는 매일 올라와 한마디 일러라."

이에 원묘가 설암 선사의 방에 들어갈 때마다 이런 질문을 하였다.

"누가 이 송장을 끌고 다니는 겁니까(拖死屍的是誰)?"

이렇게 질문하면 설암은 말이 다 끝나기도 전에 원묘를 내쫓았다.

이후 원묘가 경산으로 돌아와 지내는데, 어느 날 꿈속에서 처음으로 단교 묘륜이 자신에게 주었던 '만법이 하나로 돌아가니 하나는 어디로 가는가(萬法歸一 一歸何處)?' 화두가 떠올랐다. 이로부터 의정 疑情을 내었는데, 동서남북을 분별하지 못했다. 그러다 6일째 되는 날, 원묘는 대중을 따라 누각에 올라가 경전을 독송하다가 문득 머리를 들어 오조 법연(五祖法演, 1024~1104)의 진찬眞讚을 보니, 끝 두 구절에 "백년이라, 3만 6천 온갖 조화 부린 것이 원래가 단지 바로 이놈이니라."라는 구절에서 홀연히 '송장을 끌고 다니는 자가 누구인가' 화두를 타파했다. 그런 뒤에 원묘는 잠깐 기절했다가 깨어났다. 이 무렵 원묘의 나이 24세였다.

이후 설암을 찾아갔다. 스승이 원묘에게 물었다.

"번잡하고 바쁠 때에 주재主宰가 되느냐?"

"됩니다."

"꿈속에서 주재가 되느냐?"

"네! 됩니다."

"잠이 깊이 들어 꿈도 없고 생각도 없으며 보는 것도 듣는 것도 없는 때에 너의 주인공이 어느 곳에 있느냐? …… 너는 이제부터 불법을 배울 것도 없다. 다만 배고프면 밥을 먹고 곤하면 잠을 자되, 잠이 깨거든 정신을 가다듬고 '나의 이 일각一覺 주인공이 반드시 어느 곳에 안심입명安心立命하는가?' 하고 참구하라."

원묘는 이때 '차라리 평생을 바보가 될지언정 맹세코 이 도리를 분명히 밝혀야겠다'고 맹세했다. 이렇게 또 5년이 흘렀다. 원묘는 어느 날 밤, 잠에서 깨어 이 일을 참구하고 있는데, 함께 자던 도반이 잠결에 목침을 떨어뜨렸다. 원묘는 그 소리에 홀연히 의단을 타파하였다. 마치 엉킨 실타래에서 풀려나온 듯 불조의 공안과 고금의 차별 인연이 훤히 밝혀져 걸림이 없었다.

② 사관 및 오도

40세에 접어들 무렵, 원묘는 홀로 임안臨安 용수산龍鬚山에 숨어 정진하였다. 1279년 41세에 항주杭州 천목산天目山에 개산노전開山老殿을 짓고 수행하였다.* 그런데 사람들이 몰려오자, 이를 피해 서봉 동공동 사자암獅子巖에 작은 방을 짓고 거주하면서 그 방의 호를 '사관死關'이라고 했다. 그 옛날 길도 없는 험한 산길, 절벽 사이에서 그는 수행했다. 말 그대로 다시 나갈 수 없는 무문관無門關이다. 당시 사관은 걸어 들어갈 수 없고, 줄을 타지 않으면 오를 수 없을 정도로 험했으며, 비바람조차 막지 못하는 토굴이었다. 선사는 깨닫지 않고는 절대 이 방을 나가지 않겠다는 각오로 임했다. 원묘는 10년 동안 문턱을 넘지 않았다고 한다.

1291년 53세에 원묘는 봉우리 아래에 대각선사大覺禪寺를 개산하고 선풍을 전개하였으며, 사방에서 수만 명의 선객들이 모여들었다. 세납 58세 되던 해, 제자 명초明初와 조옹祖雍에게 후사를 당부하고, 임종게를 설한 뒤 입적하였다.

---

* 이 사찰은 불사가 완비되어 있다. 이 도량 중심 법당에 고봉 원묘가 모셔져 있고, 제자들이 좌우로 모셔져 있다. 좌측에 단애 요의(斷崖了義, 1263~1334), 우측에 중봉 명본이 모셔져 있다.

원묘의 탑원 안에 모셔진 원묘의 형상이다. 원묘가 절강성 항주 천목산 사자암에서 작은 방을 짓고 거주하면서 그 방의 호를 '사관死關'이라고 하고 정진하던 곳이다.

와도 사관에 들어오는 일이 없으며

가도 사관을 벗어나는 일이 없네.

쇠로 된 뱀이 바다를 뚫고 들어가

수미산을 쳐서 무너뜨리도다.

來不入死關 去不出死關 鐵蛇鑽入海 撞倒須彌山 (『선요』「행장行狀」)

원묘에게 계를 받은 제자는 셀 수 없을 정도로 많으며, 법을 이은 제자는 중봉 명본中峰明本·단애 요의斷崖了義·포납 조옹布衲祖雍·공중 이가空中以假 등 4인이다. 이 가운데 대표 제자가 중봉이다. 원나라 인종仁宗은 1318년에 원묘에게 '보명광제선사普明廣濟禪師'라는 시호를 내렸다. 저서에 『고봉원묘선사어록高峰元妙禪師語錄』이 있다. 이를 줄여서 『선요』라고 한다.* 원묘가 열반한 후 속가 제자인 홍교

---

* 『선요』는 전체 29장으로 되어 있다. 모두 큰 뜻을 분발해 조사의 현관을 뚫을

조홍교조朝洪教祖 직옹直翁 거사가 원묘의 말씀을 발췌해 편집한 책이 『선요』이다. 이 책이 출간되면서 선사의 이름이 천하에 알려지게 되었다.

고봉 원묘는 계율에 엄격했으며, 많은 이들에게 계를 주었다. 그의 가풍은 자비 문중으로 알려져 있어 많은 이들에게 감동을 주었다. 사부대중의 존경을 받아 '강남고불江南古佛'·'고봉고불高峰古佛'이라는 존칭을 받았다.

(2) 『선요』의 주요 내용

『선요』를 중심으로 원묘의 사상을 살펴보면 다음과 같다.

① 무자 화두·만법귀일·무심삼매

전에 들었던 '무無'자 화두는 거의 3년이 되도록 두 끼니의 죽과 밥 먹는 시간을 제외하고는 자리에 앉지 않았고 피곤할 때에도 자리에 기대지 않았다. 밤낮으로 동분서주해도 늘 혼침과 산란의 두 마구니와 함께 한 덩어리가 되어 있어 갖은 재주를 부려도 물리치지 못했다. 이 '무'자 화두로는 조금도 힘을 얻지 못했고, 일념을 이루지 못했다. 직접 깨닫고 난 후에 그 병의 근원을 살펴보니, 특별한 까닭은 없고 다만 의정 속에서 공부를 짓지 않은 것임

것을 강조한다. 개당보설開堂普說·시중示衆·결제시중結制示衆·해제시중解制示衆·입양시중立陽示衆·제야소참除夜少參·만참晩參·직옹直翁과 신옹信翁 및 이통理通에게 내린 법어·통앙산화상의사서通仰山和尙疑嗣書·실중삼관室中三關 등으로 구성되어 있다.

을 알았다. 한결같이 화두를 드는데 들 때는 있다가 들지 않으면 문득 없으며, 설령 의심을 일으키려 해도 손을 쓸 곳이 없고, 손을 써서 의심이 이뤄지더라도 잠시뿐이며 곧 혼침과 산란에서 허덕였다. 이에 공연히 세월만 낭비하고 허다한 고생만 하였으나 조금도 발전이 없었다.

'하나는 어디로 돌아가는고?' 화두는 '무'자 화두와 달라서 우선 의정이 쉽게 생겨 한번 들면 문득 이뤄져서 반복하여 생각하거나 일부러 애쓰지 않아도 의심을 내기만 하면 점차 일념이 이루어져서 곧 화두를 든다는 생각까지 없어졌다. 이미 화두를 드는 마음이 없어졌으므로 들 화두도 없어 온갖 반연을 쉬려 하지 않아도 저절로 쉬어졌다. 더 나아가 육창六窓을 고요하게 하지 않아도 저절로 고요해져서 가는 티끌만큼도 범하지 않고, 단박 무심삼매無心三昧에 들어갔다. (『선요』)

위 『선요』의 내용으로 봐서 원묘는 무자 화두로는 수행이 진전되지 않아 만법귀일 화두로 바꾸어 깨달음을 얻은 것으로 볼 수 있다. 그런데 그 반대의 인물이 있다. 우리나라 수덕사의 만공 월면(滿空月面, 1871~1946) 선사이다. 만공은 만법귀일 화두로는 진전이 없어 무자 화두로 바꾸었다. 이는 스승 경허 스님의 말씀에 의해서다. 이렇게 화두를 바꾸고 난 뒤 만공은 화두와 씨름하던 중에 새벽 종소리를 듣고 홀연히 깨달아 경허 선사로부터 '만공'이라는 법호와 전법게를 받았다.

② 선의 3요소

『선요』16장의 시중示衆에서 간화선 수행의 3대 요소를 강조하였다. 대신근大信根 · 대분지大憤志 · 대의정大疑情이다.

참선을 하고자 하면 세 가지를 구족해야 한다(參禪三要). 제일요第 一要는 대신근이니 마치 신심이 수미산에 기댄 것과 같다는 것을 분명히 알아야 함이요, 제이요第二要는 대분지로 아버지를 죽인 원수를 만나자마자 바로 한칼에 양단 내려는 마음과 같아야 함이 요, 제삼요第三要는 대의정으로 어두운 곳에서 아무도 모르는 큰 일을 저질러 은폐되었던 일들이 막 폭로되려고 할 때와 같아야 한다.

즉 신심이 있어야 하고, 큰 의심이 있어야 하며, 꼭 깨닫겠다는 분 심이 있어야 한다. 우리나라 서산 대사도 『선가귀감』에서 "참선에는 세 가지가 필요하다. 첫째는 신근이요, 둘째는 분지요, 셋째는 의심 이다. 진실로 그 한 가지라도 갖추지 못한다면 다리 부러진 솥과 같 으며 마침내 그릇이 깨어진다."라고 하였다.

③ 고봉 삼관

고봉 삼관은 『선요』29장 '실중삼관室中三關' 제목으로 서술되어 있 다. 삼관이란 스승이 참학자를 접인할 때 제시하는 세 가지 관문으 로서 학인의 공부를 점검하고 참구케 하는 화두이다. 선사들은 마치 관문을 지키고 서 있는 무서운 수문장처럼 이 문을 통과하라고 소리치고 있다. 이 문을 뚫고 자신의 본성을 깨달으라는 뜻이다.

① 밝은 해가 허공에 떠서 비추지 않는 곳이 없거늘 무엇 때문에 한 조각 구름에 차단되는가?(杲日當空 無所不照 因甚被片雲遮却)

② 사람마다 그림자가 있어서 한 걸음도 옮기지 아니하거늘 무엇 때문에 밟히지 않는가?(人人有箇影子 寸步不離 因甚踏不著)

③ 온 대지가 불구덩이거늘 무슨 삼매를 얻어야 불에 타지 않겠는가?(盡大地是箇火坑 得何三昧 不被燒却)

즉, 이 마음이 곧 부처인데 왜 그것을 우리는 알지 못하는가? 무명이 어디로부터 일어나는가? 삼계의 고통을 벗어나기 위해 어떤 수행을 해야 하는가?

(1) 원나라의 시대 상황

원元의 황제들은 라마교를 신봉하고, 라마승들을 지지했다. 라마승들이 국사 지위에까지 오르면서 중국 불교사에 티베트 불교가 크게 자리잡는 계기가 되었다. 원대의 선은 이전 당대·송대에 비하면 매우 미약한 흐름이었다. 송대 이후 선자가 배출되지 못하면서 불교가 점차 세속화되어갔고, 겨우 명맥을 이었다고 보는 점이 맞을 듯하다. 이는 20세기 초 선사인 허운(虛雲, 1840~1959)과 태허(太虛, 1889~1947)도 '당대만큼 뛰어난 선자가 나오지 못했다'며 당시의 불교 쇠퇴를 염려할 정도였다. 원대의 선은 불교학을 포함해 발전된

측면보다는 과거의 사상을 답습하는 것에 머물렀다고 본다. 이런 시기에 뛰어난 선자가 등장했으니, 바로 중본 명본(中峰明本, 1263~1323)이다. 당시 강남에서뿐만 아니라 일본에도 명본의 선이 널리 알려졌다. 이렇듯 명본은 원대를 대표하는 인물 중 한 분으로, 후대 선종사에서는 스승인 원묘보다 명본의

중봉 명본 진영

선사상이 중요한 위치를 점한다고 평가하고 있다.

(2) 명본의 행적

중본 명본은 절강성浙江省 전당錢塘(현 杭州) 출신이다. 속세의 성은 손孫씨, 호는 지각智覺이다. 명본은 9세에 어머니를 여의고 어린 나이에 불교에 귀의했다. 선사는 15세에 출가해『법화경』·『원각경』·『금강경』등을 독송하며 연지공양을 실천했다. 명본은 경전과 어록에 심취해 있었는데,『금강경』을 읽는 중 '여래를 짊어진다(荷擔如來)'라는 말에 깨달음이 있었다.

1286년 24세에 명본은 천목산 사자암의 원묘에게 귀의하고 삭발하였다. 27세에 흐르는 물을 보고 깨달은 뒤 게송을 지어 스승에게 보이고, 깨달음을 인가받았다. 이후부터 명본은 큰절에서 불러도 가지 않고 천목산중을 옮겨 다니며 정진하였다. 1298년 36세에 명본은 중가산中佳山에 머물며 그곳을 환주암幻住庵이라 칭했다. 이 환주암은 지금도 현존하는데, 도량이 찻집으로 변모되어 있다.* 허깨비 같이 잠시 형상(相) 없이 머물다가 떠난다고 하여 환주암이라고 했다. 이 무렵부터 명본의 법력이 세상에 알려져 세인들은 그를 '강남의 고불古佛'이라 불렀다.

1318년 선사가 인종(仁宗, 1311~1319 재위)의 초청에 응하지 않자,

---

* 고봉 원묘가 법을 펼쳤던 개산노전開山老殿에 원묘와 제자 두 분의 형상이 모셔져 있다. 또한 이곳에 1319년 고려의 심왕沈王이 중봉에게 하사했다는 가사 등 유물이 보관돼 있다. 현재 천목산에는 위치상 중봉탑원~개산노전~환주암이 자리하고 있다. 서로간의 거리는 2~3km 정도이다.

절강성浙江省 항주杭州 천목산 내에 있는 개산노전開山老殿(고봉 원묘가 선풍을 전개한 곳)이다. 법당 가운데 고봉 원묘 청동상이 모셔져 있고, 좌측에 단애 요의斷崖了義, 우측에 중봉 명본이 모셔져 있다.

황제는 금란가사와 '불자원조광혜선사佛慈圓照廣慧禪師'라는 호를 하사했다. 또한 선사를 '보응국사普應國師'로 봉하고, 그가 머물던 절에 '사자정종사師子正宗寺'라는 사호寺號를 내렸다. 명본은 스승과 똑같이 천목산을 중심으로 선풍을 전개하다 61세에 입적했다. 문종은 '지각 선사智覺禪師'라는 시호를 내리고, '법운法雲'이라는 탑호를 내렸다. 1334년 순제가 『천목중봉화상광록天目中峰和尚廣錄』 30권을 입장入藏토록 허락했다. 저서에는 『금강반야경약의』·『중봉광록』(시중·소참·법어·송고·산방야화山房夜話·일화오엽一華五葉·동어서화東語西話·환주암청규幻住庵清規·환주가훈幻住家訓) 등이 있다. 그의 문하에 천여 유칙·척암 원장·무조감 등이 있고, 조맹부趙孟頫도 참선했다. 이외 일본 승려 제자들이 있다.

(3) 공안에 대한 명본의 정의

선사는 대혜 종고를 이어 선자들에게 간화선의 길을 제시하고 있다. 명본은 『산방야화』에서 공안에 대해 이렇게 정의하고 있다.

"'공公'이란 성현들의 깨달은 그 길(軌)을 하나로 하여 천하의 모든 사람들이 그 길로 함께 갈 수 있도록 하는 지극한 가르침이며, '안案'이란 성현들께서 그 깨달은 이치인 도에 나아가는 올바른 방법을 기록한 것이다."

또한 "'공'이란 개개인의 주관적인 주장을 개입시키지 않았다는 의미이며, '안'이란 반드시 불조와 똑같이 깨달음을 만들겠다는 뜻이다. 따라서 공안이 풀리면 번뇌의 알음알이가 사라지고, 번뇌의 알음알이가 사라지면 생사의 굴레가 공空해지며, 생사의 굴레가 공해지면 불도를 이룰 수 있다."라고 하였으며, 또 "세상사에 문제가 생기면 사람들은 관청에 공정한 재판을 요청하는데, 관청에서는 법조문에 의거해 재판을 한다. 이처럼 참선자가 깨달음이 있으면 스승을 찾아 점검을 받아야 한다. 스승은 공안을 근거로 해서 의심을 풀어준다. 공안은 바로 번뇌를 깨뜨리고 지혜를 밝혀준다. 불조의 혜명을 잇는 데는 공안보다 더 좋은 것이 없다."라고 하였다.

명본은 문자로 공안 해석하는 것을 반대했고, 고증식의 참선 방법을 비판하였다. 곧 종고의 사상을 계승하면서도 간화선을 새롭게 개선하여, 당대와 송대에 활발했던 선풍을 재현코자 노력하였다. 한편 명본은 청규를 재정비하고, 선교 논쟁에 참여해 선의 우위성을 변론하였다.

(4) 명본의 선사상

명본은 당시 선종 5가의 특색을 『산방야화』에서 이렇게 묘사하였다. "위앙은 근엄, 조동은 세밀, 임제는 통쾌, 운문은 고고, 법안은 간명하다." 원나라의 선은 이전보다 선자 배출이 적었고, 선사상 또한 발전이 없었다. 이런 현실에 선사들 중에는 옛 선사들의 할·방을 흉내 냈는데, 이 점은 오히려 선의 부정적인 측면을 초래하기도 하였다. 당시 이런 열악한 선의 흐름에서도 명본의 선사상은 주목할 만하다고 본다.

① 신광송神光頌을 통해 본 명본의 선사상.

명본은 『동어서화東語西話』 상권에서 근원적인 중생심의 영묘한 작용, 즉 본지풍광을 '신광'이라고 묘사했다.

> 깨달음의 당체는 밝고 밝아서 우주에 가득 찼으며, 눈부시게 색과 공, 그 모두에 사무쳤다. 그러나 그 모습은 볼 수 없고 자취도 없다. 푸르지도 누렇지도 않으며 길거나 짧지도 않다. 그것은 근기에 따라 감응하여 설산雪山 한밤중에 샛별이 되기도 하고, 당양當陽에 현로顯露하여 용담 스님(龍潭崇信, ?~?)이 제자 덕산(德山宣鑑, 782~865)을 위해 불어 꺼버린 촛불이 되기도 했다. 그러나 비추는 본체는 조금도 이지러지지 않아 동평東平 스님의 깨져버린 거울이 되기도 했으며, 비추는 방향을 구별하지 않은 베살리성의 꺼지지 않는 등불이 되기도 했다. 오랫동안 본체에 접하여 본체와 떨어지지 않아 마침내 눈에 가득하여 눈이 멀기도 하였으니,

이를 '신광'이라고 한다.

다음은 신광송神光頌이다.

불성의 광명은 신령스러워 어둡지 않아
만고에 이르도록 더더욱 장엄하네.
불법의 문안에 들어와서는
아는 체하는 알음알이(知解)를 내지 말지니라.
神光不昧 萬古徽猷 入此門來 莫存知解

신광을 '한 물건(一物)'이란 용어로 묘사한 게송을 하나 보자.

어느 곳에서도 떠나지 않는 이것이 무슨 물건인가?
사방을 틀어막아도 온 허공을 머금었네.
눈앞에 있어도 덮이거나 가려지지 않지만
엿보려고 하다간 눈동자가 흐려진다.
不離何處是何物 逼塞四維含十方 抛向目前無蓋覆 直教覷着眼睛枯
(『신심명벽의해信心銘闢義解』)

　깨달음의 본체, 곧 사람의 신령스런 마음을 일물一物이라고 하고
있다. 일물은 사물의 근원·본체인 실상·불성·법성이다. 6조 혜능
이 스승에게 보인 오도송에도 '본래 한 물건도 없다(本來無一物)'라고
하였고, 남악 회양도 스승 혜능을 처음 만났을 때, 혜능이 '어떤 물건

494

이 이렇게 왔는고?'란 질문에 회양도 '설사 한 물건이라고 해도 맞지 않습니다(說似一物卽不中)'라고 답변한다. 이 일물一物은 우리나라의 태고 보우·함허 득통·청허 휴정도 법문이나 게송에 사용하였다.

② 화두참구 방법 및 자세

명본의 화두 참구법을 명나라 운서 주굉(1535~1615)이 엮은 『선관책진』 내용을 통해 보기로 하자.

> 선사先師 고봉 화상은 늘 학인에게 이렇게 말했다.
> "오직 본참 공안을 가슴속 깊이 수지受持하고, 행주좌와 어떤 행위에도 이렇게 참구하라. 궁구하고 궁구하여 힘이 미치지 못하고 생각이 머물 수 없는 곳에 이르러 문득 타파하여 벗어나면, 그때서야 성불한 지 이미 오래되었음을 알게 될 것이다. 이 한 도리는 모든 불조佛祖가 생生을 요달하고 죽음을 벗어난 신묘한 방법이다. 오직 귀한 것을 믿고 의심하지 않는 것뿐이니 오롯이 퇴전만 하지 않으면 반드시 상응相應하지 못할 자가 없을 것이다."
> 그러니 화두를 들고 공부를 지어감에 제일 먼저 입각처가 온당해야 깨침도 친절하니라. 설령 이생에 깨치지 못하더라도, 다만 신심만 퇴보하지 않는다면 한 생이나 두 생에 반드시 누구든 깨달을 수 있을 것이다.
> 혹 20년 30년을 공부했는데, 설령 깨치지 못하더라도 부디 다른 방편을 구하지 말라. 다만 쓸데없는 인연에 얽매이지 말고, 모든 망념을 끊으며, 힘써 화두를 갖고 정진하라. 그런 뒤 가부좌를 하

고, '살면 살고, 죽으면 죽는다'는 각오로 공부해 나간다면 3생이
든 5생이든 10생이든 혹은 100생에 걸릴지라도 괘념할 것이 없
지 않은가?! 혹 철저히 증득하지 못할지라도 결코 쉬지 말고 정진
하여라. 이런 정인正因만 있으면 대사大事를 마치지 못할 것에 대
해 걱정할 것이 없다.

병중 공부에는 용맹정진도 필요 없으며, 눈을 부릅뜨고 억지로
힘쓸 것도 없다. 단지 그대 마음을 목석과 같게 하고, 뜻을 식은
재(寒炭)처럼 하여라. 그런 뒤에 4대환신四大幻身을 타방세계 밖으
로 던져 버리고 '병들어도 그만, 살아도 그만, 누군가 와서 돌봐줘
도 그만, 돌봐줄 사람이 없어도 그만, 향기로워도 그만, 더러운 냄
새가 나도 그만, 병을 고쳐 건강해서 120세를 살아도 그만, 혹 죽
어서 숙업에 끌려 화탕·노탕 속에 들어가도 그만'이라는 생각을
하여라. 그리고 이런 경계 중에 조금도 동요됨이 없이 간절하게
저 아무 맛도 없는 화두를 가지고 병석에 누운 채 묵묵히 궁구해
가라.

③ 수행자로서의 마음가짐

명본은 수행자들이 깨닫지 못하는 데는 세 가지 이유가 있다고 하
였다. 또한 수행자들이 주변 환경에 불평불만을 토로하는 것에 대해
안타까워하면서 이런 말을 하였다.

요즈음 공부하는 사람들이 깨달음을 얻지 못하는 것은 세 가지
때문이다.

첫째는 옛 사람처럼 굳센 뜻이 부족하고, 둘째는 생사의 무상無常에 끝까지 파고드는 의기가 부족하며, 셋째는 오랜 세월 익혀온 습관(業)을 고치지 못하기 때문이다.

그러니 하루 종일 참선한다고 하지만, 혼침에 빠져 마음이 산란하다. 또 '한 발짝도 뒤로 물러서지 않겠다'는 굳센 믿음도 갖추지 못했으니 참으로 길이 멀어 보인다. 저절로 부처가 된 석가가 어디 있으며, 하늘에서 떨어진 미륵이 어디 있는가?

근자에 소견머리 없는 사람들이 정진은 하지 않으면서 말세라고 한탄하고, '종단 꼴이 어떠하다. 총림 꼴이 문제가 많다'고 하면서 입만 살아 떠들어댄다. 그러면서 선지식도 없고, 함께 정진할 도반도 없다고 떠들어댄다. 게다가 거주할 도량이 불편하고, 공양이 부실하며, 청규가 청정하지 못하다고 짜증내고, 수행도량의 환경이 좋지 않아 공부에 진전이 없다고 말한다. 승려들이 대체로 이런 생각에 빠져 있으니, 이는 마치 농부가 가뭄이 심하다면서 김을 매지 않는 것과 같다. 그러니 무슨 증득이 있겠는가?

(『중봉명본어록』)

④ 선교일치 · 선정일체禪浄一體 · 유불일치(調和融合)

당말 송대 초기에 영명 연수(永明延壽, 904~975)가 『종경록宗鏡錄』에서 주장했던 선교일치 · 선정일치 · 삼교합일 사상은 원나라 명본明本의 사상에도 그대로 드러나 있다. 선과 염불의 회통이나 선교의 회통 등은 명본에게만 나타난 사상이라기보다는 당시 승려들의 보편적인 사상이라고 볼 수 있다.

중봉 명본

명본은 선교에 대한 합일을 이렇게 사계절로 표현했다. "밀종은 봄이고, 천태·현수·자은종 등은 여름이며, 남산율종은 가을이고, 소림이 단전單傳한 종은 겨울이다." 또한 "4종은 모두 일불一佛의 뜻을 전했다."라고 하였다.

명본은 정토를 신봉했는데, 『관념아미타불게觀念阿彌陀佛偈』나 『회정토시백편懷淨土詩百篇』 등을 저술하였다.

(1) 몽산의 시대 배경 및 선종사적 위치

우리나라는 간화선 종주국이다. 중국 당대에 유학승들에 의해 선사
상이 유입되면서 고려 말기까지 선사상이 들어왔다. 간화선은 고려
중기 보조 지눌에 의해 처음 시작되었고, 고려 말기엔 간화선이 풍
미를 이루었다. 고려 말기 나옹 혜근·태고 보우·백운 경한 등에 의
해 간화선이 발전하였지만, 이외 다양한 계층을 통해서도 간화선이
보급되었다. 바로 몽산 덕이(蒙山德異, 1231~1308)의 간화선이다. 몽
산의 선이 유입되면서 덕이본『육조단경』과 더불어 간화선이 한층
발전되었다.

　몽산이 한창 활동하던 무렵은 남송이 망하고 원나라로 접어든 시
점이다. 세계를 제패한 몽골이 남송을 무너뜨리는 데는 40년이 걸렸
다. 곧 몽산이 태어나 출가하고 깨달은 뒤 선풍을 전개하려는 시점
까지 선사는 전란의 시대를 살았다. 1234년 북중국을 장악한 몽골
은 몽산이 22세 되던 1253년에 남송에 대한 공격을 시작했으며, 그
가 48세인 1279년 남송이 멸망하고 원나라가 들어섰다. 그는 몽골
에 대한 저항의식 속에서 성장했다. 몽골과의 항전에 직접 참여했다
는 설이 있지만 확실하지는 않으며, 다만 원나라가 중국을 지배했을

때 순순히 따르지는 않았다. 몽산은 남송을 정복한 원나라 승상 백안伯顔이 큰 사찰 주지로 임명하겠다고 했을 때 완강히 거절했으며, 원나라 연호를 사용하지 않았다. 선사는 대륙의 새로운 패권자인 원나라에 순응하지 않았으며, 생사의 자유를 추구한 의연한 선사로 추론된다.

(2) 몽산의 행적

몽산은 고균비구古筠比丘·전산화상殿山和尙·휴휴암주休休庵主라고도 부른다. 1231년 강서성江西省 고안高安에서 태어났다. 몽산은 어려서부터 재능이 뛰어났지만 세간의 명리에 뜻이 없었다. 14세 때 어느 승려의『반야심경』독송 소리를 듣고 몽산이 그 의미를 묻자, 승려는 죽암 묘인竹巖妙印을 찾아가라고 했다. 죽암은 자신을 찾아온 어린 몽산에게 "이 일을 잊지 마라. 다시 찾아오는 때가 있을 것이다."라는 말을 남겼다.

몽산이 휴휴암에 정착하기 전의 행적에 대해서는 자세하게 알려져 있지 않다. 다만 명나라 운서 주굉(雲棲袾宏, 1535~1615)의『선관책진禪關策進』에 몽산이 출가자의 길을 걷게 된 계기를 상세히 기록하고 있다.

1264년 6월, 33세의 몽산은 독한 이질에 걸렸다. 견디기 힘든 고통이 끝없이 이어졌다. 이때 몽산은 병든 몸을 일으켜 세운 뒤 정성껏 향을 피우고 기도했다.

"지난 세월, 지은 악업을 참회합니다.

이 목숨이 지금 다해 죽는다면 다음 생에는 속히 출가하기를 원하옵니다.

만약 병이 낫는다면 출가해 깨달음의 등불 밝혀 후학들을 널리 구제하기를 서원합니다."

그는 좌복에 앉아 화두를 들었다. 오래전부터 참구해 왔던 무자 화두였다. 식은땀이 줄줄 흐르고 몸은 사시나무처럼 떨려왔다. 온몸이 찢겨나가는 고통에도 그는 무섭도록 화두에 집중했다. 얼마 뒤 기이한 일이 벌어졌다. 그를 괴롭히던 병이 씻은 듯이 나았던 것이다.

이와 유사한 스님이 있다. 중국 근현대 정토종의 선지식인 인광(印光, 1862~1940)은 출가 전에 유학자였다. 유학을 공부하며, 불교를 비방하는 글을 쓰다가 실명하였다. 인광은 염불왕생 정토법문이 생사를 해탈하는 근본임을 깨닫고 밤낮으로 기도하여 눈병이 치유되었다. 이후 출가하게 된다.

몽산은 그해 8월 출가했다. 산문에 든 뒤에도 몽산은 수행의 고삐를 늦추지 않았다. 강소성江蘇省 소주蘇州 승천사承天寺 고섬 여영(孤蟾如瑩, ?~?)으로부터 이런 질문을 받는다.

"승려가 죽으면 어디로 가는가?"

이 질문에 몽산은 이런 결심을 한다. '확연히 깨닫지 못한다면 결코 자리에서 일어나지 않으리라.' 선사는 절강성浙江省 경산徑山 허당 지우(虛堂智愚, 1185~1269)를 만난다. 35세 되던 1266년 3월, 좌선 도중 한 수좌가 향 상자를 떨어뜨리는 소리에 홀연히 깨닫고, 다음 오도송을 읊었다.

갈 길이 다했음이여.

파도가 그대로 물이로다.
초탈한 옛 조주 선사여!
그대의 면목이 다만 이것뿐인가!
沒與路頭兮 飜波是水 超群光趙州 面目只如此 (『선관책진』)

몽산은 설암·퇴경·허주 지우虛舟智愚·석범 등 당대 선지식들을 찾아다니며 자신의 깨달음을 일일이 점검받았다. 몽산이 허주와 네 번의 문답을 나눈 법거량이 있다.

"이것은 마음도 아니요, 부처도 아니요, 물건도 아니다.
그렇다면 이것은 무엇인가?"
"말한 바가 모두 다 진실을 가리킨다."

"남전이 고양이를 베어버린 이유가 무엇인가?"
"배를 갈라 마음을 드러냄이다."

"조주가 짚신을 머리에 이고 나간 이유는 무엇인가?"
"손과 다리로 함께 온통 드러냄이다."

"(어느 날 방에서) 천산千山에 눈이 뒤덮였다.
그런데 어찌하여 한 봉우리만 눈이 없는가?"
"하나의 하늘과 땅이 따로 있기 때문이다." (『오등전서五燈全書』)

몽산은 어느 누구와 선문답을 해도 막힘이 없었다. 그러나 복주福州 고산鼓山 완산 정응(皖山正凝, 1191~1274)은 달랐다. 완산은 몽산이 자칫 알음알이 병에 빠질 수 있음을 간파하고, 물었다.

"'광명이 고요하게 강의 모래만큼 많은 법계를 두루 비춘다'는 게송은 장졸 수재張拙秀才가 지은 것이 아닌가?"

몽산이 대답하려 하자, 완산은 번개처럼 고함을 내질렀다. 순간 몽산의 모든 사량분별이 한순간에 멈추었다. 선사는 비로소 생로병사의 근원과 마주하게 된 것이다. 꿈속에서조차 화두는 떨어지지 않았다. 이렇게 6개월이 지난 1267년 봄, 들에서 돌아오는 돌층계 위에서 홀연히 의심이 풀리면서 선사는 대오大悟한다. 이후 몽산은 완산 정응의 법을 받았다. 훗날 몽산은 제자들에게 깨달음의 확고함을 전하며 이렇게 말했다.

"3년간 법답게 수행했는데도 견성하지 못한다면, 이 산승이 대신해 지옥에 들어가리라."

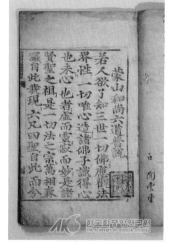

몽산은 강소성 전산澱山을 거쳐 소주蘇州 평강부平江府 휴휴암休休庵이라는 작은 암자에 상주하며 대중들을 이끌었다. 때로는 서신으로도 사람들에게 정성껏 답변해 주었다. 선사가 이 암자에 오래 머물러 그의 이름에 휴휴암이 늘 붙었다. 몽산은 1290년 60세에 『육조단경』을 재편집하여 유포시켰는데, 이를 '덕이본'이라고 한다.

『몽산화상육도보설』의 권수면(경남 하동 청계사 소장-ⓒ한국학중앙연구원. 출처: 한국민족문화대백과사전)

우리나라에서는 이 덕이본이 현재까지 애독되고 있다. 이외의 저술에는 『불조삼경서佛祖三經序』·『몽산화상육도보설蒙山和尚六道普說』·『몽산어록』 등이 있다.

(3) 몽산의 선사상

선사의 선사상을 『몽산법어』에서 살펴보면, 두 가지로 축약된다. 좌선에 관한 것과 무자 화두이다.

'몽산 화상이 각원 스님에게 가르침을 주다(蒙山和尚示覺圓上人)'라는 제목 아래, 무자 화두가 있다.

참선은 모름지기 조사관을 꿰뚫어야 하는 것이요, 묘하게 깨치는 것은 마음 길이 끊어져야 하나니, 조사관을 뚫지 못하고 마음 길이 끊어지지 못하면 모두 풀에 의지하고 나무에 붙은 도깨비와 같다. 어느 승려가 조주에게 묻되 "개도 불성이 있습니까, 없습니까?" 하니, 조주가 이르되 "무無"라고 대답하였다. 이 무자는 종문宗門의 한 관문이니 유심有心으로도 뚫을 수 없고, 무심無心으로도 뚫을 수 없다. 똑똑하고 영리한 사람이 바로 뒤집어 조주를 옭아잡거든 내게 화두를 다시 가져와라. 만약 털끝만큼이라도 있으면 문 밖에 있느니라. '각원 상좌는 깨달았느냐, 못 깨달았느냐?' 묘한 깨달음이 원만히 밝으니, '마땅히 조주는 이 무슨 면목인가'를 알아야 한다.……

「휴휴암주좌선문休休庵主坐禪文」에서 좌선에 관한 내용을 보자.

대저 좌선이라 함은 모름지기 지극한 선善을 통달하여
반드시 성성惺惺해야 한다.

사유思惟와 망상을 끊어버리고

혼침에 떨어지지 아니함을 일컫되 좌坐요,

욕심에 처해 있으되 욕심이 없으며,

진塵에 있으되 진을 여의는 것이 선禪이다.

안팎으로 어떤 경계에도 끄달려 가지 않는 것이 좌요,

주착住着도 없고, 의지함도 없이

언제나 광명이 앞에 나타남이 선이다.

외부에서 흔들어도 부동不動하고,

안에서도 고요하고 흔들리지 아니함이 좌요,

광명을 돌이켜 반조해 법의 근원을 사무치는 것을

일컫되 선이다.

역순逆順 경계에 흔들리지 않으며,

색성色聲 등 6경에 끄달리지 않는 것이 좌요,

어두운 데 비치면 밝음이 일월日月보다 더하고,

만물을 교화함에 그 힘이 건곤乾坤을 능가함이 선이다.

차별 있는 경계에서 차별 없는 정定에 들어가는 것이 좌요.

차별 없는 법에서 차별 있는 지혜를 보는 것이 선이다.

그러니 치연熾然히 작용하되 정체正體가 여여如如하여 종횡에 묘
妙함을 얻어서 낱낱에 걸림이 없는 것을 좌선坐禪이라 한다. 이는
간략히 요약한 것이요, 자세하게 거론한다면 종이와 먹으로도 다
할 수 없다.

나가대정那伽大定은 정靜도 없고 동動도 없으며, 진여묘체眞如妙體는 멸滅도 없고 생生도 없어 보되 보지 못하며 듣되 듣지 못한다. 공空하되 공도 아니고, 유有이되 유도 아니다. 크기로는 밖(外)이 없이 둘러싸고 가늚(細)에 들어서는 안(內)이 없으니, 신통과 지혜와 광명과 수량과 대기大機와 대용大用이 무궁무진하다. 뜻 있는 사람은 마땅히 잘 참구해 정신 바짝 차려서 크게 깨달음의 문에 들어가야 한다. '아!' 하는 한 소리 후에 무수한 영묘靈妙가 자연히 구족되리라. 사마외도邪魔外道가 서로 전수함으로써 스승 제자를 삼으며, 소득이 있는 것으로써 구경究竟을 삼는 자와 어찌 같겠는가?!

(4) 정토법문

몽산은 선풍을 펼치면서 중생 교화에도 힘썼다. 그 가운데 하나는 염불왕생을 권장했다는 점이다. 그는 상례와 장례를 직접 주관함으로써 전란으로 죽어간 이들의 극락왕생을 기원했다. 수많은 전쟁으로 가혹한 현실에 시달리는 이들을 위해 염불 화두를 적극 보급하기도 했다.

나무아미타불을 염하는 시간을 가리지 말라. 혀는 움직이지 말고 마음은 맑게 하라. 염불하는 자신을 때때로 점검하면서 다음과 같이 생각해 보라. '이 몸은 헛되고 잠깐 빌린 것으로 곧 사라질 것이다. 그때에 나는 어디로 돌아가는가?' 이처럼 오롯이 정진하면, 이 몸이 흩어지지 아니하고 곧바로 서방의 아미타불을 친견하리라. 부디 천만 번 정신 차리고 용맹심을 발휘해 끊임없이 공부해 나가라. 마땅히 때가 되면 고향집에 도달할 시절이 있으리니, 열심히 정진하고 정진하라. (『몽산법어』)

'염불하는 놈이 누구인가?(念佛是誰)' 화두는 염불하고 있는 그 주체자를 화두로 하고 있다. 염불이 곧 화두가 되는 것이다. 염불하는 자신을 간절히 참구하면, 어느 순간 자성미타가 눈앞에 나타나 견성에 이른다. 물론 '자성미타 자력정토'는 『육조단경』에서 설하고 있는 점이기도 하다. 송나라 말기부터 염불과 선이 결합되어 염불선이 발달되었는데, 몽산에게서도 두드러지게 나타난다. 우리나라 염불선은 몽산의 영향이 매우 크다. 고려 말 조선 초기, 우리나라 선자들의 어록에도 '염불하는 이가 누구인지 간절한 마음으로 반조返照하다 보면 어느 순간 아미타불을 친견하게 된다'는 내용이 많다.

(5) 고려와의 인연

만년의 몽산은 자국민보다 고려인들과의 교류가 많았다. 승려뿐만 아니라 왕실 인사와 고위관리들도 있었다. 1290년대 초 고려 불교계와 인연이 닿은 이후 고려 승려들이 휴휴암에서 안거를 지내기도 하였다. 수선사 10세인 혜감국사 만항(萬恒, 1249~1319)은 몽산의 법을 고려에 유통시킨 대표 인물이다. 만항이 몽산에게 편지로 게송을 보내자, 몽산은 만항에게 10수의 게偈로 화답하면서 선사에게 '고담古潭'이라는 호를 주었다. 또한 만항은 1298년 상인을 통해 덕이본 『육조대사법보단경六祖大師法寶壇經』을 구하여 1300년 즈음에 『단경』을 선원사에서 간행하였다. 이것이 우리나라 최초의 『육조단경』이다. 이 덕이본 『법보단경』은 우리나라 납자들의 기본 지침서 역할을 하고 있다.

또한 보감국사 혼구(混丘, 1250~1322)도 몽산의 법을 찬탄했다(혼구는 일연의 제자이지만, 만항의 제자이기도 하다). 1296년에는 원나라에 입국한 충렬왕과 고위관리 10여 명이 휴휴암을 찾아가 몽산의 법문을 직접 듣기도 했다. 나옹 혜근과 몽산은 실제로도 조우가 있었다. 근래에 유통되는 『몽산법어』는 나옹 혜근이 몽산을 만나고 돌아오면서 가지고 온 법어에 자신의 법어를 합본한 것이다.*

동안動安 이승휴(李承休, 1224~1300)도 몽산과 인연이 깊다. 그는 말년에 고려 조정에서 신념을 지키다 관직에서 쫓겨났다. 이승휴는 간화선 수행을 결심하고 자신을 이끌어줄 스승을 찾아 몽산에게 서신을 보냈다. 몽산이 답신을 주리라고는 크게 기대하지 않았다. 관직에서 쫓겨나 궁벽한 산골에 머무는 늙은 거사에게까지 답변할 여

---

* 이 법어집 속에 '보제존자시각오선인普濟尊者示覺悟禪人(보제존자가 각오선인에게 보이심)' 제목으로 나옹 혜근의 법어가 있다. "생각이 일어나고 생각이 사라지는 것을 생사라 한다. 그러니 마땅히 생사의 사이에 힘을 다해 화두를 들어라. 화두가 순일하면 일어나고 사라짐이 곧 다함이요, 일어나고 사라짐이 다하는 곳을 고요한 경지라고 한다. 고요함 가운데 화두가 없으면 무기라 하며, 고요한 가운데 화두가 어둡지 않다면 신령한 경지라고 한다. 이 비고 고요하고 신령한 알음(空寂靈知)이 무너짐도 잡됨도 없게 하며 공부를 지어가면 하루가 다하기 전에 성취하리라."(念起念滅 謂之生死 當生死之際 須盡力提 起話頭 話頭純一 起滅卽盡 起滅卽盡處 謂之寂. 寂中 無話頭 謂之無記 寂中 不昧話頭 謂之靈 卽此空寂靈知 無壞無雜 如是用功 不日成之)

력이 없을 것으로 생각했다. 그런데 선사가 편지를 보내온 것이다. 거기에는 '어떻게 수행해야 화두를 깨칠 수 있는지', 또 '무엇을 경계해야 하는지'에 대해 상세히 서술되어 있었다. 동안을 더욱 감동시킨 것은 '동안거사 사간司諫 이승휴께서는 대장부의 지기志氣를 갖춘 분'이라며 격려도 잊지 않은 내용이었다. 선사는 편지에서 '석가와 미륵이 그의 종(奴)이거늘 그는 바로 누구인가?'를 화두로 해서 정진하라고 했다. 그러다 보면 천지 의심이 다 깨지고, 온갖 법이 원만하게 통해 밝아질 것이라는 확신도 주었다. 또 언어구사만 중시하는 구두선口頭禪을 경계하고, 조금 얻는 것으로 만족하는 것은 절대 금물이니 항상 깨어 있을 것을 당부했다.

이에 동안은 법어를 내려준 선사에게 감사의 편지를 다시 보냈다.

"무릇 한 마디 말, 한 구절 글을 받더라도 상대방의 근기에 따르지 않음이 없으니, 이것이 어찌 옛 부처가 조사의 문에 들어가 중생을

강화도 선원사지. 몽산 덕이의 선풍은 고려 말기에 선원사를 중심으로 전개되었다.

이롭게 하는 것으로써 낙을 삼기 위해 다시 온 것이 아니겠습니까?"
이승휴는 '대종장大宗匠의 지중한 은혜를 잊지 않겠다'는 답장을 보
내었다.

한편 훗날 몽산의 제자인 철산 소경鐵山紹瓊이 1304년 7월부터 3
년간 고려를 방문했을 때 왕·관료·승려·유학자에 이르기까지 고
려인들이 그를 몽산 대하듯 여기저기서 가르침을 청했다. 또한 천희
등 고려 말 고승들이 몽산의 유적지를 탐방하기도 했다.

(6) 한국선에 끼친 영향

몽산은 당시 중국에서는 크게 주목받지 못한 것으로 추론된다. 원나
라가 지배하면서 한족의 선이 위축되기도 했으며, 티벳 불교가 유행
한 점도 배제할 수 없다. 하지만 몽산이 한국선에 끼친 영향은 적지
않다. 한국 간화선에서 무자 화두 위주의 화두참구법이나 의정을 중
시하는 경향, 깨달은 이후 선지식으로부터 인가를 받는 것 등이 몽
산의 영향이라고 할 수 있다.

『몽산법어』는 조선시대부터 우리나라 간화선의 지침서로 널리 유
통되었다.『몽산화상법어약록法語略錄』은 조선 초기인 1467년에 신
미信眉 혜각존자慧覺尊者가 간경도감에서 처음으로 간행해 꾸준히
발행되었다. 오늘날 몽산과 관련된 보물, 유형문화재 등 지정문화
재가 20여 건에 이르는 것도 몽산이 한국 간화선에 끼친 막대한 영
향력을 증거한다. 몽산의 덕이본『육조단경』은 강원교재로 사용되
었다. 이외『몽산화상육도보설』·『제경촬요』·『몽산행실기』·『행적
기』·『염불 화두법』등 그의 모든 저작이 국내에서 편찬되었다.

510

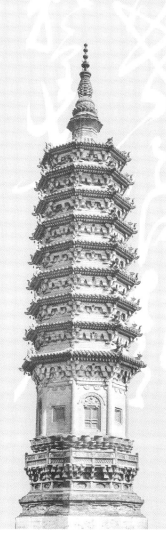

7 장 명나라,

정토와 합일된 선사상이 전개되다

(1) 범기의 출가 및 구도

초석 범기(楚石梵琦, 1296~1370)는 속성은 주朱씨, 절강성浙江 명주明州 상산象山 사람이다. 범기는 어려서 부모를 모두 잃고 조모 슬하에서 자랐다. 그는 노모가 읽어주는 『논어』를 듣고 모두 암기할 정도로 총명했다고 한다. 선사는 9세에 천녕天寧 영조사永祚寺에 들어갔고, 호주湖州 숭은사崇恩寺의 진옹순晉翁詢을 의지해 출가했다. 선사는 16세에 항주杭州 소경사昭慶寺에서 구족계를 받은 뒤 진옹순 문하에서 장경각藏經閣을 관리했다. 어느 날 범기는 『능엄경』을 보는 중에 "연견인명緣見因明 암성무견暗成無見(반연하여 보는 것은 밝음으로 인하니, 어두우면 볼 수 없다)"라는 부분에서 한순간 홀연히 깨달음을 이루었다. 이후부터 범기는 스승의 가르침 없이도 스스로 대승경전의 대의에 통달하였다. 범기는

초석 범기 진영(절강성浙江省 해염海鹽 천녕사天寧寺)

여러 선지식을 찾아다니며 공부했는데, 경산徑山의 원수 행단(元叟行端, 종고의 5세이며, 남악 회양의 24세)을 찾아가 이렇게 물었다.

"말을 해도 소리가 없고, 형상이 있어도 물건이 아닌 것이 무엇입니까?"(言發非聲 色前非物 其意如何)
"말을 해도 소리가 없고, 형상이 있어도 물건이 아닌 것? 빨리 일러 보아라. 일러 보아라."(『초석범기선사어록』)

범기가 말하려 하자, 행단이 크게 '할'을 하였다. 범기는 미심쩍은 부분을 해결하지 못해 내내 마음이 편치 않았다. 이후 범기는 스스로 여러 경전을 열람하고, 금자金字로 경전을 사경했다. 이후 스승을 떠나 연경燕京 만보방萬寶坊에 머물렀다. 어느 날 밤에 잠을 자고 있는데, 성루城樓에서 북소리가 들렸다. 범기는 그 소리를 듣고 활연대오했다. 다음은 오도송이다.

경산의 콧구멍, 오늘에서야 내가 뚫고 들어갔다(徑山鼻孔 今日人吾手矣).

이렇게 깨달음을 이룬 후 범기는 천녕天寧 영조사永祚寺, 절강성浙江省 본각사本覺寺 등지에서 선풍을 전개하며 제자들을 제접하였다. 다음은 범기의 게송이다.

머무는 곳곳마다 진실이며,

514

티끌 티끌이 다하면, 이 바로 본래인이로다.

진실이 설해질 때 소리가 나타나지 아니하고,

정체가 당당함에 몸뚱이는 드러나지 않는다.

處處眞處處眞 塵塵盡是本來人 眞實說時聲不現 正體當當沒卻身

(『초석범기선사어록』)

선사는 결제를 반쯤 했을 무렵, 이런 법어를 설했다.

생강은 결코 매운맛을 바꾸지 않는다(生薑終不改辣).

(『초석범기선사어록』)

결제하기 위해 처음 들어왔을 때나 중간이나 끝날 때까지 여일如
一한 마음을 가지고 수행할 것을 강조한 말이라고 본다. 사람은 자
신이 처한 상황에 따라 쉽게 변한다. 어쩔 수 없는 환경이 만들어지
기도 한다. 하지만 수행을 하면서 현실에 지나치게 따르면 깨달음은
저 멀리에 있다. 깨달음이라는 목적지를 이루지 못한다고 해도 한
길로 묵묵히 나아가는 것(stay foolish stay hungry)이 진정한 수행자의
길이라고 본다.

(2) 범기의 열반

명나라 주원장이 선사의 법문을 듣고 탄복해 백금을 하사했다. 그리
고 얼마 후에 다시 주원장은 범기를 법회에 초청했는데, 선사는 병
중인데도 도성에 나아가 법을 설했다. 선사는 법회 일정을 다 마치

지 못하고, 결가부좌한 채 다음 임종게를 지었다.

참된 본 성품이 둥글고 밝아서 본래 생사가 없네.
나무 말이 밤에 울고, 서쪽에서 해가 뜨네.
眞性圓明 本無生滅 木馬夜鳴 西山日出"

게송을 지은 범기는 사형인 몽당 담악(夢堂曇噩, 1285~1373)에게
이렇게 말했다.

"사형님, 저는 이제 갑니다."
"어디로 가려는가?"
"서방으로 갑니다.
"서방에만 부처가 있고, 동방에는 부처가 계시지 않는가?"

(『서재정토시西齋淨土詩』)

범기는 '할'을 외치고, 입적하였다. 1368년 원나라 순제가 그에게
'불일보조혜변 선사佛日普照慧辨禪師' 시호를 내렸다. 저서로는 『초석
범기선사어록楚石梵琦禪師語錄』·『정토시淨土詩』·『자씨상생게慈氏上
生偈』·『북유집北遊集』·『봉산집鳳山集』·『서재집西齋集』·『영명산거시
永明山居詩』 등이 있다.

명나라 말기 고승인 운서 주굉은 범기를 '명나라 최고의 대종사(本
朝第一流宗師)'라고 칭송했으며, 감산 덕청도 선사를 '명대 최고의 큰
선지식'이라고 추켜세웠다.

(3) 범기의 선사상

① 선교일여禪敎一如 강조

선사는 출가하면서부터 경전을 가까이하였고, 경전을 두루 열람했다. 경전의 가르침으로 한 소식을 얻은 뒤에 선禪 수행을 통해 깨달음을 얻은 선사이기에 굳이 선교일치라는 말조차 필요치 않을 것이다. 이에 범기의 사상에 근저를 이루고 있는 사상은 선교일치라고 본다. 선사의 한 법어를 보기로 하자.

범기는 남북조시대 승조 법사와 당대 귀종 지상의 법문을 인용한 뒤에 이렇게 언급하였다. "교는 부처님의 입이고, 선은 부처님의 마음이니, 그대들이 이 말씀을 한 번만 듣는다면 지금부터 누가 입을 놀리더라도 문득 그 뜻을 한 번에 깨달아 앉아서 천하의 사람들이 선이 무엇이고, 교는 무엇이라고 놀리는 혀를 끊어버릴 수 있을 것이다."

② 선정쌍수

원대·명대를 살다간 승려들이 전반적으로 선정쌍수를 주장했듯이 선사의 사상도 유사하다. 정토관을 피력한 범기의 정토시이다.

"한 뼘의 광음은 한 뼘의 금, 그대에게 권하노니, 염불하여 어서 빨리 마음을 돌이키라(一寸光陰 一寸金 勸君念佛早回心)."

58 | 명나라 중기~말기 고승:
우익 지욱·자백 진가

(1) 명나라 선종사

명나라(1368~1644)는 몽골족 원나라를 멸망시키고 한족이 세운 왕조이다. 1367년 안휘성 출신의 주원장은 어려서 전염병과 가난으로 가족을 모두 여의고, 황각사皇覺寺에서 승려생활을 하였다. 나중에 나라를 세우고 '명明'이라 칭했다.* 명나라는 한족의 유교 문화를 회복하면서 왕권을 강화하였다. 태조 주원장(朱元璋, 1328~1398)은 불교에 호의적이었으며, 불교를 보호했다. 명대는 교종이 발전했으며, 아울러 선종(임제종)과 정토종도 크게 발전했다.

명나라는 유교를 기본으로 하지만, 유교가 불교에 호의적이었으며, 불교 승려 또한 유교와의 일치를 주장하는 이들이 많았다. 유교도들도 불교를 공부하는 이들이 많았는데, 왕양명(王陽明, 1472~1528)이 양지良知를 강조한 후 불교에 귀의하는 이들이 더 늘었다.

---

* '명明'은 미륵이 도솔천에서 내려와 지상에서 명왕明王이 일어설 것이라는 전설을 인용한 것이다. 주원장은 미륵하생을 신봉하는 백련교의 일원으로 홍건적의 난에 가담하고, 후에 명나라를 세웠다.

반면 불교 승려들 중에 영각 원현(永覺元賢, 1578~1657)은 '부처님과 공자를 출세간과 세간의 성인으로 보며, 맹자와 순자가 강조한 인성은 불교의 진여와 같다'고 보았다. 또한 우익 지욱(藕益智旭, 1599~1655)은 "공자는 만물이 자신에 합일되어 있으며, 불교에서는 마음·부처·중생이 서로 차별이 없다. 맹자의 측은지심은 세계의 모든 생명을 감싸고 보호하며, 부처님의 자비는 모든 중생계를 포용한다."라고 하면서 유교와 불교 사이에 근본적인 차이가 없다고 하였다.

한편 운문종 계열에서 선+유학의 일치를 주장했다면, 임제종 계열에서는 선+도교적인 측면이 드러난다. 명대 이후는 선을 도교와 함께 논했으며, 곧 사회에서 이미 선과 도를 묶어서 이야기하는 것도 하나의 유행이 되었다.

불교의 또 다른 측면은, 원나라 때와 비슷하게 라마교를 많이 숭상하였다는 것이다. 특히 명대 정부에서 라마교를 후원하였는데, 이는 티벳과 몽골을 다스리는 하나의 방법이었다. 당나라 때만큼은 아니지만, 명나라에 훌륭한 4대 고승이 있다. 이들을 명사철明四哲 혹은 명사대사明四大師라고 하는데, 운서 주굉·감산 덕청·우익 지욱·자백 진가이다.

송대 임제종 양기파는 그 지류가 원대에 이르러 호구파로 대두된다. 그 가운데서도 파암(破庵祖先, 1136~1211) 문하 계통에서 민중의 염불 정토를 포섭하려는 움직임을 보인다. 그 중심인물이 중봉 명본과 천여 유칙이다. 또한 명나라 말기에 이러한 선정일치의 수행을 한 선사이자 염불행자인 운서 주굉이 정토왕생을 위한 염불을 불교

수행의 방법으로 제시하고 있다.

(2) 우익 지욱

① 지욱의 행적

우익 지욱(藕益智旭, 1599~1655)의 속성은 종鍾, 이름은 제명際明 또
는 명성名聲, 자字는 진지振之이다. 호는 서유西有 또는 우익藕益이며,
별호는 팔불도인八不道人이다. 어릴 때 유교 경전을 읽으며 유교만이
최선이라고 생각하고, 불교와 도교를 멸시했다. 17세 때 주굉이 지
은『자지록서自知錄序』와『죽창수필竹窓隨筆』을 읽고 감화를 받아 불
교에 관심을 갖기 시작했다. 그리고 자신의 사고가 그릇되었음을 인
식하고, 마침내 불교에 귀의했다.

20세 때는『논어』를 주석하다가 공자와 안연의 심법心法을 깨달았
다. 부친상을 당해『지장경』을 독경하는 소리를 듣고 출가를 결심했
다. 1622년 24세 때 꿈에 수차례 감산 덕청을 만나고, 덕청의 문인인

우익 지욱 진영

설령雪嶺에게 머리를 깎고 승려가 되었다.
그해 주굉의 제자인 고덕古德 법사에게『성
유식론』강의를 듣다가 의문이 생겨 참구했
는데, 성종性宗과 상종相宗이 회통됨을 깨달
았다.

28세 때 어머니가 돌아가시자 극진히 효
자의 예를 다하고는, 세상의 인연을 끊고 송
릉松陵으로 가서 폐관하다가 큰 병을 얻는
다. 지욱은 선을 하는 동시에 염불을 하여 병

이 완쾌되었다.

31세에 지욱은 대승의 보살계와 사분율, 오분율 등을 연구하여 남산율종의 한 축을 이었다. 지욱은 계율을 기반으로 한 선·염불·참회수행을 병행하면서 저술활동을 하였다. 즉 여러 경론의 주석을 하면서 불교학의 상이점을 통해 융합코자 노력했다. 그러다 32세에 지욱은 여러 불교학 가운데 천태사상에 마음이 기울어졌으며, 사명 지례의 설을 계승해 저술하였다. 곧 지욱은 천태종을 종宗으로 삼고, 정토·선·교·율 등의 융합을 꾀한 것이다.

지욱은 염불왕생의 수행을 권장하였으며, 특히 『아미타경』을 중시하였다. 지욱은 만년에 큰 병을 수차례 앓았다. 병마와 명나라 말기 전쟁의 참혹함에 살고 있는 것은 자신에 대한 업장임을 감지하고, 『점찰경占察經』의 가르침대로 참회하며 염불수행을 극진히 하였다.

42세에 천태종의 교학을 압축 정리해서 『법화경현의절요法華經玄義節要』 2권을 저술하고, 다음해에 『주역선해周易禪解』 10권을 저술했다. 이후 『능엄경문구楞嚴經文句』 10권, 『유식심요唯識心要』 10권, 『아미타경요해阿彌陀經要解』 1권, 『정신당속집淨信堂續集』 등 62부 230여 권 등을 저술하였다. 한편 그는 유교의 사서삼경을 불교적 안목으로 주석했을 뿐만 아니라 화엄, 유식, 천태 등 고도의 교학 체계와 선적 체험을 바탕으로 『주역선해』를 지었다. 『주역선해』는 불교적 안목으로 『주역』을 전면적으로 해석한 탁월한 명저로 알려졌다.

1655년 57세에 병이 깊어지자, 결가부좌하고 서쪽을 향해 손을 든 채로 입적하였다.

근대 중국 정토종의 인광印光 대사는 "우익 대사의 『아미타경요해』는 사리와 이치가 모두 지극한 최고의 주해서로서 옛 부처님들이 다시 세상에 나와 『아미타경』에 주석을 달아도 이 주해를 능가할 수 없다."라고 극찬했다. 지금까지도 지욱의 해설서는 높이 평가받는다.

② 지욱의 염불 정토

지욱의 사상을 전반적으로 볼 때, 선·교·율을 하나로 융합한 뒤에 마지막으로 정토문으로 귀결시켰다고 볼 수 있다. 정토문 중에서도 아미타불을 칭명하는 지명염불을 '최극원돈最極圓頓 법문'으로 교판하였다. 천태사상에 입각한다면, 혹 삼승이 일승에 귀일하듯이 어떤 경전이나 수행도 정각의 해탈로 귀일된다. 곧 원교에 포섭된다는 의미이다. 지욱이 지명(칭명)염불을 원돈으로 교판한 것은 바로 천태사상에 근거한 것이다. 한편 지욱은 자신이 정토를 최극으로 한 점은 운서 주굉의 영향에 의해서라고 스스로 밝히고 있다. 그런데 지욱은 주굉보다 한 걸음 더 나아간다. 주굉의 경우 화엄의 5교판에 의해 『아미타경』을 종교終敎와 원교圓敎에도 상통하되 원교에는 부분적으로 해당한다고 판석한다. 이에 비해 지욱은 천태의 화법사교에 의거하여 『아미타경』이 최극원돈의 법이 된다고 밝히고 있다.

지욱은 『유마경』의 "심청정즉불토청정(心淸淨卽佛土淸淨; 마음이 청정하면 곧 불토가 청정함)"과 『인왕호국반야경』의 "유불일인거정토(唯佛一人居淨土; 오직 부처님 한 분만이 정토에 머물러 있음)", 『관무량수경』의 "시심작불 시심시불(是心作佛 是心是佛; 이 마음이 부처를 만들고 바로 이 마음이 부처임)", 『법화경』의 "일칭나무불 개이성불도(一稱南無佛 皆已成佛道; 나무불 한 번 소리 내어 부르면 모두가 이미 불도를 이룸)", 어록의 게송인 "약인전념미타불 시명무상심묘선(若人專念彌陀佛 是名無上深妙禪; 혹 사람이 아미타불을 오로지 염한다면, 이것이 최고로 높고 깊고 깊은 선)" 등의 구절을 이끌어 와 정토법문이 최극원돈 법문이 되는 이유를 증명하였다.

마지막으로 정토법문이 제일방편이 되는 이유를, 아미타불의 원력과 중생의 신심이 감응도교感應道交하여 왕생하게 되면 미혹을 끊지 않는 채로 바로 공간적으로 삼계를 초월하는 것이 되고, 상중하의 세 근기에 두루 아미타불의 가피가 미치어, 하근기이든 상근기이든 모두 네 가지 정토에 왕생할 수 있게 되기 때문이라고 한다.

지욱은 "신信·원願·행行(持名)*은 일승의 참 원인이고, 네 가지 정토는 일승의 묘한 과보이다."라고 함으로써 지명염불을 『법화경』과 같은 일승실교一乘實敎의 인과가 된다고 보았다. 이는 교판의 입장에서 『아미타경』을 『법화경』이나 『화엄경』과 같은 지위로 정립시키고 있는 것이다. 또한 수행 면에서는 염불을 최고의 뛰어난 방편으로 보고 있다.

지욱은 『아미타경』에 나오는 지명염불을 정토를 포함한 모든 수행법 중에서 가장 뛰어난 것으로 파악하고, 이를 『요해』에서 천태의 교학을 중심 도구로 사용하여 논증하였다. 당시까지 하근기들이 닦는

---

* 지욱은 믿음과 발원을 토대로 지명염불을 해야 '진정한 정토수행'이라는 취지를 견지하며, 신·원·행 삼자량을 강조하였다.

수행법으로 인식되어 오던 지명염불에 고도의 교학들을 동원하여
이를 원돈법문으로 논증해 내자 많은 사람들이 지명염불을 닦게 되
어 지명염불의 확대를 가져왔다.

현재 중국불교계뿐만 아니라 대만에서도 지명염불이 보편적인 수
행법인데, 이는 지욱의 영향이 인광과 허운을 거쳐 대중적인 수행법
으로 되었기 때문이라고 볼 수 있다.

③ 선정겸수 사상

지욱은 수행법 자체에 대한 고정적인 견해를 고집하지 않았다. 이
러한 것은 참선과 염불의 관계를 논하는 대목인 『영봉종론靈峰宗論』
「범실우담梵室偶談」에서 확인할 수 있다.

참선자가 서방에 왕생하고 싶다면 (참선을) 염불로 바꿀 필요는
없다. 다만 믿음과 발원을 완전히 구족했다면 참선이 바로 정토
수행이다. 또한 염불이 일심불란의 경지에 이르면 주관과 객관을
모두 잊고 곧바로 무생법인을 증득한다. 이 어찌 도를 깨치지 않
겠는가? 그러므로 참선과 염불은 둘 다 도를 깨칠 수 있으며, 둘
다 서방에 왕생할 수 있는 길이다. 다만 의정이 있으면 곧 참선이
고, 의정이 없으면 곧 염불이다. 사람들이 수행을 시작할 때 스스
로 살필 일이다.

지욱은 참선이나 관상염불 등의 다른 수행법을 믿음과 왕생발원
을 전제한 상태에서 지명염불과 같은 것으로 인정하고 있다. 그러나

524

믿음과 발원이 없다면 지명염불이라 해도 정토수행에 해당되지 않는다는 입장을 표명하였다. 지욱은 또 참구염불은 지명염불의 불가사의함을 완전히 믿지 못하는 이들을 위한 방편시설로 보았다. 그래서 지명염불을 온전히 믿고 왕생을 발원한다면 참구염불을 비롯한 여타의 수행법을 빌리지 않아도 된다는 입장을 표명하였다.

(3) 자백 진가

자백 진가(紫栢眞可, 1543~1603)는 강소성江蘇省 오강吳江 사람으로, 자字가 달관達觀이다. 17세 무렵 무인武人으로 입신하려는 즈음에 우연히 호구산의 명각明覺을 만나 출가하였다. 진가가 출가한 이래 이런 말을 하였다. "나는 타고난 성품이 호방해 내 뜻과 맞지 않으면 불길에도 뛰어든다. 그런 내가 명각 스님을 만나 칼과 책을 버리고 삭발하면서 좋지 않은 옛날 업장이 조금씩 없어졌다." 진가 스스로 자신에 대해 표현한 것을 보았을 때, 선사의 성품이 어떠했는가를 이해할 수 있다.

진가는 여러 선지식을 찾아다니며 경론을 공부해 유식·화엄에 정통했다. 이후 오대산과 아미산에 올랐다가 선종의 쇠퇴함을 느끼고 선종 중흥을 서원하며 이렇게 말했다. "종宗으로써 교教를 눌러서는 안 되며, 성性으로써 상相을 폐해서도 안 된다. 또한 화엄으로써 천태를 폐해서도 안 된다." 이처럼 진가는 선교일

자백 진가 진영

치를 주장했다. 한편 당시 중국불교가 그러했듯이 그는 정토 염불에 고취되어 있었으며, 화엄의 대가인 변융偏融에게 인가를 받을 만큼 화엄에도 정통해 있었다.

진가는 수행과 교학을 겸비한 선사로서 당시 불교계에서는 임제·대혜 선사가 세상에 다시 온 것으로 여길 만큼 덕망이 높았다. 그는 평생 국왕의 명과 복을 빌어주는 설법이나 법회를 주관하지 않았다.

진가는 운서 주굉(雲棲袾宏, 1532~1612)과도 동문이었지만 감산 덕청(憨山德淸, 1546~1623)과도 우의가 매우 두터웠다. 진가는 덕청과 자주 조우했는데, 한번은 두 사람이 만나서 40여 일간 주야로 대화를 나누었다고 한다.

어느 해 덕청이 유배를 당했는데, 진가는 덕청을 옹호해 조정 신하들에게 미움을 산 일이 있었다. 이러던 차에 만력 후반기 정치적 대사건인 광해 사건과 황태자 책봉과 관련된 요서妖書 사건에 휘말렸다. 즉 태자 책봉의 정당성을 주장해 정의감에 써 붙인 글이 문제가 되었던 것이다. 진가는 감옥에 갇혔고, 고문 후유증으로 입적했다. 세수 61세이다. 스님은 입적하기 전에 태연스럽게 열반송을 읊었다고 한다.

진가의 불교학과 선사상의 견처에 있어서는 『자백존자전집紫栢尊者全集』 60권에 그의 법어와 사상이 담겨 있다. 이 전집은 진가가 입적한 뒤 덕청이 편집했다. 진가는 불경 보급이 긴요한 일이라고 보아 방책본대장경方冊本大藏經 출판에 힘썼다. 이 장경은 사후에 완성되었는데, 이것이 가흥장嘉興藏 혹은 명장만력판明藏萬歷版이다.

덕청은 진가에 대해 이런 추모 글을 남겼다. "초석 범기 선사가 가신 지 200년 만에 달관 선사(자맥 진가)가 출현해 선종을 일으켜 세웠다. …… 아아! 참으로 말법의 웅장한 대장부였다."

59 | 명나라 대표 선지식 : 운서 주굉

명나라 4대 고승 가운데 대표적인 선사를 꼽으라고 한다면 단연코 운서 주굉이다.

(1) 주굉의 행적

운서 주굉(雲棲袾宏, 1532~1612)은 절강성浙江省 항주杭州 출신이다. 자는 불혜佛慧이고 호는 연지蓮池·운서雲棲이다. 연지대사蓮池大師라고도 한다. 7세에 소학에 들어갔고, 9세에는 경서를 공부해 16세까지 익혔는데, 뛰어난 자질을 보였다. 주굉은 덕행과 문장 또한 뛰어나 유생에 선발되어 무리 중에 지혜가 제일이었으나 과거에는 나아가지 않았다. 뜻이 출가에 있었기 때문이다. 주굉은 20세에 장張 씨와 결혼해 행복한 가정생활을 하기도 했지만, 부인이 먼저 죽어 두 번째 결혼하였다. 주굉은 27세에 아버지를 여의고, 30세에 어머니 상을 당했다. 주굉은 매우 슬피 울며 '어버이의 은혜는 망극하다. 내가 이 은혜를 갚으려면 바로 이 길밖에 없다'라고 생각하고 출가를 결심했다. 1565년 섣달그믐날, 주굉은 부인 탕湯 씨와 차를 마시며 이렇게 말했다.

"은애恩愛란 허망한 것이요, 생사는 어느 누구도 대신해 줄 이가 없소. 나는 이 집을 떠나 출가하려고 하니, 그대는 스스로 갈 길을 정하십시오."

부인은 주굉의 말을 듣고 놀라지 않고 담담히 말했다.

"당신이 먼저 떠나십시오. 저도 출가할 예정입니다."

부인 탕 씨는 속세의 마지막 인연인 남편을 먼저 보내고, 가산을 정리한 뒤 출가하였다. 그녀는 법명을 주금袾錦이라고 했으며, 효의암孝義庵(浙江省 寧波)에 살았다. 행실이 청정하고 고귀하여 '보살 비구니'라고 불렸다고 한다. 주금 스님은 주굉보다 한 해 먼저 입적하였다.

주굉은 31세에 오대산 무문 성천無門性天에게 출가하고 변융徧融에게서 화엄을 배웠다. 이후 여러 지역을 발초첨풍한 뒤에 소암 덕보(笑巖德寶, 1512~1581)의 법을 이었다. 선사는 동창이란 곳을 지나다 초루의 법고 소리를 듣고 홀연히 깨달았다. 1571년 37세 때, 항주의 운서雲棲에 연지사蓮池寺를 짓고 살면서 제자 교육과 저술에 전념했다. 산에는 호랑이가 많아 사람들에게 위협이 되자 주굉은 유가밀인의 다리니를 독송해 물리쳤고, 가뭄이 들자 목탁을 치며 밭을 돌면서 염불을 하여 비를 내리게 했다.

황존오黃存吾가 그린 청림고회도靑林高會圖에 실린 운서 주굉의 초상(위키백과)

절강성浙江省 항주杭州 운서산에 주굉의 묘가 있다. 묘지명에 '明 袾宏佛慧蓮池大師'라고 쓰여 있다. 현재 '운서죽경雲棲竹徑'이라는 이름으로 공원화되어 있다.

선사는 계율을 중시해 『선원청규』를 제작해 도량을 정비하였다. 주굉은 철저하게 계율을 강조했고, 늙고 병든 승려가 거처하는 곳과 행각승을 위한 거처를 분리했다.

주굉은 1615년에 열반했는데 세수는 81세, 승랍은 50세였다. 저서로는 『능엄경』·『아미타경』·『범망경』 등 여러 경전을 주석했으며, 『치문숭행록』·『자지록』·『죽창수필』·『선관책진禪關策進』* 등이 있다. 주굉에게 유발제자가 많은데, 이들 중 2명은 『명사明史』와 『열전列傳』에 전기가 실려 있는 관리이고, 9명은 과거 시험에 합격한 진사

---

* 『선관책진』은 고인들의 기연과 어록을 모은 것이다. 『육조단경』·『임제록』·『벽암록』·『서장』·『허당록』·『오가정종찬』과 함께 선자들의 필독서인 '종문칠서宗門七書'로 꼽힌다.

이다.

『석감계고략속집釋鑑稽古略續集』에서 환륜幻輪은 주굉에 대해 평하기를 "살아서는 복록이 융중하였고, 입적한 뒤에는 오랫동안 덕이 면면이 흘러왔다."라고 하였다. 선사 입적 후에 왕우춘王宇春은 대사의 저서들을 모아서 『운서법휘雲棲法彙』34권으로 간행하였다.

(2) 주굉의 사상

주굉은 정토수행을 종宗으로 삼았지만 겨울에는 주로 참선과 경전을 독송했다. 주굉은 양명학이 번성하고 불교가 부진한 것을 한탄하면서 교와 선, 염불 등 각각의 수행을 중시했다. 그러면서 선교일치·선정일치를 강조하고 있다. 또한 명나라 승려들의 일반적인 사상이지만, 주굉도 유·불·도 삼교일치를 강조하였다.

① 선과 경전에 입각한 사상

주굉은 경전인 교를 강조하였다. 그러면서 선을 우위에 두었다. 이를 주굉의 저서를 통해 살펴보자.

사람은 누구나 좋아하는 것이 있기 마련이다. 좋아하는 것을 하면서 늙어간다. 괜찮은 취미는 골동품 모으기·거문고와 바둑 두기·시 읊기이다. 그러나 이보다 더 괜찮은 것은 독서이고, 독서보다 더 좋은 취미는 경전 독송이다. 그런데 독경보다 더 괜찮은 취미는 마음을 청정하게 하는 일이다. 마음이 청정해지는 경지에 이르는 일이 세간·출세간에서 가장 훌륭한 일이다. (『죽창수필』)

주굉은 교와 선 가운데서 마음 닦는 선을 강조하고 있음을 알 수 있다. 주굉의 선은 간화일변도看話一邊倒가 아니라 반드시 경론에 입각해 있으며, 그렇지 않으면 진정한 깨달음을 얻을 수 없다고 주장하였다.

여러 조사의 문답, 기연機緣으로 생사生死를 결단코 끊는 것이 공안이다.
문답 가운데 긴요한 일구를 화두라고 하는데,
'일귀하처一歸何處', '왜 무라고 하는가(因甚道無)',
'염불하는 자가 누구인가(念佛是誰)' 등이다.
1,700 공안이 모두 이와 같다. (『선관책진』)

선사는 교보다 선에 무게를 두고 있음을 알 수 있다. 주굉은 선이 쇠락한 원인을 깨치지도 못했으면서 할이나 방 등을 함부로 남용하는 데 있다고 보고, 이를 꾸짖고 있다.

참선자는 교외별전이라고 입버릇처럼 말하지만,
교를 무시한 참선은 삿된 인因을 낳고,
교를 무시한 깨달음은 삿된 견해를 일으킨다. (『선관책진』)

간경은 반드시 폭이 넓어야 비로소 융관하여 편집에 빠지지 않게 된다. 대개 경은 이곳에서 건립하면 저곳에서 소탕하고, 이곳에서 소탕하면 저곳에서 건립하여 어떤 상황과 수준을 따랐을 뿐, 일정한 법이 없기 때문이다. (『선관책진』)

'건립'은 긍정을 의미하며, '소탕'은 부정을 의미한다. 폭넓게 배우면서 한 경전에 빠지지 말고, 경전 내용을 서로서로 맞춰 보라는 것이다.

② 정토사상 및 선정禪淨 일치
먼저 주굉의 정토사상을 살펴보자.

> 만약 수행자가 계율에 철저하다면 계율은 부처님께서 정한 것이니 당연히 염불도 좋아하게 될 것이요. 혹 어떤 수행자가 경전을 간경看經한다면 경은 부처님의 말씀이니 기꺼이 염불하기를 좋아하게 될 것이다. 또한 수행자가 참선을 한다면 선은 부처님의 마음이니 기꺼이 염불하기를 좋아하게 될 것이다.
>
> (『운서유고雲棲遺稿』「보권염불왕생정토普勸念佛往生淨土」)

『아미타경』을 풀이한 『아미타경소초阿彌陀經疏抄』에서는 "아미타불 명호 부르는 것은 수많은 공덕을 한꺼번에 다 갖추는 것이고, 아미타불 명호만 부른다면 온갖 수행법을 빠짐없이 갖추는 것이다."라고 하였다. 이와 같이 주굉은 염불을 강조하며, 염불수행법이 계정혜戒定慧 3학三學을 두루 포함하고 6바라밀을 빠짐없이 갖춘 법문이라고까지 하였다.

주굉은 정토가 필요 없다고 하는 선자는 '오만불손한 이들'이라고 힐난하며, 이들은 불법을 부정하지 않지만 불법을 수용하는 태도가 독선적이고 배타적이라고 보았다.* 훗날 우익 지욱도 염불 정토를 '최극원돈 법문'이라고 하며 주된 수행법으로 삼았는데, 이는 주굉의 영향을 받아서이다.

다음 선정일치 사상을 보자.

주굉은 『아미타경소초』를 통해 선과 염불을 동일하게 수행하는 것이 서로 방해되지 않으며, 최대한 몰입되어 불성을 깨닫는 실천이며, 오히려 염불선이 다른 수행법보다 수승하다는 점을 강조하였다. 오롯이 선만으로는 해탈하기 힘들지만, 염불수행을 곁들이면 완벽하지 않더라도 정토에 왕생할 수 있다고 보았다. 주굉은 사람들이 선에 큰 비중을 두면 불법에 쉽게 접근하지 못할 것을 염려해 염불을 주장한 것으로 볼 수 있다. 즉 "선이란 정토의 선을 말하고, 정토란 선의 정토를 가리킨다(禪的淨土 淨土的禪)."라고 하였다. 또 염불로 아미타불에 가까이 접근할 때 깨달음을 빨리 얻을 수 있음을 시사하고 있다.

주굉의 정토사상에서는 염불이 참선을 대신할 수 있는 것이 아니

---

* 여기서 주굉은 염불에 부정적인 이들을 네 종류로 보고 있다.
  첫째, 즉심시불卽心是佛, 자기를 놓아두고 부처를 염할 필요가 없다고 말하는 이들이다. 둘째, 제불諸佛을 염하지 않고, 미타만을 염하는 것은 옳지 않다고 보는 이들이다. 셋째, 어떤 부처를 염해도 좋으므로, 아미타불을 염하는 것으로 정할 필요가 없다는 이들이다. 넷째, 부처님의 공덕지혜와 상호광명은 염하지 않고, 다만 명호만을 염하는 것은 잘못되었다는 이들이다.

라 선정을 얻는 데 염불을 방편으로 한다는 뜻이 담겨 있다. 이렇게 해서 저술된 책이 『선관책진禪關策進』이다. 이 책은 송나라 이후 선정일치의 대표 책으로서 유심唯心으로 종지를 삼아 사事와 리理를 융회하며 『아미타경소초』와 선정쌍수禪淨雙修의 관점에서 저술한 것이다. 여기서 염불 공안을 소개하고 있다. 주굉은 이 『아미타경소초』에서 자력自力과 타력他力의 감응을 본유本有의 불성과 염불의 힘과 부처의 섭수攝受가 일체화되는 것이라고 하였다. 즉 본유의 불성은 배에, 염불은 돛에, 부처의 섭수는 바람에 비유하였다.

주굉은 오롯이 칭명염불이 잘 될 때 '염불시수(念佛是誰; 염불하는 이 누구인가?)' 염불 공안 참구가 잘 되어 도를 얻으며, 본유불성의 자기 회복으로 돌아가게 된다고 하였다.

③ 결사조직 구성 및 활동

명나라 말기는 여러 분야에서 결사가 있었다. 이때 불교 결사를 조직하고, 참여하는 일이 유행하였다. 주굉은 거사들을 불교 안으로 수용하기 위해 유학과 불교의 합일점을 찾으며, 이들이 실천할 수 있는 방법을 제시하였다.

먼저, 거사들에게 수행론으로 공과표를 실천하라고 하였다. 일생의 공과功過에 따라 사람 운명이 결정된다는 도교의 공과격功過格을 불교에 차용한 것이다. 원요범(袁了凡, 1533~1606)은 『음즐록陰騭錄』(요범사훈了凡四訓)에서 운명은 정해진 것이 아니라 스스로의 선·악업에 의한 것이라고 하는데, 이는 선을 실천해 공덕을 쌓으라는 뜻이면서, 이런 공덕으로 인해 운명을 바꿀 수 있다는 의미이기도 하다. 주굉은『음즐록』을 응용해『자지록自知錄』이라는 저서를 통해 신도들에게 실제 적용토록 하였다. ①충실하고 독실한 행위, ②이타적이고 자비로운 행위, ③삼보에 이로운 행위, ④자잘한 선한 행위들은 공功으로, 이에 반대되는 행위는 과過로 분류하였다. 즉 선행에 해당하는 공은 201가지(예컨대 심한 질병에서 회복하도록 도와주는 행위: 1인당 10점), 악행인 과는 279가지로 이루어져 있다.

다음, 주굉은 당시의 폭력적인 정치상황, 그리고 사치와 더불어 살생이 증가하던 사회상황에 반성적 성향을 가지고 있던 사대부들에게 불교의 자비를 제시하며, 전사회적인 방생결사 운동에 나섰다. 이 방생결사에 황궁의 황비가 관심을 갖고 물어올 정도였다. 이에 주굉은 제자들과 더불어 1580년에 '상방회上方會'라는 이름으로 방생결사를 조직하였다. 상방회 구성원들은 폐사 두 곳을 매입해 방생지放生池를 만들었다. 방생법회에는 사대부들을 비롯해 각계각층 사람들이 운집했는데, 종종 무차대회가 이뤄지기도 했다. 이 방생결사에는 종교를 넘어 수많은 이들이 모였고, 일종의 사회운동 성격을 띠기도 하였다.

④ 주굉 사상의 특징

주굉의 사상은 한마디로 화쟁·융합사상이라고 볼 수 있다.『법화경』이 '삼승방편 일승진실'을 내세우며 성문·연각을 인정하면서 일승을 지향하듯, 선사도 염불·선·간경 등 각각의 수행을 인정하며 중시하였다.『선관책진』에서 주굉은 '공부는 오로지 한 가지에만 마음을 쏟아야 한다'고 했지만, 그 하나에 국집하는 것을 염려했다. 그

러면서 선과 정토의 일치, 교와 선의 일치, 불교와 도교·유교의 일치
등을 강조하였다.

(1) 덕청의 행적

① 출생과 출가, 그리고 사미 시절

감산 덕청(憨山德淸, 1546~1623)은 우익 지욱(藕益智旭, 1599~1655)·
자백 진가(紫栢眞可, 1543~1603)·운서 주굉(雲棲袾宏, 1532~1612)과
함께 명나라 4대 고승 중 한 분이다. 덕청은 선·화엄·염불 등 불교
학뿐만 아니라 수행에도 깊었으며, 지극한 염불행자이기도 하다. 덕
청은 필자가 개인적으로 존경하는 스님인데, 20여 년 전에 『감산자
전』이 번역되어 우리나라에 널리 알려진 분이다.*

이 책에서 스님은 직접 자신의 일생을 담담하게 묘사했다. 한편 이
책은 당시 명나라의 불교사와 상황을 알 수 있는 계기가 된다. 스님
은 20대~30대에는 출가 사찰인 남경 보은사, 북경, 오대산에서 수행
했고, 40대에는 산동성의 뇌산에서 중생을 교화했으며, 50대에 광동
성 뇌주로 유배되어 소주 조계산에 머물렀다. 60대에는 호남성의 남
악에 머물렀고, 70대에 강서성의 여산 등지에 머물렀다.

덕청은 안휘성安徽省 금릉金陵 전초현全椒縣 사람이다. 이름은 덕청

---

* 감산 지음, 대성 역, 『감산자전』, 여시아문, 2002 참조.

德清, 자는 징인澄印, 시호는 홍각선사弘覺禪師이다. 덕청의 모친은 평생 관음 기도를 하였는데, 어느 날 밤 꿈에 관음보살이 동자 하나를 데리고 집으로 들어오는 꿈을 꾸고 덕청을 낳았다. 아홉 살에 덕청은 사찰의 학당에 다니며 공부를 하였다. 그곳에서 덕청은『관음경』 독송 소리를 들었는데, "능히 세간의 고통을 구한다.(能救世間苦)"라는 구절을 듣고 환희심을 내었다. 어린 덕청은 스님에게 책을 빌려 그 경을 모두 외웠다. 이후 모친에게『관음경』을 독송해 주자, 어머니는 매우 기뻐하였다는 일화가 전한다.

덕청이 12세가 되자, 부친은 신붓감을 구해 아들과 정혼시키려고 하였다. 스님은 아버지에게 승려가 되겠다고 하였고, 부친이 반대하자 어머니가 아버지에게 이렇게 말했다.

"우리가 이 아이를 키우는 것은 자기 포부를 펼치도록 하는 것이 아닙니까? 자기가 하고 싶은 공부를 하게 합시다. 아이를 원하는 대로 사찰로 보냅시다."

자식이 원하는 길이라 인정하고, 호탕한 마음으로 자식을 출가시킨 모친이다. 자서전에 보면, 덕청이 출가 후 모친을 처음 만난 것은 44세이고(덕청이 자신의 출가 본사에 대장경을 안치하기 위해 방문한 것이 계기가 되었다), 두 번째이자 마지막은 50세에 유배를 가는 길녘에서다.

덕청은 열두 살에 남경 보은사報恩寺 서림 영녕西林永寧의 제자로 출가하였다. 출가 후 덕청은 주요 불경을 모두 외웠고, 유교와 도교 경전까지 섭렵했다. 19세에 덕청은 서하산棲霞山의 운곡 법회(雲谷法會, 1500~1579) 선사를 만나 중본 명본의 어록『중복광록中峰廣

感山 덕청 진영

錄』을 배우고 참선에 뜻을 두었다. 이러면서 덕청은 '아미타불' 염불을 하였다. 그러다 어느 날 꿈속에서 아미타부처님을 친견하였다. 다시 덕청은 관음·세지 두 보살님을 함께 만났다. 이를 계기로 덕청은 염불수행에 확신을 가졌다.

이후 덕청은 출가 본사인 보은사로 돌아와 무극 명신無極明信에게서 『화엄현담華嚴玄談』을 공부하였다. 덕청은 강의를 듣는 도중 십현문十玄門의 '해인삼라상주처海印森羅常住處'라는 구절에 이르러, 홀연히 마음이 열리면서 법계가 원융무진한 도리를 깨달았다. 덕청은 청량 징관(清涼澄觀, 738~839, 화엄종 4조)의 경지를 실감하고, 스스로 호를 징인澄印이라 지었다. 이후 구족계를 받았다.

② 덕청의 활동(20~70대)

덕청이 20세에 천계사天界寺에서 안거를 날 때 운곡 선사로부터 '염불시수念佛是誰' 공안을 받았다. 덕청은 이때부터 염불 공안에 집중했다. 세 달이 지나자, 덕청은 마치 꿈속에 있는 것처럼 느껴졌다. 대중 가운데 있어도 대중이 보이지 않았고, 일상의 행위를 하고 있을 때도 그것을 의식하지 못했다. 그런데 이 무렵, 본사가 화재로 소실되었다. 덕청은 본사를 중수하겠다는 원력을 세웠다. 이런 원력으로 중국 전역을 유행했고, 이러한 과정에서 덕청은 학문과 수행이

540

깊어지게 된다. 훗날 본사 중수 원력으로 황태후의 시주를 받았는데, 오히려 황제의 노여움을 사게 되어 감옥에 갇히고 유배까지 가는 고초를 겪게 된다.

1573년 28세에 오대산에 들어가 북대北臺에 위치한 감산憨山의 풍치가 마음에 들어 이 산 이름을 호로 삼았다. 같은 해 반산盤山의 한 석실에서 홀로 수행하는 은자를 만나 함께 수행하다가 삼매를 체험했다. 산하대지와 몸과 마음, 온 세계가 텅 비어진 체험을 했지만, 은자의 가르침대로 그런 경계에도 집착하지 않고 더욱 향상일로를 걸었다.

30세에 덕청은 북경에 머물다 묘봉 선사와 함께 오대산으로 들어가 수행했다. 삼매에 든 내용은 아래 서술한다. 1년간에 걸쳐 수행이 깊어질 때 운서 주굉이 찾아왔다. 덕청이 주굉보다 11세나 연하지만, 두 대사는 며칠 동안 밤을 세며 법거량을 나누었다.

33세에 덕청은 부모님의 은혜를 기리며 피를 내어 『화엄경』 한 부를 사경했다.

38세에 대사는 동해 뇌산牢山(현 靑島 崂山)으로 옮겨 가서 움막을 짓고 안거하면서 염불수행에 집중했다. 그 지역은 역대로 도교가 융성했던 곳으로 사람들은 불교에 문외한이었다. 이런 사람들에게 불법을 홍포하며 염불로 교화하였다.

덕청이 41세에 신종神宗이 대장경 15부를 명산의 사찰로 보냈는데, 태후가 그중 한 부를 뇌산에 있는 덕청에게 보냈다. 덕청은 태후에게 시주해서 뇌산에 해인사海印寺를 창건해 대장경을 모셨다.

③ 만년 활동 및 저서

44세에 덕청은 대장경 한 질을 가지고 출가 본사인 보은사를 다니러 갔다. 이곳에서 덕청은 출가 이래 처음으로 모친을 만난다. 또 마지막 만남은 덕청이 50세에 누명을 쓰고 유배를 가게 되었는데, 가는 길녘 난징(南京)에 도착했을 때 어머니가 강가로 마중 나와 만났다. 1595년 50세에 조정의 정쟁에 연루되어 누명을 쓰고 광동의 뇌주雷州로 유배당한 것이다.* 그곳에서 불법을 널리 전하며 선과 화엄의 융합 및 유불도 삼교의 합일을 주장하였다. 스님의 가르침을 따르는 사람이 많아서 옛 오나라 땅에 머문 5년 동안 강남과 강북의 불교가 흥성하였다.

56세에는 100여 년 동안 폐사가 되어 있던 6조 혜능의 사찰 남화사南華寺를 복원하기 시작했다.** 선사는 도량을 정비해 스님들이 살도록 하였고, 인근 출가자에게 계를 주며, 청규를 새로 제정했다. 1606년 61세에 덕청은 황손 탄생을 계기로 유배에서 사면되었다. 몇 년 후인 1614년 태후가 죽자 비로소 승복을 입을 수 있도록 허락 받았다. 덕청은 60대에 강연을 하고, 많은 저서를 남겼으며, 대중교화에 앞장섰다.

74세 무렵 오유봉에 목석암木石庵을 짓고 『화엄경』·『법화경』·『능엄경』·『금강경』·『기신론』·『유식』 등 경론을 강의했다. 이해 8월 보

---

* 덕청과 절친이었던 자백 진가(紫柏眞可, 1543~1603)는 덕청을 옹호했다가 미움을 사게 된데다 황제에게 상소문을 올린 것이 화근이 되어 감옥에 갇혔다.

** 훗날 청나라 말기 허운 선사도 폐허가 된 남화사를 불사했다.

542

름에는 폐관閉關하고 사중 일을 내려놓았다. 76세에도 덕청은 제자들에게 『능가경』·『조론』·『기신론』 등을 강의하였다. 1622년 77세에 덕청은 조계 남화사로 돌아왔다. 이듬해인 1623년 10월 병에 걸리자, 대중을 운집한 뒤 "생사 문제가 크고, 죽음이 금방 닥쳐옵니다(生死事大 無常迅速)."라는 말을 남기고 좌탈입망했다.

탑 안에 덕청의 감龕을 모셨다가 땅에 감을 묻었다. 다시 탑 안에 모셨다가 남화사로 옮겼다. 덕청이 열반한 지 20년이 흘러서이다. 제자들이 감을 열자, 살아있는 듯 손톱과 발톱·모발이 길게 자라 있었고, 살색은 선홍색일 정도로 육신이 그대로였다. 스님의 진신에 전단향액을 발랐다. 덕청의 진신상은 현재 광동성廣東省 소관韶關 남화선사南華禪寺 육조전六祖殿에 모셔져 있다. 육조전 내에 혜능을 중

감산 덕청 진신상. 광동성廣東省 소관韶關 남화선사 육조전에 모셔져 있다. 혜능을 중심으로 오른쪽에 단전丹田, 왼쪽에 감산이 모셔져 있다.

심으로 좌측에 덕청, 오른쪽에 단전 선사가 모셔져 있다.*

(2) 덕청의 삼매 경지(『감산자전』을 중심으로)

덕청은 여러 차례의 삼매 경지를 경험하는데, 이는 그의 자서전인
『감산자전』에 잘 나타나 있다.

① 30세에 덕청은 묘봉 선사와 함께 오대산으로 들어갔다. 오대산
에서 가장 험준하다는 용문사 부근에서 토굴을 짓고 1년 넘게 정진
했다. 온 산이 눈과 얼음으로 뒤덮이고, 주위가 고요해 수행하기에
좋았다. 그런데 얼음이 녹자, 계곡에 물소리가 천둥 우레만큼 요란
했다. 마치 군인들이 행군하는 소리 같았다. 묘봉 선사가 덕청에게
말했다. "경계는 마음에서 생기며, 밖에서 들어오는 것이 아니다(境
自心生 非從外來). 고인이 말하기를 '30년간 물소리를 듣고도 의근이
동요되지 않는다면 관음보살의 원통경지(觀音圓通)을 증득한다.'고
하였다." 덕청이 묘봉의 말을 듣고 나무다리 위에 혼자 앉아 수행한
지 얼마 안 되어 자신을 잃어버렸다. 소리도 들리지 않았다. 비로소
흐름이 끊어지는 곳으로 들어갈 수 있어 마음이 전혀 동요되지 않았
다. 소리가 들리지 않으니 소리에 방해받지 않았다. 관음보살의 이
근원통耳根圓通을 증득한 것이다.

---

* 단전(丹田, 1535~1614) 선사는 광동성廣東省 신회新會 사람이다. 18세에 조계남
  회曹溪南懷 사찰로 출가했다. 늘『금강경』을 끊지 않고 독송했다. 단전은 홀
  연히 좌탈입망했다. 시호는 '진각선사真覺禪師'이다. 단전이 원적 후 400년 만에
  진신을 남화선사 육조전에 모셨다.

덕청은 경행에 나섰다가 홀연히 삼매에 들었는데, 이렇게 말했다. "몸과 마음이 사라지고 오직 큰 빛의 세계가 펼쳐졌는데, 원만 담적한 것이 둥근 거울과 같았다. 산하대지가 그 속에 그림자처럼 나타났다. 나의 자각은 명료하고, 내 몸은 찾을 수가 없었다." 삼매에서 깨어난 뒤에 다음 게송을 읊었다.

갑자기 한 생각에 미친 마음 쉬어지니
안팎의 근진根塵이 함께 환하게 뚫리었네.
몸 뒤집어 큰 허공 부숴버리니
삼라만상이 따라서 일어나고 사라지네.
瞥然一念狂心歇 內外根塵俱洞徹 翻身觸破太虛空 萬象森羅從起滅
(『감산자전』)

이후부터 덕청은 안팎이 담연하여 소리나 형상에 장애받지 않았다. 이때 모든 의심이 사라졌다. 덕청이 삼매에서 일어나 토굴로 돌아오니 솥에 먼지가 뿌옇게 쌓여 있었다.

② 덕청은 31세에 제자인 평양平陽 태수 호공胡公의 집에 잠시 머문 일이 있었다. 방에 들어가 삼매에 들었는데, 5일이 지나도록 좌선한 채였다. 하인들이 방에 들어가 불러도 대답이 없고, 몸을 흔들어도 움직이지 않았다. 호공은 그제야 요령(삼매를 깨울 때 쓰는 것)을 가지고 와서 귓가에서 서너 번 흔들어 깨웠다. 덕청은 자신이 어디에 있는지를 몰랐다가, 한참 지나서야 자신이 어느 곳에 있는지를 알았

다. 덕청은 이 경계를 궁극적인 경지는 아니라고 말했지만 이후부터는 모든 것이 달랐다. 보고 듣는 모든 것이 꿈속의 일과 같았다. 이때의 경계는 광활한 창공처럼 깨끗했다. 마음이 텅 비고, 경계는 고요했으며, 즐거움이 가득했다. 이때 덕청은 이렇게 말했다. "고요함이 지극하면 빛이 일체에 두루하고, 적연한 비춤이 허공을 머금는다. 알고 보면 관음보살도 꿈속의 일이로다(靜極光通達 寂照含虛空 卻來觀世間 猶如夢中事)."

③ 33세에 덕청은 오대산에서 부모님의 은혜를 갚기 위해 『화엄경』을 사경했다. 한 글자 한 글자 붓을 그을 때마다 염불했다. 사람들이 말을 걸어도 덕청은 멈추지 않고, 경을 베꼈다. 이렇게 사람들과 여러 일을 보면서도 덕청은 한 글자도 틀리지 않았다. 이렇게 경을 쓰면서 내면의 상태는 항상 그대로였고, 털끝만큼도 동정動靜에 떨어지지 않았다. 이렇게 사경을 하는 동안에 꿈속에서 청량 대사·미륵보살·문수보살을 친견했다. 미륵보살은 덕청에게 이렇게 말씀하셨다. "분별은 마음이고, 분별이 없는 것이 지혜이다. 마음에 의지하면 물들게 되고, 지혜에 의지하면 청정해진다. 물들면 생사에 윤회하고, 청정하면 부처님조차 없다."

④ 41세에 덕청이 뇌산에 머물 때이다. 한밤중에 선실에 앉아 있다가 밖으로 나왔다. 바다는 고요하고 허공은 깨끗한데, 눈의 흰색과 달빛이 한데 어우러져 있었다. 이때 홀연히 몸과 마음, 그리고 세계가 그 자리에서 고요히 가라앉더니, 마치 허공 꽃의 그림자처

럼 떨어져 내렸다. 바로 그 순간 큰 광명의 바다가 펼쳐졌고, 일체가
사라진 경험을 하였다. 이때 다음 게송을 읊었다.

　바다는 고요하고 허공은 맑은데, 흰 눈에 어리는 달빛
　이 가운데 범부와 성인 모두 길이 끊어졌네.
　금강의 눈이 튀어나오자 허공의 꽃들은 지고
　산하대지는 다 적멸의 공간으로 돌아가네.
　海潭空澄雪月光 此中凡聖絶行藏 金剛眼突空華落 大地都歸寂滅場
　(『감산자전』)

　이 삼매를 경험하고 나서, 덕청은 『능엄경현경楞嚴經懸鏡』을 저술
했다.

(3) 덕청에 대한 역사적 평가

덕청의 철학적 소양은 불교사상을 뛰어넘어 있다. 그는 유학과 도교
에도 학문이 깊었다. 유교의 『대학』 외에도 『중용직지中庸直指』·『노
자해老子解』·『장자내편주莊子內篇註』 등 수많은 주석서를 저술했다.
이 저서에는 모두 유불도 삼교의 조화가 담겨 있다. 또한 기문둔갑
이나 풍수지리·음양팔괘·사주 등 학문이 통하지 않은 데가 없을 정
도였다. 현대 중국철학자 남회근(南懷瑾, 1918~2012)은 덕청을 '일개
승려의 몸으로 당대를 뒤흔들었던 사람'이라고 극찬하였다.*

---

* 남회근, 신원봉 역, 『불교수행법 강의』, 씨앗을 뿌리는 사람, 2003, p.114.

불교학으로는 선·화엄·정토 등 다양한 경전을 섭렵하여『감산어록』·『관능가경기觀楞伽經記』·『법화경통의法華經通義』·『법화경격절法華經擊節』·『원각경직해圓覺經直解』·『기신론직해起信論直解』·『감산노인몽유집憨山老人夢遊集』등을 저술했다. 덕청은 선교의 융합을 강조하였으며, 또한 정토행자이기도 했다.『아미타경』을 독송하고, 경전을 필사했으며, 늘 아미타불을 염했다. 스님은 자서전에서 이렇게 말했다. "나는 밤이나 낮이나 끊임없이 염불에 몰두하였다. 오래지 않아 해지는 방향의 하늘에 높이 앉아 계시는 아미타불께서 꿈속에 나타났다. 자비로 빛나며 맑고 생생한 눈과 친절한 얼굴을 보고서 나는 사랑과 슬픔 그리고 행복의 혼합된 감정을 느끼면서 그의 발아래 몸을 던졌다."

덕청은 다방면에 뛰어났던 승려로서 운서 주굉과 대등한 명나라 최고의 승려로 추앙받는다.

송~원~명~청대 임제계 양기파 법맥도

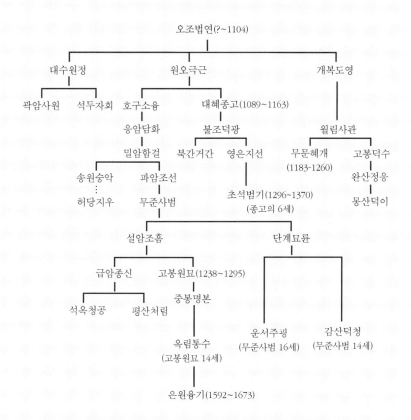

오조법연(?~1104)

대수원정   원오극근   개복도영

곽암사원   석두자회   호구소융   대혜종고(1089~1163)

응암담화   불조덕광   월림사관

밀암함걸   북간거간   영은지선   무문혜개   고봉덕수
(1183-1260)

송원숭악   파암조선   완산정응
⋮
허당지우   무준사범   초석범기(1296~1370)   몽산덕이
(종고의 6세)

설암조흠   단계묘륜

급암종신   고봉원묘(1238~1295)

석옥청공   평산처림   중봉명본   운서주굉   감산덕청
                            (무준사범 16세)   (무준사범 14세)

옥림통수
(고봉원묘 14세)

은원융기(1592~1673)

허운(虛雲, 1840~1959)선사 : 임제종 43세, 조동종 47세, 위앙종 8세, 법안종 8세, 운문종 12세

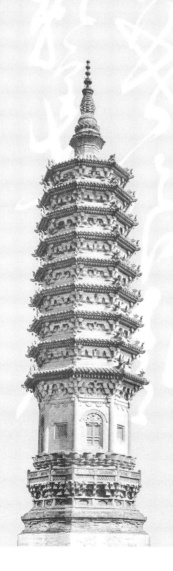

진흙 밭에서도 선의 연꽃이 피어오르다

61 | 청나라 선종사 및 선사들 :
박산 무이 · 옥림 통수

(1) 청나라 불교사 및 선종사

① 청대 황제들의 불심

청나라(1636/1662~1912)는 여진족·만주족이 세운 나라이다.* 만주라는 명칭은 만주슈리(Manjushri, 문수보살)에서 따온 것이다.** 청 왕조의 창시자 누르하치(太祖)는 문수사리의 화현으로 간주하였다. 청나라가 부강했던 때는 초기의 강희제·옹정제·건륭제 시대이다. 이 시기를 지나서부터는 점차 부패하기 시작했다.

청나라는 북경을 중심으로 북방에서는 라마교가 유행했다면, 남방에서는 정토교가 주류였다. 청대 중기 이후로는 선을 닦는 수행보다 정토신앙이 우세하였다(물론 그 이전부터 정토신앙은 만연했다). 청나라 때는 라마교가 중국 조정과 몽골·티벳의 봉신들을 연결시켜 주는 중요한 요소였으며, 중국 황제들은 라마승들에 대한 지원을 아끼지 않았다. 청나라 역대 황제들은 라마식 기도와 독경을 하였다.

---

* 청나라가 개국한 것은 1636년, 청나라가 중국을 지배한 해는 1662년이다.

** '만주'는 달다·묘하다·훌륭하다는 뜻이고, '슈리'는 복덕이 많다. 길상吉祥하다는 뜻이다. 즉 만주슈리는 '훌륭한 복덕을 지녔다'는 뜻이다.

당시 시대상황과 여러 여건으로 깨달은 선승이 배출되지 못하고, 불교학은 이전의 사상을 답습하는 정도로서 학문적 발전은 매우 저조했다.

청나라 세조世祖인 순치 황제(順治帝, 1643~1661 재위)는 선사들과 교류를 갖기 시작하면서 선종에 대한 관심이 깊어졌다. 순치 황제가 가장 총애했던 후궁이 죽자 무상함을 절실히 느끼고 출가를 결심하고 삭발까지 했는데, 그의 모친인 효장황후가 급히 임제종의 옥림통수(玉林通琇, 1614~1675)를 궁전으로 모셔와 출가를 만류했다는 설이 전하기도 한다.

순치제는 일찍이 "짐은 장차 문교文敎를 일으키고, 유교를 숭상할 것이다."라고 하였다. 그런데 아이러니하게 순치제가 유교를 숭상하고 문교를 일으키면서 선종에 대한 탐구를 시작하게 되었다. 그가 선종에 대한 지식을 알게 된 것은 감박 성총(憨璞性聰, 1610~1666)*으로부터 영향을 받아서이다.

성총은 순치제에게 선종의 역사 및 사상에 대해 자세하게 설명해 주었다. 그로 인해서 순치제는 선종에 대해 크게 흥미를 느끼기 시작했다. 더불어 성총은 순치제에게 전국의 고승들 명단을 주었다. 순치제는 명단에 적힌 고승들에게 명을 내려 궁으로 올 것을 조서로 내리기도 하였다. 이 가운데 강남의 임제종 선사인 옥림 통수가 있다. 순치제는 옥림국사를 만나 그로부터 『능엄경』 내용 가운데 칠처

---

* 복건성福建省 연평순창延平順昌 사람이다. 순치제로부터 '명각明覺' 시호를 받았다.

안휘성安徽省 잠산潛山에 위치한 삼조사 도량 벽면에 '순치황제출 가시'가 새겨져 있다.

징심七處徵心의 요체를 듣고, 승려를 찬탄하는 「순치황제출가시順治 皇帝出家詩」를 지었다. 또 순치제는 참선을 좋아해서 승려들과 공안 을 참구하기도 했다.

순치제의 아들 강희제(康熙帝, 聖祖, 1662~1722 재위)는 비록 선종에 대해서 잘 알지는 못했지만, 선승들과 왕래가 있었다. 또 그는 일찍 이 명대 임제종의 선승인 비은 통용(費隱通容, 1593~1661)이 저술한 『오등전서五燈全書』에 서문을 쓰기도 하였다.

다음으로 황위를 받은 옹정제(雍正帝, 世宗, 1723~1735 재위)는 불교 를 옹호한 호법왕이다. 중국 역사에서 불교를 숭상했던 대표적인 황 제로는 양나라의 무제·당대의 측천무후·청대의 옹정제를 꼽는다. 북경의 대표 명소인 옹화궁雍和宮은 태자 시절 옹정제의 저택이었다 가 옹화궁으로 개칭된 것이다.** 그는 청나라 황제 가운데 선에 대해

** 옹화궁雍和宮뿐만 아니라 현재 베이징(北京)에 위치한 황제들이 머물렀던 이화

매우 해박한 인물이었다. 또 옹정제 때 대장경 판각사업이 있었는데, 이를 용장龍藏이라 한다.

옹정제는 평생 라마교를 신봉해 스스로 원명거사圓明居士라 칭하고, 궁전에서 티벳 승려들과 법을 논하기도 하였다. 말년에 옹정제는 선에 관심을 가지고 역대 선사들의 어구를 모은 『어선어록御選語錄』을 편찬하기도 하였다. 또한 그는 승려들이 사대부들과 교류하며 예불하지 않는 산문의 병폐를 지적하면서 선정일치禪淨一致를 종지로 하는 『정토문』을 고쳐시켰다.

② 선풍 및 거사들의 불교 부흥

청대로 들어서 선이 쇠퇴한 것은 사실이지만, 그 명맥은 이어졌다. 사대부들은 현실 도피적인 면을 선에서 충족하였고(이 점은 중국 선의 특징이기도 함), 선적禪籍을 정리하거나 선종사인 등사燈史가 편찬되기도 하였다. 청나라 초에 선종의 풍토는 대부분 선사가 개당설법하거나, 혹은 선사가 입적하면 그 문하의 문도들이 그에 관한 행장 및 흩어진 어록을 수집하고 집록해서 출판하였다. 또한 선화善畫를 그린 이들이 많았는데, 홍인弘仁·팔대산인八大山人·석도石濤·석계石溪 등은 청초사승淸初四僧이라고 칭한다.

선종은 임제종과 조동종 등 선풍이 전국적으로 전개되고 있었다. 당시 임제종의 대표 선승은 옥림 통수이고, 조동종계의 대표 선승은

원願和園이나 원명원圓明園, 북해공원北海公園 등 궁전 내부에 법당이 있는데, 그대로 보존되어 있다(원명원은 기록만 있음).

박산 무이博山無異였다. 박산 무이는 강서성에서 크게 이름을 떨쳤다. 그의 문하 제자들이 영남嶺南과 강북江北 지역에서 선풍을 전개하였다. 그러나 청나라 중기에 들어서면서부터 선종은 더 이상 발전하지 못했고, 선사들도 참회기도 등을 통해 생계를 유지하는 정도로 전락하였다. 당나라·송나라 때 선풍이 풍미했던 시대로 되돌아가거나 선사상을 개혁코자 하는 의지조차 없을 만큼 발전이 저조했다.

이 무렵의 대표적인 학자가 팽소승(彭紹升, 際清, 1740~1796)이다. 팽소승은 대장경을 읽고 불교에 귀의해 불교 연구에 몰두하였다. 그는 모든 종의 융합과 유·불·도 삼교일치를 주장했으며, 수행으로는 구성염불口聲念佛(칭명염불)을 주창하였다. 그는 『왕생전』을 편역하고, 서방 정토를 널리 선양하였다.

이런 상황에도 청나라 말기로 접어들면서 재가 거사들이 선사상 및 여러 불교학에 관심을 갖기 시작했다. 청나라 말기 서구세력의 영향과 잦은 난으로 인해 거사들이 불교를 보호하고 연구하기 시작하면서 불교학 부흥이 일어났다. 거사들의 관심은 화엄·유식·천태·정토사상 등 다양한 분야에서 연구되고 출판되었다.

팽소승을 이어서 양문회(楊文會, 1837~1911), 강유위(康有爲, 1858~1927), 담사동(譚嗣同, 1865~1898), 양계초(梁啓超, 1873~1929), 구양경무(歐陽竟無, 1871~1943), 여징(呂澂, 1896~1989) 등 수많은 거사들이 불교학을 연구하거나 불교서적 및 경전을 출판하였다.

(2) 박산 무이

박산 무이(博山無異, 1575~1630)의 휘는 대의大艤 또는 원래元來이며,

六十四世無異元來禪師

박산 무이 진영

자字는 무이無異이다. 안휘성安徽省 용서龍舒
사람으로 속성은 사沙씨이다. 박산의 모친은
그가 태어난 지 몇 개월 만에 세상을 떠났다.
16세에 출가할 뜻을 굳히던 차에 금릉金陵 와
관사瓦棺寺에서 『법화경』 설법을 듣고 발심해
오대산 정안靜安 통법사通法師를 찾아가 출가
했다.

무이는 이후 천태학을 익히고, 여러 곳을 다
니며 선지식을 찾아 수행하였다. 구족계를 받
고 20세 무렵, 아미산峨嵋山에 있는 조동종의
무명 혜경無明慧脛을 찾아갔다. 무이는 삿갓을 쓴 농부 모습의 선사
(무명 혜경)를 보고서 회의감이 들어 아미산을 떠났다. 무이는 복건
성福建省 광택현光澤縣의 백운봉白雲峰에서 3년을 지냈다. 그곳에서
'심경지남心經指南'을 지어 혜경 선사에게 보냈으나 혜경은 무이에게
'제일의第一義가 아니다'라는 답변을 보냈다. 무이는 부끄러움을 느
끼고, 문자 지해를 버리고 깊이 선에 열중했다. 무이는 6개월가량 머
문 뒤 크게 깨우쳤다. 『전등록』을 읽다가 "조주촉승왈趙州囑僧曰 '유
불처부득주有佛處不得住, 무불처급주과無佛處急走過'"(조주가 스님에게
부촉해 말하길 '부처가 있는 곳엔 머물지 말고, 부처가 없는 곳엔 급히 지나가
라') 화두에 홀연히 깨달은 바가 있어 사천성四川省 아미산으로 찾아
가 혜경 선사를 만났다(이때 혜경은 보방寶方으로 옮겨감).

그 후 혜경 선사를 따라서 보방사寶方寺로 옮겨가 침식을 잊고 정
진하던 중, 하루는 어떤 사람이 나무에 오르는 것을 보고는 문득 깨

달았다. 이에 50여 리 떨어진 보방사로 달려가 혜경 선사가 준 공안에 송頌을 붙여 보임으로써 마침내 스승의 인가를 받고, 혜경의 법을 받았다. 이때 세납이 27세였다. 그해 운서 주굉의 제자인 양암 광심(養庵光心, 投子紹琦의 5세손)에게서 보살계를 받고, 그 후 운서 주굉을 참례하였다.

무이는 28세 되던 1602년에 상좌인 만융원萬融圓·조감원照監院·정수좌正首座 및 유숭경劉崇慶 등의 간청에 의해 신주로 갔다가, 얼마 후에 강서성江西省 광풍현廣豐縣 박산 능인사能仁寺로 옮겼다. 그곳은 천태종 도량으로서 매우 황폐했고, 승려들도 계율에 철저하지 못했다. 무이는 능인사에 머물면서 재가자들의 협력을 받아 선과 율이 청정한 곳으로 도량을 정비했다.

1608년 혜경 선사가 건주建州 동암선사董巖禪寺에서 법을 펴며 무이를 초청해 분좌설법分座說法을 하게 했다. 이후로 무이의 선풍이 널리 퍼지면서 승속 수백여 명이 모여 선사의 선지를 배웠다. 무이는 이후 앙산仰山 보림선사寶林禪寺, 고산鼓山 용천사湧泉寺, 금릉金陵 천계사天界寺 등 여러 곳에서 법을 펼쳤다.

한편 무이는 부친이 박산으로 찾아오자, 육식을 끊고 공부토록 하였다. 1년여간 공부한 뒤 부친이 세상을 떠나자, 고향을 다녀왔다. 이때 선사가 고향을 다녀오가는 길녘에 수백여 명의 사람들이 스님에게 귀의했다. 1630년 무이가 병을 보이고 입적하려는 즈음, 지은수좌智聞首座가 물었다.

"스님께서는 오고 감에 자재하다 하시더니 어떠하십니까?"

대사는 붓을 들어 '또렷하고 분명하다(歷歷分明)'라고 크게 쓰고는 가부좌한 채로 입적하셨다. 이때가 승납 41년, 세수 56세이다. 저서로는 『참선경어參禪警語』를 비롯해 『염고송고拈古頌古』·『정토시淨土詩』·『종교답향宗敎答響』·『종교통설宗敎通說』 등과 『신지설信地說』·『사원록四源錄』·『석류錫類』·『법단귀정록法檀歸正錄』·『잉록剩錄』 등 20여 권이다.

『참선경어』는 상·하 2권으로 되어 있다. 상권은 ① 처음 발심한 납자가 알아야 할 공부(示初心做工夫警語), ② 옛 큰스님의 가르침에 대해 평하는 글(評古德垂示警語), 하권은 ②의 후반부로 ③ 의정을 일으키지 못하는 납자에게 주는 글(示疑情不起警語), ④ 의정을 일으킨 납자에게 주는 글(示疑情發得起警語), ⑤ 공안을 참구하는 납자를 위한 글(示先人參公案警語), ⑥ 게송 10수(示參禪偈十首)로 나누어서 모두 120여 항項을 모았다.

수좌인 성정成正이 편록編錄하고 신주의 제자 유숭경劉崇慶이 서문을 붙여 1611년 무이가 36세에 간행한 것이다. 그 내용에서 선사의 종풍宗風을 분명하게 살펴볼 수 있을 뿐만 아니라 당시의 선풍禪風을 짐작할 수 있다. 또한 책 속에 선대의 조주·현사 사비·운문·대혜 선사 등의 영향을 받은 흔적이 드러나 있으며, 『능엄경』과 『원각경』의 사상이 담겨 있다. 『참선경어』는 우리나라에서 조선시대 이후 근래에까지 선객들의 애독서로 알려져 있다.

(3) 옥림 통수

순치제와 옹정제는 라마교뿐만 아니라 임제종에도 호의적이었다. 특히 순치제는 선종뿐만 아니라 정토종과의 융합에도 관심을 표명했다.

옥림 통수(玉林通琇, 1614~1675)는 순치 황제의 스승으로 임제종계의 대표 선사이다. 옥림은 강소성江蘇省 강음江陰 사람이다. 선사는 19세에 경산磬山 천은원수(天隱圓修, ?~1635)에게 출가해 구족계를 받고 그 법을 이었다. 옥림은 일찍이 절강성浙江省 무강武康 보은사에 머물렀다. 1658년 순치제의 부름을 받아 입경入京해 만선전萬善殿에서 법을 설하고, '대각선사大覺禪師'라는 봉호를 받았다. 옥림은 돌아가면서 제자 묘계 행삼筇溪行森을 북경에 남겨두어 홍법弘法토록 하였다. 이런 인연으로 선사상이 북경에 널리 퍼지게 되었다.

옥림 통수 진영

다음 해에 옥림은 대각보제선사大覺普濟禪師에 봉해지고 자의紫衣 가사를 하사받았다. 순치順治 17년(1660) 황제가 승려들을 뽑아 보살계를 받게 하고, 특히 스님으로 본사本師를 삼게 하였다. 또한 순치제는 옥림에게 대각보제능인국사大覺普濟能仁國師를 다시 봉했다.

옥림국사가 내정內廷에서 설법할 때

옥림 통수의 탑(절강성浙江省 항주杭州 천목산 선원사)

『객문客問』한 편을 짓게 하고, 대학사大學士 김지준金之俊이 황명을 받들어 평주評注를 지은 뒤 서문을 더해 간행했다. 만년에 절강성 서천목산西天目山에 선원사禪源寺를 짓고, 그곳에서 상주해 자정종파子正宗派로 불리었다.

이후부터 선원사는 금산사金山寺·고민사高旻寺·천녕사天寧寺와 함께 대총림大叢林으로 발돋움하여 흥성하였다. 옥림국사는 강소성江蘇省 회안淮安의 자운암慈雲庵에서 입적하였다. 옥림의 탑은 서천목산에 있고, 왕희王熙가 황명을 받들어 탑명塔銘을 지었다. 법사法嗣 초기超琦가 『연보年譜』2권을 편찬했다. 저서에 『옥림통수국사어록玉林通琇國師語錄』12권이 있다.

이후 옹정제가 옥림국사의 어록을 보다가 감명을 받아 그 5세손 천혜 선사를 황궁인 원명원에 들게 했다. 옹정제는 선사로부터 가르침을 받고 그에게 가사를 하사한 뒤, 고민사의 주지 소임을 맡게 했다. 이후부터 고민사高旻寺(江蘇省 揚州)에는 승려들이 사방에서 몰려왔고, 크게 선풍을 드날렸다고 한다(고민사는 현재도 사부대중이 함께 수행하는 선방 도량이다).

대만의 성운(星雲, 1927~) 스님은 '옥림국사'를 소설로 만들었고, 이후 극본을 만들어 TV에 방영되기도 하였다. 또한 '옥림국사'는 상하이 지방극단에서 무대극으로 각색하여 타이베이 홍로우(紅樓) 극장에서 공연되었고, 공군라디오방송국에서는 연속극으로 녹음하여 라디오로 방송하였다. 한편 '천금소저만금화상千金小姐萬金和尙'이라는 제목으로 대만에서 영화로 만들어졌는데, 훗날 '재세정연再世情緣'이라는 제목으로 TV연속극으로 방영되기도 하였다.

62 | 꺼져가는 선을 살린 근현대 선지식 : 허운

(1) 허운의 행적

청나라는 명대의 선을 그대로 이어받았다. 당시 불교의 다른 종파들과 마찬가지로, 선종도 더 이상 발전하지 못하였다. 거의 쇠락의 길을 걸었다고 보는 것이 정확하다. 선종의 쇠락은 외부적 요인만은 아니다. 선의 활발발한 생명력은 사라졌고, 새로운 선이 창출되지 못했다. 청말의 선은 교종의 여러 종파와 융합하는 속에서 본연의 선을 잃어버렸다. 바로 이런 시점에서 허운 선사가 활동하였다.

19세~30대, 출가해 선지식을 찾아다니며 공부.
40대 초반~60대 초반까지 3보1배 배행 및 성지순례, 깨달음.
66세~89세까지 20여 년을 운남성 곳곳 사찰 창건 및 중수.
90세 중반~110대 초반 무렵까지 광동성 남화사와 대감사에 머물며 중창불사.
115세~120세, 열반할 때까지 강서성 진여사에 상주.

허운(虛雲, 1840~1959)의 선은 우리나라 선객들에게도 널리 알려져 있으며, 그의 법력은 선객들로부터 흠모를 받고 있다. 한국에도『방편개시』·『참선요지』등 허운의 선사상이 담긴 저술이 번역되어 있으며, 필자는 수년 전 허운 선사의 평전을 저술한 바 있다. 그는 당신 스스로나 중생을 제도할 때 참선뿐만 아니라 참회·발원·염불을 겸하였고, 계율을 엄격히 지키도록 하였다.

① 출생 및 출가

허운은 1940년 복건성福建省 천주泉州에서 출생했다. 아버지 소옥당蕭玉堂은 당시 현의 관리였고, 불심이 돈독했던 양무제의 후손으로서 원 고향은 호남성湖南省 상향湘鄕이다. 어머니는 허운을 낳자마자 사망했고, 양모에게 양육되었다. 허운이 17세 무렵, 사촌동생과 함께 호남성 남악산 상봉사上封寺로 몰래 출가했다. 하지만 허운은 아버지의 권유로 집으로 돌아올 수밖에 없었다. 아버지는 허운의 출가를 막고자 도교 서적을 권하고, 도인道人을 불러다 도교 수행법을 배우도록 하였다.

19세에 허운은 복건성 고산鼓山 용천사湧泉寺에 출가해 묘련(妙蓮, 1824~1907) 화상으로부터 구족계를 받고 고암古巖이라고 하였다. 20대에 용천사에서 여러 소임을 보고 있는 와중에 부친이 출가한 아들을 찾아 수백 곳을 다니다 용천사로 들어오자, 허운은 깊은 산속으로 들어가 고행하였다.

허운은 30대 초반부터 40대 초반에 이르기까지 여러 지역의 선지식을 찾아다니며 공부하였고, 경론을 두루 보았다. 이 시기에 행각하던 중, 관음도량 절강성浙江省 보타산으로 들어갔다. 2년여 간 보타산에서 경을 읽다가, 43세에 발심해 보타산을 출발해 산서성山西省 오대산五台山까지 3보1배 배행拜行을 결심했다.*

② 고행 및 오도

허운은 3년간의 배행을 마치고, 49세에 아미산에서 티벳·부탄을 거쳐 히말라야 산맥을 넘어 인도·스리랑카·미얀마 성지를 순례했다. 미얀마를 통해 운남성으로 들어와 계족산鷄足山을 찾았다. 스님은 계족산이 불교 명산이라고 하여 순례를 왔는데, 계족산 승려들의 모습은 청정하지 못했다. 각 절의 승려들이 첩을 거느리고 술과 고기를 먹으며 계족산 승려가 아닌 사람은 사찰 내에 하루도 머물 수 없었다. 이때 스님께서는 이런 서원을 세웠다. '불연佛緣이 사라지는 계족산에 불법을 일으키고 운남성을 불국토로 만들어야겠다.' 이 계족산은 중국 5대 불교 명산 가운데 하나이다.

이후 허운은 천태산을 거쳐 지장도량 구화산에 머물렀다. 허운은 구화산에 3년간 머물렀는데, 이곳에서 고민사高旻寺 주지 월랑을 만났다. 월랑은 허운에게 이렇게 간곡히 청했다.

"고민사에서 곧 법사法事가 있을 예정인데, 옛날 사칠四七**에 이어 십이칠十二七***을 합니다. 적산赤山 노스님은 먼저 절로 되돌아갔습

---

* 허운이 3보1배를 한 목적은 두 가지다. 하나는 출가한 지 20여 년이 넘도록 도업道業을 이루지 못한 것에 대한 참회, 둘째는 태어나자마자 돌아가신 어머니와 출가로 인해 화병으로 세상을 떠난 아버지의 은혜를 갚기 위해서였다. 하지만 부모의 은혜에 보답하기 위함이 먼저였다.

** 4번의 일주일 동안 참선하는 것으로 4×7=28일간을 말한다. 중국에서는 전통적으로 참선하는 기간을 말해 왔으나, 근래는 독경이나 기도 기간을 말할 때도 이렇게 계산한다.

***12번의 일주일 동안 참선하는 것으로, 7×12=84일간을 말한다.

니다. 허운 스님께서도 법을 호지護持해 강소성江蘇省 고민사에 오셔서 함께 동참해 주기 바랍니다."

이 인연으로 허운은 고민사에 머물렀다. 선사는 56세 동짓달, 팔칠八七(56일) 셋째 날 밤에 6번째 향*이 타오를 때, 사미가 다관으로 따라 주는 차를 받다가 뜨거운 찻물이 손에 튀어 찻잔을 떨어뜨렸다. 이때 잔이 깨지는 소리에 깨닫고, 다음 오도송을 읊었다.

잔이 바닥에 탁 떨어져
깨지는 소리 분명하고 뚜렷하니
허공은 산산이 부서지고
허황된 마음 그 자리에서 고요히 쉬었네.
杯子撲落地 響聲明瀝瀝 虛空粉碎也 狂心當下息.
−『應無所住(虛雲老和尙開示錄)』

끓는 물이 손에 튀어 잔을 깨뜨리니,
집이 부서지고 사람은 죽은 듯 입이 있어도 할 말을 잊었네.
봄이라 꽃향기 곳곳마다 가득하니,
산하대지가 그대로 부처로세.
燙着手打碎杯 家破人亡語難開 春到花香處處秀 山河大地是如來
−『應無所住(虛雲老和尙開示錄)』

---

* 향 하나가 타는 데 한 시간 정도 소요된다. 옛날 중국에서는 좌선하는 시간을 향으로 계산하였다.

③ 중생 교화 및 열반

63세의 허운은 10여 년 전 '계족산을 청정 도
량으로 만들겠다'는 서원을 지키기 위해 제자
계진과 함께 계족산으로 들어가 석문石門 앞
에 초막을 지었다. 초막을 짓기 시작한 지 며칠
후, 계족산 승려들이 몰려와 '계족산은 대대로
승려 자손들 땅인데, 이곳 자손이 아니면 절을
지을 수도 없고, 생활할 수 없다'며 초막을 불
태웠다.

광동성廣東省 유원현乳源
縣 운문사에 머물 당시인
1952년 113세의 허운 화상

허운은 그들과 대립하는 것보다 때를 기다
리기로 하고, 곤명 서산西山 복흥사福興寺로 옮
겨갔다. 이곳에서 63세~65세까지 3년간 폐관閉關(무문관) 수행을 하
였다. 허운은 출관出關한 뒤 귀화사歸化寺에서 『원각경』과 『사십이장
경』을 강설해 마쳤다. 당시 공죽사의 몽불夢佛 화상이 허운을 찾아와
경을 설해줄 것을 부탁했다. 스님은 공죽사에서 『능엄경』을 강의했
는데, 사방의 명사 및 평민 5·6백 명이 찾아와 가르침을 들었다. 법
회 후 『능엄경』과 한산시를 새겨 판본을 절에 모셨다. 얼마 후 허운
이 오계를 설하고 수계식을 거행했는데, 4천여 명이 운집하였다.

스님은 운남성 일대 여러 곳에서 설법을 청하면 거절하지 않고 법
을 설했다. 대리시大理市 제독인 장송림張松林과 이복흥이 숭성사崇
聖寺에서 스님의 『법화경』 강설을 듣고, 허운에게 귀의했다. 마침 이
두 관리의 도움으로 허운은 계족산에 축성사를 창건할 수 있었다.

66세의 허운이 계족산 서쪽, 잡초만 무성한 후미진 곳에 움막을

지었는데, 이곳이 훗날 축성사祝聖寺이다. 원래 이 터는 발우암鉢盂庵인데, 명나라 때 이후 상서롭지 못한 이미지로 알려져 있어 폐허가 된 곳이다. 허운이 불사할 당시 '영상사迎祥寺'라고 하였다가 불사를 마친 후 축성사라고 하여 지금도 축성사로 불린다.

서산西山* 화정사華停寺는 허운이 81세에서 89세까지 머물며 불사 했던 곳인데, 스님이 이곳에 머물게 된 연유가 있다. 80여 세의 스님이 계족산鷄足山 축성사와 곤명昆明을 오가면서 법을 설하던 무렵, '서산의 화정사가 프랑스인에게 팔려 외국인의 별장과 오락장으로 사용된다'는 소문을 들었다. 스님은 운남성 도독 당계요(唐繼堯, 1883~1927)에게 화정사에 승려가 상주할 수 있도록 부탁했다. 이런 인연으로 스님은 퇴락해가는 화정사를 중건하게 되었다.

허운은 95세~103세까지 6조 혜능 사찰인 광동성廣東省 남화사南華寺·대감사大鑑寺를 수행도량으로 만들었으며, 1943년 운문종 근본도량인 대각사大覺寺를 복원 불사하였다.

허운은 중국 공산당의 감시 하에 있던 1954년 115세에 강서성江西省 영수현永水縣 진여사眞如寺에 주석하면서 허물어진 당우를 불사하고 도량을 정비했다. 허운은 이곳에서 1959년 120세로 입적하였다.

---

* 인도 아소카왕의 둘째 아들이 서산을 왔었는데, 풍경이 아름다운데다 산속에서 한 무리의 푸른 봉황이 나타난 것을 보고, 이곳에 머물면서 '벽계산碧鷄山'이라고 하였다는 전설이 전한다. 서산은 국가가 지정한 명승지이며, 곤명 시내로부터 서쪽으로 15km 떨어진 곳에 위치한다.

(2) 허운의 삼매

허운은 율사요 강사이기도 하지만, 선사로서 법맥을 받았으며 수행에도 철저했던 분이다. 스님께서 삼매에 들었던 몇 가지를 보자.

① 스님이 60세 초반 무렵, 덕청德淸에서 허운虛雲으로 개명하고, 서안西安 종남산終南山 사자암에서 홀로 수행하였다. 허운은 섣달 동짓날에서 정월 초이레까지 보름 동안 입정入定에 들었다. 주변 토굴에 사는 젊은 승려들은 허운이 전혀 기척이 없자, 혹시 짐승들의 피해를 입었는지 걱정되어 허운을 찾아왔다. 승려들이 암자에 도착하니, 허운이 공양간을 정면으로 보고 좌선에 들었는데, 화롯불에는 전혀 열기가 없었다. 승려들은 허운이 앉아서 열반한 줄 알고 스님을 가볍게 치며 소리를 내자, 허운이 삼매에서 깨어났다. 젊은 승려들이 새해 축하 겸 찾아왔다고 하자, 허운이 '오늘이 동짓날 21일인데, 벌써 해가 바뀌었냐?'고 물었다. 승려들은 '오늘이 정월 초이레'라고 하였다. 그때서야 허운은 자신이 삼매에 들어 있었음을 알았다. 토란을 삶으려고 막 불을 피우다가 입정에 들었던 것인데, 자신이 삼매에 들었던 보름간을 잠시 잊고 젊은 승려들에게 '토란이 다 익었을 테니 토란을 먹으라'면서 솥뚜껑을 열라고 하였다. 솥 안의 토란은 곰팡이가 하얗게 슬어 있었다.

② 허운 스님이 계족산 축성사를 불사하던 무렵, 태국을 방문해 화교 사찰 용천사에서 한 달간『지장경』과『보문품』을 강독했다. 어느 날 허운은 가부좌한 채 경전을 독송하다가 입정에 들었다. 얼굴에는

자비로운 미소를 머금은 채 눈을 살짝 감고 두 손을 포갠 채 움직이지 않았다. 스님께서 열반했는지 세심히 살피다가 허운이 삼매에 든 것을 알고 한 승려가 주위에 고요히 해줄 것을 요청했다. 그 무더운 여름, 스님이 삼매에 들어 있는 동안 태국의 황제와 황후가 다녀갔고, 수많은 이들이 귀의했다. 스님이 삼매에 들어 있는 동안 절 주변에는 사람들의 물결로 가득 찼고, 경찰까지 대동해 질서를 유지시켰다. 8일째 되는 날에는 외신 기자들이 사진을 찍어가 영국·프랑스·일본 등 해외에서도 스님의 사진과 기사가 실리는 일이 있었다. 결국 9일째 되는 날, 허운의 건강이 염려되어 선사를 흔들어 출정出定토록 하였다.

③ 허운이 광동성 대각사에 머물 때이다. 1951년 112세에 공산당 병사들이 스님을 구타했을 때, 가부좌한 채 미동도 하지 않았다.* 병사들은 퍽퍽 소리가 날 정도로 스님을 때리고 땅에 내던졌다. 병사들이 떠나고 나서, 제자들에 의해 허운은 가부좌한 채 입정에 들

---

* 2월 추운 겨울에 도량으로 공산당 병사들이 난입했다. 병사들은 허운이 불사금으로 받아놓은 금덩이나 돈이 있을 터이니, '숨겨놓은 돈이나 금괴를 내놓으라'며 스님을 발로 밟고 몽둥이로 얼굴을 쳤다. 허운은 귀가 먹고 피를 흘리며 정신을 잃고 쓰러졌다. 이때 갈비뼈가 부러졌고, '반혁명분자'라고 하면서 방장실에 감금한 채, 음식도 주지 않고 대소변 보는 일조차 금하였다. 2~3일에 한 번씩 '아직도 죽지 않았군!' 하며 구타에 구타를 하고, 허운이 저술한 법문집을 불태웠다. 또한 제자들을 한 사람씩 고문했는데, 그 고문으로 승려들이 입적하거나 부상을 당했다. 중국 불교사에서는 '운문사변雲門事變'이라고 한다.

었다. 6일째 되는 날 몸은 점차 길상와吉祥臥의 모습이 되었고, 9일째 되는 날에 허운은 선정에서 일어났다. 제자들이 9일이 지났다고 하자, 허운은 '몇 분밖에 지나지 않은 것 같은데, 꿈을 꾼 것 같다. 도솔천에서 미륵보살의 유심식정唯心識定 법문을 들었다'고 말했다.

(3) 허운의 선사상

① 불교 수행의 네 가지 방법

허운의 가르침은 선에 관한 것만이 아닌, 모든 수행을 아우른다. 스님은 도를 깨치는 선결 조건으로 네 가지를 제시하였다.

첫째, 인과를 깊이 믿어야 한다.

둘째, 계율을 엄격히 지켜야 한다.

셋째, 신심을 굳게 가져야 한다.

넷째, 수행의 길을 정했으면, 반드시 일관되게 나아가야 한다.

② 화두 참선

허운의 화두 참선에 대한 법문이다.

> 선종은 참선을 위주로 하고, 참선이란 마음을 밝혀 성품을 보는 것이다. 이는 바로 자기의 본래면목을 참구하는 것이니, 소위 '자성을 밝게 깨쳐, 본래 성품을 사무쳐 지혜로 관觀하는 것'(明悟自心徹見本性)이다. …… 송나라 때 이후 사람들은 근기가 하열해 아무리 일러주어도 알아듣지 못한다. 비유해서 '일체를 놓아라'(放下一切)거나 '선도 악도 생각하지 말라'(善惡莫思)고 해도 놓지 못하며,

선을 생각하지 않으면 악을 생각하는 식이 되었다. 이렇게 근기가 하열한 시대가 되어 조사 스님들은 어쩔 수 없이 독으로 독을 공격하는(以毒攻毒) 방법을 채택해 승려들에게 '공안을 참구하라', 또는 '화두를 보라'고 한 것이다.

옛적에는 공안이 많았으나, 오늘날에 와서는 오로지 화두를 보라(看話頭)고만 가르치고 있다. 즉 '이 송장을 끌고 다니는 자는 누구인가'(督死屍的是誰), '부모에게 태어나기 이전, 어떤 것이 그대의 본래면목인가'(父母未生前如何是我本來面目)라고 하는 화두를 보라는 것이다. 이 모두는 각각의 화두이지만 모두 동일한 것을 내포한다. 즉 '누가 경전을 암송하는가?', '누가 진언을 수지하는가?', '누가 식사를 하는가?', '누가 가사를 수하는가?', '누가 길을 걷고 있는가?', '누가 자고 있는가?', '염불하는 자는 누구인가?'에 주시한다면 모두 같은 이치이다.

마음이 곧 부처이며(心卽是佛), 부처를 염하는 것(念佛)이 곧 부처를 관하는 것(觀佛)이고, 부처를 관하는 것이 마음을 관(觀心)하는 것이다. 그래서 '화두를 보라'는 것이다. 어떤 이는 염불하는 자는 누구인가(念佛是誰)라는 화두를 보라고 하는데, 이것이 바로 '부처를 염하는 자기 마음을 관하라'는 것이다. 마음이 곧 성품이고 깨달음이며 부처이다. (『虛雲和尙法彙』 - 開示 - 參禪的先決條件)

③ 선과 정토

허운은 선사지만, 절대 정토를 격하하거나 근기가 낮은 자의 수행이라고 말하지 않는다. 다음은 허운의 법문이다.

선이든 정토를 향한 염불이든 본래 모두 석가모니부처님께서 친히 말씀하신 것이다. 도에는 본래 둘이란 없다. 중생의 근기에 따라 방편으로 중생을 교화한 것에 불과하다. 중국에서 8종의 종파로 나누어진 것도 당시 세상의 추세에 따라 대기설법한 것일 뿐이다. 만약 자기 본성을 체달한 사람이라면 어느 문門이든 모두 도에 들어가는 오묘한 문이요, 높고 낮음이란 있을 수 없다. 게다가 모든 법이 본래 서로 통하여 원융 무애한 것이다. 예를 들어 어떤 사람이 망상 없이 오롯한 마음으로 아미타불을 염한다면 그것이 어찌 선을 참구하는 것과 같지 않다고 하겠는가. 또한 참선을 해서 조작造作·시비是非·취하고 버림(取捨)·너와 나·능소能所 등 이분법적인 데 초월해 있다면 어찌 그것이 아미타불을 염하는 것이 아니라고 할 수 있겠는가. 선은 정토 속에 있는 선이고, 또한 정토는 선 안에 있는 정토이다. 본래 선과 정토는 상호 보완하는 작용을 한다. (『虛雲和尙法彙』 - 開示 - 用功的入門方法)

(4) 허운의 불교사적 의의

허운은 20세기 초, 쇠잔해 가던 중국의 선풍을 중흥시킨 거목이다. 허운이 없었다면 현재 중국(대만·홍콩 등 포함)의 선은 없었을지도 모른다. 우리나라로 치면, 구한말 꺼져가는 불교를 살려낸 경허 스님에 해당한다.

허운은 묘련妙蓮(임제종 42세) 화상으로부터 임제종, 요성耀成(조동종 46세) 화상으로부터 조동종 법맥을 받았다. 다른 한편으로 당나라 말기에 끊겼던 위앙종·법안종·운문종의 종지를 드러내고, 법맥

을 되살렸다. 사회주의 국가인 중국에도 현재까지 선이 면면히 흐르
는데, 대체로 허운의 법맥이다. 허운의 2대손은 정혜淨慧·일성一誠·
본환本煥·불원佛源·도륜度輪·관정寬淨 등이며, 손상좌에 해당하는
선사들이 대만과 홍콩에서 활동하였다(근래까지 활동했으며, 대부분이
열반).

　중국의 선종 사찰에는 허운의 사진이나 위패가 모셔져 있지 않은
곳이 없으며, 중국 본토·홍콩·대만 등 수십여 사찰에 '허운기념당'
이 있다. 또 사리탑만 해도 광동성廣東省 남화사南華寺와 대각사大覺
寺, 운남성雲南省 화정사華停寺와 축성사祝聖寺 등 여러 곳에 모셔져
있다. 또한 허운의 사리를 개인적으로 모시고 있는 승려도 있다.

허운 사리탑(운남성雲南省 계족산鷄足山 축성사祝聖寺). 스님의 사리는 5곳에 나
눠 모셔져 있다.

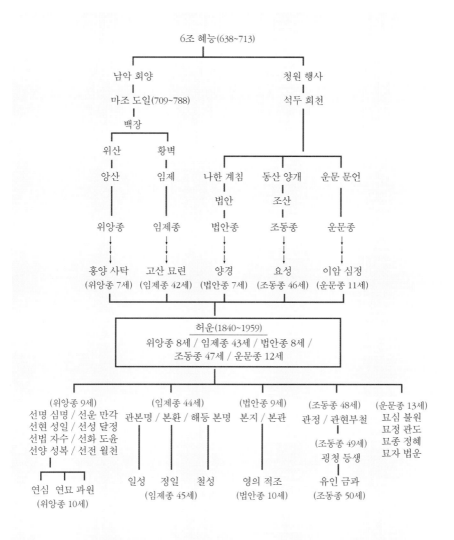

6조 혜능(638~713)

남악 회양   청원 행사

마조 도일(709~788)   석두 희천

백장

위산   황벽   나한 계침   동산 양개   운문 문언

앙산   임제   법안   조산

위앙종   임제종   법안종   조동종   운문종

홍양 사탁   고산 묘련   양경   요성   이암 심정
(위앙종 7세) (임제종 42세) (법안종 7세) (조동종 46세) (운문종 11세)

허운(1840~1959)
위앙종 8세 / 임제종 43세 / 법안종 8세 /
조동종 47세 / 운문종 12세

(위앙종 9세)   (임제종 44세)   (법안종 9세)   (조동종 48세) (운문종 13세)
선명 심명 / 선운 만각   관본명 / 본환 / 해등 본명   본지 / 본관   관정 / 관현부철   묘심 불원
선현 성일 / 선성 달정   묘정 관도
선법 자수 / 선화 도윤   (조동종 49세)   묘종 정혜
선양 성복 / 선전 월천   굉청 등생   묘자 법운

연심 연묘 과원   일성   정일   철성   영의 적조   유인 금과
(위앙종 10세)   (임제종 45세)   (법안종 10세)   (조동종 50세)

<허운을 중심으로 중국 근현대 선종 오가五家 법맥도>

(1) 시대적·불교사적 배경

19세기 말에서 20세기 초는 일본과 서구 열강이 앞 다투어 아시아를 식민지화한 시대였다. 중국도 이런 고난을 피해가지 못했다. 중국 안팎으로 아편전쟁(1839~1842)을 비롯해 태평천국의 난(1851~1864)·청일전쟁(1894~1895)·신해혁명(1911~1912) 등 전란이 끊이지 않았다. 이어서 1922년 군벌 타도를 목적으로 국민당과 공산당의 1차 국공합작, 1931년 일본의 만주사변, 국민당과 공산당의 제2차 국공합작(1937~1945)이 있었다. 1945년 일본의 패망에 이어 국민당과 공산당의 4년여 간에 걸친 국공내전에서 결국 공산당이 승리하여 1949년 중화인민공화국이 수립되었다. 이런 격동의 시대에 민중들의 삶은 피폐해졌다.

중국 근대에 반란이 발생하거나 혁명세력이 생겨나면, 이들은 한결같이 중국이 발전하지 못하는 원인을 유·불·도라고 생각했다. 불교 또한 미신으로 치부되어 훼불을 당하기도 했다. 또한 불교계를 패닉에 빠뜨린 사건이 묘산흥학廟産興學이다. 묘산흥학을 최초로 제기했던 사람은 1898년 장지동張之洞이다. 그는 '중국의 학學을 체體로 하고, 서양의 학學을 용用으로 한다(中體西用)'는 기본 방침 아래,

사찰 재산의 10분의 7을 몰수해 학교교육에 충당하자고 주장했다. 묘산흥학 운동은 신해혁명(1911년) 이후 적극적으로 제기되었다. 이후로도 사찰 재산 몰수에 관해 다양한 양상으로 꾸준히 제기되었다.

이런 풍랑 속에서도 선종에서는 조동종과 임제종 법맥이 이어지고 있었다. 또한 정토종의 인광(印光, 1862~1940), 천태종의 제한(諦閑, 1858~1932) 등 걸출한 승려들이 배출되었다. 한편 승려들 중에는 개인의 수행보다는 사회의 어두운 곳과 중생의 아픔을 외면하지 않고, 사회사업을 전개하는 이들도 있었다.

(2) 근현대 선지식의 화두

근현대 중국 선사들의 화두는 염불시수念佛是誰이다. 물론 당나라 말기 영명 연수로부터 선정일치禪淨一致가 정립되어 염불선이 내려오고 있었고, 명·청대에도 선의 주류는 염불과 선이었다. 당시 염불시수를 참구해 정각을 이룬 선사에는 법인(法忍, 1844~1905)·경안(敬安, 1851~1912)·대정(大定, 1823~1906)·응자(應慈, 1873~1965)·허운(1840~1959)·야개 등이다. 이들 몇몇 선사들의 행적을 살펴보자.

① 야개 선사

야개(冶開, 1852~1922)는 선방에서 수행하던 중에 유나가 향판으로 그를 내리쳤는데, 그 순간 칠흑 같은 어둠이 걷히고 눈앞이 갑자기 환해지는 경험을 하였다고 한다. 선사에게 수학한 제자가 있는데, 근현대 중국불교를 구축한 원영圓瑛이다.

② 응자 선사

응자 선사

응자(應慈, 1873~1965)는 안휘성 출신으로 호는 진경振卿, 별호는 화엄좌주華嚴座主이다. 1896년 24세에 절강성 보타산의 명성明性 화상을 의지해 출가하였다. 출가 후 『능가경』·『법화경』·『유마경』 등 경전을 깊이 연구하다가 참선을 통해 깨달아야 함을 자각하고, 발심한 뒤 영파 천동사 경안敬安에게 구족계를 받았다. 이후 강소성 양주 고민사, 진강鎭江 금산사 등지에서 참선 수행하며, 여러 곳의 선지식을 찾아 행각하였다. 간절한 마음으로 스승을 찾던 중 개령사開寧寺 야개冶開 선사 문하에서 공부를 하고, 야개의 법을 받아 임제종 42세가 되었다.

이후 응자는 강소성 상숙현常熟縣 흥복사興福寺에서 월하月霞와 함께 화엄대학을 설립하여 『화엄경』을 가르치며, 중국 동남 해안의 여러 도시에서 진리를 전했다. 그는 『화엄경』을 깊이 연구해 화엄학에 뛰어났으며, 선사로서도 당시 수행자들의 귀감이 되었다.

허운 스님 말년에 법문을 보면, 응자의 수행됨을 언급한 부분이 있다.

"이 법석에 응자 스님을 모셔다 법회를 이끌어 가게 하는 것이 합리적인데, 나 같이 모자란 사람을 데려다 놓은 것 같습니다."

"응자는 선과 교를 모두 요달한 선지식이요, 그대들의 스승이 될 만한 사람입니다. 앞으로 법석에 그를 모시기 바랍니다."

허운이 응자에 비해 33년 연상이다. 그런데 허운이 법문 도중 응자에 대해 칭찬한 것을 보더라도 응자가 계율이나 수행면에 있어 당시 승려들의 귀감이 되었음을 알 수 있다.

③ 원영 선사

원영(圓瑛, 1878~1953)은 야개 문하에서 6년간
참선하였다. 원영은 사회운동을 했으며, 천태
+화엄+선의 일치를 근본으로 하였다. 원영은
선과 염불에 대해 이렇게 말했다. "출가하여
처음에는 참선을 배우고 함께 염불 정토를 닦
았는데, 선정일치를 깊이 알았다."* 또 법문에
이런 내용이 있다.

원영 선사

> 석가모니부처님께서 염불법문을 말한 뜻은 6근을 거두어 청정한
> 염念이 계속 이어지도록 한 것이다. 아미타불 명호를 칭념함으로
> 써 경계가 고요하며, 마음이 공한 경지에 이르면 불성이 저절로
> 드러나고 부처님의 지견을 깨달아 들어가서 마침내 자성미타를
> 친견하게 되리라.**

또 원영은 염불을 돈오법문에 비견해 다음과 같이 언급하고 있다.

> 염불은 아가타약阿伽陀药(수만병을 다 고칠 수 있다는 인도의 신묘한 약)

---

* 원영 저, 정원규 역, 『염불, 모든 것을 이루는 힘』, 불광출판사, 2008. p.118.
** 원영 저, 정원규 역, 앞의 책, p.20.

과 같아서 모든 병을 고칠 수 있으며, 생사를 뛰어넘어 속히 깨달음에 이르는 원돈법문이다. 다만 사람들이 염불을 생활화하지 않는 것이 안타까울 뿐, 일념으로 염불하면 반드시 성불하게 된다.[*]

④ 내과 선사

내과(來果, 1881~1953)는 젊은 시절 두타행을 하였고, 매우 기이한 행동을 하였다는 선사로 유명하다. 당대 허운과 함께 선종의 쌍벽이었던 선사이다. 내과는 법명은 묘수妙樹, 호는 정여淨如, 호북성湖北省 황강黃岡 출신이다. 선사는 어려서부터 육식을 하지 않았고 다른 취미생활을 즐기지 않았으며, 점토로 불상을 만들어 동굴에 모시고 매일 예배를 드렸다. 내과는 기억력이 뛰어나 사서오경을 1년도 안 되는 시간에 모두 통달하였다. 7세 때 우연한 기회에 어느 승려가 『반야심경』을 독송하는데 '무지역무득無智亦無得' 구절에서 문득 깨닫고, 매일 7차례씩 독경하였다.

12세 때 선사는 호북성 한양 귀원사歸元寺에 출가하려 했으나 형에 의해 붙들려 왔다. 아버지는 출가를 반대하며 육식을 강요하고 회초리까지 들었지만 선사의 의지를 꺾을 수는 없었다. 내과는 15세에 대지大智에게 의지해 경전을 공부하며, 염불시수 화두를 들었다.

18세 때 부친이 중병에 걸렸는데 치료할 방도가 없자, 선인들의 할고료친(割股療親; 허벅지살을 베어 부모를 치료함) 법을 모방해 부처님 전에 기도하며 간을 베어 부친을 구했는데 피 한 방울 흘리지 않

---

[*] 원영 저, 정원규 역, 앞의 책, pp.95.

았다고 한다. 부친이 완쾌된 후, 선사는 아
버지의 뜻에 따라 결혼하였다. 하지만 1905
년 24세에 내과는 보화산寶華山으로 출가했
다. 출가 후 주위 승려들과 뜻이 맞지 않아
승려들에게 괴롭힘을 당하자, 사찰을 나와
행각하다가 강물에 몸을 던졌는데, 미타사
승려가 구해 주었다. 내과는 강소성 진강鎭
江 금산사金山寺에서 계를 받고 수행했는데,
사찰 규율을 알지 못해 한 번은 400대를 맞
은 적도 있었다.

내과 선사

　내과는 스승에게 생사의 도리를 깨달을
수 있는 방법을 묻자, 스승은 일념으로 염불하라고 하였다. 선사가
'나무아미타불' 여섯 자를 일념으로 염하여 꿈속에서도 단절됨이 없
이 이어지는 경지에 이르게 되자, 스승은 염불시수 화두를 참구토록
하였다. 내과는 행각에 나서 방방곡곡 구걸하며 화두를 챙겼다. 그
는 훗날 제자들에게 이런 말을 하였다.

매일 아침 해가 뜨면 일어나자마자 염불시수 화두를 들었고, 화
두를 들며 무술을 익혔다. 길가·다리 밑·집 옆·계곡·산·강·묘
지·인분 옆 등 멈출 수 있는 곳에서는 무술을 연습했고, 그 다음
은 앉아서 좌선하였다. 혹 화두를 잠시라도 놓치면, 마음을 단도
리하였다. 절대 서두르지 않았고, 멈추지 않았으며, 목욕도 하지
않고, 모든 것을 내 마음대로 하였지만 법을 어기지 않았다.

얼마 후인 1907년 26세에 내과는 금산사에 들어가 선방에 앉아 맹세하였다. "내가 정각을 이뤄야 이곳을 나갈 것이오, 만약 깨닫지 못하면 이 선방을 나가지 않을 것이다." 이후 내과는 다른 사람들과 말을 하지 않고 정진하였다. 어떤 사람이 내과에게 '대웅전의 불상이 어떤 분이냐?'고 물었을 때, 대답을 못할 정도로 불상 한번 쳐다보지 않았다. 또 한번은 공양할 때 한 승려가 밥그릇에 밥을 퍼서 내과에게 주었는데, 선사가 화두에 전념하느라 밥그릇을 받지 않아 뺨을 맞은 적도 있었다.

1년 후인 27세에 내과는 여섯 번째 향이 끊어지는 무렵, 목탁 소리를 듣고 깨달았다. 천근 무게를 내려놓는 것처럼 몸이 경쾌해짐을 느끼고서, 선사는 대성통곡했다. 하지만 스승은 '어구를 깨달은 것이다'라고 하며 더 공부토록 했는데, 이후 선사는 용맹정진하여 마침내 대오大悟했다. 이후 내과는 강소성江蘇省 양주揚州 고민사高旻寺의 반수班首 화상을 찾아가 인가를 받았다. 내과는 고민사의 반수 화상 곁에 머물며 수행하였다. 이후 상주 천녕사와 영파 천동사에서 정진을 이어갔고, 복건성福建省 운봉암에서 7년간 무문관 수행을 하였다. 1915년 34세의 내과는 고민사로 돌아와 방장이 되었다. 당시 고민사의 월조月祖 화상은 임종 전에 내과의 손을 잡고 '고민사 도량을 지켜줄 것'을 유언으로 남겼다. 이후 선사는 고민사에서 제자들을 지도하며 선풍을 진작했다. 저서로는 『내과선사어록』·『내과선사선칠개시록來果禪師禪七開示錄』·『내과선사자행록自行錄』 등이 있다.

(1) 태허의 스승, 경안

경안(敬安, 1851~1912)은 호남성湖南省 상담현湘潭縣 출신으로 17세에 상양현湘陽縣 법화사 동림東林 선사에게 출가하였다. 자字가 기선寄禪이며, 시문학의 대가로도 알려져 있다. 경안은 아육왕사 부처님 사리탑에 참배하고 소지공양을 하여 손가락이 8개가 되었으므로 '팔지두타八指頭陀'라고도 불린다. 악록산의 입운笠雲에게서 선을 배우고, 나한사 등 여러 곳에서 수행하다가 절강성 천동사에 오랫동안 머물다 열반하였다.

　19세기 말에서 20세기 초에 걸쳐 불교계를 크게 자극한 문제가 발생했는데, 바로 묘산흥학廟産興學 운동이다. 교육 강화라는 명목으로 사찰과 사찰재산을 몰수해 교육사업에 활용하자는 것이다. 묘산흥학은 신해혁명(1911년) 이전부터 꾸준히 제기되어 왔지만, 정부에서는 신해혁명 이후 불교사찰에

기선 경안

대해 적극적으로 개입하였다. 이를 계기로 불교계는 승려들이 단합하기 시작했다. 그 주도적인 역할을 한 분이 경안이다.

1912년 그는 최초로 중국불교총회를 조직해 정부에 사찰재산 보호를 청원하였으나 지방 관리나 권력자들은 신식교육을 주장하고, 불교·도교를 미신이라고 하며 오히려 더 불교계를 공격하였다.

경안은 허운 선사 등 몇 승려들과 함께 북경으로 올라가 원세개袁世凱를 만나 담판을 짓고자 했으나 승려들을 만나주지 않고 오히려 탄압하였다. 이에 경안은 불교의 권익과 보호를 위해 북경 법원사法源寺에서 소신燒身 공양하였다. 경안 입적 후 사찰재산보호운동은 결실을 이루어 사찰재산 보호령이 반포되었다. 저서에는『팔지두타시집八指頭陀詩集』이 있다. 경안이 말년에 불교의 사회적 역할에 대해 고민하고, 불교의 권익과 보호를 위해 앞장섰던 행적은 제자 태허에게 그대로 이어진다.

(2) 태허

① 태허의 행적

태허(太虛, 1889~1947)는 경안敬安의 제자로서 평생 불교개혁과 계몽에 앞장섰던 선각자이다. 태허는 홍일弘一·인광·허운 스님과 함께 중국 근현대 4대 고승 중 한 명으로 꼽힌다.

태허는 절강성浙江省 숭덕현崇德縣 출신으로 16세에 신통력을 얻기 위해 강소성 소주의 소구화사小九華寺로 출가하였다. 또 천동사 경안에게서 구족계를 받고 3년간 여러 경전을 간경하였다. 어느 날 우연히 '일체법은 얻을 수 없고, 열반 이외 어떤 법도 역시 얻을 수 없다'

는 구절에서 텅 빈 느낌이 들며 한 소식 깨달았다. 태허는 불학을 혜학慧學이라고 생각하고, 경교經教를 중시하며, 선禪을 근본으로 삼았다. 선사 또한 염불시수 화두를 참구하였다.

중국 근현대 불교 개척자, 태허 스님

태허는 승려 교육을 위해 호북성 무창불학원武昌佛學院(1922년)·복건성 민남불학원閩南佛學院(1925년)·사천성 한장교리원漢藏教理院(1932년)·서안 빨리삼장원·북경 불교연구원을 설립하였다. 불학원에서는 종파를 초월해 승려들을 교육했는데, 근대불교를 이끈 승려들이 대부분 태허가 설립한 불학원 출신들이다. 한편 9년에 태허 스님은 원영 스님과 함께 중국불교회를 창립해 초대회장을 역임하였고, 세계불교연합회를 조직하였다. 스님은 상해 옥불사玉佛寺에서 68세로 입적하였다. 저서로는『정리승가제도론整理僧伽制度論』·『석신승釋新僧』·『신유식론新唯識論』·『법리유식학法理唯識學』·『진현실론眞現實論』 등이 있다.

② 태허의 불교적 사회운동

태허는 스승 경안이 불교운동을 하다가 입적한 모습을 보고, 무력한 불교계를 탄식하며 스승이 미처 다 하지 못한, 불교를 부흥시키겠다는 맹세를 하였다. 이런 점은 제자 인순(印順, 1906~2005)이 쓴 스승 태허에 대한 다음 기록을 통해서 알 수 있다.

태허 스님께서는 담사동譚嗣同의 『인학仁學』을 읽으면서 너무 아껴 손에서 내려놓지 않았다.

그 내용을 보면 이러하다. "글(이론)만 읽는 선비여서는 안 된다. 글 이전에 현실적으로 몸으로 진실을 느껴야 한다." 즉 인仁은 신체로만 할 것이 아니라, 현실과 부딪히는 속에서 배움(學)이 생긴다는 주장이다. 담사동(1865~1898)의 사상은 현실을 외면하지 않고 적극적으로 중생과 함께하는 동사同事라고 볼 수 있다. 태허는 담사동으로부터 승려의 사회 현실 참여에 눈을 뜨게 되었다.

태허는 '나라는 망상에서 깨어나 우주와 인생의 진리를 깨달아 만유제법萬有諸法은 인연으로 통하고 공성空性은 둘이 아니며, 서로 서로 유기적인 관계로 이뤄져 있으니 이 땅에서 극락세계를 실현할 수 있다'는 불교적 세계관을 갖고 있었다. 이런 불교관을 품고 있던 터라, 태허는 불교적 사회운동을 전개하였다. 태허가 주장했던 세 가지는 다음과 같다.

① 현실의 인생을 중시한다.

② 과학적 증거에 기댄다.

③ 조직을 통해 대중의 역량을 결집한다.

곧 불학으로 현실을 개혁하고 현실을 구하겠다는 서원인데, 인생

태허 스님이 불교의 3대 혁명을 주장했던 상해上海 정안사靜安寺 도량(상해 중심 시가지에 위치한다)

불학人生佛學・실증불학實證佛學・과학불학・인간정토 이념에 바탕을 두고서 불교혁신운동에 앞장섰던 것이다.

　1913년 태허는 상해 정안사靜安寺에서 불교의 3대 혁명을 외치며 불교혁명을 주장하였다. 3대 혁명이란 불교 교리를 새롭게 해석하는 교의개혁敎義改革・승단을 개혁하고 시정하는 교제개혁敎制改革・불교 재산을 합리적으로 관리하는 교산개혁敎産改革이다. 이런 주장을 하면서도 태허는 "정사에 관심을 갖되 정치에 간여하지 않는다."라며 승려 본연의 자세를 고수했다. 그런데 당시 보수적인 승려들은 태허의 혁명운동을 반대했다. 결국 태허의 혁명운동은 실패로 돌아갔고, 마음고생만 하게 되어 보타산으로 들어가 무문관 수행을 하였다.

　3년 후 태허는 상해에서 각사覺社를 설립하며 본격적인 불교개혁

운동을 시작하였다. 선사는 각사에서 불교 수행을 연구하고, '각군覺群'이라는 주간지를 창간하였다. 업무를 제자에게 맡겼는데, 대만 불광사의 성운(星雲, 1927~) 스님도 젊은 시절 두어 차례 편집에 참가하였다. 태허는 『각사총서覺社叢書』를 창간하여 『정리승가제도론整理僧家制度論』을 발표하였다. 이후 『각사총서』를 『해조음海潮音』으로 바꿔 창간하고 매월 발행했는데, 이 잡지는 지금도 대만에서 발행되고 있다.

③ 후대 불교사에 남긴 태허의 사상

태허는 중국불교를 개혁하여 중국을 정토화하고, 세계를 불교화하고자 노력했다. 태허는 근대 불교를 현대화의 반석 위에 올려놓은 선지식으로 평가받는다. 1949년 중국이 인민공화국이 되고 나서, 중국불교계가 준비한 농선병행農禪竝行·장엄국토莊嚴國土·이락유정利樂有情 이념은 태허의 사상인 인간불교에서 영향을 받았다.

또한 인간불교 운동은 제자인 인순(仁順, 1906~2005)을 거쳐 현재 불광사의 성운으로 이어져 활발하게 전개되고 있다. 성운은 자신의 저서에서 이런 내용을 남겼다. "글을 쓰게 된 인연이나 불교 포교를 어떻게 펼칠 것인지에 대해 고민할 때, 나는 태허 스님의 인간불교 이념을 실천하기로 결정했다. 이후 인간불교는 시종일관 내가 지향하고 실천해 나가는 길이 되었다." 또한 성운은 태허가 주장했던 '3대 혁명'을 지지하며, 사회와 중생에 관심은 갖되 정계 진출은 하지 않았다. 즉 성운은 태허를 본받아 불교도들이 국제적인 공생과 인류의 행복을 위해 관심을 기울이되 불제자로서 권력을 갖지 않겠다고 맹세했다.

또한 대만에서 '관음보살의 화현'이라 일컫는 자제공덕회慈濟功德會 증엄(證嚴, 1937~)도 태허의 영향을 받았다.* 증엄은 『태허대사전집』을 읽고 흠모해 존경하였다. 이런 인연으로 증엄은 태허의 제자인 인순을 찾아가 스승과 제자 인연을 맺었다.

인간불교는 본래 태허에 의해 제창된 것이지만, 대만불교의 기초를 만든 인순에 의해 적극적으로 주장되고, 불교의 사회적인 활동이 활발하게 되었다. 곧 불광산, 자제공덕회가 그 계통이다.**

---

* 증엄은 '관세음보살의 화현'으로 일컬어지며, 대만 국민의 사랑과 존경을 한 몸에 받고 있다. 스님은 자비희사의 큰 서원으로 고난을 구제하는 보살행을 펼쳐 만세에 빛나는 구제 사업을 일으켰다. 스님의 지도 아래 30여 신도가 조직한 '불교극난佛敎克難 자제공덕회'가 37년이 지난 오늘날, 전 세계 400만 명의 회원과 5개 병원, 종합대학, 방송국 등 산하시설 직원 수만 2천여 명의 조직을 갖춘 세계 최대의 자선단체로 성장했다.

** 스에키 후미히코 저, 김재권 역, 『대승불교의 실천』, 씨아이알, p.19.

에필로그 현재 중국에서 불교는?

이 책은 고대에 달마가 중국에 도래하기 이전부터 현대에 이르기까지 중국 선사들의 행적을 다루고 있다. 즉 중국의 과거 역사상 불교 선종禪宗을 이끌어온 선지식들의 이야기인 것이다. 그렇다면 현재의 중국에서는 불교가 어떤 상황이고, 승려들이 선 수행을 하고 있는지? 불교문화재는 어떻게 보존되고 있는가?

현 중국은 사회주의 국가이지만 불교의 면모가 점점 되살아나고 있다. ─ 사람들마다 중국불교에 대해 평가가 다르지만, 필자는 중국을 여러 차례 다녀왔고, 중국 사찰에서 머물며 스님들의 일상을 지켜보고 내린 판단이다. ─ 먼저 중국불교의 현주소를 엿보기로 하자.

십여 년 전, 중국은 길린성(吉林省)의 리훙즈(李洪志)가 창시한 파룬궁(法輪功) 신자들에게 엄청난 종교탄압을 하였다. 그렇다면 현재 중국에서는 종교를 부정하고, 신앙을 허락하지 않는가? 한마디로 대답하면, 꼭 그렇지만은 않다. 중국은 어떤 특정 종교를 강요하지 않으며, 어떤 종교를 선택하든 간에 자유이지만 승인된 종교에 한해서이다. 현재 중국에서 승인하는 종교는 불교·도교·이슬람교·기독교·천주교이다. 또한 허가된 곳이 아닌 곳에서 종교 활동을 해서는 안 되며, 외국 승려와 선교사의 활동을 금한다.

몇 년 전에 실시한 중국의 종교 신자 현황을 보면, 불교와 도교 신자는 정확히 알 수가 없고, 이슬람교도가 1,800여만 명, 라마교도가 700여만 명, 가톨릭교도 530만 명, 기독교도는 2,000만 명으로 추산된다. 불교와 도교 신자를 정확히 알 수 없다는 것은 추산할 수 없음을 의미한다. 또한 승려는 우리나라 조계종 승려에 비해 20배가 훨씬 넘는다(2018년 기준). 우리나라와 달리 유교는 종교로 분류되지 않으며, 중국에서 승인한 종교 가운데 도교 외에는 모두 외래종교이다. 도교는 중국의 자생종교요, 중국인들의 민속신앙 속에 자리 잡은 종교이다. 하지만 도교는 중국인들에게 불교보다 낮은 평가를 받으며, 한 지역에서 도교사찰은 불교사찰에 비해 매우 열세하다. 중국의 문화평론가인 위치우이余秋雨(1946~)는 불교에 대해 이런 평가를 하였다.

중화문화의 핵심을 이루는 대부분의 지역에서 마치 모세혈관이 피부 끝까지 뻗어 있는 것처럼 불교의 자취가 곳곳에 자리하여 그 어떤 문화보다 훨씬 더 크게 활약하고, 훨씬 더 유효했다.*

중국에 불교가 유입되기 이전 유학과 도교가 먼저 존재했다. 불교 교리로 인해 (유학과 도교를 포함해) 중국의 사상계는 크고 넓은 시야로 발전되었다. 선사상禪思想은 송대의 성리학이나 명대의 양명학

---

* 위치우이, 유소영·심규호 역, 『중화를 찾아서』, 미래인, 2010, p.330. 위치우이는 중국에서 문화사학자, 예술평론가이다. 상하이 희극학원 및 푸단대학에서 교수를 역임했으며, 중국인들에게 사랑받는 작가로서 세계적으로도 권위를 인정받는 분이다.

에 영향을 끼쳤다. 한편 불교는 도교의 의례와 교리를 발전시키는데도 큰 공헌을 했으며, 도교 경전(道藏)은 불교의 경전을 그대로 본떠서 만들었다. 그만큼 중국에 불교가 유입된 이래 철학이나 사상등에 정신사유를 업그레이드(upgrade)시켰다고 본다. 한편 중국 문화재 가운데 70%가 불교 문화재로서 중국이 자국의 문화유산으로 '불교'라는 코드를 자랑스럽게 여긴다.

근래에 신문지상을 통해 중국불교에 대해 여러 이설이 나오지만, 필자가 직접 보고 느낀 중국의 불교는 날씨로 치면 '맑음'이다. 물론 긍정 평가 이면에 불합리한 점도 많으며, 각 지역별로 정부 방침에 따라 불교의 사회주의화가 진행된 곳도 있을 것이다. 여하튼 사찰 불사·중국 승려들의 외국 유학·승려 교육체계·불학·중국인들의 불심 등은 사회주의 국가 이래 눈부시게 발전되고 있는 점은 부인할 수 없다.

우리나라는 중국 불교를 유입하였기 때문에 불교를 이해하기 위해서는 반드시 중국불교를 알고, 이해해야 한다고 본다. 게다가 중국 불교는 당나라 말기 이후 근자에까지 선종과 정토종이 우세하게 발전되어 왔다. 우리나라 조계종 또한 선종이다. 그러니 중국의 불교(선과 선종사)를 이해하고 수용함으로써 한국불교의 무궁한 발전이 있기를 간절히 소망한다.

동아시아 선종사 법맥도

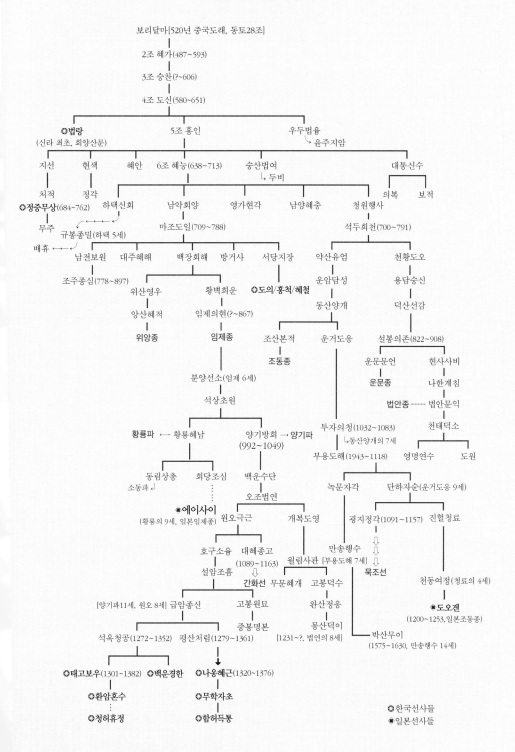

찾아보기

604

지은이 **정운**

1982년 명우 스님을 은사로 서울 성심사에 출가하였다. 운문승가대학을 졸업하였으며, 동국대학교에서 박사학위를 받았다. 현재 동국대학·중앙승가대학에서 강의하고 있으며, 대한불교조계종에서 종단의 교육과 연구를 전담하는 교육아사리다. 조계종 교육원의 불학연구소에서 소장 소임을 역임했다.

저서로는 『붓다의 메시지가 도착했습니다』, 『붓다의 가르침』, 『맨발의 붓다』, 『환희-중국사찰기행 1』, 『떠남-중국사찰기행 2』, 『구법-선의 원류를 찾아서』, 『허운-중국 근현대불교의 선지식』, 『경전숲길-한권으로 읽는 경전』(2012년 문광부 우수도서), 『동아시아 선의 르네상스를 찾아서』, 『명상, 마음치유의 길』(2014년 문광부 우수도서), 『대승경전과 선사상』(2015년 단나학술상), 『그대와 나, 참 좋은 인연입니다』(2018년 세종도서 교양부문), 『도표로 읽는 경전입문』, 『경전의 힘』, 『전심법요·완릉록』(역주), 『인물로 보는 한국 선사상사』, 『살다보면 살아진다』 등이 있다.

인물로 보는 중국 선사상사

초판 1쇄 인쇄 2021년 11월 24일 | 초판 1쇄 발행 2021년 12월 3일
지은이 정운 | 펴낸이 김시열
펴낸곳 도서출판 운주사

(02832) 서울시 성북구 동소문로 67-1 성심빌딩 3층
전화 (02) 926-8361 | 팩스 0505-115-8361
ISBN 978-89-5746-664-3 03220 값 30,000원
http://cafe.daum.net/unjubooks 〈다음카페: 도서출판 운주사〉